グノーシス考

グノーシス考

大貫隆

岩波書店

はしがき

グノーシス主義は古代末期の地中海世界に現れた宗教思想の一つである。それは伝統的な都市国家や民族文化という根を失って、今や広大無辺な世界の中に分断された個人として放り出された人間たちが、新しい自己定義を求めて挙げた懸命な叫びである。この意味で、グノーシス主義が世紀末の現代日本社会に対して持つ親和性は、積極的か消極的かを問わず、きわめて大きい。特に、最近の映像文化、ジェンダー論、風俗文化論などにはその親和性が顕著である。にもかかわらず、この親和性はそれぞれの当事者たち自身にも隠されている場合が少なくないように見受けられる。

その理由ははっきりしている。グノーシス主義と呼ばれるものにいざ実際に当たってみようとすると、あまりにも捉えどころがないからである。確かに古代キリスト教会の正統主義の教父たちはグノーシス主義者たち自身の著作からの抜書きを残してくれてはいる。しかし、その杜撰さは見まがうべくもない。しかも、そうして報告しつつあるグノーシス主義の所説を「異端」として論難しようと急ぐあまり、抜書きを途中で放棄するか、自分たちの価値判断からの批判を混ぜ合わせてしまうのである。そこからグノーシス主義の実態を読み取ることは容易なことではない。ナグ・ハマディ文書という一九四五年以来知られている直接資料についても困難さは変わらない。パピルスに写された本文の保存の悪さ、文学的形式および思想内容の上での多種多様さに加えて、コプト語という特殊言語による障碍もある。専門上の必要に迫られてそこに分け入ろうとする者もたじろぐラビュリントス、文字通りの地下迷宮なのである。

私は内外の師に導かれてその地下迷宮に分け入り始めてから間もなく三十年になる。古代語の壁に苦しみながら、手さぐりで少しずつナグ・ハマディ文書を読み、その試訳を蓄積してきた。荒井献氏と私との責任編集で一九九七年から九八年にかけて岩波書店から刊行されたナグ・ハマディ文書全四巻には、『ヨハネのアポクリュフォン』、『アルコーンの本質』、『この世の起源について』(以上第Ⅰ巻『救済神話』所収)、『フィリポによる福音書』、『三部の教え』(以上第Ⅱ巻『福音書』所収)、『真理の証言』、『復活に関する教え』(以上第Ⅲ巻『説教・書簡』所収)、『アダムの黙示録』、『シェームの釈義』(以上第Ⅳ巻『黙示録』所収)の九文書の拙訳が収録されている。これらの多くは、その間に蓄積してきた試訳を仕上げたものである。振り返って、いささかの感慨を禁じ得ない。

本書に収めた計六篇の論考の内の四篇(Ⅰ—Ⅳ部)は、その試訳蓄積の過程で、特に最近の十年間に書き下したものであり、それぞれが扱う文書の試訳のために予め解決しておかなければならなかった問題、あるいは翻訳の途中で見えてきた問題を取り上げている。そのためにどの論考も文献学的研究となっており、内容的にはかなり専門的な議論も繰り広げているので、一般読者の方々には読みやすいものではないかも知れない。しかし、前記のナグ・ハマディ文書全四巻の訳文がこのような文献学的研究による準備を経たものであることを読み取っていただけるのではないかと思う。

第Ⅰ部「古代キリスト教における禁欲主義の系譜——グノーシス主義、外典使徒行伝、初期修道制」は今回新しく書き下したものである。世界を巨大な子宮と見做す『シェームの釈義』を手掛かりにして、グノーシス主義の禁欲を「世界を破滅させるための禁欲」と特徴づけるとともに、外典使徒行伝とエジプトの初期修道制に見られる禁欲主義との類似と差違を明らかにして、古代のキリスト教禁欲主義の三つの類型を取り出す。それぞれの類型における禁欲主義のイデオロギー的側面、すなわち内的な意味づけの解明に重点が置かれている。古代末期をアナル派に連なる社会史的・日常史的方法で研究していわゆる「古代末期学派」を成すに至っているP・ブラウン(プリンストン大学)の研究『からだと社会——初期キリスト教における男と女と性的禁欲』(一九八八年)と是々非々の立場で対論する。

第Ⅱ部「ヨハネの第一の手紙序文とトマス福音書語録一七——伝承史的関連から見たヨハネの第一の手紙の論敵の問題」は、ヨハネの第一の手紙の書き出しの文章「はじめからあったもの、私たちが聞いたもの、私たちの目で見たもの、よく観て、私たちの手で触ったもの」とトマス福音書の語録一七「イエスが言った、『私はあなたがたに、目がまだ見ず、耳がまだ聞かず、手がまだ触れず、人の心に思い浮かびもしなかったことを与えるであろう』」が、ちょうど写真のポジとネガのような関係にあることを指摘し、コリント人への第一の手紙二章9節やその他の初期キリスト教文書にかなりの頻度で現れる類似の文言を含めて、伝承史的相互関係を探る。私が一九七六年から七九年にかけてミュンヘン大学神学部で師事したF・ハーン(Hahn)教授の六十五歳祝賀献呈論文集(*Anfänge der Christologie*, Göttingen 1991)に印刷されたドイツ語版には、グノーシス主義研究の重鎮であるオランダのG・クイスペル(Quispel)が全面的な賛同を表明した。

第Ⅲ部「女性的救済者バルベーロー・プロノイアの再来——『ヨハネのアポクリュフォン』の文献学的研究」は、『ヨハネのアポクリュフォン』の三つの写本においてバルベーロー・プロノイアに言及する並行記事を相互に精密に比較して、神話の中でバルベーロー・プロノイアが救済者として果す役割が次第に拡大してゆく傾向を論証し、この傾向を尺度にして三つの写本の間の写本伝承史上の新旧関係の確定を試みる。もともとは拙著 *Gnosis und Stoa, Eine Untersuchung zum Apokryphon des Johannes*, Göttingen 1989 の該当部分だけを日本聖書学研究所の欧文紀要 *Annual of the Japanese Biblical Institute* XIII(1987)に先だって公表したものである。F・ウィッセ(Wisse)

が現在進めている『ヨハネのアポクリュフォン』の四つの写本の対観形式での本文校訂（*The Apocryphon of John, Synopsis of Nag Hammadi Codices II, 1; III, 1; and IV, 1 with BG 8502,* Leiden 1995 = *Nag Hammadi and Manichaean Studies* XXXIII）もこの論文を参照している。

第Ⅳ部「三つのプロノイア——グノーシス主義、ストア、中期プラトン主義の関係をめぐって」は、前記の拙著 *Gnosis und Stoa,* Göttingen 1989 に対して寄せられた多くの国際的な論評（第Ⅳ部「はじめに」注（4）参照）に応答するために書かれたもので、グノーシス主義とストア派の間の思想的関連を超えて、同時代のプラトニズムとの絡み合いをプロノイア論の観点から文献学的に分析する。日本語（『聖書の思想とその展開』教文館、一九九一年所収）と同時に *Annual of the Japanese Biblical Institute* XVII（1991）に公表されたドイツ語版は、K・ルドルフ（Rudolph）によって改訂・増補されたH・ヨナス（Jonas）の名著 *Gnosis und spätantiker Geist* の第二分冊（Göttingen 1993）に、「哲学的グノーシス主義」に関する研究の基礎文献の一つとして登録されている。

第Ⅴ部「否定神学の構造と系譜——中期プラトン主義とナグ・ハマディ文書」と第Ⅵ部「グノーシスと現代思想」は、私と宮本久雄、山本巍の連名で一九九七年に東京大学出版会から刊行された『聖書の言語を越えて』に収めた拙論「ないないづくしの神——古代における三つの否定神学」を二つに分けて大幅に改稿したものである。改稿にあたり、この間に旧稿について表明された意見に対する応答も試みている。と同時に第Ⅵ部においては、第Ⅰ部との主題的なつながりにも配慮したつもりである。それによって、本書全体が必ずしも一つの統一的な論点に収斂することになるわけではもちろんない。しかし、先行する第Ⅰから第Ⅴ部までを踏まえて第Ⅵ部を読まれるならば、一足飛びにグノーシス主義の現代的意義を云々する以前に、一見無味乾燥に見えるかも知れない文献学的個別研究が実は必要不可欠な基礎であることをお分かりいただけるのではないかと思う。

最後に私は本書をドイツにおける二人の恩師、ヴュルツブルク大学名誉教授エーリッヒ・リュデッケンス(Erich Lüddeckens)とミュンヘン大学名誉教授ユリウス・アスファルク(Julius Aßfalg)に献げる。私は一九七四年から七六年、一九七七年から七九年にかけてそれぞれのエジプト学研究室に出入りした。二人の教授は極東からの貧しい一留学生を温かく受入れ、毎回ほとんど個人授業のような形で厳しくコプト語文献の講読を指導してくださった。前述の邦訳ナグ・ハマディ文書全四巻の完成を一番喜んでくださったのもこのお二人である。

大貫　隆

二〇〇〇年正月

旧約・新約聖書 諸文書略号表

I 旧約聖書

創	創世記	エゼ	エゼキエル書	詩	詩篇
出	出エジプト記	ホセ	ホセア書	ヨブ	ヨブ記
レビ	レビ記	ヨエ	ヨエル書	箴	箴言
民	民数記	アモ	アモス書	ルツ	ルツ記
申	申命記	オバ	オバデヤ書	雅	雅歌
ヨシ	ヨシュア記	ヨナ	ヨナ書	コヘ	コーヘレト書
士	士師記	ミカ	ミカ書	哀	哀歌
サム上	サムエル記上	ナホ	ナホム書	エス	エステル記
サム下	サムエル記下	ハバ	ハバクク書	ダニ	ダニエル書
王上	列王記上	ゼファ	ゼファニヤ書	エズ	エズラ記
王下	列王記下	ハガ	ハガイ書	ネヘ	ネヘミヤ記
イザ	イザヤ書	ゼカ	ゼカリヤ書	代上	歴代誌上
エレ	エレミヤ書	マラ	マラキ書	代下	歴代誌下

II 新約聖書

マコ	マルコ福音書	マルコによる福音書	フィレ	フィレモン書	フィレモンへの手紙
マタ	マタイ福音書	マタイによる福音書	エフェ	エフェソ書	エフェソ人への手紙
ルカ	ルカ福音書	ルカによる福音書	コロ	コロサイ書	コロサイ人への手紙
使		使徒行伝	IIテサ	IIテサロニケ書	テサロニケ人への第二の手紙
ヨハ	ヨハネ福音書	ヨハネによる福音書			
Iヨハ	Iヨハネ書	ヨハネの第一の手紙	Iテモ	Iテモテ書	テモテへの第一の手紙
IIヨハ	IIヨハネ書	ヨハネの第二の手紙			
IIIヨハ	IIIヨハネ書	ヨハネの第三の手紙	IIテモ	IIテモテ書	テモテへの第二の手紙
ロマ	ロマ書	ローマ人への手紙			
Iコリ	Iコリント書	コリント人への第一の手紙	テト	テトス書	テトスへの手紙
			ヘブ	ヘブル書	ヘブル人への手紙
IIコリ	IIコリント書	コリント人への第二の手紙	ヤコ	ヤコブ書	ヤコブの手紙
			Iペト	Iペトロ書	ペトロの第一の手紙
ガラ	ガラテヤ書	ガラテヤ人への手紙	IIペト	IIペトロ書	ペトロの第二の手紙
フィリ	フィリピ書	フィリピ人への手紙	ユダ	ユダ書	ユダの手紙
Iテサ	Iテサロニケ書	テサロニケ人への第一の手紙	黙	黙示録	ヨハネの黙示録

＊旧新約聖書からの引用には，新共同訳，岩波版訳，私訳を適宜使い分けている．

目　次

I

古代キリスト教における禁欲主義の系譜

――グノーシス主義、外典使徒行伝、初期修道制

はじめに

古代末期のキリスト教正統主義者たちにとって、グノーシス主義は最も恐るべき異端であった。彼らによって著された膨大な量の論駁書は、グノーシス主義に属するさまざまな教派の多種多様な神話や教説を取り上げて反駁するばかりではなく、随所で彼らの性倫理にも言及し、好んで彼らを性的アナーキストとして描いている。曰く、彼らの怪しげな集会では男女の乱交が行なわれ、女は男性の精液を、男は女性の月経を手に受けて、彼らの信じる至高神への捧げ物としたり、口に入れて摂取した。精液と月経は、人間の肉体と物質的世界の中に拡散している神的本質(光)の一部であり、彼らの行為はそれを濾過・回収する行為に他ならないのだと言う。この種の報告は後四世紀後半にキプロス島サラミスの司教として活動したエピファニオスの『薬籠』(異端の毒を消す薬を収めた籠の意)と題された論駁書(XXVI, 4, 3–8 他)に最も詳しい。

しかし、このような言説がどこまで事実を正しく伝えているかはかなり疑わしい。一九四五年に上エジプトで発見されたコプト語のグノーシス主義文書で、このほどその大半の邦訳(1)が完結したナグ・ハマディ文書に即して見る限り、エピファニオスの報告に添うような意味に解釈できる文言は確かに皆無ではないものの、極めて例外的である。頻度的には、性交と結婚をせいぜい人間の存続のための必要悪として容認する立場、あるいは、性交はもちろん、性欲そのものを悪魔視する過激な禁欲主義の立場が圧倒的に目立っている。

第1章は、グノーシス主義のそのような過激な禁欲主義を、ナグ・ハマディ文書の中に認められる「子宮としての世界」という独特な宇宙論の角度から解明する。グノーシス主義者の性的禁欲を内側から支えた神話論的、あるいはイデオロギー的な意味づけの連関を分析することが課題となる。続いて、グノーシス主義と同じ時代、あるいはそれと相前後する時代にやはりキリスト教の内外で発生と展開を遂げた別の種類の禁欲主義と比較するために、第2章で外典使徒行伝、第3章でエジプトの初期修道制の禁欲主義を取り上げる。それぞれの禁欲主義の実際をそれぞれの領域で生み出された文献資料に即して可能な限り実証的に明らかにしながら、やはりそれぞれを支えた内的な意味付けの連関に注目してみたい。併せて古代キリスト教における禁欲主義の類型区分を試みる。「結びにかえて」は、後二世紀から四世紀にかけての正統主義教会が、それらの禁欲主義との関わりとローマ社会の枠組みの中で、どのような性倫理を提示していったかを明らかにする。

この時代のキリスト教の禁欲主義に関する欧米における先行研究の蓄積は、前世紀以降現在まで、ほとんど見渡しがたい量に達している。その中でも特筆に値するのは第一にA・フェエブス(Vööbus)の『シリア・オリエントにおける禁欲主義の歴史』と題する大著(一九五八年)であろう。(2) ただし、この著作では、その表題が示す通り、地中海世界の内の東部に展開したキリスト教禁欲主義が主たる研究対象とされている。その際、ナグ・ハマディ文書も確かに取り上げられてはいるものの、刊行の段階で参照し得たナグ・ハマディ文書の校本が限られていたために、決して十分とは言えない。

この欠を補うのがアメリカの古代史家P・ブラウン(Brown)の『からだと社会――初期キリスト教における男と女と性的禁欲』(一九八八年)である。(3) そこではナグ・ハマディ文書のみならず、外典使徒行伝とエジプトの初期修道制はもちろん、使徒教父、護教論者、マルキオン、タティアノス、エンクラティズム、ヴァレンティノス派(グノーシス主義)、アレクサンドリアのクレメンス、オリゲネス、メトディオス、マニ、エウセビオスなど、時代的には後一世紀の原始キリスト教から五世紀のアウグスティヌスまで、空間的には地中海文化圏の全域を視野に収めながら、実に多種多様な禁欲主義の発生と展開が見事に跡づけられている。個々人が性的に成熟した後、自分のからだをどう扱うか、例えば、結婚するか生涯独身(「処女性」)を貫くか、配偶者との死別後再婚するかしないかは、そのままその人が自分を現存社会といういわば拡大された「からだ」の枠組みの中にどう定位するかという問題と密接不可分に結びついている。ブラウンはこの問題をアナル派的な視点から考えるために、そのつど対象となる人物や文書をあくまで日常生活のレベルから取り上げていくのであるが、同時に、われわれの言う禁欲のイデオロギー的側面、すなわち神話論的あるいは神学的な意味づけの連関の解明も決して蔑ろにはしていない。

従って、以下のわれわれの論考も終始ブラウンの研究を比較参照しなければならない。しかし、われわれの問題設定そのものは、そもそもブラウンによって触発されたものではなく、前述のナグ・ハマディ文書の邦訳を進める中で、独自に浮かび上がってきたものである。このため、ブラウンの見解と一致するところも多い反面、ナグ・ハマディ文書の取り上げ方と分析においてとりわけそうであるように、一致しない場合も少なくない。

ここで取り上げる問題は、単に古代キリスト教思想史の一断面であることを越えて、伝統的な性倫理と結婚観がもはやそのままの形では保持困難となり、何をもって「姦淫」あるいは「不倫」というのかの定義そのものが争われ始めている現代日本の状況について考える上でも、きわめてアクチュアルな意味を持つと思われる。

第1章

子宮としての世界
──グノーシス主義の性的自然観と禁欲主義

一　グノーシス主義における「子宮」のイメージ

一般にグノーシス主義文書、その中でもとりわけ救済神話が性的なイメージあるいはシンボルに彩られていることは早くからよく知られている。このことは一九四五年に上エジプトのナグ・ハマディで発見されたコプト語のグノーシス主義文書(ナグ・ハマディ文書)についても基本的に変わるところはない。しかし、この文書群の性的シンボリズムにとりわけ特徴的なのは、私がこの文書群の邦訳作業[1]と関連して踏査した限りでは、子宮のイメージである。その用法は大きく次の三つに分類することができる。

(1)　人間の胎児の宿る場所という中立的・生理的な意味で用いられる場合。

(2)　神々が充満する領域(プレーローマ)、あるいはそれに可視的な宇宙全体を加えた「万物」の「母体」である至高神を指す場合。

(3)　人間の男女の性行為によって増殖かつ存続する現実世界全体を指す場合。

用法(1)の例としてはまず『アダムの黙示録』(ナグ・ハマディ文書第Ⅴ写本第五文書＝NHC Ⅴ／5、以下同様に略記)§32が挙げられる。この文書では光の領域から到来する啓示者は「光り輝く者」(フォーステール)と呼ばれる。文書の最後の三分の一を占める部分(§30―43)では、その「光り輝く者」の素性について地上の十三の王国がさまざまな憶測を開陳する。それらはいずれも的外れで、正しい解答は結局最後の十四番目に登場する「王なき種族」、すなわちグノーシス主義者の発言を待たねばならないのであるが、その途中の第三の王国の憶測の中に「子宮」が現れる。

> 第三の王国は彼についてこう言う、「彼は処女なる子宮から生まれた。彼は母と共に彼の町から追われ、荒涼たる場所へ導かれた。彼はそこで自らを養った。彼はやって来て、栄光と力を受け取った。こうして彼は水の上へやって来た」。

この箇所は、最後の「こうして彼は水の上へやって来た」をヨルダン河でのイエスの受洗を指すと見れば、「処女なる子宮」は「処女マリヤ」を指すことになるが、このように解釈することの是非については研究者の間でなお争われている。(2)

第二の例は『真理の証言』(NHC Ⅸ/3)§18である。『真理の証言』は一方でキリスト教的グノーシス主義の中でも最大の教派であったヴァレンティノス派の教理を部分的に共有すると同時に、他方でそのヴァレンティノス派を手厳しく批判する文書であり、後述するように、倫理的にはきわめて過激な禁欲主義を説く。(3) その§18には次のような文章が現れる。ここでは「処女の胎(子宮)」が「処女マリヤ」を指すことは疑問の余地がない。

> ヨハネ(洗礼者)はことばによって、エリサベツという女から生まれた。しかし、キリストはことばによって、マリヤという処女から生まれた。ヨハネは老年のために衰えた胎から生まれたが、キリストは処女の胎を通ってや

ってきた。この秘義(の意味)は何なのか。(以下略)

(2)は「子宮」が肯定的あるいは積極的な意味で用いられる場合である。しかも注意を要するのは、「万物の母体(子宮)」としての至高神あるいはそれに準ずる神的存在は女性ではなく両性具有の存在として考えられていることである。グノーシス神話の中でも最も体系的なものの一つである『ヨハネのアポクリュフォン』(NHC Ⅱ/1、Ⅲ/1、BG)[4]§13は至高神「処女なる完全なる霊」の影像として生成(流出)したバルベーローについて次のように述べる。

> 彼女は万物の母胎となった。というのも、彼女は彼ら(万物=プレーローマを満たす神々)すべてに先立つからである。母父、第一の人間、聖なる霊、三倍男性的なる者、三つの力、三つの男女《おめ》なる名前、そして見えざる者たちの間にあって永遠のアイオーン、そして第一の出現である。

『三体のプローテンノイア』(NHC XIII/1)§19では女性的啓示者プローテンノイアがこう自己啓示する。

> 私は男女《おめ》である。[私は母であり]父[である]。私は私自身と共に[あり]、私は私自身と私を[愛]する者とに結ばれているがゆえに。万物は私のみによって[立っている]。私は万物に[像を与える]子宮である。[5]　(以下略)

『感謝の祈り』(NHC VI/7)は厳密にはグノーシス主義文書というよりヘルメス文書に分類されるべきであるが、参考までに引けば(後半のみ)次の通りである。「あなた」と呼びかけられているのが至高神である。

あなたに到達する者が献げる感謝とはただ一つ、
私たちがあなたを知ること、
叡知の光、いのちのいのちよ、私たちはあなたを知った。
あらゆる種子を宿す子宮、父なる本性で産む胎、私たちはあなたを知った。
子を産む不朽の父親、そう私たちはあなたの慈しみを崇めた。
私たちが請い求めることはただ一つ、
この認識の中に保たれるということ。
私たちが請い願うことはただ一つ、
躓くことなくこうして生きつづけること。(6)

（VI 64頁25―26行＝VI **64**$^{25-26}$、以下同様に略記）

「子宮」を至高神あるいはそれに準じる存在にあてはめるのは以上の通りであるが、(7) この用法と関連するもう一つの事例がある。それはその至高神から順次下位の神的存在が派生してゆく最後のところで、プレーローマより下の世界へ落下し、やがて肉体という牢獄へ閉じ込められる神的本質を「魂」(ギリシア語でプシュケー)と呼んで、その女性性を「子宮」で現す場合である。具体的には『魂の解明』(NHC Ⅱ／6)は次のような文章で始まる。

古の賢者たちが、魂に女性名を与えた。実際魂はその本性からして女性である。それは子宮をさえ持っている。(8)

この魂はもともと「父」、すなわち至高の神のもとで両性具有の処女であったが、やがて人間の肉体の中に落ち込んでしまった。そのとき彼女は多数の盗賊と無法者どもの手中に陥り、次々に辱めを受けて、処女性を失ったばかりか、やがてその肉体で春をひさぐ身となってしまった。この魂に果してどのような救いがあり得るのか。この点について、『魂の解明』の神話はさらに次のように語る。

魂が至る所を走り回り、彼女が出会う者と交わりをなし、自身を汚している限り、彼女は自分が受け入れるにふさわしい者どもの苦難のもとにある。しかし彼女が、その中にある苦痛を感得し、父に向かって泣き、悔い改めるならば、そのときに父は彼女を憐れみ、彼女の子宮の向きを変えるであろう。すなわち彼はそれを外側から再び内側に向きを変えるであろう。その際、魂はその固有性を獲得する。それは女たちに関わるものではない。なぜなら身体の子宮は内臓と同様に身体の内側にあるが、魂の子宮は、外側にある男の要素（生殖器）と同様に、外側を覆っているからである。(9)

ここでは子宮は魂（プシュケー）の女性性の象徴である。魂の内的な回心が子宮の方向転換という、はなはだイメージしにくい隠喩によって表現されているのである。

ナグ・ハマディ文書の中で「子宮」を中立的・生理的に用いる(1)の事例、および肯定的・積極的に用いる(2)の具体例は、私が見るかぎり、以上で尽きている。これら二つの用法よりも頻度的に多いのは、「子宮」を否定されるべき性欲、あるいは否定されるべき現実の世界全体の隠喩として用いる(3)の事例である。以下で確かめるように、この隠喩はいくつかの相異なる個別神話あるいは個別文書を横断する形で見いだされるから、歴史的にはさまざまなグノーシス主義教派を貫いて生き続けた神話素であったと考えられる。その伝承を本文に基づいて再構成し、そこに含まれた性的な自然観がどのような性的禁欲主義と表裏一体となっているかを明らかにすることがここでの当面の課題である。

二　子宮としての世界

1　肉体の死、すなわち子宮からの脱出

まず「子宮」が性欲と関係づけられる事例としては、すでに言及した『真理の証言』§4がある。

> しかし、穢れとは縁のな［い］人の子が不滅性か［ら到来した］。彼はこの世界［へ］、ヨルダン［河］の［上］にやってきた。すると［直］ちにヨル［ダ］ンが後ろに［退いた］。ヨ［ハ］ネがイエスの［降］臨を証した。なぜなら、彼（ヨハネ）［こ］そは、ヨル［ダ］ン河の上に降った［力］を［見］届けた者だからである。すなわち、彼は肉による生殖の支配が終りを迎えたことを知っていたのである。すなわち、ヨルダン河とは肉体の力、とはつまり、諸々の快楽の感覚のことである。また、ヨルダンの水、これは性交の欲望のことである。ヨハネは女の子宮のアルコーンである。

『真理の証言』は水を使った洗礼の儀式を汚れたものとして断固として拒否する立場である（§36―37）。「ヨルダン

の水、これは性交の欲望のことである」にそのことが表明されている。真の啓示者「人の子」(イエス)の出現はその水を後ろに退かせる、つまり性欲を止揚する事件であったというのである。反対に、イエスに洗礼を授けた洗礼者ヨハネ(マルコによる福音書一章9節＝マコ一9以下同様に略記、参照)は「子宮のアルコーン」に貶められる。

次に、肉体の死を性欲を含む肉体の力から人間の中の神的本質が最終的に解放される瞬間、比喩的に言い換えれば、真の誕生の瞬間として理解し、今や朽ちてゆく肉体を「子宮」に譬える事例を検討しよう。

ナグ・ハマディ文書第I写本に第四文書として収められた『復活に関する教え』は、一人の指導的な立場にある人物がレギノスという名の求道者に宛てた書簡である。その執筆年代は後二世紀後半と想定される。匿名の著者は当時のキリスト教の内外で、「正統」と「異端」を問わず、激しく論争されていた「復活」の問題について、キリスト教的グノーシス主義の立場から、自説を展開する。[10] 彼は救い主キリストの神性と人性(キリスト論)、霊的な復活と終末(救済論、終末論)について論じた後で、人間(信徒)の肉体の運命、幻影としての世界について次のように語る。

それだから、わが子レギノスよ、復活に関して決して疑うことがないように。もしあなたがかつて肉を備えて先在していたのではないとすれば、あなたはこの世に到来したときに肉を受け取ったのである。(とすれば)どうしてあなたはあの(永遠の)アイオーン(超越的な神的領域)へと昇ってゆくときにも、肉を受け取らないであろうか。肉よりも優れたものが、肉にとっての(超越的な真の)生命の原因となっているのである。あなたのために生じたものはあなたのものではないのか。あなたのものであるものは、現にあなたとともに在るのではないのか。しかし、あなたがこの場所(＝地上の現実世界)に在る間、あなたが欠いているものは何なのか。(それは真の意味の復活である。それなのに)あなたが学びたいと熱望していることは、からだの胞衣(χωρίον)のことなのか。

それならそれは老年のことである。あなたは滅びの中に在る。

あなたにとって(この世から)退去することは利得である。なぜなら、あなたが立ち去ってゆくとき、あなたは(あなたの)優れた部分(=叡知)まで払戻しはしないだろうから。劣悪なるもの(肉体)には磨滅が生じる。しかし、それ(優れた部分)には恵みが在る。(§14―16)

これは『復活に関する教え』の中でも最も難解で翻訳も困難な箇所である。しかし、著者が提示するグノーシス主義的な復活理解がどのようなものであるかは、概ね明らかであろう。人間の「優れた部分」、すなわち本質的部分(叡知)はこの世への誕生に際して初めて肉体を受け取った。老年になって死を迎え、その肉体を地上に残して、永遠のアイオーンへ立ち返ってゆくことこそ、「真の復活」であるという。ただし、著者がこの段落で答えようとしている問題はもう一つある。それはそのような復活に際して、現実の肉体はその後どのような運命を辿るのかという問いである。この問いに対する著者の答えには次の二点が含まれている。

(1) 真の復活を遂げた者にはそれまでの地上の現実の肉体とは別の身体が与えられる。「(とすれば)どうしてあなたはあの(永遠の)アイオーンへと昇ってゆくときにも、肉を受け取らないであろうか」とあるのは、その意味である。

(2) 老年を迎えて「磨滅」し、死んで地上に残された肉体はいわば「胞衣」(χωρίον=「小さな場所」の意)に過ぎず、その最終的運命は「滅び」である。

われわれの研究課題にとって特に重要なのは、この第二点の方である。なぜ磨滅して老年に至り、今や地上に残された肉体が「胞衣」(後産)だと言われるのか。「胞衣」と訳したギリシア語「コーリオン」は厳密にはヒトを含む動物の胎児を包んでいる薄い強靭な皮膜(羊膜)のことで、婦人科医の証言によれば、多くの場合胎児とともに母親の体外へ出て来る。しかし、胎児が肺呼吸を始めるためにはおのずから破れるか、そうでなければ、人工的に破られることが必要なもので、胎盤とともに後産とも呼ばれる。ところが『復活に関する教え』の著者はこの胞衣を他でもない死者の遺体の隠喩としているのである。これは一見逆説的なようであるが、すでに見た彼のグノーシス主義的な復活理解からすると、きわめて首尾一貫した論理に従っているのである。つまり、現実の肉体の死こそは、人間の本質的な部分にとっては、「真の復活」の時、すなわち「真の誕生」の時なのだ。

磨滅するまで地上の現実の世界を生きてきた肉体を「胞衣」(後産)だと言うのであれば、論理的には当然、その現実の世界は母親が胎児を宿し、育てる場所、つまり子宮であり、人間の地上の生涯は子宮の中の胎児の時間だということになる。『復活に関する教え』はこのことを明言はしていない。しかし、含みとしてはそう考えられていると見て間違いないであろう。

2　肉体の誕生、すなわち子宮への墜落

『復活に関する教え』が暗黙の前提としていたものを、繰り返し明言するのがナグ・ハマディ第Ⅶ写本に第一文書として収録されている『シェームの釈義』である。これはナグ・ハマディ文書全体の中でも内容的に最も難解な文書の一つであるが、全体として創世記一章1節以下に対してグノーシス主義の宇宙観・自然観の視点から行なわれるアレゴリカルな転釈となっている。上方に「大いなる光」、下方に「カオス」(別称「闇」、「恐怖の水」)、中間に「生まれざる霊」(別称「霊」)が位置する(§3)。「カオス」には、中間の「生まれざる霊」と本質を等しくする「ヌース(叡知)」(別称「汚された光」)が混在している(§10、40)。しかし、このような三層構造での配置がどうして、どのように

生じてきたのか、特にどうして下方の「カオス」の中に「ヌース」が混在することになったのか、その次第については全く語られないままである。神話はこの三層構造の配置を大前提として出発して、ある時は「カオス」と同格に、またある時はその下位概念として、実に頻繁に(八十五回)、しかも終始否定的な意味合いで、「自然」(ギリシア語でピュシス、女性名詞)に言及する。[11]

やがて、「汚れなき無窮の光」の「御子」なる「私」、すなわちデルデケアスが「生まれざる霊」と「カオス」の両方の内部に混在する「光」または「ヌース」を解放し、回収するために出現する。そのくだりは、デルデケアスが息子のシェームに説明するという体裁の下に、次のように語られる。

私(デルデケアス)が現れた。私は汚れなき無窮の光の御子である。私は(あの生まれざる)霊の姿で現れた。なぜなら、私は遍き光からの光線であるから。それ(遍き光)が私に現れたのは、闇の中のヌース(叡知)が陰府に留まり続けないようにするためであった。というのは、闇は肢体のある部分の中で、自分をヌースに似たものとしていたからである。シェームよ、私は大いなる方の御心に従って、闇が闇自身にとって闇となるようにと、また、闇がそれまで揮っていたあらゆる力を剝奪されてその業を止めるようにと、その闇の中に現れた。そのときヌースはそれら[12]を覆っていたカオス(混沌)の火を投げ捨てた。闇と(恐怖の)水の直中で。闇の中で水が雲となった。その雲から子宮が形を成してきた。あのカオスの火——これは迷い(プラネー)のことである——はそこ(子宮)へと赴いた。

さて闇はそれ(子宮)を見ると欲情した。彼(闇)は水をかき混ぜ、その子宮を愛撫した。彼のヌースはピュシス(自然)の深淵の中へ落ちて行った。それ(ヌース)は闇の苦い力と混じり合った。彼女(ピュシス)の眼は邪悪さから裂けてしまった。その結果、彼女はもう再びヌースを生み出すことができなくなった。というのも、ヌースは暗黒の根からピュシス(自然)に(与えられた)種子であったのである。そして、ピュシスが闇の力によってそのヌースを自分に受けたとき、彼女の中にあらゆる模像がかたちを取った。そして、闇がヌースの模像となったとき、それ(闇または模像)はあの(生まれざる)霊のようになった。ピュシスはそれを追い払おうと、立ち上がったが、それに対抗する力がなかった。なぜなら、彼女は闇からのかたちを持っていなかったからである。彼女はそれを雲の中に産み落としたからである。

そして、その雲が輝いた。その(雲の)中に一つのヌースが現れた。それはまるで恐るべき、誇る業火のようであった。それ(ヌース)は生まれざる霊に向かって突進した。それにはその霊との類似性が備わっていたからである。その結果、ピュシスはカオスの火を欠いたものとなった。するとたちまち、ピュシスは四つの部分に分かれた。それら(の四つの部分)はそれぞれ異なった雲となって現れてきた。それらは「処女膜」、「胞衣(羊膜)」、「力」、「水」と呼ばれた。処女膜と胞衣と力はカオスの火である。(§8―11)

論理的な思考に整理し切れない叙述である。グノーシス主義の神話が深層心理的な経験を言語化したものだという説明がうなずける箇所の一つである。しかし、ここでは細部のつながりの問題を無視すれば、特に傍点を付した箇所が示すように、今やこの神話が中間界以下「カオス」あるいは「ピュシス」(自然)までの領域を、女性の子宮のみならず、女性器を含む生殖器全体の構造に類比させていることは明白であろう。上方の「大いなる光」の世界、つまり超越的な神的領域は別として、中間界以下の可視的な自然界全体が巨大な女性器のイメージでとらえられているのである。グノーシス主義の「性的自然観」について語り得る所以である。(13)

「私」デルデケアスの出現によって、中間の「生まれざる霊」の一部は上方の光の世界へ帰昇してゆく。しかし、なおも下方の「闇」と「カオス」の中に拘束されたままの「光」の残余を回収するために、「御子」デルデケアスはまず「恐怖の水」の中に潜む「子宮」を呼び出す。

そこで私は自分を現した。それをきっかけにタルタロスに向かって降りてゆくためであった。重荷を負っている霊の光のもとへ(ゆき)、悪しき重荷からそれを解き放つために。そして、彼が暗黒の領域を眺め下ろすと、あの光が再び到来した。その結果、子宮も再び水の中から立ち現れてきた。彼女は私の意志によって出てきたのである。見開かれたその眼は狡猾さに満ち満ちていた。中間の場所に現れていた光、驚愕から分離していた光が安息を得て、彼女の上に輝いた。そのとき子宮はそれまで一度も見たことのないもの(複数)を目にしたのである。彼女(子宮)の上に光が輝いたとき、彼女はその光の中で喜んだが、それは彼女の邪悪さのゆえだった。中間の場所に現れたその光は彼女のものではなかったのだから。そして、子宮はそれまで目にしたこともないようなこと(複数)を見た。彼女は水に向かって引き下ろされたが、(自分では)光の力に達したのだと考えていた。彼女は自分の根っこが光の像によって無為にされたことも、その像が自分のところへ走ってきたということも知らなかった。(以下略)　(§29―30)

ついに「私」デルデケアスはこの「子宮」に向かって下降し、「獣」を着る。

それから私は、大いなる方の御心によって、私の光の衣を脱ぎ、それとは別の火の衣を着た。その衣にはかたちがなかった。その火はあの力のヌースから来るものであった。すなわち分離され、私のために、私の意志によって、中間の場所に準備されていたヌースから。なぜなら、中間の場所は、私が来てそれを着るようにと、暗い力でそれを覆っていたからである。

私はカオスに下って行った。すべての光をその下から救い出すために。なぜなら、闇の力なしでは私はピュシスに闘いを挑むことができなかったのである。私がピュシスの中にやって来たとき、彼女は私の力に耐えることができなかった。しかし、私は彼女の輝く眼の上に留まった。その眼は霊から来た光であった。なぜならそれ(眼)は霊によって私のために、衣として、また、安息として準備されていたのであるから。[15] 彼は私を通して下の陰府に向かって目を開いた。彼は自分の声を暫くの間だけピュシスに恵んだ。

さて、私の火の衣は、大いなる方の御心に従って、強きものに向かって、そしてピュシスの汚れた部分に向かって、すなわち、闇の力が覆っていたものに向かって、降って行った。私の衣は彼女の衣に覆われたピュシスを擦った。彼女の汚れた雌の部分は強力だった。すると子宮が怒って現れて来た。そしてヌースをまるで魚のように干上がらせてしまった。そのヌースには一滴の火と火の力が宿っていたのに。

ヌースを投げ捨てたとき、ピュシスは錯乱して泣いた。彼女は痛みを覚えたとき、涙とともに霊の力を放出した。(そして)私と同じようになった。私は霊の光を身にまとい、私の衣を着て、その魚を眺めながら安らいだ。そして、ピュシスの業が滅ぼされるために——なぜなら、彼女は盲目だから——、多くのかたちをした獣(動物)たちが、疾風の数に合わせて、彼女の中から現れてきた。彼らはすべて陰府の中に存在するようになった。そしてかたちを取るべきヌースの光を探し求めた。彼らはそれ(ヌースの光)に逆らって立つことができなかった。私は彼らの無知を喜んだ。彼らは大いなる方の子であるこの私が多くのかたちをした子宮の前にいるのを見つけた。私、は獣を着た。そして彼女に大いに請願した。(彼女から)一つの天と一つの地が生じるようにと。それはすべての光が立ち上がるためであった。なぜなら、霊の力は鎖から解放されることができなかったであろうから、私が獣の姿で彼女の前に現れる以外の仕方では。(以下略)　(§33―36)

このくだりは天地万物の創造を「カオス」の中に拘束された「光」の残余を回収するための最後の手段として位置づけている点で、マニ教の創世神話を想起させる。さらに、「光」の回収が完了するとき、「カオス」(ピュシス、自然)が太初と同じ「闇の塊」に帰ってゆくとされる点(**45** 14―20)も同様である。しかし、われわれの設問にとってとりわけ興味深いのは、傍点を付した「私は獣を着た」あるいは「私が獣の姿で」という表現である。この「獣」とは何か。引用した本文の表面では、ピュシスによってまず生み出される動物を指しているが、人間の肉体もそこに含まれると考えてよいと思われる。なぜなら、同じ「獣」という表現が人間の肉体の隠喩であることは、ナグ・ハマディ文書の中でも例えば『闘技者トマスの書』(NHC Ⅱ/7)において繰り返し確かめられるからである。ここではその一例だけ挙げよう。

救い主が言った、「[すべての]身体は、獣が生まれる[場合と同じように]生まれた。(中略)この身体は獣のようなものだから。獣の身体が亡びるのと同じように、これらのつくり物も亡びるであろう。これらのものは、獣の場合と同じように、交合から生まれるのではないか。もしそれ(身体)も交合から生まれるものなら、どうしてそれは獣と大きく異なるのか。だからお前たちは、お前たちが完全になるまで、幼児なのである[16]」。　(§5)

「子宮」に向かって下降した「私」デルデケアスは「子宮の前」で「獣」、つまり肉体を着る。このデルデケアスはその登場する神話の筋書き上の位置からしても明らかなように、いわゆる「原啓示者」である。一般にグノーシス主義の救済神話では、原啓示者はやがて地上に生み出されて拡散する人間たちの原型に他ならないから、ここでは人間一般の肉体的誕生が含意されていると見てよいであろう。人間の胎児が母親の子宮を出て、外界に生まれてくることは、グノーシス主義の性的自然観からすると、まさに逆に、「子宮」としてのこの世に落下し、そこで「獣」を着ることなのだ。これは現実の肉体の死を「子宮」からの脱出、真の誕生の時とする前述の見方と見事に符合する。『シェームの釈義』はこの後も女性器のみならず男性器をも隠喩として持ち出して、延々と創世神話を繰り広げる。

しかし、風たちは水と火と闇と光から生じてきた悪霊であって、（互いに）性交し合って、滅びてしまった。そしてその風たちはこの性交によって、自分たちの子宮の中に、悪霊たちのペニスの泡を受け入れたのである。風たちは自分たちの穴に力を孕んだ。風たちの子宮は喘ぎながら、出産の時が到来するまで、互いに帯で結び合った。彼女たちは水へ降りて行った。（§41）

『シェームの釈義』においては、巨視的に見れば、地上的世界の生成の全過程が男女の性交のイメージで表象されているのである。

3　実践的帰結——世界を破滅させるための禁欲

以上見てきたようなグノーシス主義の性的自然観については、深層心理学あるいは精神病理学的な見地からもさまざまな議論があり得るであろう。しかし、われわれの設問にとって重要なことは、このような性的自然観が、古代キリスト教会の内外できわめて実践的な帰結をともなったという歴史的事実である。それは性的禁欲主義、さらに言えば生涯を貫いての独身という帰結である。

『復活に関する教え』の著者は復活に関するいわば原理的・理論的な説明を終えた後で、名宛て人のレギノスに、それにふさわしい訓練によって生活を整え、実践するよう、次のように訓告する。

こういうわけだから、レギノスよ、部分的なことを考えるのは止めなさい。また、この肉に即した生活を送ることで、(肉との)一体性を求めることも止めなさい。むしろ、散漫と(肉体という)鎖から抜け出しなさい。そうすれば、あなたはすでに復活を手にするのである。死に定められたものでさえ、自分自身を知り、自分が死ぬであろうこと、また、たとえ多くの年をこの(現実の)生活の中で過ごしても、(肉体の)死へと導かれることを知っている。とすれば、なぜ他でもないあなたはあなた自身について、自分がすでに甦っていることを見ないのか。あなたはそれを見るに至るだろう、もしあなたが(本当に)甦りを手にしているならば。しかし、あなたは相変わらず、あたかもこれから死ぬかのように考えている。あの(死に定められた)ものは、自分がすでに死んでしまっていることを知っているというのに。とすれば、どうして私はあなたの訓練の足りなさを否定することができようか。誰にとっても、多くの仕方で実践を積んで、この(肉という)要素から解き放たれることはよいことである。そうすれば彼は迷うことがなく、むしろ再び初めから在った自分自身を受け取るであろう。(§25—27)

ここで「訓練」あるいは「実践」と言われているものの中身が性的禁欲であることを、あからさまな言葉で言い切るのがすでに引照した『真理の証言』である。前述のように、この文書とヴァレンティノス派との関係は両義的である。その理由は、ある有力な仮説によれば、この文書の著者が元来はヴァレンティノス派の一員であったが、やがて他でもない禁欲的倫理に関する意見の相違から派閥を離脱した人物だからではないかと想定されている。(17) おそらく派閥離脱後の彼がもろもろのグノーシス主義教派に激しい論駁を行なう一方、正統主義教会に対しても舌鋒鋭い批判を繰り広げたものが前記の文書である。

新約正典に収められた共観福音書が揃って禁欲主義者として描く洗礼者ヨハネも、この文書の著者の目から見ると、前述の通り、「子宮のアルコーン」に他ならない。まして結婚と性交を容認し、子孫の確保を祝福する正統主義教会は、たとえどれほど迫害による血の殉教者を輩出し、この世の価値観に対する拒否を「口先だけで」うたっても、その世界拒否は中途半端である。著者によれば、駄弁と無駄な議論を避け、生涯かけて生き抜く性的禁欲、つまり独身こそが、真の「殉教」(証し)、真の世界拒否なのである。

あ[る]者[た]ちは、洗礼[を受ける]ことによって信仰に入る。なぜなら、彼らはそれを救いの希望としているからである。[それ](洗礼)を彼らは[「封印」]と呼んでいる。(中略)真理の洗[礼]はそれとは別のものである。それは[この世]界に対する拒[否]によってこそ見いだされる。[しかし]、そ[れ](世界)を拒ん[でいるとた]だ口先だけで言う[者たちは、嘘をついているのである]。そして、そのような者たちは恐ろしい[場所]へ行くことになるだろう。その上、そこで恥を曝すだろう。彼らは[彼ら]に(洗礼を)授けて、自分たち自身に非難を招いてしまった者たちと同じように、何か(の報い)を受ける[だろう]。

(§36)

そして彼はアルコーンたち、権威［たち］、悪霊たちの考えに逆らって闘った。彼は彼らに休息の場所を与えなかった。むしろ彼らの欲情と闘って［約五文字欠損］彼らの誤りを克服した。彼は彼の魂を、他人の手によって犯した(欲せざる)過失から清めた。彼は自分自身の中で姿勢を正して立ち上がった。(中略)彼はまた、上へと受け入れられるにふさわしい者となる日まで、自分自身の中へ沈黙し始めた。駄弁と議論を排し、この場所全体に耐え、彼らを我慢し、すべての悪しきことどもに耐えながら。(以下略)　　(§16)

これら(金銭と性交)を拒［む］力を備［え］た者は、自分が人［の子］の［種］族に属［する者であることを］証明する。なぜなら、彼にはそれ［らの］ものを告発［する力］があるからだ。(中略)それから彼は［引］きこもると［約二文字欠損］、駄弁と論争を止めて、沈黙を守った。［いのちを与えることば(ロゴス)］を見いだし［た者］、［真理の父］を知るに至った［者は］、安［息を見いだした］。彼は探し［求める］ことを止めた。すでに［見いだし］たからである。(以下略)　　(§35)

この性的禁欲主義は一見静寂主義のようであるが、一口に性的禁欲主義と呼ばれるべきものの中でも、かなり過激なものと言わなければならない。なぜなら、それは肉の増殖を妨げることによって、他でもない目の前の「子宮としての世界」を破壊しようとする意図のものだからである。この意味で、殉教はおろか、駄弁と議論も排しながら、生涯かけて性的禁欲を貫くこと以上に激しい行動はあり得ないのである。

もちろん、ナグ・ハマディ文書には、同じように生涯独身を貫く性的禁欲主義を特徴としながらも、必ずしも『真理の証言』のように、それを「子宮としての世界」に対する破壊行動として意味づける攻撃的な立場ばかりが含まれているわけではない。例えば『闘技者トマスの書』は、前述のように、肉体を「獣」と呼ぶにもかかわらず、世界を破壊する禁欲という思想とは無縁である。(18) また、ナグ・ハマディ文書を蒐集し、そのコプト語写本を製作した主体であると推定されるパコミオスの修道院運動も、目の前の世界の破壊を意図する禁欲主義ではなく、むしろ反対に世界の救済を意図する禁欲主義であった。以下、そのようにナグ・ハマディ文書を時代的かつ地理的に取り巻いたさまざまな禁欲主義をそれぞれの史料に基づいて実証的に明らかにしながら、古代末期の禁欲主義をいくつかの類型に区分してみたい。しかし、それは後続の第2章以下で遂行することにして、差し当たり次節では世界を子宮として見る見方に対して、古代地中海およびオリエント文化圏にどのような思想史的類例が発見されるか調べてみよう。

三　「子宮としての世界」をめぐる思想史的類例

この節での結論から先に言えば、古代地中海およびオリエント文化圏に、可視的宇宙全体を子宮あるいは女性器に譬える見方は確認できない。文献学的に確認できるのは次の二つの表象である。

A　人間の肉体と魂の関係を子宮の内部の胞衣(羊膜)と胎児の関係に譬える表象。

B　人生を子宮の中の胎児の期間に、人生の終りに当たっての肉体の死を胎児すなわち魂が子宮すなわち肉体から脱出する瞬間に譬える表象。

表象Aの類例としては先ずオリゲネス『ケルソス駁論』を挙げることができる。ケルソスとは二世紀後半に活動した中期プラトン主義者の一人で、キリスト教に対する最初の包括的な哲学的批判を加えた著作『真正なる教え』(一七八一一八〇年頃）の著者として知られている。これにオリゲネス（二五三／五四年没）が自分のキリスト教信仰の立場から行なった論駁が前記の著作である。その第四巻七四章によれば、ケルソスは『真正なる教え』のある箇所で聖書の創造信仰を人間中心主義であると非難し、むしろ「万物が生じたのは、人間のためであるのと同様に、非理性的動物のためでもある」ことを示そうと試みている。これに対してオリゲネスは、ケルソスは自分の非難が彼と親しい友人関係にあるはずのストア派の人間中心主義にこそ当てはまることを見落としていること、しかも実際にはそのストア派の教説の場合も、聖書の創造信仰の場合も、神の配慮は人間という理性的存在の枠を越えて、非理性的存在にまで及ぶと考えられているのだから、ケルソスの批判は不当であると反論する。その途中にストア派の見解について次の報告が現れる。

> ストア派の人々は、正当にも人間と理性的本性一般とをすべての非理性的本性の上に置き、そして摂理（プロノイア）は万物を主として理性的本性のために作ったとのべているのだから。主要な存在とされる理性的存在の方は、生まれる子供に相当するが、他方非理性的で魂をもたない存在は、子供と同時に生じる後産（胞衣）に相当する。[19]
>
> (IV, 74)

第二の類例は同じ『ケルソス駁論』の第七巻三二章に見いだされる。ここでは、キリスト教の復活信仰はギリシア人の魂の輪廻転生説を誤解したものだとするケルソスの非難に対抗して、オリゲネスが彼自身の独特な肉体論と復活論を開陳する。

> われわれが復活についての教えを唱えるのは、ケルソスが言うように、魂の輪廻転生の教説を誤解したからではない。その理由はむしろ、われわれが承知しているからなのである。すなわち、魂は本性上非肉体的かつ不可視なものであるが、そのつどの肉体的な在り処で、その本性上その場所にふさわしい身体を必要とするのである。そもそも魂がそれまで担っていた身体は確かに必要不可欠なものではあったが、今や第二の境涯には余分なものとなったので、魂はそれを脱いだ上で、現在の身体を担っているのである。さらには、それまでの身体の覆いの上に、さらに純粋で澄んだ大気の天の場所に居るために必要となるもっと上等の衣を重ね着することになる。魂は誕生によってこの世界に入ってくる時に、妊娠した女性の子宮の中に留まって形を成してゆく間だけ必要な胞衣を脱ぎ捨てたのである。それはその胞衣の下で、地上で生きてゆくのに必要なものを身に着けたのである。[20]
>
> (VII, 32)

オリゲネスのこの発言では、厳密に言えば、胞衣は人間の肉体の比喩ではない。それはむしろ魂すなわち胎児が、やがて「地上で生きてゆくのに必要なもの」、つまり肉体を「身に着ける」場所である。[21] 同時にこの発言は、オリゲネスにとって人間の肉体とそれを育む子宮が一義的に否定されるべき負の価値ではないことをも示している。彼にとって個々人の魂とは、本来霊的存在が変質(冷却)したものであって、やがてはその本来の状態へ回帰すべきものである。しかし、だからと言って肉体は単純に悪なのではなく、その大きな回帰運動の不可欠な一環なのである。もちろん、逆に現実の肉体がそのもろもろの欲求とともに肯定されてしまうわけではない。肉体はある「変化」(メタボレー)を蒙らなければならないのである。先の発言の途中に「それまでの身体の覆いの上に、さらに純粋で澄んだ大気の天の場所に居るために必要となるもっと上等の衣を重ね着することになる」とあるのは、その意味である。これがオリゲネスの言う「肉体の復活」である[22]。それは正統主義信仰の復活論から見れば、事実ケルソスが言う通り、ギリシア的な魂の輪廻転生説のキリスト教的焼直しとも呼び得るかも知れないのであるが、オリゲネス自身はケルソスに対して自説の独自性を主張して譲らないわけである。

第三の類例は思想史的にケルソスの延長線上に位置する新プラトン主義者ポルフュリオス(二三二頃―三〇五年)の『マルケラへの手紙』(三〇〇年頃)に見いだされる。手紙の受取人マルケラはポルフュリオスが七十歳近い年齢で初めて迎えた妻である。その時のマルケラの年齢は不詳であるが、すでに七人の子持ち、しかも病弱で、とりわけ資産もない女性であった。ポルフュリオスは友人の未亡人であったマルケラの子育てを助け、彼女を亡くなった夫の親戚たちの専横から守り、かつ彼女に哲学を教えるために、さまざまな反対と中傷を越えて結婚するに至る。結婚後十ヵ月目、彼が所用で旅に出て彼女を独りにした時に、彼の留守の間も彼女が哲学に親しみ続けるように勧めるために旅先から送られたのが『マルケラへの手紙』である。マルケラとの結婚に至るまでの紆余曲折、目下の旅に彼女を同行させなかった理由、帰郷の約束を述べた後(一―四章)、離れ離れになっている目下の状態こそマルケラが励むべき哲学的生のためには好機であること(五―一一章)、その哲学的生の理想を体現する賢者とその反対の愚者の例(一一―二四章)、そして最後に、魂は自然の理法から肉体とのあるべき関係を学び、神的理法からより高次の知の領域との関係を学ぶべきことが語られる(二五―三四章)。この最後の段落でポルフュリオスはマルケラとの結婚の動機にも言及して、次のように述べる。

だからマルケラよ、あなたの身体が男性であるか女性であるかに過度に煩わされないようにしなさい。自分を女だと思わないことにしなさい。私が女としてのあなたに身を献げたのではないからです。あたかもあなたも男性のからだをまとっているかのごとくに考え、あなたの魂の女性的な部分から逃れなさい。なぜなら、処女なる魂と結婚したことのない知性（ヌース）とから生み出されるものこそ至福なものなのですから。（三三章）

このような文字通りのプラトニック・ラブについて語る文脈の中で、魂と肉体の関係について次のような文章が記されている。

神的理法は思考の汚れなき巻物の中で叫んでこう言います。もしあなたにとってあなたの身体が、ちょうど子宮の中で成長を続ける胎児にとって胞衣（羊膜）がそうであるように、あるいは芽を出しつつある種子にとって表皮がそうであるような関係に置かれない限り、あなたは自分自身を知るに至らないでしょう。また、あなた以外の誰であれ、このように考えない者は自分自身を知ることがないでしょう。ですから、胞衣も種子の表皮も中身とともに成長しますが、どちらも熟し切れば脱ぎ捨てられるのと同じように、蒔かれた個々の魂に結び付けられた身体も、人間の（本来の）部分ではなく、むしろ人間が子宮の中に生じてくるために必要なものなのです。それはちょうど、身体が地上に生じてくるために、胞衣がその上に巻き付けられるのと同じです。[23]（三二章）

魂と肉体の関係はこのようなものである。しかし、それはポルフュリオスにとって、結婚制度と性の営みそのものを否定する理由とはならない。このことはマルケラとの彼自身の結婚という事実に端的に明らかである。「結婚に基づく家庭生活は『性的禁欲のための葛藤』を特徴とするかも知れない。しかし、このことは性的営みの絶対的排除ではなく、むしろその厳しい制御を意味するのであり、やがて時間の経過の中で初めてその放棄に至るとするものなのである[24]」。そのような家庭生活が営まれるべき現実の世界もその神聖さを疑われることはない[25]。

次に前記の第二の表象Bについては、われわれは四つの類例を挙げることができる。年代順に挙げれば、その第一は古代ギリシアの地理学者ストラボン（前六四頃―後二一年）がその著『ギリシア・ローマ世界地誌』の第一五巻第一章五九節で、インドのブラフマンの教説と教育活動について記している報告である。

賢者たちが語る教説では死を扱った部分が一番多く、この人びとの信じているところによると、この世の生はまさしくちょうど胎内にいる最中のようなものであり、死は真実の生への誕生、従って哲学を探究した人びとにとっては幸福な生へと生まれることである。従って、人は死へ臨むためできるだけ多くの訓練に従事しなければならない[26]。

第二の類例はストア派の哲学者であり、皇帝ネロの教師でもあったセネカ（紀元前後―後六五年）の『道徳書簡集』の中に見いだされる。この大部な書簡集に集められた手紙は、体裁こそ友人ルキリウスに宛てた個人的な手紙とされているものの、実際には不特定多数の読者を想定しながら、さまざまな哲学的あるいは倫理的問題を論じている。われわれにとって重要なのはその内の第一〇二書簡の第二三節と二七節である。ここでセネカは肉体と魂の関係を論じている。曰く、肉体の生死を含めて、あらゆることが「自然」（natura）の配剤の下にあるのだから、肉体の死は魂にとって滅びの時ではなく、むしろ牢獄から永遠への誕生の時である。われわれにとって問題になる二箇所の文章はそれぞれ次の通りである[27]。

この現下の可滅的生に留まるということは、より良い、かつ、より長い生命に至る前の予行演習なのである。すなわち、母親の胎(maternus uterus)が十ヵ月もの間われわれを保持して、自分のためではなく、やがてわれわれがその中へと送りだされてゆくべき場所でわれわれが自分で呼吸し、無限の広がりの中で生き延びてゆくことができるように準備してくれるのと同じように、われわれは幼年期から老年期に至るこの時間の中に在りながら、再生に向かって成長してゆくのである。（二三節）

新生児を包んでいる胞衣(velamenta)は例外なく朽ちてゆく。これが事物の生成の習いなのだ。なのになぜ君はそれをまるで自分のものであるかのように愛するのか。君はそれで包まれているだけのことだ。やがて君を不快で悪臭漂う子宮(venter)から引き離す日がくるだろう。（二七節）

肉体から解き放たれた魂はどこへ行くのか。セネカはこの問いに同じ段落でこう答えている。「君の思いをより高く、より卓越したものに向けなさい。間もなく自然の秘義が君に開示され、この霧は散らされるであろう。そしてあらゆる方角から澄んだ光が君に迫ってくる。すべての星々がその光を互いに混ぜ合わせるとき、その輝きはどんなにすばらしいか想像してみるがよい。どんな影響もその晴朗さを曇らせることはない。天一面が一様に光り輝くのだ」。すなわち、地上の人生は確かに悪臭漂う子宮に比せられてはいるものの、星々が輝く天の晴朗さは微塵も疑われていないのである。

この点は次に引く第三の類例についても同様であると考えてよいであろう。それはやはりストア派の世界観で身を処した哲人皇帝マルクス・アウレリウス(後一六一―一八〇年)の『自省録』の一節である。

ちょうど君が今現に君の妻の身体から胎児が出てくるのを待っているのと同じように、君の魂がこの覆い(ἔλυτρον＝身体)から抜け落ちる時を待つがよい。(28)

(IX, 3)

最後に第四の類例は、教会史家エウセビオス(二六三頃—三三九年)の『神の出現(受肉)について』(Theophaneia)と題する著作の中に見いだされる。これは現在はシリア語訳でしか伝わらない文書で、本当にエウセビオスの筆によるものであるかどうか長い間論争されてきたが、『コンスタンティヌス伝』、『福音の証明』、『福音の準備』など真筆であることが間違いない著作との重複記事がきわめて多いことを理由に、エウセビオスの真筆として扱うことが現在では定説となっている。エウセビオス自身が『福音の証明』からの自己引用を明言している箇所があることから、この著作よりは後に執筆されたものと思われる。さらにある有力な学説(H・グレスマン)によれば、その執筆時期は『コンスタンティヌス伝』よりも前であるとされる。(29)

われわれにとって興味深いのは、その第一巻の六九章から七二章に及ぶ部分である。分量的にかなりの長さになるので、まずこの部分全体で言われていることの大意を要約しておくのがよいであろう。それは次の通りである。

人間一般について言えることであるが、地上の生をしかるべき仕方で生き抜いた者にやがて天上で与えられるはずの栄光と祝福に比べると、地上の生は母親の胎内の闇の中にいる胎児に譬えることができる。胎児がしかるべき時期に、しかるべき姿勢で、しかるべき仕方で体外へ出てくれば、闇から光へ脱出し、自己呼吸を開始し、産婆の手助け、食物摂取を経て、教育を受けて成人となる。しかし、そうでない場合は、胎児は闇から闇へ葬られる。地上の生を肉体との関わりでどう生きるかは、この二つの胎児および出産のあり方に譬えられる。

以上の大意を踏まえながら、最も重要と思われる箇所を読んでみよう。

なぜなら、肉体の中で懐胎されるものは、そこ(胎)にある衣(胞衣)を着せられるものであるが、胎児が地上に生まれてくるときには、定められた月数の時が訪れるやいなや、胎児はそれを脱ぎ捨てると、その後は光へ向かって進み、新鮮な空気を呼吸して、以後は人間という本性に与る者として数えられる。それと同じように、見かけばかりが完全な人間種族も、天にあるさらに優れた種族に比べれば、まだまだ子供であって、いまだに地上で懐胎されて、この朽ちゆくべき身体の皮膚を着せられている状態に過ぎない。(30)

（六九章）

従って、地上で人間の生を営む者はいかなる点でもまだ理性もなく無知な乳児と、あるいは、まだ胎内にある胎児と異なるところはないのであり、天使たちや神霊たちの身体の外観とは比べるべくもなく、無知な子供に過ぎないのである。(31)

（七二章）

さて、以上の類例が示すような人間の肉体と魂の関係を子宮の内部の胞衣と胎児の関係になぞらえる見方(A)、あるいは、人生を子宮の中の胎児の期間に、人生の終りに当たっての肉体の死を胎児すなわち魂が子宮すなわち肉体から脱出する瞬間になぞらえる見方(B)からすれば、現実の可視的宇宙全体を「子宮」と見做すことは、論理的に当然予想される帰結、しかもほんのあと一歩で到達するはずの帰結であろう。にもかかわらず、以上に挙げたヘレニズムの著作家たちは、この論理的帰結を引き出さない。その理由は、彼らの主たる関心が魂と肉体の関係を中心とする人間論に向けられ、かつ、そこに留まっているからである。この点で興味深いのは、ストラボンの報告によると、人間の生死について前記のような見解を唱えるインドのブラフマンたちが、すぐその後で、自然的世界に関しては次のような見解を示していることである。

自然を扱った教説では考え方に素朴なところを見せている部分もあるが、それというのもこの人びとは言論よりも実践の面でむしろ優れ、その場合大半の教説をば神話を介して信用しているからである。しかし、ギリシア人に似た教説を説くところも多く、たとえば宇宙は生成消滅するものだということは、ギリシア人たちも説くところである。このほかにも、宇宙は球体で、これを司り、これを造ったのは神であり、その神が宇宙全体に遍く行き渡っていること、万物の始元は(それぞれに)相異なっているが、宇宙を作っている始元は水であること、四元素に加えていわば第五元素として自然があり、それから天と星が生成すること、大地は万有の中央に位置すること、——以上のことはギリシア人も説いている。(32)

外なる宇宙・自然界はブラフマンにとっても、ギリシア人にとってと同じように、本質的に善なるものだというのである。先に見た通り、プラトン主義者のポルフュリオス、ストア主義者のセネカとマルクス・アウレリウスにとってはもちろん、キリスト教の創造論の立場に立つオリゲネスと思想的にその弟子であったエウセビオスにとっても、外なる宇宙・自然界は本質的に神聖なもの、少なくとも肯定されるべきものなのであって、仮にも「子宮」に、ましてや女性器になぞらえるべきものではないのである。いずれにしても、ここに挙げたどの類例の場合にも、子宮、胞衣(羊膜)、胎児の比喩は人間論の枠内に留められ、決して宇宙論の次元へ拡大はされないのである。

この点は、すでに見たように、ナグ・ハマディ文書の『復活に関する教え』の場合にも当てはまる。この文書は前記のBの意味での胞衣に言及はするものの、宇宙論への展開はまだ明示的ではない。この展開をきわめて明示的に遂行したのが『シェームの釈義』に他ならない。この文書の著者はヘレニズムおよびオリエントの世界の知識層の間に広く知られていたAあるいはBの見方を取り上げ、そこに含まれていた内的論理を過激なまでに貫徹したのである。彼は宇宙を巨大な女性器として描くことによって、グノーシス主義の反世界性、現実世界に対する根本的な拒絶、否、世界を破滅させるための禁欲主義を表明しているのである。

第2章

禁欲の闘技者
——外典使徒行伝の性倫理

前節で見たようなグノーシス主義の過激な禁欲主義と相前後する時代のキリスト教の枠内には、それとはまた別種の禁欲主義の系譜が認められる。それは外典使徒行伝と総称される一群の文書によって代表される。もちろん外典使徒行伝のすべてというのではなく、その中でも成立時期が比較的早い『アンデレ行伝』、『ペテロ行伝』、『パウロ行伝』、『トマス行伝』、『ヨハネ行伝』の五つがわれわれの目下の問題にとって重要である。これらは時代的には後二世紀の中葉から三世紀の末葉にかけて、西はローマ、東はシリアまでの地中海世界の各地で匿名の著者によって著された。内容的には、それぞれの表題に現れている使徒あるいはそれに準ずる伝道者が、主の昇天の後、手分けして地中海世界からインドにおよぶ当時の全世界を股にかけて伝道して歩くことになった旅を大きな枠組みとして、その中に実にさまざまなエピソードが盛り込まれる。文書によっては、その後の伝承史の過程で、マニ教も含むさまざまなグノーシス主義教派の手による加筆や改変を被っている。そのために、外典使徒行伝というジャンルは、本論考の「結びにかえて」でも取り上げる予定の正統主義信仰の立場から見れば、多かれ少なかれ常に「異端的」な教えと踵を接しているものと考えられたのである。しかし、そのような加筆や改変を受けた文書も元来はグノーシス主義的と呼び得るものではなく、むしろ各地域の正統主義教会の枠内に存在するようになったいわば大衆的なキリスト教徒たちのメンタリティーを反映すると見るのが定説である。正に前記の時代は、小アジアを中心にキリスト教が勢力を伸展し、信徒の数が増加した時代であった。そのような大衆化したキリスト教徒たちの関心を反映して、外典行伝はどれも思想性に乏しい。むしろ、それぞれの主人公である使徒の行く先々で、彼を巡って起きる多種多様な事件を大衆読み物風に次から次へ並列させてゆく。並列される個々のエピソードも、新約正典中の福音書や使徒行伝のように、必要最小限の簡潔さで語られるのではなく、さまざまな人物を登場させて、複雑な相互関係を組み立て、かつ直接話法による会話を多用しながら、個々の登場人物の感情や心理描写も試みる。その際、最も好んで取り上げられる主題が男女間の性の営みであり、そのつど独特の禁欲倫理が説かれるのである。

一　性をめぐる葛藤の三つのパターン

前記の五つの外典行伝の全体を見渡して初めて確認されることを、すでにここで先取りして言えば、これらの文書で描かれる性をめぐる男女の葛藤は、次の三つのパターンに分類できる。

A　ある使徒がある土地へやって来ると、その説教を一組の夫婦のどちらか一方（多くの場合は妻）が聞いて感激し、入信する。そしてそれ以後の夫婦間の性の営みを拒絶する。拒絶された側は激昂して、さまざまな対抗行動、場合によっては異常行動に走る。

B　婚約中の男女、あるいは今まさに結婚式を挙げようとしている男女の前に使徒が現れて説教し、禁欲を説く。するとその男女のいずれかが婚約あるいは結婚式をたちどころに破棄して、「主キリストとの真の結婚」のために「純潔」（「処女性」）を保って生きることを決意する。

C　不倫を含む結婚外の性関係が当事者たちの間に種々の不幸と破滅を引き起こす。

以下、前記五つの外典行伝に含まれる合計十三の該当エピソードの一つ一つについて、話のごく概略を述べながら、そこに込められた禁欲主義の中身を確認することにしたい(1)。

(1)『アンデレ行伝』。これは後二〇〇年までには成立していたと推定される文書で、成立地としては話の舞台であるアカイア(ギリシア)か小アジアからシリアにかけての地域が可能性として考えられるものの、確定できない。ギリシア語の写本は不完全な形でしか現存しないので、話の全貌はトゥールのグレゴリウス(五三八―五九四年)による『祝福された使徒アンデレの奇蹟』(De miraculis beati Andreae apostoli)によって窺う他はない。われわれにとって重要なくだりだけを要約すれば、アンデレはアカイアのパトラエでローマ総督アイゲテアスの愛妻マクシミラの病気を癒す。マクシミラは改宗し、以後夫との夫婦の性の営みを蔑ろにする。これに怒ったアイゲテアスはアンデレを投獄するが、彼は獄中でも信者を集めて、禁欲を説く。依然として妻と性交渉のできないアイゲテアスは、遂にアンデレを十字架刑をもって処刑するが、マクシミラの心を動かすことができないことを悟ると、身を投げて破滅する。

これは明らかにパターンAに属する。「夫婦の交わりを行ない、いっしょに子供を生む」ことを望むアイゲテアス(四章)は悪魔の子であり(八章)、マクシミラは彼の欲望を逃れて「純潔」(*ἁγνεία*)を保つことを求められる(七―八章)。

(2)『ペテロ行伝』は二世紀の末に、話の舞台であるローマか小アジアで成立したと推定される外典行伝である。その三三章ではペテロがローマで日ごとに多くの人を改宗させている様が描かれる。その中に長官アグリッパの四人の妻妾たちがいた。彼女たちは純潔を勧める使徒の説教を聞いて、アグリッパとの同衾を止めることを申し合わせる。途方にくれたアグリッパは彼女たちにあらゆる過酷な仕打ちを加えるが、彼女たちはもはや肉欲に身を任そうとはしない。これもパターンAに属する。

(3)続いて同じ『ペテロ行伝』の三四章は、クサンティッペという美貌の貴婦人について語る。彼女はローマ皇帝の友人であるアルビノスという男の妻である。他の貴婦人たちと一緒にペテロの下に集まり、その説教を聞いたのを機に夫との同衾を拒むようになる。野獣のごとく凶暴になったアルビノスがアグリッパに事情を話すと、アグリッパも同じ事情を打ち明け、その後は二人でペテロの殺害を共謀する。この話もパターンAに属する。ただし、興味深いことに、夫との性交渉を拒むようになった貴婦人たちの夫たちの中には、「敬虔にまた純潔に神を崇もうと望んだために、自分たち自身も妻たちと寝床を別に」する者たちがいたと言われる。

(4)『パウロ行伝』は後二〇〇年の前後に小アジアの教会の一長老によって書かれたと推定されている。その一二五章はパウロがイコニウムを訪れた時のエピソードである。パウロはオネシポロスという名の男性信徒の家の教会で、山上の垂訓の中の「八福の教え」(マタ五1-12)に沿った説教を行なう。その中では、「この世と訣別した人たち」、「妻を持ちながら持たない者のようにする人たち」がさいわいと祝福され、「処女のからだ」が「聖潔の報い」を失うことのないものとして称揚される(五章)。

そのパウロの説教をテクラという名の処女が聞いて、すっかり心酔し、家に帰ろうとしない。心配した母親テオクレイアが娘の婚約者であるタミュリスと一緒に連れ帰ろうと説得するが果せない。そこでタミュリスは、折からキリスト教徒を詐称してパウロの道連れとしてやって来ていた二人の男の入れ知恵に従って、パウロを魔術師として総督カステリオスに誣告する。総督は裁判の後でパウロを投獄するが、最終的には鞭打ち刑に処して町から追放する。しかし、テクラは火あぶりの刑に処せられる。ところが猛火も奇蹟的に彼女に触れることがない。その後テクラは、その間も伝道の道を先に進んでいたパウロの一行に引き合わされて同行者の一人となる。

これは明らかにパターンBに属する。エピソード全体の中では、性欲が「おそろしい情熱」(九章)、「汚れた快楽」(一七章)であることが強調され、反対に「純潔」が来るべき復活の条件であるとされる(一二章)。

(5) 続いて同じ『パウロ行伝』の二六―三九章は、パウロと共にピシディアのアンテオケに入ったテクラが、アレクサンドロスという名の男に一目惚れされて、危うく暴行を受けそうになる事件を先ず物語る。思いを遂げられなかった男がテクラを総督に誣告すると、総督は野獣による処刑を言い渡す。衆人監視の中でさまざまな種類の野獣を使っての処刑が試みられるが、テクラはそのつど一頭の雌ライオンや観衆の中の婦人たちに助けられて難を逃れる。その途中、テクラは用意された堀の水で自己洗礼を施し、不思議に思う総督にキリスト教の信仰を説いた後、伝道者となる。この話はパターンとしてはCに入れてよいであろう。

(6) 『トマス行伝』は三世紀の半ばにシリアで成立したもので、ギリシア語写本とシリア語写本の両方が伝わっている。エルサレムでの使徒たちの間でのくじ引きの結果、「双子」(デドモ)とも呼ばれるユダ・トマスにはインドが当たった。そのユダ・トマスが北インドおよび南インドを舞台に繰り広げる十三のエピソードが、それぞれかなりの紙幅を割いて詳しく物語られる。先ず四―一六章(第一行伝)はアンドラポリスというおそらく架空のものと思われる王都にトマスが入ったときの話である。その日はたまたまその地の王の一人娘の結婚式の当日であった。王がトマスの異能の噂を聞きつけ、人を遣って彼に来させると、娘のために祈ることを求める。トマスが祈りを終えて立ち去った後、新婦の部屋で二人きりになった新郎と新婦に、トマスの姿をした主イエスが現れて次のように語って聞かせる。

わが子らよ、わたしの兄弟(トマス)があなたがたに語ったことを、また、あなたがたを託した方のことを思い出しなさい。そして、もしあなたがたがこのような汚れた交わりから解放されるならば、聖なる宮となり、清くなり、見える、あるいは見えざる衝動と苦痛から解放されるであろう。そして、あなたがたは生活苦と破滅に終る子供たちに対する心労に患わされないであろうことを知ってほしい。しかし、もしあなたがたが多くの子供を持つならば、彼らのゆえにあなたがたは強盗となり、貪欲となり、みなしごの着物を剝ぎ、やもめから搾取するであろう。そして、あなたがたがこのようなことをすれば、みずからに最悪の罰を下されるであろう。（中略）しかし、あなたがたが忠告に従い、あなたがたの魂を神に対して聖く保つならば、これらの害に触れることのない生ける子らがあなたがたに生じ、あなたがたは心労なく、苦しみと煩いなしに苦労のない生活を送り、あの不朽にして真の結婚を待ち受けるであろう。そして、その中であなたがたは花嫁の添人として、不死と光に満ちたあの新婦の部屋へともに入ってゆくであろう。(2)（一二章）

この語りかけを聞いた新郎新婦は夫婦の契りを結ぶことなく、「癒し難い永久に続く病」である性欲から解放されて、「純潔の健康」を与えられて「真の結婚」、すなわち主イエスとの結婚に導かれたことを主に感謝する。性欲と結びついた結婚は、「汚れた交わり」であり、そこから生まれてくる子供たちは不幸の種であると言う（一三―一五章）。このエピソードはパターンBの典型である。

(7)　続いて同じ『トマス行伝』の三一―三六章（第三行伝）は、主の日（日曜日）に美しい女と「恥ずべきこと」、すなわち性交をした若者の話である。この若者はその日の夕方、その行為を盗み見た毒蛇によって噛まれて滅ぼされてしまった。トマスは若者の死骸に出会うと、毒蛇を洞穴からおびき出し、事情を説明させた上、若者の死骸から毒を吸い取ることを命じる。毒蛇がそうすると、死んでいた若者は生き返り、使徒の説教を聞いて悔い改める。これはパターンCに属する。

(8)　同じ『トマス行伝』の四二―五〇章（第五行伝）は、かつて許嫁とも交わることなく別れた女が、ある時は若者、ある時は老人の姿に変身して現れる悪霊に見初められ、すでに過去五年間も夜ごとに寝床で「汚れた性交」を強要されているという話である。彼女はトマスのもとに参じて、その悪霊の追放を求める。使徒は求めに応じた後、彼女に「封印」、つまり洗礼を施し、パンと水だけから成る聖餐を行なう。[3] これはパターンBに分類してよいであろう。

(9) 同じ『トマス行伝』の五一―六一章(第六行伝)は、売春宿の少女と彼女に溺れる男の話である。二人は相思相愛の中であったが、男はある日トマスの説教を聞いて、「純潔」の生活を決意し、少女を説得したが、彼女は聞き入れなかった。男は彼女が他の男たちと性交し続けるのを見るに耐えられず、刃物で彼女を殺害してしまった。トマスはこの事情を知ると、殺された少女のもとに駆けつけ、主イエスに祈り、男にも祈ることを命じる。二人が祈ると少女はたちどころに生き返って、死んでいた間に見た地獄では、男女の性の交わりをした者たちと彼らから生まれた乳児たちがどのような恐ろしい境遇におかれているかを語る。これはパターンCに属する。

(10) さらに同じ『トマス行伝』の八二―九八章(第九行伝)は舞台を北インドから南インドに移し、ミスダイという名の王の宮廷にトマスが引き起こす葛藤を物語る。その葛藤が以下一五八章(第十三行伝の結び)まで、五つのエピソードに分けて語られるが、話の筋としては一連のものであるから、『トマス行伝』のみならず、外典使徒行伝全体の中でも分量的に最大のまとまりと言えよう。

トマスはミスダイの王国にやってきて、「あらゆる悪の母胎」である性交から遠ざかり、「神の前にあらゆる善の母胎」である「純潔」をもって身を処すべきこと、そのためには「キリストの競技場で苦闘する者(*οἱ ἀγωνιζόμενοι/ἀθλητής*)」となることが必要であること、「純潔」に「節制」と「柔和」を加えた「三つの徳目」を身につけるべきであることを説く。王の近臣カリスの妻であるミュグドニアはこの説教に心うたれ改宗すると、以後夫との同衾を拒むようになる。

カリスはミュグドニアとさんざん話し合うが埒が明かず、ミスダイ王に「ヘブル人の魔術師」トマスのことを訴える。王はトマスを招致した将軍シフォルを審問した後、トマスを捕らえて投獄する。しかし、ミュグドニアは依然として夫との「醜い行ない」を拒み続ける。その先は第十行伝以下のエピソードであるが、ミュグドニアが洗礼を受けるのに続いて、その乳母マルキア、将軍シフォル、その妻と娘、さらにはミスダイ王の妃テルティア、王の息子ワァザン、その妻ムネサラが次々と改宗して洗礼を受ける。ミスダイとカリスはトマスを処刑するが、妻たちの心を再び翻させることはできず、新しい信仰共同体の中で生きることを許す。

以上のように『トマス行伝』の八二章(第九行伝)以下の五つのエピソードは複合的であるが、いずれもパターンAに属する。

⑾『ヨハネ行伝』は三世紀の末頃、話の舞台でもある小アジア(エフェソ)で著されたと考えられている。現存する写本は不完全で、かなりの量の本文が失われている一方で、その後の伝承史の過程でグノーシス主義的な加筆と改変を受けている。(4) われわれにとって興味深いのは、元来の本文の方に見いだされるエピソードである。先ず四八—五五章は同僚の妻と不倫関係を続ける男の話である。妻を寝取られた同僚の男の方は、自殺すると言って嚇している。当の男は不倫関係を咎めた父親を蹴り殺してしまった。彼は父親が死んでしまったのを見ると、自分を父親殺しにさせた原因である女を刺し殺し、自分もその後で自殺しようと、帯剣を抜いて走り出す。一部始終をたまたま目撃した使徒ヨハネは、その男を一喝して押し止め、事情を聞き出すと、男をつれて、殺された父親のもとへ急ぎ、老人を甦らせる。それを見た息子は、今や父親のみならず自分自身も救われたことを知ると、短剣で自分の性器を切断し、不倫相手の女のもとへ急ぐと、それを彼女の面前へ投げつける。ヨハネは戻ってきたその男に、「人間にとって害をなすのは、肉体の器官ではなくて、それによりあらゆる恥ずべき欲望が沸き立ち、表に現れてくる隠れた源である」ことを説いて聞かせる。これはパターンCに属する。

⑿　元来の『ヨハネ行伝』の失われた本文では、ドゥルシアネーという名前の女性がヨハネの説教を聞いて、夫のアンドロニコスとの夫婦の交わりを拒むようになった話が含まれていたものと思われる。このことは現存する本文の内のいくつかの箇所(六三、八二、一〇三章)から推してほぼ間違いない。そのためにアンドロニコスは激昂し、彼女に元通りの夫婦生活の回復を求めたが、ドゥルシアネーが応じないために、彼女を墓に幽閉した。やがて、アンドロニコス自身もヨハネの感化を受けて回心し、妻を解放した。その後は「純潔」の夫婦生活、すなわち性交渉を伴わない夫婦生活を営んでいた。多分に推定を含むが、もしこのような再構成が正しければ、(5)このエピソードは典型的なパターンAに属する。

⒀　最後に『ヨハネ行伝』の六二―八六章はカリマコス事件と呼ばれるエピソードである。カリマコスはエフェソの有力な家柄の青年である。彼はアンドロニコスとの間に前記のような「純潔」の夫婦生活を営んでいるドゥルシアネーに横恋慕し、何とか彼女を抱きたいものといろいろ試みる。ドゥルシアネーの方は一人の青年にとって躓きとなったしまったことに苦しむあまり、ついに世を去ってしまう。それでも欲望を抑えがたいカリマコスはドゥルシアネーとアンドロニコスの家の執事を山なす金で買収し、墓の中のドゥルシアネーの死体に禁断の行為(屍姦)を加えようとする。その場面は次のように描かれる。

ドゥルシアネーに血迷ったその男は、さまざまな姿を取るサタンのおぞましい欲望と業とに駆られて、アンドロニコスの家の金に目のない執事を山なす金で買収した。その男はカリマコスがドゥルシアネーの墓室を開けて、その死体に禁断の行為を加えることを承知した。カリマコスは、彼女を生きている間に手に入れることができなかったので、その死後も彼女の体に固執していたのである。そして、こう言った、「お前は生きている間、この俺と情を交わしたいと思わなかった。たとえそうでも、死んだ後から死体となったお前を辱めるまでのことだ」。こう心に秘めて彼は、その悪しき執事を使って自らの神なき行為の準備を整えると、その執事と一緒に墓へと急いだ。そして、その石戸を開けた後、「何の得があったのだい。かわいそうにドゥルシアネーよ。生きている内にこうすることはできなかったのかい。自分から進んで行っても、お前を苦しめることにはならなかっただろうに」と言いながら、彼女の死体から葬衣を剝ぎ取り始めた。　　　（七〇章）

ところが、カリマコスが今まさに禁断の行為を遂げようとする瞬間に、どこからか一匹の毒蛇が現れて、執事の方を一撃の下に絶命させ、カリマコスも殺してその上にとぐろを巻いた。翌日、事の真相が発覚すると、ヨハネが墓に駆けつけ、祈りによって先ずカリマコスを甦らせ、回心させる。続いてドゥルシアネーも甦らせる。その際、ヨハネは下着だけの彼女から視線を逸らせて、「顔をずっとうつむきにしていた」（八〇章）。執事も甦らされるが、回心はせず、逃げ去ってしまう。この話はもちろんパターンCに属する。

以上十三のエピソードを改めてパターン別に分類すると、次の表のようになる。

パターン	エピソード
A	(1)、(2)、(3)、(10)、(12)
B	(4)、(6)、(8)
C	(5)、(7)、(9)、(11)、(13)

すでに個々のエピソードに即して繰り返し見たように、男女の性交渉はサタンの業、永久の病、あらゆる悪の母胎であり、そこから生まれてくる子供は禍の因である。反対に、「純潔」(ἁγνεία/ἁγιωσύνη)はあらゆる善の母、復活およびキリストとの「真の結婚」のための条件である。より厳密に言えば、パターンAの場合の「純潔」は性交渉のない(いわばセックスレスの)夫婦生活を意味し、(6) パターンBの場合の「純潔」は男性の童貞性も含む意味での「処女性」(παρθενία)を意味することになる。

二　エンクラティズム

このような定型性は、これらのエピソードを含む外典使徒行伝が思想史的に同一の系譜に連なるものであることを証明している。事実、四世紀の後半にサラミス(キプロス島)の司教であったエピファニオスは、その時点までに知られていたさまざまな異端説を集大成して論駁した大著『薬籠』の第四七章で、「エンクラティータイ」(ギリシア語で「節制主義者」の意)と呼ばれる者たちが、『アンデレ行伝』、『ヨハネ行伝』、『トマス行伝』に加えていくつかの外典文書を重用していると伝えている。(7)

さらにエピファニオスの伝によれば、彼らはエピファニオスの現在においても、ピシディア、フリュギア、小アジア、パンフュリア、キリキア、ガラテヤの諸地方で数を増しつつあり、都市ローマとシリアのアンティオキアにも勢力を張っていた。これらの地方名あるいは都市名はほぼすべて、われわれが取り上げた五つの外典使徒行伝に言及されて現れるか、その成立地と見做されるべき地名と重なる。

加えて、エピファニオスによれば、エンクラティータイたちは結婚を悪魔の始めた業と見做して忌避したばかりではなく、肉食はもちろんブドウ酒を飲むことも避けたと言う。このどちらの点もわれわれが見たエピソードの中に確認される。結婚（性交渉）については、改めて繰り返すまでもないであろう。ブドウ酒を忌避することについては、エピソード(8)で触れたように、パンの他は水しか使わないで行なわれる聖餐式に端的に現れている。これは具体的には『トマス行伝』の四九―五〇章に属する。同じこの行伝は二七、二九、一三三―一三三章などでも聖餐式について言及するが、それに用いられるのは最大限「パンと油と野菜と塩」（二九章）であって、ブドウ酒は含まれないのである。その他『ペテロ行伝』五章、『ヨハネ行伝』八五―八六（エピソード(13)の一部）、一〇九―一一〇章も聖餐式に言及するが、いずれの箇所のそれもパンだけで行なわれているように読める。

　これだけ証拠が揃えば、外典使徒行伝の禁欲主義をいわゆるエンクラティズムと断定するに十分であると思われる。(8) ただし、なお一点念のために追加すべきことがある。それはエンクラティズムと同時代の正統主義教会との関係の問題である。エンクラティズムについては、実はすでにエピファニオス以前にも、二世紀後半のリヨンの司教エイレナイオスが『異端反駁』第一巻二八章一節で、続いてローマで一時司教を務めたヒッポリュトスが『全異端反駁』第八巻七、二〇章でそれぞれ報告している。エイレナイオスはエンクラティズムの起源が正統主義教会と袂を分かった後（おそらく一七二年頃）のシリア人タティアノスに発し、その教説は結婚を禁じることの他、ヴァレンティノス派と似たアイオーン論まで展開したと言う。しかし、ヒッポリュトスの報告はこの点で少し異なり、次の通りである。

> 神とキリストに関することでは（正統主義）教会と同じ信仰を告白しているが、その生活態度は思い上がった態度に終始している。彼らは食べる物のことで名を馳せようという思いから、肉食を避け、飲むのは水だけ、結婚を禁じるなど、その他の点でも過酷な生活を営む。彼らはキリスト教徒というよりも犬儒派の一員と見做されたい

のである。[9]　(VIII, 20)

今注目に値するのは、傍点を施した部分である。われわれが見た外典使徒行伝も、グノーシス主義的な加筆あるいは改変が疑われる部分を別とすれば、創造論(神論)とキリスト論においては、『パウロ行伝』一七、二四章、『トマス行伝』一〇、五九章など多数の箇所が示すように、正統主義信仰の枠内に納まっているのである。終末論が稀薄になっていることも共通項の一つとして挙げてよいであろう。正統主義信仰とのこのような神学上の共通性において、外典使徒行伝のエンクラティズムは、エイレナイオス、ヒッポリュトス、エピファニオスといういずれの反異端論者もそれをグノーシス主義的異端と同列に扱おうとしているにもかかわらず、グノーシス主義とは区別されなければならない。[10]

エンクラティズムは聖職者に限らず一般信徒も含むすべてのキリスト教徒に「競技者」あるいは「闘技者」、つまり禁欲主義者として生きることを求めたと言われる。[11] 他方で、外典行伝で語られるエピソードには、過激な純潔の要求と並んで、最後のエピソード(13)に見るとおり、かなり俗悪趣味が濃厚である。また、登場人物を好んで貴顕の人々、美男美女に設定して、彼らの寝室で交わされる会話に大きな紙幅を割いているのも、現代の週刊誌ののぞき趣味に通じている。このようなアンビヴァレントな姿勢の併存から推せば、外典使徒行伝は大衆化したキリスト教徒向けの読みものであったのだと思われる。ということは、過激な性的禁欲が実際のところどこまで実行されたのかという点では、必ずしも明確に判断できないということでもある。

外典使徒行伝に見られるエンクラティズムの禁欲主義は、やがてカイサリアのエウセビオスの時代には、端的に「使徒的生活」(*ἀποστολικὸς βίος*)という表現で概念化されるに至った。「使徒的生活」と言えば、宣教のために遍歴の生活を貫く禁欲主義者の生活を指すことになったのである。[12] そのような禁欲的遍歴生活はその後特に『トマス行伝』を生み出したシリア教会の地盤でさらなる展開を遂げていった。[13] ローマのクレメンスの名前の下に伝わる偽書『処女性について』(シリア語)では、遍歴の禁欲生活を営む男女の宣教者たちが「契約の子ら」という呼称の下に、特定の身分として言及される。[14] A・フェエブス(Vööbus)は前掲の『シリア・オリエントにおける禁欲主義の歴史』(一九五八年)という大著において、以上の史料に加えて、匿名の著者によるシリア語の賛歌集『ソロモンの頌歌』、さらには別のギリシア語とアルメニア語の文書も引きながら、シリア教会の地盤における禁欲主義のその後の展開を詳細に跡づけている。ここでは特に「純潔」の理念のその後の展開についてだけ要約すれば、既婚者同士の間での「純潔」は quaddishûtâ／quaddîs, 未婚者の「純潔」は betûlûtâ と、用語の上でも二つが区別されていった。[15] これはわれわれがすでに前述の外典使徒行伝中のいくつかのエピソードについて確かめた *ἁγνεία* (純潔) と *παρθενία* (処女性)の使い分けに連なるものである。そこにはまた「真の結婚」という表象も見いだされた。これもフェエブスによれば、その後「霊的結婚」(*συνείσακτοι*) と呼ばれる制度にまで発展し、既婚の夫婦は「新郎の部屋」と呼ばれる入信儀礼を経た後は、互いに兄妹として、他のおなじような男女の信徒と共同生活を営み、未婚の青年男女の場合は入信の初めから霊的・信仰的な意味での「結婚」生活を共同で営んだ。[16] しかし、性的禁欲が昂進して、一種のノイローゼ状態になり、男性の禁欲者が自分と女性の他には誰も居合わせないという場面になってしまった時は、その女性がたとえ同信の者であっても、「まるで蛇の前から逃げるように、罪の前から逃れるように」立ち去るべきだとまで言われた。やがては女性であれば自分の母親さえも悪魔の器と見做すことが起きていった。正統主義教会はさすがにこのような行き過ぎた禁欲主義にやがてブレーキをかけるようになった。[17]

第3章

「人類を神と和解させるために」
――エジプトにおける独居型および共住型修道制の禁欲主義

エンクラティズムが三世紀の半ば以降はシリア教会の地盤で発展していったのとほぼ同時か少し遅れて、同時代のエジプトのキリスト教の枠内では隠遁的な修道生活の形を取った独特な禁欲主義が現れてきた。その最も重要な指導者が聖アントニウスとパコミオスである。前者は独居型の隠遁生活、後者は共住型の修道院制の代表者として知られている。まず、この二人の人物について基礎的な史的情報を整理しておこう。

一　アントニウスとパコミオス

アントニウスについては、その没後同時代人であるアレクサンドリアの大司教アタナシウスがギリシア語で書き下ろした『聖アントニウスの生涯』という伝記が存在する。(1) それによれば、アントニウスは二五一年前後に上エジプトの首都テーバイの近郊で生まれ、三五六年に百五歳(前掲書八九章)で没した。両親がキリスト教徒であったために、幼少時からキリスト教的に養育されたが、世間的な意味での高等教育は受けなかった。両親の死後、マタイ福音書一九章に言及される金持ちの青年に倣って、全財産を貧民に施して、隠遁者の生活を始めた(同一―二章)。

アントニウス以前に隠遁者(2)の修道制がどこまで、どのような形でエジプトのキリスト教、さらには小アジアとシリア・パレスティナのキリスト教の中に定着していたのか。あるいは、アントニウスおよび後述のパコミオスと並行して他にどのような修道制運動が展開したのか。これらの点については、後述する通り、今なおいろいろな議論がある。しかし、アタナシウスが述べるところに取り合えず従うとすれば、それまでの隠遁者は都市からさほど離れてはいないところで生活していたのに対して、アントニウスが初めて都市近郊から離脱して(三章)、最初は墓場へ(八章)、やがて荒れ果てた城砦へ(一二章)、さらに砂漠の山地へ(一四章)文字通り隠遁度を深めていった。ローマ皇帝ディオクレティアヌスとガレリウス・マクシミヌスの治下にエジプトでもキリスト教に対する迫害が組織され、アレクサンドリアの大司教ペトロ(三一一年に殉教死)を筆頭に多数の殉教者が輩出したとき、アントニウスも殉教を志願して、砂漠での隠遁生活を放棄してアレクサンドリアへ出た。しかし、さまざまな事情から念願を果せず、再び隠遁生活へ戻り(四六―四七章)、その後は紅海に近い現エチオピア領のコルジム(Kolzim)山の麓に隠遁者のコロニーを建設(四九章)した。これがアントニウスの隠遁生活の最終的な拠点となった。

その隠遁生活は、後述するパコミオスの修道制が共住型であったこととの対照で、独居型と呼ぶことができる。つまり、一人一人の隠遁者が原則として単独でそれぞれの宿坊(修屋)に住んで[3]、禁欲的な修行を積むという形である。しかし、アントニウスのような指導的な修行者の周りには一定の数の他の隠遁者がいわば「弟子」として集まることもあったと思われる。また、隠遁者としてのアントニウスの名が知れ渡るにつれて、彼の助けを求める者や聖職者など多くの人々が都市部から砂漠のコロニーを訪問するようになった。アタナシウス(二九五―三七三年)もその一人で青年期以後アントニウスに何度も会ったことがあると言う[4](序章)。

その後アタナシウスがアレクサンドリアの大司教となるまでの道は、特にアリウス派およびメレティオス派との熾烈な争いのために、数回にわたる追放処分ないし脱出行を含めて、教会政治的な紆余曲折に満ちたものであった。まさにそうであるがゆえに、彼は最終的にアレクサンドリアに戻って大司教職に就いた後も、アントニウスとその周辺の修道者たち、および彼らを支えた都市部の禁欲主義的なキリスト教徒たち——いずれもアタナシウスとは異なり生来のコプト人キリスト教徒たち——と友好的な関係を保持する必要に迫られたに違いない。(5) アタナシウスがアントニウスの死後その伝記を著した(一説によれば三五七か三六五年)(6)のは、ギリシア語を理解せず、コプト語でしか著述しなかったと伝えられるアントニウスを当時のギリシア語文化圏に向かって紹介する意図もあったにせよ、アタナシウス自身の側でのしたたかな計算を含むものでもあったに違いない。(7)

しかし、その点を割り引いても、アントニウスの生涯と運動はアタナシウスに代表される正統主義教会の枠外に出るものではなかった。もちろん、例えばアントニウスがアリウス派を徹底して異端視していたとする『聖アントニウスの生涯』八二章での報告には、報告者であるアタナシウス自身の傾向的な筆の運びが強く匂っている。しかし、アントニウス自身がアリウス派の一部だとの嫌疑をかけられた時に、これを晴らすためにアレクサンドリアに赴いたという同六九—七一章の報告については、その史実性を疑う根拠はないと思われる。アントニウスの運動は正統主義教会の枠内にありつつ、アタナシウスを含む聖職者階級の枠外に留まる一般信徒の運動であったのである。

さて、パコミオス(二九二—三四六年)についても、『聖パコミオスの生涯』という伝記が伝わっている。しかし、『聖アントニウスの生涯』の場合と異なり、著者名は分からない。しかし、アタナシウスのこの著作を前提し、それに明瞭に言及もしているから(第一章)、その著作年に遅れることそう遠くない時期に書かれたものと考えられる。コプト語、ギリシア語、ラテン語、アラビア語、シリア語、エチオピア語のパピルスあるいは羊皮紙写本(六—一二世紀)が伝わるが、それらの間の相互関係はきわめて錯綜していて、今なお未解明の点が少なくない。ただし本文の保存状態の点ではギリシア語写本が最も良好である。他の言語による写本は本文の欠損を蒙っているものがほとんどで、文字通り断章程度のものも少なくない。その中ではコプト語のボハイル方言による九世紀の写本が質量ともに最も良い写本であるが、それでも少なからず本文の欠損が生じている。もっとも、ギリシア語写本自体も複数の伝承の系統に分かれる上に、いずれの系統でも伝承の過程で原本はかなりの程度改変されてしまい、現存するのは二次的な編集の産物と見るのが一般的である。従って、以下ではこの点に留意した上で、原則としてコプト語（ボハイル方言）写本を優先しながら、必要に応じてギリシア語写本に従うこととする。[8]

それによれば、パコミオスの両親はキリスト教徒ではなかった。二十歳のとき、ある写本によれば折から政敵との戦闘を重ねて独裁政権への道を固めつつあったコンスタンティヌスの陣営の一兵卒として、また別の写本によれば政敵リキニウスとの戦いに向かうマキシミヌス・ダイアの軍隊の一兵卒として応召した。[9] 戦地に向かってナイルを下る途中で出会ったキリスト教徒たちの献身的な援助に感銘を受けた。やがて自軍の勝利にともなって兵役を解除されて帰国するやキリスト教に入信した[10]（B二―八章）。その後、ケノボスキオン村の隠遁修道僧パラモン（Palamon）の下で修行した後、三二〇年頃、師と共にタベネンシス（現在名タベンネシ）に移住し共住型修道院を開設した（B九―一七章）。続いてケノボスキオンを含め八つの男子修道院と二つの女子修道院を増設した。[11]

共住型と呼ばれる通り、修道僧たちは塀で外界から区切られた建物の中で共同生活を営んだ。場所的には、独居型の隠遁者の場合と違って、都市や村落から比較的近いところに位置して、必要に応じて近隣の住民に対して病院あるいは貧民救済施設の機能を果していた（G_2四、八、三五章参照）。内部的には、「師父」（'Αββας, 'Αρχιμανδρίτης）と呼ばれる指導者の下での規律への服従、性的純潔の保持、私有財産の放棄、役割分担による労働の義務が定められた。分担労働には、椰子の葉でゴザや籠を編むこと、農作業、その他の手作業、あるいは共同生活上の世話などが含まれていた。共同生活の規則は成文化され[12]（B五〇章、G_1五四章、G_2二一章）、その後地中海世界の各地で大きく展開を遂げた修道院運動に大きな影響を与えてゆくことになった。[13]

さらに前記の伝記は、必要に応じて司祭が修道院の建物まで呼ばれたこと（G_1二七章、G_2九章）、逆に修道僧は聖日には教会の礼拝に出席したこと（B二五章、G_2九章）、パコミオスとアタナシウスの間に、直接的であれ、あるいは間接的であれ、友好関係が保たれていたこと（B二八章、G_1三〇章、G_2一一章）を伝えている。つまり、パコミオスの修道院運動も、アントニウスの隠遁的修道運動と同じように、基本的には正統主義の枠内に留まりながらも、あくまで平信徒の運動であったのである。

ただし念のために付け加えれば、同じ伝記のギリシア語写本の一部がパコミオスをアタナシウス以上の正統主義者として描いて、アリウスはもちろんメレティオスとオリゲネスの著作の廃棄も命じたとしているのは（G_1三一章、G_2一一、四九章）、伝記の著者あるいは写字生のきわめて傾向的な筆の運びと見做さなければならない。なぜなら、伝記の別の箇所には、パコミオスと聖職階級との間に時に緊張関係も生じたことが読み取られるからである。すなわち、ある時パコミオスは「千里眼」の異能の持ち主だという噂が民衆の間に広まったために、ラトポリスの町に呼び出されて、司教の前で申し開きを求められたという[14]（G_1一一二章）。

さらには、他でもないナグ・ハマディ文書全体あるいはその一部が彼の修道院の蔵書であったかも知れないという仮説がこれに付け加わる。『聖パコミオスの生涯』には、修道院の中に専用の図書室が存在したことが言及されている（G_1五九章）から、パコミオス修道院の分担労働の中には写本作成の仕事も含まれていた可能性が大きいと言えよう。事実、同じ伝記の複数あるギリシア語写本の一つは、そのことを明言しているのである。[15] つまり、前記の仮説を施設面あるいは技術面で支える条件は十分なのである。内容的にも、この仮説の蓋然性は大きいと思われる。おそらく、パコミオスの修道院の僧たちは自分たちの禁欲主義の理念に照らして、禁欲主義的な内容の文書であれば、正統的か異端的か、あるいはキリスト教的かユダヤ教的か異教的かを問わず、幅広く蒐集し、場合によってはコプト語に翻訳しながら写本を作成したのである。[16] さらに推測を逞しくすることが許されるならば、次のような想定も成り立つ。すなわち、まさにそれゆえにこそアタナシウスも、現在の新約聖書二十七文書だけを正典文書とし、それ以外の文書を多かれ少なかれ「異端的」な文書として禁書としたことで有名な『第三九復活節書簡』[17] の宛て先を、他でもないその時点(三六七年、パコミオス没後二一年)でパコミオス修道院群の指導者であったテオドーロスとしたのではないのか。まさにその時に、パコミオスの修道院の僧たちが彼らの蔵書の内で該当する「異端的」文書を急遽近くのネクロポリスの墓の一つに秘匿したもの、それがナグ・ハマディ文書であるとも考えられるのである。『聖パコミオスの生涯』の匿名の著者あるいはその後の写字生も、正統主義教会に対するパコミオスの修道院のこのような微妙な立場を承知していればこそ、敢えて前述のような傾向的な描き方をしたのだと考えるべきであろう。[18]

さて、エジプトにおける初期修道制について『聖アントニウスの生涯』と『聖パコミオスの生涯』以後に著された文書も少なくないが、その中で最も重要なものは『エジプトの修道者伝』、『ラウソスに献じる修道者伝』、『砂漠の師父の言葉』(Apophthegmata patrum)の三つである。

『エジプトの修道者伝』は、定説に従えば、三九四年から四〇〇年頃の間に著された。[19] 著者(一人称単数および複数)は匿名であるが、パレスティナ在住の禁欲的キリスト教徒たちがナイル中下流域にさまざまなタイプの修道者(合計二五人)たちを訪ねた折の見聞録という形式の下に、その修道者たちの禁欲的生活、エピソード、訓言などが語られる。

『ラウソスに献じる修道者伝』は、一時期(三八八―三九九年)みずからもエジプトで修道者として生き、最後はビテュニアのヘレノポリスの司教として生涯を終えたパッラディオスが、テオドシスII世の式部官であったラウソスなる人物の求めに応じて四一九年ないし四二〇年に著したものである。[20] 合計七一章を費やして、女性を含む個々の禁欲的修道者あるいはグループについて、自分自身の見聞と第三者からの伝聞を加えて物語る。ほぼその前半に当たる部分では、エジプトの修道者が中心に取り上げられ、その一部は前記の『エジプトの修道者伝』と重なっている。後半はパレスティナ、シリア、ガラテヤ、カッパドキア、ギリシア、イタリアの都市部（エルサレム、エリコ、カイサリア、アンカラ、アテネ、スパルタ、ローマ）と砂漠部にやはりさまざまな形で展開した禁欲的修道運動が具体的に報告される。

最後に『砂漠の師父の言葉』は、以上二つの文書が伝記的であるのと異なり、基本的には語録集である。アントニウスも含む一三〇人余のさまざまな修道者たちの訓言を、時として短いエピソードを添えて蒐集・編纂したもので、ギリシア語でのその集大成は四世紀から五世紀に初めて行なわれたとする説が有力である。[21]

以上に概説した合計五つの文献史料から読み取られる初期キリスト教修道制の実態は、最近のスザンナ・エルムの研究も明らかにしている通り[22]、純粋に社会生態学的な視点に限定してみても、(1)都市の内部でそれぞれの家庭あるいは一定の共住施設において遂行されるタイプ、(2)砂漠に隠遁して営まれるタイプ、さらには(3)砂漠と都市部の中間領域で営まれるタイプ、(4)一定の居住地を定めず、生涯遍歴するタイプなど、実に多様であった。[23]この内、砂漠に隠遁する型についてさらに言えば、アントニウスの場合のような独居型と共住型の二つが、時には相互にそれほどの距離を置かずに併存しているように読める場合が少なくない。[24]

史料が証言するこのような多様性をどう整理して、初期キリスト教の修道制の成立と歴史的展開をどう跡づけ、そのどこにアントニウスあるいはパコミオスを位置づけるべきなのか。これは研究者の間でも今なお未決の問題であって、ここでのわれわれの課題ではない。[25]われわれの課題はここでも、グノーシス主義やエンクラティズムの禁欲主義の場合と同じように、初期キリスト教修道制の禁欲主義のイデオロギー的側面、すなわち、それを内的に支えた動機づけの連関を解明することである。しかし、この側面の分析にとっては、『エジプトの修道者伝』、『ラウソスに献じる修道者伝』、『砂漠の師父の言葉』の三つは、すでに述べたような内容と形式のゆえに、あまり適合的な材料を提供してくれない。従って、われわれとしては『聖アントニウスの生涯』と『聖パコミオスの生涯』を主たる史料とせざるを得ない。その際、すでに触れたようなそれぞれの著者あるいは写字生の傾向的な筆遣いに注意しなければならないことは言うまでもない。

二　禁欲の実践と神学

アントニウスの独居型修道生活とパコミオスの共住型修道制のキーワードは「徳への道」(ἡ εἰς ἀρετὴν ὁδός)である。『聖アントニウスの生涯』の第三章、『聖パコミオスの生涯』の第二四章を初めとして、それぞれの随所に現れる。この場合の「徳」は生涯かけて修行を積むことによって達成されるべきものであって、このいわば「完全性」に到達するために必要な実践は、先ず郷里・肉親との関係を完全に断絶するのみならず、人間世界一般から逃避(ἀπόταξις, ἀναχώρησις)することに始まる。とりわけ女性からの逃避が求められる。スケティスの有名な隠遁修道僧の一人のシソエース(Sisoês)が非常な高齢になったとき、弟子の一人がもう少し人里に近いところに居を移すことを勧めた。すると老僧は、「女のいない場所へ行こう」と答えた。「砂漠以外に女のいないところが他にあるでしょうか」と弟子が応じると、「わしを砂漠へ連れてゆけ」と言ったという。[26] そもそも女性を目にすることが恐れられたほどに、性的欲求は根絶すべきものであった。その他、食事や睡眠を通常の形で取ることも含めて、あらゆる自然な感覚的欲求も禁欲によって抑圧するべきものであった。[27] そこから、過激な断食、[28] 徹夜の不眠業、[29] 眠るとしても座ったままでの睡眠、[30]

粗末の限りを尽くした衣の着用[31]などの実践が引き出された。特に独居型の隠遁僧の場合には、自分のからだや独房の清潔の為のあらゆる配慮を放棄し[32]、時には世界逃避はもちろんのこと、周辺にいる隠遁仲間からも逃避して、長期間狭い独房へ自分を監禁する業も修行の一つとして実行された[33]。

深層心理学者ならずとも誰しも、このような禁欲生活では、抑圧されて無意識の領域に追いやられた欲求からの反撃を受けずには済まないことを予測するであろう。事実、『聖アントニウスの生涯』と『聖パコミオスの生涯』の二人の主人公に限らず、『エジプトの修道者伝』、『ラウソスに献じる修道者伝』、『砂漠の師父の言葉』のいずれにおいても、そこで取り上げられる修道者たちは、衣食住をより快適にする物資をもたらす訪問者やこの世のものとも思われないほど美しい女の裸体[34]に姿を変えた悪霊の誘惑に繰り返し曝される。彼らはそのような悪霊の誘惑と必死で格闘する。そのための武器となるのが不断の祈り、聖句の朗読[35]、自己監禁、沈黙、謙虚などである。しかし、その格闘に疲れ果て、過酷な修道生活を放棄して、より容易な生活に退却した人物にも事欠かない[36]。

ところがアントニウスの隠遁生活は、すでに見たように、それとは反対に、墓場から廃墟の城砦へ、さらに砂漠の山岳地帯へと場所を移し、ひたすらその過酷さを深めていった。語り手のアタナシウスはそのつどアントニウスがもろもろの悪霊と格闘したことを報告し(八、一四、四九―五一章)、この意味で彼のことを「闘技者アントニウス」(一二章)と呼んでいる[37]。『聖アントニウスの生涯』はアントニウスが隠遁生活に入るまでの経過について述べた後、一六章から四三章にわたって、隠遁修道生活に関するアントニウスの講話を直接話法で置いている。そこでは肉体の復活、善徳と悪徳、徳の定義、イエスの十字架、癒しなどの主題も含まれるが、それ以上に悪霊論あるいは悪魔論が集中的に取り上げられている(二一―三二、四〇―四二章)。W・ブセットとK・ホイシの研究以来、この講話部分は基本的に語り手アタナシウスによる創作だとされるが[38]、そのホイシもそこに語られている悪霊論と悪魔論には史的アントニウ

スの見方が反映しているという見解である。(39)

このように、われわれが確かめ得る全ての史料において、程度の差はあれ、悪霊論と悪魔論が大きな比重を占めている事実については、議論の余地はない。問題は、その悪霊あるいは悪魔(サタン)が一方ではそれぞれの主人公たちの妄想の中に出現しているように読めると同時に、他方では客観的な現実として彼らに対向しているようにも読める書き方になっていることにある。夢か現か分からない話なのである。この点に関して、繰り返し引き合いに出されるのは、『砂漠の師父の言葉』に収められた師父ポイメンに関する次の記事である。

師父アガトンの弟子である師父アブラハムは師父ポイメンに尋ねた。「どうして悪霊どもは私を攻撃するのでしょうか」。師父ポイメンは語った。「悪霊どもがあなたを攻撃すると言うのか。われわれが自分の意思を行なうのであるから、彼らがわれわれを攻撃するのではない。われわれの意思が悪霊になるのである。意思を実現するためにわれわれを攻めるのは、われわれの意思なのである。しかし、悪霊どもがどんな者を攻撃するかを知りたいか。それはモウセスや彼と同じような者を攻撃する(40)」。

ここでは明らかに、悪霊に関する一種の非神話論化、あるいは内面化が行なわれている。P・ブラウンはまさにこの側面を強調してこう述べる。「ほとんど全ての偉大な砂漠の師父たちにとっては、悪霊的なるものを直接経験するということは、あまり考えられないことであった。師父ポイメンの強調するところでは、通常われわれにむかって悪霊の役を果すのは、われわれ自身の意思なのである(41)」。

しかし、われわれが見るところでは、砂漠の修道者たち全般について、このような内面化された悪霊論だけを強調することは一面的の誹りを免れない。確かに、前掲のポイメンの言葉を含む『砂漠の師父の言葉』はその他の史料に比べると悪霊論の比重が比較的小さいとする研究がある。[42] しかし、それでも例えばビサリオン編の語録一六〇[43]に収められた悪霊祓いの奇蹟物語は、新約正典の福音書がイエスについて語るものに内容的にも形式的にも酷似しており、特に悪霊や悪魔が外在的な力として表象されている点については疑問の余地がない。『エジプトの修道者伝』と『ラウソスに献じる修道者伝』には、そのつど該当の修道者によって行なわれる癒しと悪霊祓いの奇蹟の話がはるかに数多く含まれている。そこでも悪霊や悪魔の外在的現実性については十分に明瞭である。[44]

最後に、『聖アントニウスの生涯』と『聖パコミオスの生涯』についてはどうであろうか。悪霊論との関連で重要と思われる箇所を引いて検討してみよう。

(1) 『聖アントニウスの生涯』二二章

さて私たちは先ず第一に次のことを知らなければなりません。悪霊たちはまさに悪霊と呼ばれるからという理由で、そのように悪しきものして造られたのではありません。なぜなら神は何一つ悪しきものは創造されなかったからです。むしろ彼らは天の知恵の王国から落下してきて（ルカ一〇18参照）、地上をあちこち動き回って、ギリシア人に現れて彼らを騙したのです。しかし、私たちキリスト教徒には妬みを抱き、あらゆるものを動員して、私たちが天に至るのを途中で邪魔しようと図っているのです。それは彼ら自身がそこから墜落してきた場所へ私たちに到達させまいというのです。ですから、熱心な祈りと禁欲が必要です。そうすれば、もろもろの霊を見分ける能力を聖霊から賜物として受け、彼らの性質を認識できるのです。また、彼らの内のどれが邪悪さの度合いが比較的低く、反対にどれが高いのか、あるいは、彼らのそれぞれがどのような任務をとりわけ進んで果しているのか、それぞれどのようにすれば追い払えるのかが分かります。なぜなら、彼らの奸計と人を罠に陥れる策謀はさまざまだからです。（中略）私はすでにある程度彼らを試してみたことのある者として、子供たちに聞かせるように、語っているのです。

(2)　『聖アントニウスの生涯』二八章

というのはどのような場所も彼ら（サタンと悪霊たち）が私たちに罠を仕掛けるのを防ぐことはできないのです。彼らが私たちを友人とみて大事にしてくれることはありえません。彼らが善を愛して、自分たちを改善するということもありません。彼らは性悪で、徳を身につけて神を畏れる者たちに害を及ぼす以外のことは欲していないのです。しかし彼らには何事も実行できないために、私たちを嚇すことしかしないのです。もし彼らに力があるのであれば、彼らは躊躇うことなく、直ちに悪しきことを実行することでしょう。彼らはそうしたい思いで一杯なのだから。しかもそれは何よりも私たちに向けて実行されることでしょう。しかし、ご覧なさい。今や私たちは共に集まり、彼らに逆らって語っています。彼らは承知しているのです、私たちが前進すれば、それだけ彼らが力を失うということを。

(3)　『聖アントニウスの生涯』四一章

さて、私はばかなことを話してすでにもう愚か者になってしまったのですから（IIコリ一一16、一二6参照）、次の話もついでに聞いて、君たちを固くし、勇気づけるものとしてもらいたい。また、これが嘘ではないことを信じていただきたい。ある時のこと、修道院で誰かが私の部屋の戸を叩いたのです。私が出て見ると、巨大でものすごく背の高い姿がそこに現れているではありませんか。「お前は誰か」と私が聞くと、「私はサタンだ」とそいつが答えました。そこで私が「何の用だ」と聞くと、「なぜ隠遁僧たちと他のすべてのキリスト教徒たちは、理由もなく私のこと謗るのか。なぜ絶えず私のことを呪うのか」とそいつが反問してきました。そこで私が「それではなぜお前は彼らを虐げるのか」と聞き返すと、そいつは「彼らに禍を及ぼしているのは私ではない。むしろ彼ら自身が自分で道を誤っているのだ。なぜなら、私は力のない者なのだから。あるいは彼らは『遂に敵の剣は消え失せ、あなたは町々を滅ぼされた』(詩九7参照)とあるのを読んだことがないのか。私にはもはやいかなる場所もなければ、いかなる武器もいかなる町も残っていない。至る所にキリスト教徒が居る上に、今や砂漠まで坊主たちで一杯になってしまった」と答えたものだ。(以下略)

(4)　『聖パコミオスの生涯』八章

暫くの後、彼は目覚めて祈っていたとき、主の天使を見た。その天使は彼のところにやってきて、「パコミオスよ」と言った。彼は「主よ、私に何をお望みですか」と答えた。「お前が神に仕え人類を神と和解させること、それが神の御心である」。その天使は三度こう叫ぶと去っていった。パコミオスは神に感謝し、つい最近彼に起きたこの天使の出現に全幅の信頼を置いて、彼に導かれて心を改めて神に到達したいと願って来る者たちを修道院に受け入れることにした。(以下略)

(G_2によって引用、G_1では二三章、Bでは二二章)

これらの断章からは、悪霊やサタンの外在的な現実性を疑わない伝統的な表象のみならず、アントニウスとパコミオスの禁欲的修道生活を内的に支えたイデオロギー的側面、いわば「禁欲の神学」も同時に読み取ることができる。

彼らの禁欲的修道生活は、他でもない彼らのその生活によっていわば世界規模の悪霊祓いを遂行し、世界を浄化して、遂には世界を神との和解に導くという使命感によっても支えられているのである。アタナシウスが別のある箇所でアントニウスを「エジプト全土の医者」(八七章)と呼び、『聖パコミオスの生涯』のギリシア語写本の一つ(G_2)がその序章でパコミオスを真先に「砂漠を聖別」した者として紹介しているのは、この意味で理解すべきであろう。

ここからわれわれの結論が導かれる。初期修道制の修道僧たちが砂漠地帯へと隠遁したのは、確かに生態学的には紛れもなく人間世界から逃避する行為には違いなかったが、神学的には決して単純な世界放棄ではなかった。それはサタンともろもろの悪霊との不断の闘いに出撃することでもあったのだ。彼らの理解では、古代末期のその他の多くの世界観においてもそうであるように、砂漠こそは魑魅魍魎の跋扈する文字通り悪霊の場所であったからである。三世紀から四世紀にかけてのエジプトで禁欲主義的な修道制が増幅していったことの原因はもちろん複合的であったけれども、禁欲的修道制の隆盛を支えた内在的原因の少なくとも一つは、悪霊との戦闘という動機であったと言うべきである。その闘いはそれぞれの修道者の内面に沸き起こるさまざまな欲望との闘いであると同時に、世界から悪霊を祓う闘いでもあった。この意味で、ホイシが正しく指摘する通り[45]、初期修道制の世界逃避的姿勢を一方的に強調することも、その悪霊論を心理主義的にだけ説明することも正しくない。世界が依然として課題であり続けている点において、砂漠の修道者たちの禁欲主義は、本論考の第1章第二節3で確かめたグノーシス主義の「世界を破滅させるための禁欲」と対照的である。課題としての世界——このことを『エジプトの修道者伝』の著者はその序文の第九節で、いみじくもこう言い表している。「世界が彼ら(=修道者たち)によってこそ存立してきたこと、また彼らのゆえにこそ人間の命が神のもとに存立し、神によって敬われてきたということは、かの地(=エジプト)のすべての人々にとって明々白々な事実である」。

グノーシス主義との違いは、すでに述べたところからおのずから明らかであるように、悪霊論そのものの構造にも認められる。シリア・エジプトの領域で展開したグノーシス主義の場合、その悪霊論は三層構造で考えられた世界像、すなわち、一番上位に至高神以下の神的存在(アイオーン)で充満する超越的な光の世界、その下にほとんどの場合旧約聖書の神と同一視される無知蒙昧な造物神と彼に仕える闇の勢力、さらにその下に物質的な地上世界が広がるという三層構造の枠内で表象される。悪霊にもいろいろな種類が考えられることがあるが、造物神が支配する中間界から下の領域に布置されることには違いがない。つまり、グノーシス主義の悪霊論には、教派の別を問わず、神話論的な上部構造が被さっているわけである。

反対に砂漠の師父たちの悪霊論はまさにそのような神話論的上部構造を持たない。他方では伝統的な創造神信仰が保持されているから、サタンと悪霊の由来は、前記の断章(1)に引いた『聖アントニウスの生涯』二二章の冒頭に言われるように、彼らも元来は神の被造物であったが、天から地上へ落下してきたのだとされるに留まっている。その落下がどうして起きたのかについては、言い換えれば、悪の由来については、何一つ説明されないままで終始している。アントニウス、パコミオス、あるいは他の砂漠の師父たちにとって、この種の問題に関する言葉による証明や理論知は「徳への道」とは無関係なものとして、関心の外にあったのである。[46] この意味で、創造神信仰は悪霊論と有機的に関連づけられることなく、ホイシの表現を借りれば、「分断されたままの唯一神教[47]」に留まっているのである。とは言え、これは彼らだけの現象ではなく、新約聖書、その中でも特に共観福音書とユダヤ教のラビ文書にも同じように見いだされるものである。一口に悪霊と言っても、その中にさまざまなレベルと役割を振り分ける点、砂漠を悪霊がとりわけ好む住処とする点もこれらの文書に共通して見いだされる。これらの点については本論考に付した補論において、一つの具体的な事例に即して、さらに立ち入って確認することにする。

結びにかえて　慎み深い結婚生活
――正統主義の性倫理

本論考はグノーシス主義(第1章)から始めて、外典使徒行伝(第2章)、エジプトにおける独居型および共住型修道制(第3章)の三つにおける禁欲主義の実態を、それぞれの領域で生み出された文献資料に即して実証的に明らかにしてきた。これら三つの禁欲主義が古代末期のキリスト教の内外にそれぞれ独立に存在した三つの類型と見做し得ることについては、もはや多言を要しないであろう。

もちろん、後二世紀から四世紀のキリスト教の内外に生み出されて実践された禁欲主義とそれをイデオロギー的、神話論的に支えた禁欲の神学は、すでにP・ブラウンによって余すところなく明らかにされているように、本論考がこれまでに取り上げてきたもの以外にも実に多種多様であった。(1) 例えばマルキオンとタティアノスが説いた禁欲的性倫理には、それを支えた独特の神学が随伴しているのである。(2) オリゲネスについても本来は、前述したところを越えるさらに詳細な検討が必要である。これら三者に限って見ても、おそらくその立場は、厳密に言えば、われわれが取り出した三つの類型のいずれにも収まり切らないに違いない。にもかかわらず、この三類型が古代末期のキリスト教禁欲主義の三つの大きな系譜をなすと見做すことは可能であろう。逆にマルキオン、タティアノス、オリゲネスの性倫理などは、この三類型との突き合わせによって初めて、それぞれの個性がより鮮明になるはずである。

三つの類型は教理的には基本的に正統主義信仰の枠内に留まりながらグノーシス主義の影響も受けた外典使徒行伝

には「世界を破滅させるための禁欲」が、もう一方の極にはグノーシス主義の「世界を破滅させるための禁欲」が、もう一方の極には「世界規模の悪霊祓い」によって世界を創造神と和解させようとするパコミオスの禁欲主義が位置するという関係にある。ところが、有力な仮説によれば、そのパコミオスの修道院こそがナグ・ハマディ文書という形でグノーシス主義の禁欲思想をわれわれに残してくれたのである。

ここではなお一点だけ、すなわち、以上の三つの禁欲主義から新約聖書の中の牧会書簡（テモテへの第一の手紙、テモテへの第二の手紙、テトスへの手紙）、使徒教父文書（特に『イグナティオスの手紙』、『ローマのクレメンスの手紙』、『ポリュカルポスの手紙』、『ヘルマスの牧者』）に向けてどのような新しい光が当たるかを確認して結びとしたい(3)。もちろん、前記の三つの禁欲主義は、われわれがそれぞれについて参照し得た文献資料に即して言う限り、いずれも後二世紀から四世紀にかけての運動である。他方で、牧会書簡と使徒教父文書は一世紀末から二世紀半ばにかけて正統主義信仰の立場から書かれたものである。従って、前者の運動から後者に光を当てることは、時系列を遡っての投射となる。しかし、少なくともグノーシス主義と外典使徒行伝（エンクラティズム）の禁欲主義の発生そのものは、それが歴史的にどこまで実証できるかは別問題として、われわれが参照した文献の年代よりもずっと早い時期にまで遡ると考えなければならない。このことを考慮に入れれば、時系列を遡っての投射もあながち不当だとは言えない。

さて、牧会書簡と使徒教父文書はほとんどの場合、論敵の存在を前提にしている。この点は合同書簡も同じである。教会から彼らの影響力を排除することがそれぞれの書簡の実際の著者の最大の任務である。しかし、例えば牧会書簡だけに限って見ても、その論敵を特定することはかなり困難である。なぜなら、彼らについての間接的な情報が統一的な像に収斂し難いからである(4)。

牧会書簡の文面から推定される限りでは、彼らは一方では「律法の教師でありたいと思っている」（Ⅰテモ一7）。この場合の「律法」はおそらくモーセの律法を指すから、彼らはユダヤ主義的な性格を帯びていると考えなければならない。しかし、他方では同時に「作り話や切りのない系図に心を奪われて、……無意味な詮索」(Iテモ一4)をしていると非難される。「作り話や切りのない系図」という表現は、グノーシス主義の救済神話を読んだことのある者には、神統記、宇宙生成論、人間生成論など神話全体を上から下へ垂直に貫く構成原理を強く連想させる。事実、Iテモテ書六章20節には「テモテ、あなたに委ねられているものを守り、俗悪な無駄話と、不当にも知識(グノーシス)と呼ばれている反対論とを避けなさい。その知識を鼻にかけ、信仰の道を踏み外してしまった者もいます」とあるから、少なくとも始まりつつあるグノーシス主義との関連を否定することはできないと思われる。しかし、グノーシス主義的な系図的思考が「律法の教師でありたい」欲求と同居するということは、少なくとも二—三世紀のグノーシス主義の諸教派のモーセ律法に対する否定的な態度に照らす限り、はなはだ理解しにくいのである。(5)

　このように論敵の教えを指して使われる「異なる教え」(Iテモ一3)あるいは「反対論」(Iテモ六20)の内包がはっきりしないために、その外延も定めにくい。事実、「作り話」(Iテモ一4、四7)はグノーシス主義的な神話ばかりではなく、すでに見たような外典使徒行伝中の文字通りの作り話(第2章一節参照)を指すことも、単語レベルでは十分可能である。しかも、それらの作り話(エピソード)に時として現れる俗悪趣味(エピソード(11)、(13)参照)は、Iテモテ書四章7節、六章20節、IIテモテ書二章16節で繰り返し避けるようにと説かれる「俗悪な無駄話」に数えられても文句は言えないほどのものである。さらに、Iテモテ書四章3節には「彼らは結婚を禁じたり、ある種の食物を断つことを命じたりします」とあるのは、性的な禁欲としての独身と特定の食べ物を断つことの二つが同時に実行されている点で、私が見る限り、グノーシス主義よりは外典使徒行伝のエンクラティズムによりよく当てはまるように思われる。もしIテモテ書四章8節が「からだの鍛練も多少は役に立ちますが」と述べる背後に、やはり論敵の生き方が意識されているのだとすれば、エンクラティズムが聖職者に限らず一般信徒にも「競技者」あるいは「闘技者」として生きることを求めたことが想起される（本書四六頁参照）。肉とブドウ酒を断ち、パンと水だけで生きるには、たとえそれが期限を区切られたものであっても、それに耐えられる「からだの鍛練」が必要である。

　このように見てくると、牧会書簡の著者たちが論敵と見做している者たちには、グノーシス主義的な「異端」の枠を越えて外典使徒行伝を生み出した者たちも含まれている可能性がきわめて大きい。より正確に言い直せば、両者の境界が曖昧なまま混同されて視野に収められている可能性が大きい。歴史的な事実としても、両者の間が場合により流動的であったことは、いくつかの外典使徒行伝（『ヨハネ行伝』、『トマス行伝』！）に二次的にグノーシス主義的な加筆と改変が施されたことに明らかである。また、やがて外典使徒行伝の禁欲主義、すなわちエンクラティズムにつながってゆくような禁欲主義がすでに牧会書簡の論敵の少なくとも一部であると見做すことには、さらに有力な外証がある。それはすでに本論考の第2章二節で引用したヒッポリュトス『全異端反駁』第八巻二〇章である。ヒッポリュトスはこの箇所で、エンクラティズムに属する者たちが肉など特定の食物を断ち、飲むものも水だけで、結婚を禁じるなど過酷な生活を自他に課していることを報告した後、それがすでにパウロによって退けられたものであることを、他でもないIテモテ書四章1―5節を引用して論証している。ヒッポリュトスもわれわれと同じ見解なのである。

　牧会書簡の著者たちはそのような論敵の禁欲主義に対抗して、今や「純潔」(ἁγνεία/ἁγνός)を「慎み深い結婚生活」の意味に定義し直していく。このことが最も明瞭に読み取れるのは、テトス書二章4―5節である。「そうすれば彼女たち(年老いた女たち)は若い女を諭して、夫を愛し、子供を愛し、分別があり、純潔(ἁγνάς)で、家事にいそしみ、善良で、夫に従うようにさせることができます[6]」。

　Iテモテ書四章12節は同じことを教会の指導的な立場に身を置こうとする男性に関連して、次のように諭している。

「あなたは、年が若いということで、だれからも軽んじられてはなりません。むしろ、言葉、行動、愛、信仰、純潔(ἁγνεία)の点で、信じる人々の模範となりなさい」。ここであなたと呼びかけられているテモテが、三章1―7節でそのための資格が定められている「監督」の立場にあるのか、あるいは続く三章8―13節で同様に資格が定められている「奉仕者」の身分にあるのか必ずしもはっきりしない。しかし、そのいずれについても「一人の妻の夫」であって、「自分の家庭をよく治め」ていることが不可欠条件とされている(三2-4、12)。つまり、男性が守るべき「純潔」も、前記の既婚女性の場合と同じように、慎み深い結婚生活のことなのである。同じ消息は続くIテモテ書五章2節にも読み取ることが許されるであろう。「年老いた婦人は母親と思い、若い女性にはあらゆる純潔(ἁγνεία)をもって姉妹と思って諭しなさい」。

同様の再定義は使徒教父文書にも認められる。証拠となる箇所だけを列挙する。

(1)　ローマのクレメンス『コリントのキリスト者へ　一』二一章6―7節

私たちは私たちのために血を流して下さった主イエス・キリストを敬い、私たちの上にいる指導者を尊敬し、長老たちを重んじようではないか。若者たちには神に対する畏れを教え、私たちの妻を善に導こう。彼女たちが、純潔(ἁγνεία)という愛すべき良風を示し、柔和というまじり気なき意志を見せるように教えよう。

(2)　ポリュカルポス『ピリピのキリスト者へ　一』四章2節

次に、あなたたちの妻たちに対してもまた、与えられた信仰と愛と純潔(ἁγνεία)において歩み、あらゆる誠実さをもって夫に親しみ、同様にあらゆるつましさをもってすべての人を愛し、神をおそれる教育をもって子供をしつけるべきことを教えなさい。

(3)　『ヘルマスの牧者』第四の戒め一章1節

私(牧者)はお前(ヘルマス)に、純潔を守ることを勧める。他人の妻や、何らかのみだらなことや、この種の悪しきことに対する思いを、お前のこころの中に起こしてはならない。このようなことをすれば、大罪を犯すことになるのだ。いつでもお前の妻のことだけを想っていれば、決して罪を犯すことはないであろう。このような欲望がお前のこころに起こると、お前は罪を犯すことになるのだから。

(4)　『ヘルマスの牧者』第四の戒め四章4節

私は言う、「ご主人さま、妻であれ夫であれ、そのどちらかが永眠して、生き残った一人が再婚した場合、その人は罪を犯すことにならないのでしょうか」。彼が言う、「罪を犯すことにはならない。しかし、その人が独身のままでいるならば、みずからに神の前で、より高い栄誉と大いなる栄光を受けるであろう。しかし、再婚しても罪を犯すことにはならない。だから、純潔と神聖を守りなさい。そうすれば神に生きるであろう」。

(5)　イグナティオス『ポリュカルポスへの手紙』五章1―2節

私の姉妹に、主を愛し、また肉的霊的に夫に満足するようにすすめて下さい。同様に私の兄弟にも、イエス・キリストの御名によって、主が教会を愛したもうように妻を愛することを命じて下さい。もし誰かが、主の肉の名誉のために、純潔にとどまることができるなら、誇らずにそうすべきです。もし誇るなら、滅びることになります。またその人が監督以上に尊敬されるなら、破滅したことになります。娶る者また嫁ぐ者は、監督の承認を得て、一緒になるのがよろしいのです。それは結婚が欲情のためではなく、主の御意に従って行なわれるためなのです。すべてが神の栄光のために行なわれなくてはなりません。

(1)から(4)はすべて既婚者を対象にした勧告で、(1)と(2)は妻たち、(3)は夫、(4)は妻と夫の両方に向けられている。(4)とほぼ同じ勧告は(3)に直属する文脈(一4-8)でも行なわれ、配偶者が姦通を止めない場合は、離婚した後独身を守るべきことが勧められる。いずれにしても「純潔」は「慎み深い結婚生活」を指している。

いささか微妙なのは最後の(5)である。ここでの「純潔」は結婚しないで独身を通すことを指しているように読める。おそらくイグナティオスの周辺に、例えば外典使徒行伝のエンクラティズムのような立場から、性的禁欲のために独身を貫こうとするキリスト者が存在していたのであろう。イグナティオスはこの意味での「純潔」を頭ごなしに断罪はせず、教会制度(監督)の指導下に置こうとしているのだと考えられる。「誇らずにそうする」とは、彼らが自分たちの性的禁欲を教会全体の規範にしないならば、というにほぼ等しいであろう。いずれにしても、この箇所の「純潔」はイグナティオスの周囲に現れた禁欲主義者たちの用語法を反映している可能性が大きいように思われる。[7] イグナティオス自身の用語法はむしろ『エペソのキリスト者へ』一〇章3節に認められる。「それはあなた方の誰かが悪魔の植えたものとなることなく、あなた方があらゆる純潔と思慮深さとをもって、肉についても霊についても、イエス・キリストにあり続けるためなのです」。ここで「あなた方」と呼びかけられているのは、エペソの教会のすべての信徒であるから、この箇所の「純潔」は(1)から(4)までと同じ意味で読むべきであろう。

それではなぜ牧会書簡の著者たちと使徒教父たちには、「純潔」をそのように「慎み深い結婚生活」の意味に定義し直す必要があったのか。その答えはすでに明らかである。彼らはキリスト教的市民性とでもいうべきものを無視できなかったのである。彼らはキリスト教に対する攻撃や迫害がようやく激しさを増してゆく時代に生きながら、ローマ帝国とその地域社会のシステムの中で、いかにかして正統主義信仰を守り抜き、「証し」(殉教)していくことに命を懸けた者たちである。彼らのキリスト教は、まさしく「教会以外の人々からも良い評判を得ていなければならない」(Iテモ三7)のである。そのためには、性的な放埒はもちろんのこと、過激な禁欲も同時に退けて、実行可能性のある純潔、つまり、慎み深い結婚生活が必要とされたのである。

このことは周囲の「教会以外の人々」の社会も「慎み深い結婚生活」を一つの共通価値として認めていたことを含意するはずである。そして、これは最近のローマ社会史の研究が明らかにしていることと見事に符合する。すなわち、P・ブラウンは前述の『からだと社会』の第一章において、キリスト教の多種多様な、しかし、いずれもそれぞれの意味で禁欲的な性倫理が登場してくる前後の時代(後二―三世紀)について、ローマ社会自体の性倫理がどのようなものであったかを総論的に次のように述べている。

核家族という在り方、またそれと共に、夫と妻、親と子の間の愛情に重きを置こうとする傾向は、少なくとも(帝国の)西方においては、すでにローマ社会の既成の特徴であったように思われる。この点で後二世紀がとりわけ意義深いのは、そのような核家族と結びついた家庭の調和というものが、繰り返し象徴的な意味合いで、すなわち、ローマ的秩序を労せず調和的に維持してゆきたいという公的な願望の一環として持ち出されたことによるのである。(8)

以上われわれが吟味した証拠は、もちろん量は限られているものの、キリスト教登場以前のローマ世界が陽光燦々たる「抑制なきエデンの園」であったとするあまねく行き渡った空想的な見解にはほとんど何の支持も与えない。キリスト教の性倫理の厳格さとキリスト教が性行為の完全な放棄を強調したことの持つ新しさを説明する――さらには、暗黙の中に免責する――ために、あたかもそれが帝国の洗練された上流階級の間に広まっていた性的放埒に対する――たとえ過剰ではあっても理解可能な――反動であったかのように言うことは、さらに不可能である。われわれが手にしているのは、その代わりに、すでに長期にわたって陰気で慎重な人間たちが基調を成してきたような帝国である。彼らの助言者たちは女性、結婚、さらには性交そのものを論題として延々と書き連ねていたのである。そうすることで彼らは何とかして上流階級のメンバーに、権力、あるべき秩序、害されない連続性という重要な案件について、彼ら自身の間での反省を高めさせようとしたのである(9)。

やはりローマ社会史を先行する本村凌二も帝制期のローマにおいて、社会の頽廃あるいは性風俗の乱脈という現実が確かに一方にあるものの、他方ではそれを受け止める人々の意識の側に大きな転換が進行したことを、周到な論証によって明らかにしている。具体的には「家名を尊重する家族」のための制度であった「結婚」から「夫婦愛に基づく家族あるいは結婚」への変化、それと並行する形で「性」に肯定的な社会から否定的な社会への転換が生じたという(10)。「この変質とは性的な事柄を『汚らわしいもの』として忌み嫌う意識が次第に強くなっていく過程として捉えることができる。言い換えれば、性的事象を日常生活から排除する、あるいは異常なものと見做す意識の顕在化の傾向として理解すべきであろう(11)」。

まさにこの傾向に沿って、今や正統主義のキリスト教会の内部でも、人間の情念の問題が「俗悪」あるいは「みだらなこと」としてタブー化されることになった。Ⅰテモテ書五章13節が「年若いやもめは家から家へと回り歩くうちに怠け癖がつき、更に、ただ怠けるだけでなく、おしゃべりで詮索好きになり、話してはならないことまで話し出します」と述べる通りである。また、前出(3)に引いた『ヘルマスの牧者』第四の戒め一章1節は同じことをこの上なく明瞭に証言している。いわゆる悪徳表の中に、「俗悪」、「みだら」、「情欲」などの表現が含まれることも同じ消息である(Ⅰテモ一9-10、Ⅱテモ三2-6、『十二使徒の教え』五など)。もちろん、これらの表現は牧会書簡や使徒教父文書に初めて現れるわけではなく、すでにガラテヤ書五章19―21節、エフェソ書五章3―5節、コロサイ書三章5、8節などにもやはり悪徳表の一部あるいはその説明として出ている。しかし、これらの文書がリストアップする悪徳は、反対の善徳表も含めて、あくまで個としての信仰者の実存に関係しており、「正統」と「異端」の問題とは直接的な関連は持っていない。ところが今や、牧会書簡と使徒教父文書においては、この後者の関連こそが支配的となり、悪徳表は「異端」と、善徳表は教会の職制論と結びつけられる。

　この関連でもう一つ見逃せない事実は、情念のこのようなタブー化、あるいは、すでに見たような「純潔」の再定義と並行する形で、神が明らかに倫理的強迫観念に変質し始めていることである。このことを最も早い時期に端的に示しているのはローマのクレメンスである。彼は前出の(1)に引いた文章の直前に「私たちは注意しよう、神はいかに近くにおられるか、また私たちが抱く思い、企みは何一つ神に気づかれないでいることはないのだ、ということに」(二一3)と書き、直後には「なぜなら、神は私たちの心の思いや意図を探索なさる方なのだから」(二一9)と記している。神は人間がどこにいても、その心の中を隅々まで透視する神なのだ。同じような神観は二世紀以降の正統主義信仰の陣営には無数に見つかるに違いない。ここでは一つだけ例を引けば、二世紀の前半にアテネで活躍し、「キリスト教哲学者」と称せられたアリスティデスの『弁証論』一三章7節が挙げられる。そこでは同じように倫理的な強迫観念化した神が「すべてを見ていながら、自らは見られることのない神」と定式化されている。[12]

神がこのように個々人の心の隅々までも透視する神に強迫観念化していったということは、逆に言えば、監督、執事、長老団を中心として職制化が進んだ後の正統主義の個々の教会において、教会の中央に位置する彼らが必ずしもすべての信徒の家庭生活、ましてや個々の信徒の心の中の有り様まで把握することができなくなっているのだと思われる。パウロの時代のような小規模な「家の教会」の時代はすでに終り、信徒は地域社会の中に生活しながら教会に集まってくるという形に変わっているのである。教会中央と個々の信徒の私宅が離れはじめているのだと思われる。倫理的に強迫観念化した神はその乖離を埋めるための神学的保証なのだ。アレクサンドリアのクレメンスが一連の著作で提示しているキリスト教的賢者の理想像もその延長線上にある。この賢者は家庭の内外での全生活を貫いて、しかるべき立ち居振る舞いを保ちながら、彼あるいは彼女に従う家族(時には大家族)を導かなければならない。そのような家長こそは個々の信徒の家庭の中にまで現れた「真の神的摂理の似姿」なのである[13](『絨毯』VII, 70, 8)。

すでに見たアントニウスとパコミオスの「禁欲の神学」においても、確かに神は多かれ少なかれ倫理的に強迫観念化していると言うことができる。すなわち、すでに述べた通り(第3章二節参照)、彼らが悪魔あるいは悪霊から受けた試練や攻撃について語る場合に、それが客観的なものなのか、それとも彼らの心の内側の葛藤の表出なのか、言い換えれば、夢か現か分からないのである。先にわれわれは、これを内面の葛藤の表出としてのみ説明する心理主義的な見解を退けて、修道者たちにとって悪霊と悪魔が外在的現実性を持つものであることを指摘した。しかし、このことはもちろん、彼らの悪霊論と悪魔論が同時に魂の葛藤を外に向かって投影したものという性格を示していることを否定するものではない。前記のような「全てを透視する不可視の神」という表現そのものは確かに見つからないものの、神が一種の倫理的強迫観念に変わり始めていることも認めざるを得ないと思われる。具体的な箇所を挙げれば、『聖アントニウスの生涯』五五章によると、隠遁修道僧はそれぞれ昼夜を分かたず、自分の魂の動きを注視して、自分の行為を自分自身に釈明するべきである。また、『聖パコミオスの生涯』のある写本（G_2七、二四章）では、日夜を分かたず、魂の監視的部分に神を恐れる油を擦り込むことが勧められている。

にもかかわらず、これを牧会書簡あるいは使徒教父文書の場合と同日に論ずることはできない。なぜなら、アントニウスとパコミオスの場合、そのように強迫観念化した神が担う機能は修道僧たち一人一人の「徳への道」を内的に監視するという、あくまで個人主義的な機能に留まるからである。

［補論］狂犬病
――悪霊と砂漠の媒介項

一　犬のイメージとマタイ福音書一二章43―45節／ルカ福音書一一章24―26節

『聖アントニウスの生涯』と『聖パコミオスの生涯』のいずれにおいても、それぞれの主人公が墓場や砂漠の直中でサタンの誘惑と格闘して必死で祈る場面が一再ならず現れる。その際、サタンとその配下の悪霊たちはさまざまな恐ろしい姿に変身を繰り返すのだが、その中でも頻度が高いのは「犬」のイメージである。『聖アントニウスの生涯』の第九、四二章では、もろもろの悪霊たちが「悪魔（サタン）の犬たち」として言及されている。『聖パコミオスの生涯』の第七章（写本G_2）では、やはり悪霊たちが自分より強そうなものを見ると吠えかかり、追い払われると逃げるが、すぐまた寄ってきて吠える野犬のイメージで表現されている。ここには宗教言語も含めて人間の言語というものが、何よりも先ずイメージという媒体によって働く体系であることがよく見て取れる。(1) 悪霊とだけ言われてもはなはだ表象しにくいものが、犬のイメージに具象化されるのである。

犬、特に野犬を砂漠および悪霊と結びつけることは旧約聖書の歴史と共に古い。例えばイザヤ書の三四章一三―一四節では、山犬あるいはジャッカルが廃墟となった城砦、「山羊の魔神」、「夜の魔女」と結びつけられており、詩篇五九篇七、一五節は義人を虐げて悪を行なう者や欺く者について、「夕べになると彼らは戻って来て、犬のように吠え、町を巡ります」と歌っている。

新約聖書の中で、砂漠と悪霊の結びつきが最も明瞭なのは、洗礼を受けた後のイエスがいわゆる「荒野の誘惑」に曝される場面（マコ一12‐13とその並行箇所）である。ただし、そこではサタンと並んで「野獣」にも言及されているが、具体的に犬のイメージは現れない。

この点で注目に値するのは、むしろマタイ福音書一二章43―45節／ルカ福音書一一章24―26節である。これは共観福音書の資料区分の上ではQ資料に属する記事で、マタイでもルカでもいわゆる「ベルゼブル論争」（マタ一二22‐32／ルカ一一14‐23、その他マコ三20‐30も参照）と密接に関連する文脈に置かれている。新共同訳はこれを次のように訳している。

汚れた霊は、人から出て行くと、砂漠をうろつき、休む場所を探すが、見つからない。それで、「出て来たわが家に戻ろう」と言う。そして、戻ってみると、家は掃除をして、整えられていた。そこで、出かけて行き、自分よりも悪いほかの七つの霊を連れて来て、中に入り込んで、住み着く。そうなると、その人の後の状態は前よりも悪くなる。（ルカ一一24‐26）

先行するベルゼブル論争には、イエスの悪霊祓いの行為について、「あの男は悪霊の頭ベルゼブルの力で悪霊（複数）を追い出している」（ルカ一一15／マタ一二24）と言われている。従って、目下問題の記事をこのベルゼブル論争と密接な関連に置きながら伝承した者の理解に沿って言えば、この記事で追い出される「汚れた霊」（*τὸ ἀκάθαρτον πνεῦ-*

μα)も「ほかの七つの霊」(ἕτερα πνεύματα)も「悪霊の頭」ベルゼブルの支配下にある下位霊である[2]。この記事がこれらの悪霊について喚起するイメージに世界大の大きさは乏しく、むしろ小さな個体性が濃厚なこともそれと関連している。しかも、そのイメージは強い既視感を引き起こす。つまり、すでに引いた詩篇五九章七、一五節の犬のイメージである。とりわけ、冒頭で「人から出て行った」後、末尾の「そうなると、その人の後の状態は前よりも悪くなる」に挟まれた部分の語り口にそのイメージが強い。冒頭と末尾のこの二つの文章はいわばその部分を前後から挟み込む枠組みである。もちろんその枠組みでは、人間のイメージが明瞭である。つまり、われわれの記事は、枠組みとその中に挟まれた部分との間で、イメージ的に落差を生んでいるのである。この記事を読みながら、一体どこまでが人間(悪霊に憑かれていた者)、どこまでがどこかしら犬のような悪霊についての文言なのか、判断に迷ったという読者が少なくないに違いない。その原因は今述べたイメージの落差にある。

さらに重要な問題は前記の新共同訳で「砂漠」と訳されている単語にある。それはギリシア語原文では ἄνυδροι τόποι であり、直訳すれば、従来の口語訳のように、「水の無い所」となる。他方共観福音書は「砂漠」には繰り返し別のギリシア語 ἔρημος を当てているから(ルカ一80、三2、4、四1、42、五16、七24、八29、九12、一五4および並行箇所)、われわれの箇所の用語の選択は明らかに意図的に行なわれていると見なければならない。つまり「水の無い所」と訳すべきである。もちろん、それは実質的には砂漠と同じであるが、われわれの記事の語り手にとっては、そこに水がないことそのことが重要なのである。

しかし、そうなると、この単語に続く文言と合わせて、「水の無い所をうろつき、休む場所を探す」とは、どういうことなのか。後半の「休む場所を探す」は新共同訳の訳文であるが、原文をより文字通り訳せば、「安息を求める」となる。さらに、これを裏返しにして読めば、水があるところでは休めない、ということになる。これは一見不可解である。そのために、欧米語を含むその他の現代語訳の中には、「水の無い所をうろつき」を「休む場所を探す」にかけず、むしろそれに続く「見つからない」にかけ、休む場所が見つからなかったのは、水の無い所で探したからだ、という意味に訳すものがある。[3] しかし、この場合にも不可解さは残る。当時のユダヤ教の悪霊論によれば、悪霊は砂漠、つまり水の無い所にこそ好んで棲んでいたのではないのか(マコ一12-13参照)。確かに水辺に棲む悪霊の存在も信じられていたらしいが、[4] この場面では特にその種の悪霊が考えられていると言えるのか。

これらの不可解さは、この場面の悪霊に単に犬のイメージを読み取ることを超えて、その犬を狂犬病に罹った犬と考えれば、一挙に氷解する。狂犬病は別名を恐水病(*ὑδροφοβία*/pavor aquae)と呼ばれることは案外知られていない。狂犬病に犯された犬、その犬に嚙まれて狂犬病にかかった動物や人間は、水を見るだけで嚥下筋の疼痛性の痙攣を引き起こすのだという。[5] そのために水を怖がるわけである。にもかかわらず他方では、敢えて水を一口飲むことが癒しになる場合があるとする事例報告がある。そのような狂犬には、仮に水の無い所へ逃げても、最終的な安息は見つからないわけである。語り口が強く犬のイメージを喚起するという前述の理由にこのような狂犬病の症状を考え合わせると、前掲の記事は悪霊と砂漠を狂犬病の犬を媒介として結びつけているということができる。これがわれわれの仮説である。以下では、この仮説の妥当性を、ユダヤ教、キリスト教、ヘレニズム世界の文献に照らして吟味してみたい。

二　ユダヤ教およびキリスト教文献の証言

先ず初期ユダヤ教のラビ文献から見てみよう。第一に引くべきはバビロニア・タルムード『ヨーマ』篇83b-84b

である。パレスティナ・タルムード『ヨーマ』篇8, 45b, 12の並行記事も合わせて引いておく。後に続く論述での再指示を簡便化にするために、それぞれの断章に整理番号を付す。

断章1　バビロニア・タルムード『ヨーマ』篇83b–84b

ラビたちは次のように教えた。狂犬については五つのことが言われる。その口はいつも開いている。いつもよだれを垂らしている。いつも耳が垂れている。尻尾は後ろ脚の間に垂れ下がっている。いつも道の脇を歩く。多くの人が言うところでは、吠えることもあるが、その声は聞こえない。

さて、これ(狂犬病)は一体どこからくるのか。ラブ(二四五年没)は、魔女がその犬で退屈しのぎをしているのだ、と言った。シェムエール(二五四年没)は悪霊がその上に取り憑いているのだと説明した。[6]

彼らの間の違いはどこにあるのか。彼らの間の違いは、その犬を飛び道具で殺すべきかどうかをめぐって存在する。(しかし)シェムエールに賛成して、それを殺す時は、飛び道具だけで殺すべきだと教えられる。それと接触する者は危険に瀕し、それに噛まれる者は死ぬ。

「それと接触する者は危険に瀕し」とあるが、そうならないためにどんな手だてがあるのか。着ている物を脱ぎ捨てて逃げろ。ラビ・イェホシュアの子のラビ・ホナはかってそのような狂犬と接触した。その時、彼は衣類を脱いで逃げ去った。それから彼は「その時私の上に、『知恵はその持ち主の命を保つ』(コヘ七12)という聖書の言葉が成就した」と言った。

「それに噛まれる者は死ぬ」とあるが、そうならないためにどんな手だてがあるのか。アバイェはこう答えた。「オスのハイエナの皮を取ってきて、その上にこう書きなさい。『私誰々は誰々しかじかの息子。私はオスのハイエナの皮にお前のことをカンティーカンティークレロス (Kanti Kanti kleros) と書きつける』。多くの者が、カンディーカンディークロロス (Qandi qandi qloros) と言う。それから彼は着物を脱いで墓の中に埋め、一年の十二ヵ月の間そのままにしておく。それから掘り出し、炉で焼き、その灰を辻に蒔き散らすこと。この十二ヵ月の間、水を飲むときは、銅の筒からだけ飲むこと。そうしないと、水の中に悪い霊の像を見て、危険に瀕するかも知れない』。そこでアバ・ベン・マルタ、すなわちアバ・ベン・ミンヨミの母は息子のために黄金の水筒を造らせた。

(中略)

ラビ・ヨハナンがかつて壊血病を病んだとき、安息日にそれ(提案された治療法)を試みて、そのお陰で回復した。なぜラビ・ヨハナンはそうしたのか。ラビ・ナーマン・ベン・ジヒャクが答えて、「それは壊血病とは違う。壊血病は口の中で始まって下半身で終るものだ」と言った。ラビ・ヒヤ・ベン・アバはラビ・ヨハナンに言った、「とすればラビ・マッテヤ・ベン・ヘレシュに従ってのことですね。彼は『誰であれ、口の中に痛みを覚える者はたとえ安息日でも薬を飲んでもよい』と言ったからです」。ラビ・ヨハナンは「他の病気の場合はだめでも、この病気の場合は(それが許される)と私は言う」と答えた。彼を支持する根拠を一つ示そう。もし誰かが黄疸にかかったら、ロバの肉を彼に食べさせてよい。もし誰かが狂犬に噛まれたら、その狂犬の肝臓の皮弁を彼に食べさせてよい。それと同じで、口の中が痛む時は、安息日であっても彼に薬を含ませてよい。(7)

断章2　パレスティナ・タルムード『ヨーマ』篇8, 45b, 12

狂犬 (keleb schoteh) はどういう事情でそうなるのか。ラブとシェムエールの内、一人の方は「迷いの霊がその上に取り憑いているのだ」と言い、もう一人は「ある魔術を働かせる女がその犬で実験しているのだ」と言った。[8]

この二つの断章では、狂犬病が魔術と悪霊あるいは「迷いの霊」と結びつけられている。さらに断章1に「水を飲むときは、銅の筒からだけ飲むこと。そうしないと、水の中に悪い霊の像を見て、危険に瀕するかも知れない」とあるのは、水を飲む際に水を見ないで飲む工夫のことを言っているのである。医学的に見ても、それは根拠のないことではない。すでに述べたように、狂犬に嚙まれた者は水を見るだけで、嚥下筋の痙攣を起こして「危険に瀕する」ことがあるからである。断章1の語り手は恐水病という術語こそ使ってはいないものの、事態としては同じことを認識しているのである。

また、断章1の末尾に「もし誰かが狂犬に嚙まれたら、その狂犬の肝臓の皮弁を彼に食べさせてよい」とあるのは常識的には全く不可解な処置である。狂犬病に犯された犬の肝臓を(生で)喰うことは、嚙まれる以上に危険なことではないのか。事実、ミシュナーの『ヨーマ』篇8,6はこの処置を禁止している。[9] しかし、同じ箇所は二世紀のラビ・マッテヤ・ベン・ヘレシュがこの処置法を勧めたことを併記している。また、断章2に引いたパレスティナ・タルムード『ヨーマ』篇8,45bはさらに、ミシュナーの編者でもあるラビ・ユダの報告(二五〇年頃)として、ゲルマン人の奴隷にこの処置が施されたが効き目がなかったことを記した後、毒蛇に嚙まれた場合、ラバに蹴られた場合と並んで狂犬に嚙まれたら延命法はないと述べる。[10] おそらくこの処置法を巡っては、ラビたちの間にもいろいろ議論があったのであろう。

しかし、われわれにとって重要なのは、この処置法には彼ら以前に、しかもユダヤ教の枠を越えた地中海文化圏に先行事例があるという事実である。すなわち、後述する大プリニウス(二三/二四―七九年)の『自然誌』第二九巻三二章が報告するところによると、彼の時代のギリシア人たちの間でも、狂犬に噛まれた後恐水病にならないためのさまざまな処置の一つとして、同じことが行なわれていたのである。クラウディウス帝とネロ帝の時代に軍医として生きたディオスコリデースと二世紀半ばの医者かつ思想家ガレーノスにも同じ処置法についての報告があるが、そこでは当の狂犬の肝臓を焼いた上で投与する形になっている。[11]

断章1の途中に現れる謎めいた二つの文言の内の「カンディ-カンディ-クロロス(Qandi qandi qloros)」が、もしL・ゴールドシュミットの言うように[12]、ラテン語のcanis cholericus(疫病にかかった犬)が訛ったものだとすれば、この処置法に関するラビたちの議論は、すでにそれ以前にギリシア・ローマ文化圏の中に長い歴史を刻んできた民間治療の議論に影響されていると見做すべきであろう。すでに言及したミシュナー『ヨーマ』篇8, 6のマッテヤ・ベン・ヘレシュがローマで活動したラビであることも偶然のこととは思われない。

ラビ文献の中で次に重要な記事を見てみよう。これもパレスティナ・タルムードとバビロニア・タルムードに並行記事があるので、二つを並べて引用する。

断章3　パレスティナ・タルムード『テルモート』篇1, 40b, 29–36

狂気に憑かれた者の徴。誰であれ夜うろつき歩く者、墓場で夜を過ごす者、上着を引き裂く者、与えられたものを踏みつぶす者。ラビ・フナ(二九七年没)は言った、「(ある者を狂気と見做すためには)これらすべての徴が揃っていなければならない。そうではない場合(すなわち、当人がこれらの徴どれかを身に帯びているという場合)については、私はこう言う。夜うろつき歩く者は(狂犬病に憑かれた)犬人間、墓場で夜を過ごす者は不浄な場所に住む悪霊たちに供犠を捧げる者、自分の着物を引き裂く者は黄疸(うつ病)にかかっている者、与えられた物を潰す者は狂犬病にかかっている者である」。ラビ・ヨハナン(二七九年没)は、これらの徴の一つでも見られれば、その者は狂気に憑かれていると見做すべきだと言った[13]。

断章4　バビロニア・タルムード『ハギガ』篇3b

狂気に憑かれた者とは誰のことか。夜一人でうろつき歩く者、墓場で夜を過ごす者、自分の着物を引き裂く者のことである。こう言われている。すなわち、ラビ・フナが言った、「これらすべての徴が当人に同時に現れていない限り、その者は狂気ではない」。(しかし)ラビ・ヨハナンは言った、「これらの徴の一つでも(現れれば狂気である)」。

どのように現れればなのか。もし当人がそれらのことを、(本当に)狂気に憑かれた者が通常するのと同じような仕方でするならば、たとえ一つの徴でもその者は狂気と見做される。しかし当人がそのような仕方でしないならば、たとえこれらすべての徴が見られても、彼は狂気とは見做されない。もし彼が本当に狂気に憑かれた者がするような仕方でそれらのことを行ない、墓場で夜を過ごすならば、彼がそうするのは汚れた霊が彼の上に取り憑いて、彼がその力を借りて魔術を行なうためであると言うことができる。また、夜一人でうろつき歩くならば、狂犬病が彼を捕らえたのだと言うことができる。彼が自分の着物を引き裂くならば、彼がそうしたのは気がふれたからだと言うことができる[14]。

断章3で特に注目に値するのは「夜うろつき歩く者は(狂犬病に憑かれた)犬人間」だというラビ・フナ(Huna)の断定である[15]。これには同じパレスティナ・タルムードの『ギッチン』篇の7, 48c, 13に並行記事があるが、そこでは

「狼人間」となっている。[16]「犬人間」あるいは「狼人間」という表現は犬科の動物と人間の間を文字通り曖昧化している点で、前掲のQ資料の記事と酷似している。ラビ文献の側がこのQ資料の記事を読んだことがあるとはほとんど考えられないから、このような表象法はユダヤ人の間に早くから存在したのだと考えられる。しかも、『ギッチン』篇の「狼人間」はギリシア語の *λυκάνθρωπος/-πια*, 断章3の「犬人間」にもやはりギリシア語の *κυνάνθρωπος* が外来語扱いで訛った形で当てられている。断章4の末尾に「狂犬病が彼を捕らえたのだ」とある内の「狂犬病」の原語も実はこの断章3と同じ外来語がさらに別の形に訛ったものである。[17] つまり、ここにもヘレニズム文化圏の表象が影響を及ぼしているわけである。

狂犬病あるいはそれにかかった人間(「夜一人でうろつく者」)は、どちらの断章においても、確かに直接的には悪霊と結びつけられてはいない。悪霊あるいは汚れた霊と直接結びつけられるのは、むしろ墓場で夜を過ごす者の方である。しかし、両者は文脈上、あるいは「夜」のモティーフによって密接に関連づけられており、狂犬病と悪霊憑きの表象は隣接関係にある。しかも、墓場で夜を過ごす者を悪霊憑きと見做す見方は、周知のように、すでにマルコ福音書五章1—20節に明瞭に現れており、ラビたちの時代に初めて認められるものではない。そこから推せば、狂犬病を悪霊憑きと隣接させる見方も同じように古いと見做すこともあながち不当ではないであろう。[18]

もう一つ、今度は後二世紀後半から三世紀の初めにかけて、東方地中海世界におけるユダヤ教とキリスト教の境界線上で生み出された文書が参考になる。それはローマのヒッポリュトス(二三五年没)が『全異端反駁』第九巻一五章4節—一六章1節で報告している『エルカザイの書』である。ヒッポリュトスの報告によれば、彼の時代のローマにアルキビアデースという名の男が現れた。彼は『エルカザイの書』という一冊の本を所持していた。それはエルカザイ某がパルティアから持ち帰ってソビアイ某に伝えたというもので、エルカザイが巨大な男女の天使から与えられたものだという。アルキビアデースは禁欲主義を説いて、その書の教えを聞き、キリスト教徒も彼から二度目の洗礼を受ければあらゆる重大な罪や穢れも清められると約束して、愚かな大衆を集めた。一方ではモーセの律法の拘束力を説く(ユダヤ主義)と同時に、他方ではキリストは輪廻転生によって処女からの降誕を過去から現在まで繰り返してきたし、未来においてもそうであろうと説いたという。加えて、さまざまな癒しも約束し、狂犬に嚙まれた者、悪霊に憑かれた者に対する魔術的な呪文を売り物としていた。この最後の点についてヒッポリュトスの報告は次の通りである。

断章5

> 破滅の霊に取り憑かれた狂犬がある男、女あるいは少年や少女に嚙みつくか、その着物を喰いちぎるか、触るかした場合には、そうされた者は直ちに着物をすべて身につけたまま急いで走り、深さが十分ある川か泉に飛び込んで、着衣のまま水の下に身体を沈めて、心からの信頼の内に大いなる至高の神に呼びかけ、この書に名を記された七柱の証人を呼び求めなければならない[19]。

この後には、天、水、聖霊、祈りの天使、油、塩、大地という七柱の証人への呼びかけ、その前での悔い改めの告白と水の中に全身を浸ける浸礼の説明が続いている。この浸礼は着の身着のままで、あたかも自己洗礼のような仕方で行なわれる。これはおそらくアルキビアデースの施した洗礼の中でも、狂犬に嚙まれた者の場合だけの特殊なやり方なのではないかと思われる。もしそうだとすれば、この断章は狂犬病と悪霊(破滅の霊)の結びつきのみならず、それが恐水症状を引き起こすことも意識していると見てよいであろう。

三　ヘレニズム文化圏の証言

狂犬病に関するヘレニズム文化圏で最も早い言及は、文献として確認できる範囲では、アリストテレス『動物誌』第八巻第二二章のきわめて客観的（動物学的）な記述である。

断章6

イヌは三種類の病気にかかる。これらの名は狂犬病、扁桃腺炎、足痛である。これらのうち、狂犬病は狂気を起こし、〔この病にかかったイヌに〕かまれた動物は、ヒト以外は、みな狂気になる。またこの病気はイヌを殺し、狂犬にかまれたヒト以外の動物を何でも殺す。[20]

この記述では狂犬病にかかった犬は必ず死ぬかのように読める。しかし、後述する断章7のテュアナのアポロニオスにかかわる事例では、狂犬病から癒されることは十分あり得ることが前提になっている。おそらく、W・エプシュタインが言うように、狂犬病にもいくつかの型があって、アリストテレスが念頭においているのは「凶暴型」、アポロニオスと前掲の断章1の冒頭に描かれた症状のそれは「沈黙型」なのであろう。

大プリニウスの『自然誌』二九巻三二章は彼の時代のギリシア人の間で、狂犬に嚙まれた時に恐水病（*ὑδροφοβία*／pavor aquae）にならないためにどのような処置が取られていたかをきわめて詳しく報告している。それはアリストテレスの客観的な記述と違って、当時のギリシアの民間治療、あるいはそれを支える日常知の体系のあり方を示すものとしてわれわれにとっては貴重なものである。該当箇所の全体を引用するには長すぎるので、大きく三つの処置法に分けて、個々の具体的な処置あるいは薬材をそれぞれに分類すると次のようになる。[21]

A　傷口に当てる、擦り込む

(1)犬の頭部を焼いてできる灰、(2)当の狂犬の尻尾の下の毛を焼いてできる灰、(3)オスの鶏のトサカをたたきにしたもの、(4)ガチョウの脂を蜂蜜と混ぜたもの、(5)家禽の糞を酢に漬けたもの(ただし赤色のもののみ)、(6)トガリネズミの尻尾を焼いてできる灰、(7)スズメの巣の土を取って酢に漬けたもの、(8)スズメの雛を焼いてできる灰、(9)馬糞に酢をふりかけて、無花果に入れて温めたもの(踏むだけで危険な狂犬の尿の毒対策)。

B　飲食する

(1)犬の頭部、(2)犬の頭部を焼いてできる灰、(3)狂犬の舌の下にあるねばねばした唾液、(4)当の狂犬の肝臓をできれば生のままで食べる、(5)できなければ何らかの仕方で調理したもの、それを煮てできるつゆ、(6)嚙まれた人と同じ性の子犬を溺死させて取った生の肝臓、(7)子犬の舌の下から「リュッタ」(lytta＝狂気)と呼ばれる小虫[22]を取って、火の回りを三度回らしたもの、(8)家禽類の脳みそ、当の狂犬の肉を塩漬けにして保存したもの(他の食物に混ぜて摂取)、(9)蛇の皮あるいは脱け殻をたたいて、オスのカニと一緒にワインに漬けたもの。

C　狂犬よけ

(1)犬につく寄生虫をかたどったお守り、(2)メス犬の体液を入れた器、(3)犬の心臓、(4)犬の舌(爪先を大きくした靴の中に持ち運ぶ)、(5)切り取ったイタチの尻尾。

すでに断章1で言及した議論、すなわち、狂犬に嚙まれた者に当の狂犬の肝臓を食べさせることが有効かどうかという議論は、Bの(4)、(5)、(6)と関係する。ディオスコリデースとガレーノスも同じ処置法について記していることはすでに述べた通りである。

断章6ですでに言及したテュアナのアポロニオスの事例はフィロストラトス(後一七〇頃の生まれ)の『テュアナのアポロニオス伝』第六巻四三章に描かれている。フィロストラトスは後二世紀から三世紀にかけてセプティミウス・セウェールス帝の妃ユリア・ドムナのサロンに出入りした文人の一人であるが、アポロニオスその人はイエスとほぼ同時期の生まれで、新ピュタゴラス主義に立脚した神秘主義者である。フィロストラトスはユリア・ドムナの請いを受けて、アポロニオスに関する古伝承を集め、一つの伝記作品に仕上げたのである。前記の箇所を先ず断章7として挙げよう。この記事は、著者が第七巻から話の舞台を全く新しくローマに移すに先立って、なお手持ちのまま残ってしまった個々のエピソードをいささか手荒なやり方で並列させただけという部分(第六巻三五—四三章)に位置している。[23]ということは、逆に言えば、以下の話がフィロストラトスの創作になる部分の少ない比較的古い伝承だということである。

断章7

彼(アポロニオス)について次のような話もタルソに伝わっている。一頭の狂犬が一人の少年に襲いかかって嚙みついた。その結果、嚙まれた少年は狂犬そっくりになって、吠え猛りながら、両手も足のように使って至るところをうろつき回っていた。

少年がこういう病状になってから三十日目に、しばらく前にタルソに着いていたアポロニオスがその少年を見て、嚙みついた犬を捜し出すように命令した。しかし、町の者たちは、その犬を探したけれども、見つけられなかったと言った。なぜなら、その少年は襲われた時、市壁の外で投げ槍の練習中であったし、もはや自分で自分のことが分からなくなってしまった少年本人からも、その犬がどんな犬であったか何も聞き出せなかったからと言うのである。

するとアポロニオスは暫し黙想した後、供のダミスに「その犬は白くて毛が多く、アンフィロキコス地方の猟犬ほどもある大きな牧羊犬で、今現にある泉の側で水を飲みたくても水が怖くて震えながら立ち尽くしている。その犬を私のところに連れてきなさい。闘技場のある川岸へ。犬にはただ私が呼んでいるとだけ言いなさい」と言った。

そこでダミスはその犬を引っ立ててきた。すると犬はアポロニオスの足元に、ちょうど嘆願者が祭壇に向かってそうするように、鳴き叫んだ。アポロニオスは犬を手で撫でて鎮めると、少年を手で抱えるようにして犬のすぐ側に立たせた。そして、今から起きようとしているえも言われぬ奇蹟を多くの者たちが見過ごすことのないようにと、叫んで言った、「ミュシアのテーレフォスの魂がこの少年に入り込み、運命の神(モイラ)たちがかつてのテーレフォスと同じことをこの少年の上にもたらそうというのだ」。こう言いながらアポロニオスは犬に向かって、自分が嚙みついてできた少年の傷口を隈なくなめるように命じた。すなわち、傷を負わせた者が今度は癒す者に一転するかのようであった。

その後で少年は父親のもとへ帰って行き、自分の母親も見分け、遊び仲間にも以前のように話しかけ、キュドニスの水を飲んだ。アポロニオスは犬の方も蔑ろにはせず、河に向かって祈りを捧げてから、その犬に河を渡らせた。犬は河を渡り切ると、向こう岸に立って吠え始めた。これは狂犬にはきわめて珍しいことなのである。それからその犬はそれまで垂れていた耳を折り返し、尻尾を振った。犬には自分が再び健常の身になったことが分かったのである。なぜなら、狂犬には、そうする勇気さえあれば、一口水を飲むことが癒しとなるからである。

途中「ミュシアのテーレフォス」とあるのは、ギリシア神話上の人物である。テーレフォスはさまざまな紆余曲折の後ミュシアの王となった。トロイ攻めに向かう途中のギリシア軍がテウタラニアをトロイと間違って攻めたとき、これに抵抗し、アキレスに傷つけられた。しかし神託に従って、ギリシア軍の宿営を訪れ、アキレスに癒しを求めた。アキレスがこれに応じたので、傷つけた者が癒す者となったという話である。アポロニオスは狂犬をそのテーレフォスになぞらえて、今や少年の傷口を隈なくなめさせるわけである。なぜなめさせるのか。これにも言外にはっきりした理由があるのだと思われる。すなわち、前記の大プリニウスの報告の中のBの(3)に出る当の狂犬の唾液との関連が濃厚である。つまり、アポロニオスのこの話も当時の小アジアの民衆レベルの処置法に根を張っているものに違いない。少年の中にテーレフォスの魂が移り住むという点には、新ピュタゴラス主義のみならず民衆レベルでの魂の輪廻転生の信仰との関連が窺われるかも知れない。

確かにこの話には、狂犬病を悪霊信仰と結びつける見方を直接証拠立てるものはない。この結びつきは同じ『テュアナのアポロニオス伝』第四巻一〇章が疑問の余地なく証明してくれる。

断章8

アポロニオスは以上のような言葉を語って、スミュルナの人々の心を一つにした。ちょうどその時エフェソに疫病が発生し、もはやどんな対策も効果がなくなった。そこでエフェソの人々はアポロニオスのもとへ使いを送った。彼に自分たちの苦しみを癒す医者になってもらいたいと思ったのである。アポロニオスは出立を引き延ばそうとは考えず、使者に「出掛けよう」と答えた。するとたちまちにアポロニオスはエフェソにいた。それはちょうど、かつてピュタゴラスがツロとメタポントゥムの両方に同時に居合わせるという奇蹟を行なったのと同じだった。

さて、彼はエフェソの住民たちを招集すると、こう言った、「元気を出しなさい。今日私がこの疫病を鎮めるだろう」。こう言いながらアポロニオスは、全住民を現在あの疫病除けの神像が立っている劇場に連れて行った。するとそこに乞食を装った一人の老人がいた。彼は盲人を装って、両目もわざと閉じていた。背嚢を一つ携行し、その中に一切れのパンを持ち合わせていた。ぼろ布で身を覆い、顔は汚れ切っていた。

アポロニオスはエフェソ人たちをその老人の回りに立たせるや、「さあ、できるかぎり沢山の石をかき集め、この神々の敵に投げつけよ」と命じた。しかし、エフェソの住人たちはアポロニオスの言っていることの意味が分からず驚くばかりだった。と同時に、かくも惨めな有り様で助けを求め、憐れみを受けようとやたらと喋りまくっているだけの余所者を叩き殺すのは、余りに恐ろしいことだと思われた。ところがアポロニオスはエフェソの住人たちにもっとその余所者に押し迫るように、そして、決して逃さないように命じてひるまなかった。そこで何人かが投石を始めると、盲目を装って目を閉じていただけのその男は急に一同を睨みつけた。その時彼が見せた目は燃える炎のようだった。その時、エフェソの住人たちは、その男の正体が悪霊（δαίμων）であるのに気がついた。それからの彼らの投石は物凄く、投げられた石はその悪霊の上に積もって塚となった。

しばらく経ってからアポロニオスは彼らにそれらの石を取り除いて、彼らが殺した獣を確かめるようにと命じた。

彼らが石で撃ち殺したはずの者を露にしてみると、当の男の姿は消えてなかった。その代わりに石の下から現れたのは、体型ではモロシア産の犬に、大きさでは最大級のライオンに似た犬(κύων)の引き裂かれた死体だった。口から泡を吹いたその様は狂犬(οἱ λυττῶντες)さながらであった。こうして、あの疫病除けの神像、すなわちヘラクレス像が、その妖怪が撃ち殺された場所に建立されて今日に至っているのである。

狂犬病には恐怖心を越えて水を飲むことが癒しになるという断章7と同じ見方は、後二世紀半ばに活躍したギリシアの地理学者パウサニアスの『ギリシア記』第八巻第三章一九2にも見えている。この箇所でパウサニアスはアルカディア人の一部族であるキュナイタの土地と風俗について報告している。該当する記事は次の通りである。

断章9

さて、ここに冷たい水が湧く泉。泉は市域から約二スタディオン(〇・四キロ)離れ、また、泉越しにプラタナスが一株生えている。もしも狂犬のために狂気に陥ったり、または傷やそのほか危険な状態にあることがわかった際、この水を飲めば薬になる。このため人びとはこの泉を「狂気消しの泉」と呼んでいる。(24)

最後に、後二世紀の後半に活躍したルキアノスも、その著『嘘好み』にわれわれの問題と少なくとも間接的に関連する証言を残している。この著作はヘレニズム世界各地の大衆の迷信好み、嘘好みを虚実織り混ぜたさまざまなエピソードで暴いてゆく作品である。(25)その三一章はピュタゴラス派の哲学者アリグノートスなる人物を登場させて、彼自身が経験したこととして、デイノマコスなる人物に向かって語らせた話である。

それによると、コリントにあるエウバティデースの家は、長いこと幽霊が出るとの噂が立って、久しく人の住まない廃屋となっていた。それを耳にしたアリグノートスはエジプトの魔術の本（複数）を携えてその廃屋に乗り込んでゆく。彼が夜を徹してその魔術の本を読んでいると、いよいよ悪霊が出現し、犬、猛牛、ライオンなどさまざまな姿に変身して彼を威嚇する。アリグノートスが魔術の本の中からもっとも恐ろしげな呪文を選んで唱えると、悪霊は退散し、廃屋の一角の床下に消えた。翌朝、彼が心配して駆けつけた仲間たちと一緒にその一角の床下の土を掘り下げてみると、人骨が出てきた。それを掘り出して改めて埋葬したところ、その廃屋は清められ、元のように人が住めるようになって、持ち主のエウバティデースに返された。

ここには悪霊と犬の結びつきは明瞭であるが、狂犬病あるいは恐水病との関連は認められない。その代わりに顕著なのはエジプトの魔術文書との関連である。話の途中でルキアノスは、エジプトこそ魔術の本場であって、無数の魔術の本が出回っていることを断っている。事実、『コプト語魔術文書』[26]あるいは『ギリシア語魔術文書（PGM）』[27]と呼ばれるものが大量に残っている。それらの中で犬と関係するものを踏査すると、ある特定の犬を魔術的呪文で捕縛しようとするもの（『コプト語魔術文書』London MS. OR. 1013A）、冥界の犬ケルベロスに死者を呼び出させるもの（PGM IV, 1873–1929）、セト神の配下の（悪）霊が疥癬病の犬のエサになる話（同 XII, 122–143）、エジプトの犬の姿の神アヌビスが愛の魔術を仲介するもの（同 XVII, 1–25）、打ち殺された犬の死体を蘇生させて尋ね人探しをさせるもの（同 XIX, 5–16）などが見つかる。しかし、いずれの場合も狂犬病や悪霊憑きとの関連は認められない。

まとめ

以上の考察からわれわれは次のような結論を導くことができる。

(1) 先ず文献学的な事実として確認できるように、ユダヤ教およびキリスト教の領域の証言とヘレニズム文化圏の証言のいずれにおいても、狂犬病とそれに伴う恐水症状の認識は明瞭に認められる。

(2) 断章1にはラテン語からの借用語「カニス・コレリクス」(canis cholericus)が訛った形(カンディーカンディークロロス)で現れ、断章3、そのパレスティナ・タルムードの並行箇所『ギッチン』篇7, 48c, 13、および断章4にはギリシア語からの借用語 *κυνάνθρωπος*(犬人間)と *λυκάνθρωπος*(狼人間)がやはり訛った形で現れることが証明するとおり、本論が引用したラビ文献からの断章の背後には、少なくとも後一世紀にまで遡るヘレニズム文化圏の表象が潜んでいる。同じことは、一方では断章1とミシュナー『ヨーマ』篇8, 6におけるラビ・マッテヤ、他方では大プリニウス(特に処置法Bの第4、5、6項)、ディオスコリデース、ガレーノスが狂犬の(生の)肝臓を使った同一の処置法について報告している事実からも裏づけられる。確かに、引用されたラビ文献のほとんどは年代的には比較的後代のものであり、しかもバビロニアのユダヤ教を起源とするものである。にもかかわらず、ここに明らかにされたヘレニズム文化圏からの影響はパレスティナのユダヤ教を経由してはじめてバビロニアにまで達したものであるに違いない。断章1に並行するミシュナー『ヨーマ』篇8, 6がそのことを証明する。

(3) 狂犬病を悪霊のしわざとする見方、あるいは魔術と関連させる見方は、ユダヤ教およびキリスト教の文献の方には明瞭かつ頻繁に確認される。ヘレニズム文化圏の文献でも断章8には明瞭に現れている。(28)

(4)　狂犬病、恐水病、悪霊論の三個組は、われわれの本文マタイ福音書一二章43―45節／ルカ福音書一一章24―26節が初めて成立した時代にも存在したものと想定できる。なぜなら、この種の民衆の日常知にかかわる議論や表象は、政治的あるいは経済的制度や個々の法の条文のように比較的短期間で変化し得るものと違い、本来きわめて息の長いものであり、変わるとしても非常に長い時間を要するものだからである。とりわけ古代においてはそうであったと考えられる。墓地で夜を明かす者は悪霊に憑かれた「犬人間」あるいは「狼人間」だという前述のラビ文献の見方がマルコ福音書五章1―20節とほとんど変わるところがないのは、そのよい実例である。[29]

理論知と違って日常知に人が自覚的になることは稀である。しかし、その日常知は無意識の内に人間の社会的行動を規定する。この補論においてわれわれは、マタイ福音書一二章43―45節／ルカ福音書一一章24―26節の語り口も、ユダヤ社会において狂犬病に関してひろまっていた日常知を無言の内に前提していることを明らかにしたのである。

もちろん、厳密には次の問いがなお残されている。すなわち、その日常知はわれわれのテキストの導入場面であるマタイ福音書一二章43節／ルカ福音書一一章24節を越えて、さらにどこまでこのテキストを、いわば無意識の内に規定しているだろうか。「汚れた霊」が最後に別の七つの霊を、「掃除をして、整えられて」いる上に「空き家になって」いる元の自分の家に連れてくる(マタ一二44／ルカ一一25)というのは、狂犬の行動というよりも、むしろ通常の犬の行動とも思われるかも知れない。しかし、仮にそのような狂犬から通常の犬の行動への「飛躍」がここにあるとしても、驚くにはあたらない。なぜなら、われわれのテキストの語り手の思考は理論的・論理的思考ではなく、J・A・フィッツマイアーの表現を借りれば、「典型的に前論理的な思考」(typical protological thinking)だからである。[30]

悪霊がわれわれのテキストにおけるほど具象的に描かれるのは、福音書の中でも稀である。なぜ本来目には見えぬはずの「汚れた霊」をわれわれのテキストだけがこれほど具象的に描くことができるのか。この問いに対する解答はこの補論の冒頭でも示唆した通りである。すなわち、その可能根拠は、語り手と聞き手が彼らの日常知においてほとんど無意識の内に共有している狂犬のイメージが果す記号論的機能にある。語り手も聞き手も、われわれのテキストを語りながら、あるいは聞きながら、現実に目の前をうろついている個々の犬A、B、C……のことを考えるわけではなく、より一般的な狂犬のイメージを思い浮かべるのである。あらゆる日常言語というものは、そのように目の前の現実そのものからは乖離したもろもろのイメージ群を用いることによって初めて機能している。さらに、それらのイメージ群は網の目のように繫がって、一つの「世界」を構成する。日常生活を営む者はそのような「世界」の中にこそ棲んでいるのである。われわれのテキストが語り手と聞き手の間に一つのコミュニケーションを成り立たしめ得る訳は、共通の狂犬のイメージが双方において初めから前提されているからなのである。これこそ正に、なぜわれわれのテキストのほとんどの動詞が、文法的に見ると、現在時称になっているのか、その理由でもある。この現在時称は決して様式史の言う「譬」(Gleichnis)の指標として説明されるべきではない[31]。むしろ、われわれのテキストは元来、すなわち、Q資料の文脈へ組み込まれる以前の段階では、「悪霊祓いに関する民衆の知恵」を表現するものであったとする説[32]が、おそらく最も真実に近いと思われる。

この補論は一見些細なテキストの事実の背後に、実はどれほど大きな表象世界が、それぞれの時代の文化史、あるいは社会史を映しながら前提されているものか、明らかにしたはずである。本文の背後にあるそのような表象世界を明らかにすることは、聖書釈義にとって放棄できない固有の課題であると同時に、ひいては古代地中海世界の社会史研究とのさらに進んだ連携も可能にするはずである。

はじめに

（1）荒井献・大貫隆責任編集『ナグ・ハマディ文書Ⅰ―Ⅳ』（Ⅰ救済神話、Ⅱ福音書、Ⅲ説教・書簡、Ⅳ黙示録）岩波書店、一九九七―一九九八年。

（2）A. Vööbus, *A History of Asceticism in Syrian Orient*, 2vols, Louvain 1958–1960.

（3）P. Brown, *The Body and Society, – Men, Women, and Sexual Renunciation in Early Christianity*, New York 1988.

第1章

（1）「はじめに」の注（1）に挙げた邦訳を基にしてより一般向けのアンソロジーも編まれている。大貫隆訳・著『グノーシスの神話』岩波書店、一九九九年。

（2）詳しくは『ナグ・ハマディ文書Ⅳ　黙示録』の八七―一一三、三〇二―三二二頁に収録された『アダムの黙示録』の翻訳と解説（大貫隆、特に三二三頁）を参照。

（3）詳しくは『ナグ・ハマディ文書Ⅲ　説教・書簡』一三七―一七七、四一三―四三一頁に収録された『真理の証言』の翻訳と解説（大貫隆）を参照。

（4）『ヨハネのアポクリュフォン』にはナグ・ハマディ文書の発見以前から知られていた写本が一つあり、『ベルリン・グノーシス主義パピルス８５０２』（略称ＢＧ）と呼ばれる。写本および内容について詳しいことは、『ナグ・ハマディ文書Ⅰ　救済神話』一一―一二五、二八七―三〇八頁に収録された翻訳と解説（大貫隆）を参照。

（5）訳文は『ナグ・ハマディ文書Ⅲ　説教・書簡』一九七―一九八頁（荒井献）による。

（6）校訂本と英訳は次の通り。P. Dirske/J. Brashler, The Prayer of Thanksgiving (VI, 7: 63, 33–65, 7), in: D. M. Parrott (ed.), *Nag Hammadi Codices V,2–5 and VI with Papyrus Berolinensis 8502, 1 and 4*, Leiden 1979, pp. 375–387（特にp. 385）.

（7）『エジプト人の福音書』§53の写本Ⅳの推定的に復元された読み（筒井賢治）の中に「母体」の語が出るが、きわめて不確実な復元にとどまる。

(8) 訳文は『ナグ・ハマディ文書Ⅲ 説教・書簡』§1(荒井献)による。

(9) 同§7。

(10) 詳しくは『ナグ・ハマディ文書Ⅲ 説教と書簡』二九五―三〇九、四八〇―五〇二頁に収録された翻訳と解説(大貫隆)を参照。

(11) 詳しくは『ナグ・ハマディ文書Ⅳ 黙示録』一一五―一七三、三三三―三四二頁に収録された翻訳と解説(大貫隆、特に三二九―三三一頁)を参照。

(12) 指示対象不詳。

(13) K. M. Fischer, *Die araphrase des Sêem*, in: M. Krause (ed.), *Essays on the Nag Hammadi Texts in honour of Paphor Labib*, Leiden 1975, S. 255–267 (特に S. 262, Anm. 1) は「処女膜」と「胞衣」がこの箇所に出ることについて困惑し、「正確に訳せば珍妙だし、処女膜の雲について語るのも笑止である」と言う。この困惑はその他の訳者たちにも多かれ少なかれ共通している。われわれの解釈はこの困惑を一掃する。

(14) 文脈上は「私が」に修正するべき箇所。おそらく写字生のミスであろう。

(15) おそらく「霊」を指す。

(16) 訳文は『ナグ・ハマディ文書Ⅲ 説教・書簡』四三―四四頁(荒井献)による。途中省略した部分のほとんどは本文が失われている箇所である。

(17) 詳しくは『ナグ・ハマディ文書Ⅲ 説教・書簡』に収録された解説(大貫隆)の四二八―四三一頁を参照。

(18) 荒井献が『ナグ・ハマディ文書Ⅲ 説教・書簡』に付した解説によれば(三八〇―三八一頁)、禁欲主義の中でも『トマス行伝』のそれとの親縁性を指摘する説が有力である。

(19) 訳文は『オリゲネス4・ケルソス駁論Ⅱ』(出村みや子訳、教文館、一九九七年)一五七頁による。ただし、傍点と括弧は大貫による補充である。

(20) この部分は前注の翻訳にはまだ含まれていない。訳文は大貫による私訳である。

(21) 「胞衣」を指すギリシア語「コーリオン」(*χωρίον*)は、すでに述べた通り(一二頁参照)、もともと「小さな場所」の意であるから、ここでは文字通りの意味で使われているわけである。

(22) P. Brown, *op. cit.*, pp. 164-167. オリゲネスの復活論についてはさらに、出村みや子、前掲訳書の巻末解説二八三—二九八頁と同著者の「初期キリスト教の復活理解の変遷(1)——オリゲネスの復活論におけるパウロの影響」(ノートルダム清心女子大学キリスト教文化研究所編『キリスト教文化研究所　年報XXI』一九九九年三月、一—三二頁)も参照。

(23) 本文はK. O'Brien Wicker/L. E. Klosinski, *Porphyry the Philosopher, "To Marcella", Text and Translation with Introduction and Notes*, Atlanta, 1987, pp. 72-74による。

(24) P. Brown, *op. cit.*, p. 181.

(25) P. Brown, *op. cit.*, p. 183.

(26) 訳文はストラボン『ギリシア・ローマ世界地誌II』(飯尾都人訳、龍溪書舎、一九九四年)四一五頁による。

(27) いずれも訳文は大貫による私訳。

(28) 訳文は大貫による私訳。岩波文庫の中に神谷美恵子氏によるものが入っている(一九五六年)。

(29) 詳しくはEusebius, *Die Theophanie—Die griechischen Bruchstücke und Übersetzung der syrischen Überlieferungen*, hrsg. v. H. Gressmann, Leipzig 1904(GCS III/2), S. v-xxix参照。

(30) Eusebius, *op. cit.*, p. 71.

(31) Eusebius, *op. cit.*, p. 72.

(32) 訳文はストラボン、前掲書、四一五頁による。ギリシア人の中で宇宙の生成消滅を説いたのは、もちろん特定の哲学派のことであって、例えばプラトン主義の場合には宇宙は不老不死である。本書の第V部「否定神学の構造と系譜——中期プラトン主義とナグ・ハマディ文書」(三〇二頁)を参照。

第2章

（1）以下で引用する訳文は、特に断らない限りすべて日本聖書学研究所編『聖書外典偽典7・新約外典Ⅱ』(教文館、一九七六年)に収録されたものに従う。それぞれの行伝の著作年代、成立地などについてもこの巻の翻訳に付された解説に詳しい。

（2）『聖書外典偽典7・新約外典Ⅱ』に収録された訳文の文言を少し変更している。

（3）その際、パンは十字架のしるしをつけてから引き裂かれる。古くからシリアの正統主義教会の儀式としても知られている。

（4）詳しくは『聖書外典偽典7・新約外典Ⅱ』に収録された訳者解説(大貫隆)一二三―一二六頁を参照。

（5）詳しくは前注に挙げた訳者解説の一一八―一二三頁を参照。

（6）P. Brown, *op. cit.*, p. 96も同意見。

（7）最近刊行になったばかりの英訳F. Williams, *The Panarion of Epiphanius of Salamis, Books II and III* (*Sects 47–80, De Fide*), Leiden 1994 (*NHS* XXXVI) はエンクラティータイのセクションから始まっている(pp. 3–4参照)。

（8）P・ブラウンは繰り返し(*op. cit.*, p. 155他)エンクラティズムを『トマス行伝』によって代表させ、その他の外典行伝については、それらも一括してエンクラティズムの枠内で読むことに対して慎重であり、さまざまな地域と時代の禁欲主義に割り振る形で用いている。もしエンクラティズムを地域的にもシリア教会の領域に限定された概念として用いるのであれば、それも妥当な措置であろう。しかし、エピファニオスの前出の証言に照らせば、過度の限定と言うべきである。

（9）本文は*Hippolytus Refuatio omnium haeresium*, hrsg. v. M. Marcovich, Berlin 1986による。

（10）P. Brown, *op. cit.*, pp. 92–99が『ソロモンの頌歌』の他に、ナグ・ハマディ文書の一部で明白にグノーシス主義文書である『この世の起源について』と『フィリポによる福音書』までもエンクラティズムの禁欲主義の証拠資料として扱うのは、資料批判という点で厳密さを欠いている。またエンクラティズムには貧富の終末論的逆転への強い待望があるとするのも妥当と思われない(*op. cit.*, pp. 98, 196)。松本宣郎『ガリラヤからローマへ』(山川出版社、一九九四年)二三四頁もエンクラティズムを無造作にグノーシス主義と同定している。

（11）G. Kretschmar, Ein Beitrag zur Frage nach dem Ursprung früchristlicher Askese, *ZThK* 61 (1964), S. 27–67, abgedr. in: K. Suso Frank (Hg.), *Askese und Mönchtum in der alten Kirche*, Darmstadt 1975, S. 183–229 (ここでは特にS. 175, 177) 参照。「競技者」あるいは「闘技者」の呼称は、次章で取り上げる砂漠の修道者たちに対しても用いられる(後述四八頁のアントニウスと後出第3章注(37)に言及するパコミオスの例を参照)。つまり、この呼称はエンクラティズムのみならず、二―三世紀のキリスト教禁欲主義の他のさまざまな潮流にも定着していた術語の一つである。これと同義の他の術語についてはR. Reitzenstein, *Historia Monachorum und Historia Lausiaca, Eine Studie zur Geschichte des Mönchtums und der frühchristlichen Begriffe Gnostiker und Pneumatiker*, Göttingen 1916, S. 52, 86–89に詳しい。

(12)　詳しくはR. Reitzenstein, *op. cit.*, pp. 52–53, 参照。

(13)　反対に外典使徒行伝のエンクラティズムに先行するシリアの禁欲主義的キリスト教を代表する文書は『トマスによる福音書』である。関連する研究は無数にあるが、特にG. Quispel, L'Évangile selon Thomas et les origines de l'ascèse chrétienne, in idem, *Gnostic Studies II*, Istanbul 1975, pp. 98–112, A. Veilleux, Monachisme et Gnose, deuxième partie: Contacts littéraires et doctrinaux entre monachisme et gnose, *Laval théologique et philosophique*, 41, 1 (1985), pp. 3–24 (特にpp. 11–15)、荒井献『トマスによる福音書』(講談社学術文庫、一九九四年)三七―三八頁を参照。

(14)　R. Reitzenstein, *op. cit.*, p. 53参照。

(15)　A. Vööbus, *op. cit.*, vol.1, pp. 72, 105.

(16)　A. Vööbus, *op. cit.*, vol.1, p. 79. 既婚者用の入信儀礼「新郎の部屋」に関連して、エピソード(6)に出る「新婦の部屋」に注意。これら二つがヴァレンティノス派の「新婦の部屋」とどう関係するかは、目下の私には分からない。

(17)　A. Vööbus, *op. cit.*, pp. 79–83. なお補足すると、ナグ・ハマディ文書の一つである『ペトロと十二使徒の行伝』(NHC VI／1)も外典使徒行伝と同じジャンルに属し、内容的にもグノーシス主義的ではなく、むしろエンクラティズムの影響下にあることは明白であるが、性交と結婚に対する攻撃は暗示的にも見いだされない。前章の第二節2、3で言及した『闘技者トマスの書』も思想史的には同じような位置にあるが、ここでは反対に性交に対する忌避は明白である(§5、18)。

（1） ギリシア語写本の本文および翻訳は Athanase d'Alexandrie, *Vie d'Antoine, intruduction, texte critique, traduction, notes et index*, G. J. M. Bartelink, Paris 1994 (*SQ* 400), *Des Heiligen Athanasius Leben des Heiligen Antonius, aus dem Griechischen übersetzt*, von H. Mertel, München 1917 (*BKV* 31). コプト語（サヒド方言）写本は *S. Antonii vitae versio sahidica*, ed. G. Garitte, *CSCO* 117, Louvain 1965. 以下では特に断らない限り、原則としてギリシア語本文に従って引照する。なお、上智大学中世思想研究所翻訳・監修『中世思想原典集成1・初期ギリシア教父』（平凡社、一九九五年）七六七―八四七頁にラテン語訳写本に基づく邦訳（小高毅）がある。

（2） ギリシア語では「アナコーレーテース」（ἀναχωρητής）あるいは「エレーミーテース」（ἐρημίτης）。

（3） 通常、ここから修道僧を「単独者」として表現する呼称「モナコス」（μοναχός）あるいは「モナゾーン」（μονάζων）の呼称が生じたとされる。

（4） ここに言われるようなアタナシウスとアントニウスの直接的関係の史実性を疑う研究もある。S. Elm, *'Virgins of God', The Making of Asceticism in Late Antiquity*, New York 1994, p. 370.

（5） この点は S. Elm, *op. cit.*, pp. 331–372（特に p. 361f）がよく跡づけている。

（6） 著作年代をめぐる議論について詳しくは、前掲のドイツ語訳に付された H. Mertel の序論（特に S. 18–19）、G. J. M. Bartelink, *op. cit.*, p. 32 を参照。

（7） 真正とされる七通の手紙と真正性が疑われる十三通の書簡が残っている（Migne, *Patrologia Graeca*, XL, 972/1000, 999/1066）。これらの書簡に関する最近の研究は、アントニウスがギリシア語を解さなかったとする説に疑義を挿みつつある。詳しくは戸田聡「無学な修道者アントニオス？――初期修道制研究の一動向」（『オリエント』第三八巻第二号、一九九六年）、一六二―一七四頁参照。

（8） コプト語訳（ボハイル方言とサヒド方言）の校訂本は *S. Pachomii vitae, bohairice scriptæ*, ed. L.-Th. Lefort, *CSCO* 89, Louvain 1965; *S. Pachomii vitae, sahidice scriptae*, ed. L.-Th. Lefort, *CSCO* 99/100, Louvain 1965. そのフランス語訳は

L.-Th Lefort, *Les Vies Coptes de Saint Pachôme et ses premiers successeurs*, Louvain 1943(*Bibliothèque du Muséon 16*)である(私はこのフランス語訳を入手するについて、現在パリの École Pratique des Hautes Études, Section des Sciences Religieuses に留学中の中野千恵美さんの協力を得た。ここに記して謝意を表したい)。英訳は A. Veilleux, *Pachomian Koinonia I, The Life of Saint Pachomius, Cisterician Studies Series* 45, Kalamazoo 1980, pp. 23–295, 425–457.

ギリシア語写本の校訂本は F.Halkin (ed.), *Sancti Pachomii Vitae graecae, Subsidia Hagiographica* 19, Brussels 1932. 複数あるギリシア語写本の中で写本伝承史上最も古いと思われるものはフィレンツェの Biblioteca Laurentina 所蔵の写本 XI, 9 で、現在のパコミオス研究では G_1と略記される。次いで重要なのはヴァティカン図書館に収蔵されているギリシア語写本 No.819 で、通常 G_2と略記される。G_1には A. Veilleux, *Pachomian Koinonia I*, pp. 297–423 に英訳が、G_2には前記の校訂本の刊行に先立って H・メルテルがヴァティカン写本から直接行なったドイツ語訳がある。*Leben des Heiligen Pachomius, aus dem Griechischen übersetzt*, von H. Mertel, München 1917(*BKV* 31).

コプト語とギリシア語の写本群およびその他の言語による断片群の間の伝承史的相互関係については、L.-Th.Lefort, *Les Vies Coptes de Saint Pachôme et ses premiers successeurs*, pp. XIII–XCI と A. Veilleux, *Pachomian Koinonia I*, pp. 1–21 に詳しい。

以下のわれわれの論述では、コプト語ボハイル方言の写本はB、前述の二つのギリシア語写本は通例に従ってそれぞれG_1、G_2と略記して引照する。ただし、念のため注記すると、W. Bousset, *Apophthegmata, Studien zur Geschichte des ältesten Mönchtums, Textüberlieferung und Charakter der Apophthegmata Patrum, zur Überlieferung der Vita Pachomii, Euagrios-Studien*, Aus dem Nachlaß hrsg. v. Th. Hermann und G. Krüger, Tübingen 1923, Nachdr. 1969 も『聖パコミオスの生涯』のギリシア語写本に言及する際にG_1の記号を使用しているが、それはヴァティカン・ギリシア語写本 No. 819, すなわち、その後のパコミオス研究(L・Th・レフォールとA・ヴェイユー)の言うG_2を指すので注意が必要である(特に *op. cit.*, pp. 209–210 参照)。

(9)　史実としてはマキシミヌス・ダイアの軍隊であったとするのが現在の定説になっている。詳しくは A. Veilleux, *op. cit.*, pp. 267, 408, S. Elm, *op. cit.*, p. 285 (n. 1) 参照。

(10) 三一三—三一五年頃のことと推定される。

(11) パコミオスが独居型から共住型修道制に移行したことについて詳しくは、H. Bacht, Antonius und Pachomius, Von der Anachorese zum Cönobitentum, *Studia Anselmiana* 38 (1956), S. 66–107, abgedr. in: K. Suso Frank (Hg.), *op. cit.*, pp. 183–229 を参照。

(12) この共同体規則の全体を伝えるのはヒエロニュモスがギリシア語から訳したラテン語のみで、ギリシア語とコプト語の写本は大小の断章としてのみ残存する。A. Boon, *Pachomiana latina, Règle et épitres de S. Pachôme, épitre de S. Théodore et "Liber" de S. Horsiesius, Bibliothèque de la Revue d'Histoire Ecclésistique 7*, Louvain 1932 参照（ギリシア語、コプト語写本も記載）。コプト語写本についてはL.-Th. Lefort (ed.), *Œuvres de S. Pachôme et de ses disciples*, Louvain 1965, *CSCO* 159, pp. 30–36 を参照（仏訳は *CSCO* 160 に収録）。ヒエロニュモスのラテン語訳からの英訳は A. Veilleux, *Pachomian Koinonia II, Pachomian Chronicles and Rules, Cistercian Studies Series* 46, Kalamazoo 1981, pp. 139–195.

(13) 具体的にはコプト人シェヌーテの「白の修道院」、カイザリアの大バシリウスによるカッパドキアでの修道院運動、ヌルシアのベネディクトゥスなど（五／六世紀）に及ぼした影響が指摘されている。B. Altaner/A. Stuiber, *Patrologie: Leben, Schriften und Lehre der Kirchenväter*, Freiburg i. Br., 8. Aufl. 1978, S. 262–263; K. Heussi, Kompendium der Kirchengeschichte, 14. Aufl. Tübingen 1976, §28g; C. De Clercq, L'influence de la Règle de saint Pachôme en Occident, in: *Mélanges d'histoire du moyen âge dédiés à la mémoire de Louis Halphen*, Paris 1961, pp. 169–176 参照。後述するパッラディオス『ラウソスに献じる修道者伝』三二章も参照。

(14) さらにH. Mertel, *op. cit.*, p. 4 が報告するエスネの公会議（三四六年または三四八年）の事例も参照。修道制と司教制の間に発生した緊張関係とその展開一般については、R. Reitzenstein, *op. cit.*, pp. 185–210 (Kap. 9) 参照。

(15) H. Mertel, *op. cit.*, pp. 8–14 に抜粋訳で載せられているギリシア語写本 Monac. Graec. 3 の fol. 112v. col. a–b（特に p. 13）を参照。これは前述したパコミオスが修道院規則を記したギリシア語断片の一つである。

(16)　この仮説についてさらに詳しくは『ナグ・ハマディ文書Ⅳ　黙示録』に収録された『シェームの釈義』の訳者解説(大貫隆)三二四—三二五頁を参照。ナグ・ハマディ文書第Ⅶ写本の表紙の補強材の中にパコミオスの名が記された手紙が発見されたことを根拠に、この文書群の少なくとも一部の写本はパコミオスの修道院で製作されたものだとする仮説を最初に唱えたのは J. Barns, Greek and Coptic Papyri from the Covers of the Nag Hammadi Codices, in: M. Krause (ed.), *Essays on the Nag Hammadi Texts in honour of Pahor Labib*, Leiden 1975 (*NHS* 6), pp. 9–18 である。その後の研究においては、この仮説になお慎重な立場はあるものの、積極的な反対意見は少ない。慎重論の代表は A. Veilleux, *op. cit.* (première partie 特に pp. 285–286, 294) である。反対にこの仮説の蓋然性を強力に擁護するのは、最近の論考の中では J. E. Goehring, New Frontiers in Pachomian Studies, in: B. A. Pearson/J.E.Goehring (ed.), *The Roots of Egyptian Christianity*, Philadelphia 1992, pp. 237–257 である。

なおついでながら言えば、ナグ・ハマディ文書の写本のいくつかがきわめて杜撰な筆写作業によるものであることは見誤るべくもない。具体的な事例については、前記の訳者解説三三三—三三四頁の他、『ナグ・ハマディ文書Ⅱ　福音書』に収録された『三部の教え』の訳者解説(大貫隆)三八四—三八五頁を参照。他方、K. Heussi, Der Ursprung des Mönchtums, Tübingen 1936 (Nachdr. Aalen 1981), S. 247 はスケティス砂漠の師父の一人にまつわる次の逸話を紹介している。

「師父アブラアムがスケティスのある人について語っていたところによると、彼は写字生でパンを食べなかった。ある兄弟が来て、書物を写すように彼に願った。観想に気をとられていた長老は、数行を落とし、句読点を打たずに書き写した。兄弟は本を受け取って句読点を打とうとし、言葉が抜けているのを見つけ、長老に言った。『師父よ、数行が抜けています』。長老は答えた。『行って、まず書かれていることを実行せよ。そうして、戻って来たら、残りを写してやる』」(『砂漠の師父の言葉』語録一四二)。

K・ホイシはこの逸話からスケティスの修道僧たちにとって、写本の正確さというようなことが徳の道の実践に比べていかにどうでもよいことであったかを読み取っている。パコミオスの修道院でも事情はおそらく同じであったものと思われる。砂漠の修道僧たちの間での写本行為の有り様は、後述する『ラウソスに献じる修道者伝』一三、三二、三八、四五章にも見えている。

(17) S. Athanase, *Lettres festales et pastorales en Copte*, édités par L.-Th. Lefort, Louvain 1965 (*CSCO* 150), pp. 58–62; traduites par L.-Th. Lefort (*CSCO* 151), pp. 31–40.

(18) S. Elm, *op. cit.*, pp. 339–347 は主にアタナシウスの著作『処女たちへの手紙』に依りながら、そこで繰り広げられる「異端」ヒエラカス派に対する論難(特に六六―六七章)が同時にメレティオス派に対する隠れた論難になっているのではないかと想定している。その背後には、メレティオス派が教理上の違いを超えてアリウス派と手を結び、アレクサンドリア大司教座に就任した後のアタナシウスに敵対した事情が働いている。そのメレティオス派もヒエラカス派も生来の土着のコプト人から成る禁欲主義的キリスト教であって、ナイル流域に固有の修道制運動を活発に繰り広げた。これらの特徴はいずれもパコミオスの修道院にも当てはまるから、アタナシオスがこれにも懐疑の目を向けることがあったとしても不思議はない。

(19) 校本は *Historia Monachorum in Aegypto, Édition critique de texte grec et traduction annoté*, ed. A.-J. Festugière, Bruxelles 1971.

(20) 校本は *The Lausiac History of Palladius*, ed. C. Butler, 2 vols, Cambridge 1898, 1904 (repr. Hildesheim 1967). ただし、この校本は多くの箇所で本文批評上の信頼性を疑われている。私はこれを入手できなかったので、以下では St. Krottenthaler のドイツ語訳 *Des Palladius von Helenopolis Leben der heiligen Väter*, Kempten/München 1912 (*BKV* 5, S. 315–443) を用いている。

(21) ギリシア語 (Migne, *Patrologia Graeca* 65, pp. 71–440＝師父の名前のアルファベット順)、ラテン語 (Migne, *Patrologia Latina* 73, pp. 851–1052)、コプト語、アラム語、シリア語、、アルメニア語の写本の複雑極まる伝承史的相互関係、本文の内容の相互対照については W. Bousset, *op. cit.*, pp. 1–185 を参照。特にスケティス砂漠の師父たちの間での成立史については pp. 60–76 を参照。ただし、ブセットも問題を最終的には解決できないまま未決にしている。それ以後この問題にブセット以上に詳細に立ち入る研究は現れていない。翻訳には次のものがある。J.-C. Guy, *Les Apophthegmes des Pères du Désert*, Begrolles 1966 (アルファベット順); B. Miller, *Weisung der Väter, Apophthegmata Patrum, auch Geronikon oder*

Alphabeticum genannt, 2. Aufl. Freiburg 1980(アルファベット順); B. Ward, *The Wisdom of the Desert Fathers*, Oxford 1975(匿名の師父の言葉); idem, *The Saying of the Desert Fathers, the Alphabetical Collection*, rev. ed., Oxford 1981; L. Regnault, *Les Sentences des Pères du Dèsert, Les Apophthegmes des Pères*, nouvaeu recueil, Solesmes 1970(ラテン語本文の訳); W. Budge, *The Wit and Wisdom of the Christian Fathers of Egypt*, Oxford 1934(シリア語写本の訳). 最初に掲出したアルファベット順のギリシア語版に基づく邦訳に古谷功『砂漠の師父の言葉』(あかし書房、一九八六年)がある。ただし、本文の翻訳が中心で、写本の伝承史に関する解説が一行もないのが惜しまれる。

(22)　S. Elm, *op. cit.*, p. 331.

(23)　この多様性については、何人かの修道僧自身が証言している。例えば『エジプトの修道者伝』第一章では、リュコポリスのヨハネが「世俗の中に留まる禁欲」を承認した上で、世俗を離れた禁欲の方をその上位に置いている(§62)。パッラディオスは生涯遍歴の禁欲生活を貫いたサラピオンについて報告する段で(『ラウソスに献じる修道者伝』三七章)、「(修道者の)本性は同じでも、個性は異なる」ことを感慨深げに記している。同じ趣旨の文章は、さらに四八章(エルピディウス)にも見えている。最後に『砂漠の師父たちの言葉』は一人の人物が師父アンモナスに助言を求める次のような言葉を伝えている。「三つの考えが私を悩まします。砂漠をさまようか、誰も私を知らない外国に行くか、誰にも会わずに二日に一度だけ食事をして修屋に閉じこもるか、という考えです」。(語録一一六、前掲邦訳七三頁)

(24)　例えば『エジプトの修道者伝』五―六章(修道院都市オクシュリュンコスとそれから程遠くないところで修屋に独居する修道者)、『ラウソスに献じる修道者伝』七、一四、三五、四五、五八章。

(25)　最近の議論については A. Veilleux, Monachisme et Gnose, première partie: Le cénobitisme Pachômien et la Bibliothèque Copte de Nag hammadi, Laval théokogique et philosophique 40,3 (1984), pp. 275–292 (特に pp. 277–282); deuxième partie: cit. loc., 41, 1(1985), pp. 16–20, 戸田聡「エジプトにおける修道制の成立をめぐる覚書」(『一橋論叢』一一六巻第四号、一九九六年、一八五―一九九頁)を参照。戸田はアタナシウス『聖アントニウスの生涯』第三章をもって「三世紀後半における修道制の存在を証する唯一の、ほぼ確かな証言である」とする従来の定説を擁護している。『ラウソスに献じる修道者伝』八章もこの関連では重要である。

(26) 『砂漠の師父の言葉』語録八〇六(邦訳四〇七頁)参照。P. Brown, *op. cit.*, pp. 242–244 も同じ箇所を引照している。

(27) 『聖アントニウスの生涯』五五章。

(28) 『聖アントニウスの生涯』七、四五章。

(29) 『聖アントニウスの生涯』七、四五章、『砂漠の師父の言葉』語録五三(邦訳四二頁)、八一(邦訳五九頁)、K. Heussi, *Der Ursprung des Mönchtums*, S. 221 参照。

(30) 『砂漠の師父の言葉』語録五二(邦訳四二頁)参照。

(31) 『聖アントニウスの生涯』九三章、『砂漠の師父の言葉』語録七六七(邦訳三七九頁)参照。

(32) 『聖アントニウスの生涯』九三章、『砂漠の師父の言葉』語録五六(邦訳四三頁)参照。

(33) 『砂漠の師父の言葉』語録一一六(邦訳七三頁)、七九六(邦訳三九五頁)、八七五(邦訳四三五頁)、砂漠の師父たちの独居生活全般についての最も新しい研究としては F. Dodel, *Das Sitzen der Wüstenväter, Eine Untersuchung anhand der Apophthegmata Patrum*, Freiburg (Schweiz) 1997 (*Paradosis* 42) がある。

(34) 『聖パコミオスの生涯』B二一章、G_1一九章、G_2七、四四章他。

(35) 『聖アントニウスの生涯』四章。

(36) 『ラウソスに献じる修道者伝』四五章(フィロロモス)、五三章(アブラハミウス)の事例を参照。

(37) 『聖パコミオスの生涯』G_2七章でパコミオスも全く同様に呼ばれている。

(38) W. Bousset, *op. cit.*, p. 260; K.Heussi, *Der Ursprung des Mönchtums*, S. 87 参照。

(39) K. Heussi, *op. cit.*, p. 101.

(40) 語録六四一(邦訳三三八頁)。

(41) P. Brown, *op. cit.*, p. 226.

(42) F. Dodel, *op. cit.*, p. 85, n. 3.

(43) 邦訳九九頁。

(44) 例えば『エジプトの修道者伝』二〇章§16、二四章§10、『ラウソスに献じる修道者伝』二一、四四章など。この内『エジプトの修道者伝』二四章§10には「悪霊祓い」が術語化（ἡ *κατὰ τῶν δαιμόνων ἐλασία*）して現れている。

(45) K. Heussi, *op. cit.*, pp. 110–111. ホイシはこの意味で、初期修道制の世界逃避的姿勢を一方的に強調する立場（例えばA. v. Harnack, *Das Mönchtum, seine Ideale und seine Geschichte*, 5. Aufl. 1901, S. 23）を批判している。ルイ・ブイエ『教父と東方の霊性』（キリスト教神秘思想史1、上智大学中世思想研究所翻訳・監修、平凡社、一九九六年、フランス語原著一九六〇―六五年）二三三頁とE. Dassmann, Christusnachfolge durch Weltflucht, Asketische Mctive im frühchristlichen Mönchtum Ägyptens, in: A. Gerhards/H. Brakmann (Hgg.), *Die koptische Kirche, Einführung in das ägyptische Christentum*, Stuttgart 1994, S. 28–45（特にS. 30, 33–34）もホイシと同じ見解。

(46) 『聖アントニウスの生涯』三二、七七章参照。

(47) K. Heussi, *op. cit.*, p. 288.

結びにかえて

(1) P. Brown, *op. cit.*, p. 64.

(2) タティアノスについては荒井献編『新約正典の成立』（日本基督教団出版局、一九八八年）に寄せた拙論「第三章　タティアノス」（同一八三―二〇〇頁）を参照。

(3) 合同書簡（ヤコブの手紙、ペトロの手紙I、II、ヨハネの手紙I、II、III、ユダの手紙）については、性倫理に触れるところが少ないので、以下では直接の論及対象とはしない。しかし、基本的な態度は牧会書簡と同じと見てよいであろう。

(4) この点については最近の諸研究の動向も含めて、筒井賢治「牧会書簡の敵対者――その『一体性』の問題を中心に」（日本聖書学研究所編『聖書学論集』29、一九九六年、一〇四―一二四頁）に詳しい。筒井も、以下のわれわれの議論と同じように、外典使徒行伝の一部（テクラ行伝）を視野に収めている。

(5) テトス書三章9節の「愚かな議論、系図の詮索、争い、律法についての論議を避けなさい」についても事情は似ている。しかし、ここで「系図の詮索」と並列しているのが「律法についての論議」である点でⅠテモテ書の場合よりは理解しやすい。

(6) P. Brown, *op. cit.*, p. 152 も参照。

(7) この箇所についてはP. Brown, *op. cit.*, p. 58 も参照。

(8) P. Brown, *op. cit.*, p. 16.

(9) P. Brown, *op. cit.*, pp. 21–22. ただし、ブラウンのこの命題は、私が見るところでは、実質的にはすでにR.Reitzenstein, *op. cit.*, pp. 86–88, 94–96 によって指摘されているところである。ブラウンがライツェンシュタインの研究を参照していないことが惜しまれる。

(10) 本村凌二「ローマ帝国における『性』と家族」(弓削達/伊藤貞夫編『ギリシアとローマ――古典古代の比較史的考察』河出書房新社、一九八八年、二七五―三〇〇頁)、同著者「『性の歴史』を想像する――ローマ社会史への雑感」(『歴史を旅する』木村尚三郎編、TBSブリタニカ、一九九二年、三九―五九頁)参照。

(11) 本村凌二「ローマ帝国における『性』と家族」二九五頁。松本宣郎、前掲書二〇四―二一一、二二七、二二九頁のほぼ同趣旨の論述も参照。因みに、すでに本論考第1章第三節で言及した新プラトン主義者ポルフュリオスと妻マルケラの間のプラトニック・ラブによる結婚をこの関連での一つの具体例として挙げることができるかも知れない。P. Brown, *op. cit.*, p. 13 はプルータルコスの『結婚についての助言』を引き合いに出している。

(12) 詳しくは本書の第Ⅴ部「否定神学の構造と系譜――中期プラトン主義とナグ・ハマディ文書」(三八〇頁)を参照。

(13) P. Brown, *op. cit.*, p. 135 も参照。

補論

(1) 八木誠一『宗教と言語、宗教の言語』(日本基督教団出版局、一九九五年)三三―三八頁。

(2) 下位霊という言い方は、階層構造をともなった悪霊論の存在を前提している。ラビ文献から窺われるそのような悪霊論については H. L. Strack/P. Billerbeck, *Kommentar zum Neuen Testament aus Talmud und Midrasch*, IV/1, 5. Aufl. München 1928, S.501–535(Exkurs: Zur altjüdischen Dämonologie)を参照。この文献は以下 *Str./Bill.* と略記する。

(3) 代表的なのは柳生直行訳(新教出版社、一九八五年)「ある悪霊がいた。そいつは人から出て行って、住み心地のいいところを探しまわったが、どこにも水がなくて、落ちつけなかった」。研究論文では J. J. Kilgallen, The Return of the Unclean Spirit (Luke 11,24–26), *Biblica* 74 (1993), pp. 45–59 が同じ見解。キルガレンはわれわれの段落を先行するベルゼブル論争との主題上の一体性の中でどう解釈すべきかの検討に終始している。それどころか、追い祓われた悪霊が「水の無い所をうろついた」のは「安息を求める」ためには結局無駄な行為であったのであり、「掃除をされて、整えられていた家」に(他の七つの霊を連れて)戻って初めて安息を得るのだと言う。

(4) *Str./Bill.* IV/1, S. 517–518 参照。

(5) W・エプシュタイン『新約聖書とタルムードの医学』(梶田明訳、時空出版、一九九〇年)二二四頁による(原著は W. Epstein, *Die Medizin im Neuen Testament und im Talmud*, München 1903)。

(6) この段落の後半は *Str./Bill.* IV/1, S. 503 にも引かれている。

(7) この最後の傍点部を含む事例はこの後も二回にわたって定型的に繰り返される。

(8) この記事は *Str./Bill.* IV/1, 525 にも引かれている。

(9) H. Danby, *The Mishnah, translated from the Hebrew with introduction and brief explanatory rotes*, Oxford 1933, p. 172. 同じ記事は *Str./Bill.* III, S. 24 にも引かれている。

(10) L. Blau, *Das altjüdische Zauberwesen*, Graz-Austria 1974(Nachdr. der Ausgabe Budapest 1897–1898), S. 80–81; J. Preuss, *Biblical and talmudic Medicine*, Northvale(New Jersey)/London 1993(原著はドイツ語で一九一一年刊), p. 196 による。なお後者はパレスティナ『ベラコート』8, 12b も挙げている。

(11) ディオスコリデース『薬剤について』第二巻四九章、ガレーノス『単純な薬剤の調合と効力について』(Fac. Spl. Med.)

第一一巻一〇節。いずれの箇所も J. Preuss, *op. cit.*, p, 196, n. 90 の指摘による。前者は校訂本文(Dioscorides, *Alexipharmaca*, ed. K. Sprengel, Bd. XXV von Medici Graeci, ed,C.G.Kuhn, Leipzig 1829)が刊行になっているが、現在では入手が非常に困難である。後者についても一応の校訂本文(*Galenus medicus*, hrsg. C. G. Kuhn, Leipzig 1821–1833)が刊行されているが、やはり入手が困難な上に本文校訂の信頼性に乏しいとされている。私はそれぞれの該当箇所の本文を現在マインツ大学古典学科に留学中の筒井賢治君を煩わせて参照することができた。参考までにその全文をここに訳出すれば次の通りである。

ディオスコリデース「[狂犬病に罹った犬の肝臓について]狂犬病に罹っている犬の肝臓は、その犬に嚙まれた者によって焼いた上で食されると、恐水病を免れる効果があると信じられている。また、嚙んだ犬の歯も膀胱につけたり、腕に巻き付けたりして狂犬に対する魔除けとして用いられている」。

ガレーノス「狂犬病に罹っている犬の肝臓について。ある者たちが書き記しているところでは、狂犬病に罹っている犬の肝臓は、焼いた上で摂取されれば、その犬に嚙まれた者たちには効き目がある。そして私もそれを投与された者たちの何人かが現に生きているのを知っている。しかし、彼らはそれだけを投与されたのではなく、狂犬に嚙まれた者たちに通常用いられるその他の薬剤と合わせてそうされたのである。私が聞いたところでは、それだけに信を置いた何人かの者たちはやがて死んでしまったそうである」。

(12) L. Goldschmidt, *Der babylonische Talmud*, Bd. III, 2. Aufl. Berlin 1965, Nachdr. Königstein 1980, S. 244, Anm. 279.

(13) 以上 *Str./Bill.* I, 491 による。新しい翻訳としては、G. A. Wewers, *Übersetzung des Talmud Yerushalmi, Bd.I/6: Terumot–Priesterhebe*, hrsg. v. M.Hengel/H. P. Rüger/P. Schäfer, Tübingen 1985, S. 7–8; A. J. Avery-Peck, *The Talmud of the Land of Israel, vol. 6: Terumot*, Chicago/London 1988, pp. 55–56 を参照。

(14) 以上 *Str./Bill.* I, S. 491–492 による。その他の翻訳としては、I. Epstein, *The Babylonian Talmud, Seder Moed IV*, London 1938, p. 12 を参照。

(15) ただし(狂犬病に憑かれた)という括弧つきの文章は *Str./Bill* による説明的補充と思われる。

(16) *The Talmud of the Land of Israel, vol.25, Gittin*, translated by J.Neusner, The University of Chicago Press 1985, pp. 178–179.

(17) 断章3の「犬人間」は *Str./Bill.* I, S. 491 の読みでは q^{e} nîtrôpôs である。それ以前に M. Jastrow, *A Dictionay of t^{e} Targum, the Talmud Babli and Yerushalmi and the Midrashic Literature*, New York 1903, p. 257 はこれを qant^{e}rôpôs と読んで、これをギリシア語の *κυνάνθρωπος* あるいは *λυκάνθρωπος* が訛った形と説明している。ジャストロウは断章4の「狂犬病」の原語を gand^{e}rôpôs と読んで、これも同じギリシア語が別の形に訛ったものと説明した上で、この点は Soncino 版のバビロニア・タルムードの英訳も該当する箇所の訳注7で同じ見解を示している)、日本古来の民間信仰で言う「キツネ憑き」と同じような仕方で人間を襲う「犬憑き」という表象を証言するものだと見做している。われわれの断章4でこれが「狂犬病」と訳されているのは、訳者のシュトラック／ビラーベックの一定の説明的な解釈に基づくもので、前注で触れた断章4での説明的補充(狂犬病に憑かれた)と軌を一にするものである。なお、L. Goldschmidt, *op. cit.*, IV, p. 242 は断章4の該当する単語(gand^{e}rôpôs)を「うつ病」(Melancholie)と訳している。これはおそらく S. Krauss, *Griechische und lateinische Lehnwörter im Talmud, Midrasch und Targum*, Bd. 2, Berlin 1899, S. 179 に依拠したせいではないかと思われる。そこでは該当する外来語が「一種のうつ病」と説明されている。しかし、断章3は「犬人間」をやはり外来語で表記された「黄疸」(kôlîqôs＝*χολικός* うつ病)と区別して用いているから、断章3の「犬人間」と同じ断章4の外来語を「うつ病」と訳すのは、いささか大雑把過ぎると言わなければならない。

なお、ギリシア語の *κυνάνθρωπος* と *λυκάνθρωπος* そのものの語義と用例については H. G. Liddell/R. S. Scott, *A Greek-English Lexicon*, a new ed. revised and augmented by H. S. Jones, Oxford 1940 の該当箇所を参照。

以上、私は M. Jastrow と S. Krauss の辞典をはじめタルムード原典および英訳の該当箇所を参照するについて、一九九九年春までイスラエルのヘブライ大学に留学して初期ユダヤ教を研究していた上村静君の献身的な協力を得た。ここに特記して謝意を表したい。

(18) 狂犬が言及されるその他の箇所としては、(1)バビロニア・タルムード『シャバット』篇 63ab, (2)同 121b, (3)バビロニア・

タルムード『フーリン』篇58bがある。しかし、(1)では、自分の家に狂犬を飼っている者が主の憐れみから遠ざけられること、(2)では、狂犬が安息日にも殺すことが許される五つの動物の一つであること、(3)では、狂犬病の犬に嚙まれた牛の肉は生命の危険があるので、食べてはならないことが語られる。

(19) 校訂本文については第2章注(9)参照。その他にP. Wendland (Hg.), *Refutatio Omnium Haeresium, Hippolytus Werke Bd. 3*, Leipzig 1916 (*GCS* 26), S. 254.

(20) 訳文は『動物誌下』(アリストテレス全集8、島崎三郎訳、岩波書店、一九六五年)四一頁による。

(21) 校訂本文は*Pliny, Natural History VIII* (*Libri XXVIII–XXXII*), W. H. S. Jones, (*Loeb Classical Library*), pp. 246–249.

(22) 実際は虫ではなく、膿疱であることが分かっている。

(23) 第六巻三五—四三章をそのように見ることについて詳しくは大貫隆『福音書と伝記文学』(岩波書店、一九九六年)一三五頁を参照。

(24) 訳文はパウサニアス『ギリシア記』(飯尾都人訳、龍渓書舎、一九九一年)五三〇—五三一頁による。他に第九巻第一章二3–4(同五九三頁)にも狂犬病にまつわる記述がある。

(25) 邦訳はルキアノス『遊女の対話　他三篇』(高津春繁訳、岩波文庫、一九六一年)に収録されている。

(26) A. M. Kropp (Hg.), *Ausgewählte Koptische Zaubertexte*, Bruxelles 1930–1931.

(27) K. Preisedanz (Hg.), *Papyri Graecae Magicae, Die Griechischen Zauberpapyri*, 3 Bde, Leipzig/Berlin 1928–1941.

(28) ヘレニズムの領域での事例は、より広範囲の原史料を徹底的に踏査すれば、もっと増えるに違いない。D. Trunk, *Der messianische Heiler, Eine redaktions- und religionsgeschichtliche Studie zu den Exorzismen im Matthäusevangelium*, Freiburg i. Br. 1994, S. 345はW. H. Roscher, Das von "Kynanthropie" handelnde Fragment des Marcellus von Side, *ASGW. PH* XXXIX 17, 3, Leipzig 1897, S. 1–92(特にS. 38)を引いて、ヘレニズムの世界でも「凶暴で嚙みつく犬は悪霊に憑かれているとみなされて、石で撃ち殺された」と言う。

(29) D. Trunk, *op. cit.*, p. 346, n. 207も同じ見解。

(30) J. A. Fitzmyer, *The Gospel According to Luke X–XXIV*, New York 1985, p. 925.

(31) 福音書の様式史的研究では、繰り返し規則的に生じうる事態を内容とする比喩を「譬」(Gleichnis)、逆に一回的な出来事を内容とするものを「譬話」(Parabel)と呼んで区別する。

(32) U. Luz, *Das Evangelium nach Matthäus, 2. Teilband*, Zürich/Neukirchen 1990, S. 281.

II

ヨハネの第一の手紙序文とトマス福音書語録一七

――伝承史的関連から見たヨハネの第一の手紙の論敵の問題

第1章

本文の分析・問題提起

ヨハネの第一の手紙（以下Iヨハネ書と略記）一章1—4節は手紙全体に対する序文にあたる。ここでは教会内で教師的な権威と役割を認められた指導者グループ「私たち」が、使信の受け手である一般の教会員「あなたがた」から明確に区別されている。手紙の著者は実際には一人の個人であると思われるが、自分をその「私たち」の側に置いた上で、以下の本論部で伝達しようとする告知の内容および意図を要約的に提示している。

ところがこの序文、中でも1—3節前半は構文上きわめて難解な文章になっており、間違いなく新約聖書全巻の中でも最も困難な箇所の一つである。おそらく著者は序文という要の本文に、彼にとって重要な神学的テーマを遺漏なく盛り込みたかったのであろう。一度書き下した文章をそのために何度もいじり直した結果、現在見るような内容的には詰め込み過ぎ、構文的には破格の文章（Anakoluth）になってしまったものと思われる。

先ず、内容的な詰め込み過剰の最大の原因は2節の挿入文にある。先在の天で父と共にあった「永遠の命」が今や地上に出現したことについて述べるこの文章は、直前の1節末尾の「すなわち、命の言について」（*περὶ τοῦ λόγου τῆς ζωῆς*）を説明するものであるから、この半句なしには考えられない挿入文である。ところが1節最後尾のこの半句それ自体が今度は構文上の役割の点できわめて曖昧である。すなわち、1節は初めから順に

1a「はじめからあったもの」(ὃ ἦν ἀπ' ἀρχῆς)
1b「私たちが聞いたもの」(ὃ ἀκηκόαμεν)
1c「目で見たもの」(ὃ ἑωράκαμεν)
1d「よく観て」(ὃ ἐθεασάμεθα)
1e「手で触ったもの」(καὶ αἱ χεῖρες ἡμῶν ἐψηλάφησαν)

の五つのモティーフを四つの名詞的用法の関係文(dとeは同一の関係文)の形で並列させている。いずれの関係文も、現在の構文では、いわゆる「未決定の主格」(nominativus pendens)として置かれ、節末尾(1f)の「すなわち、命のことばについて」に至って初めて、内容的に同格の「命のことば」によって属格(τοῦ λόγου)に規定し直される形になっている。しかし、1節全体がこの構文で――2節の挿入文を越えて――3節へ接続するためには、さらに3節冒頭の関係文、

3a「(すなわち)私たちが見たもの」(ὃ ἑωράκαμεν)
3b「聞いたものを」(καὶ ἀκηκόαμεν)

をも越えて、直接3c「あなたがたにも告げ知らせる」へ接続したいところである。ところが3cの定動詞「告げ知らせる」(ἀπαγγέλλομεν)は、直前(3ａｂ)に置かれた右の関係文を直接の目的語として取っている。従って1節は、厳密に言えば、文としては未完結なまま浮いてしまうことになる。

この場合、新共同訳のように1fの「命の言について」で読点を付し、手紙全体に対する一種の標題と解することは、文法的には可能だとしても、古代――とりわけ新約聖書――における手紙の形式としては異例のことと言わざるを得ないであろう。われわれはむしろ、1fと2節全体が二次的に書き加えられたために、元来の文脈が内容的にも構文的

にも連続性を損なわれたものと考えたい。

とは言え、この部分を除いた本文1abcd→3abcがそのまま元来の文脈であったとも考え難い。3aは1cと、3bは1bと完全に重複しているからである。むしろ、この重複も二次的、つまりどちらかがもう一方にくらべて後から書き加えられた結果と考えるべきであろう。どちらを後からの書き加えと見做すべきであろうか。この点に関してまず注意したいのは、1節は3節から見ると、1a「はじめからあったもの」を別にして、1de「よく見て手で触ったもの」(ὃ ἐθεασάμεθα καὶ αἱ χεῖρες ἡμῶν ἐψηλάφησαν)を余分に含んでいることである。著者は1節の中、1b(ὃ ἀκηκόαμεν)と1c(ὃ ἑωράκαμεν)をより重要と判断して3節に再録し、逆に1deは再録に値しないと考えて省略したのであろうか。この説明では3節(ab)の方が1節に対し二次的ということになる。これは理論的にはもちろん可能な説明であるが、イエス・キリストの到来の肉体性を強調して止まない著者(五6参照)の神学を考慮する時、彼が、1de「よく見て手で触ったもの」をそのように省略することができたとは考えにくい。同じ神学的理由から判断すれば、むしろ逆に、彼には3abのみではイエス・キリストの出来事の具体的事実を言い表すのになお不十分と感じられたために、3abを1節に先取りするにとどまらず、同時に右の1deの文言をも付け加えたと想定するべきであろう。つまり、1b—eは3abを二次的に拡大した書き加えと考えられる。

同じことはさらに細かな字句上の比較からも裏づけられる。まず、3節では ἑωράκαμεν と ἀκηκόαμεν の二つの定動詞が同一の関係文の中にこの順で現れる。これに対して1節では、同じ二つの定動詞は、それぞれ独立の関係文に分けられた上で、逆の順(ὃ ἀκηκόαμεν, ὃ ἑωράκαμεν)で現れる。また1節では、3節とは異なり、視覚に係る二つの定動詞――ἑωράκαμεν と ἐθεασάμεθα――がこの順で重複して現れる。

第二の点から先に言えば、この二つの視覚動詞の間に意味上の差をほとんど認めず、従って両者の重複を修辞的低徊(retardando)と説明する解釈もあるが、(1) われわれには適切とは思われない。むしろ ἑωράκαμεν (ὁράω) は対象の側から見えてくるという形で「見る」行為(see／sehen)を表すのに対して、ἐθεασάμεθα (θεάομαι) は主体の側からよく注意して見る(look／schauen)を表すものとして、相互に区別して用いられていると考えなければならない。(2) 人間の五感の一つとしての視覚の発動を要求する度合は、前者にくらべて後者の方がより大きい。まさにこの観点、つまり必要とされる感覚の度合いと具体性という観点から見ると、1節が視覚に係るこの二つの動詞の前に聴覚動詞 ἀκηκόαμεν を置き、後に触覚動詞(ἐψηλάφησαν)を置いているのはきわめて示唆的である。すなわち、一般に聖書的思考の世界では、聴覚よりは視覚、視覚よりは触覚の方が人間の感覚としての度合が高く、具体性が大きいと見做されることを考慮すると、1節は1b「私たちが聞いたもの」(ὃ ἀκηκόαμεν)→1c「目で見たもの」(ὃ ἑωράκαμεν τοῖς ὀφθαλμοῖς ἡμῶν)→1d「よく観て」(ὃ ἐθεασάμεθα)→1e「手で触ったもの」(καὶ αἱ χεῖρες ἡμῶν ἐψηλάφησαν)という配列を意識的に作り上げて、イエス・キリストにおける救いの出来事の感覚的具体性を漸層法的に強調していると考えなければならない。(3) そして、上に確認した第一の相違点もここから説明できる。3abにおける ἑωράκαμεν／ἀκηκόαμεν の順が1bcで逆転しているのは、まさにこの漸層法的強調のためなのである。この点から見ても、3abに二次的に手を加えたものが1b—eであるとする想定には相当の蓋然性があると言えるであろう。逆に3abの方を1b—eより二次的と見做すためには、3abが1b—eの漸層法を無視する仕方が余りに無造作に過ぎる。

以上われわれは一章1—3節に二つの二次的書き加えを確認したことになる。一つは1f—2節、もう一つは1b—eである。従って、この書き加えが行なわれる以前の文脈は、1a「はじめからあったもの」から3abへ直接つながっていたと想定される。この元来の文脈の中へ前記二つの書き加えが相互にどのような時間的前後関係において行なわれたのか。この問題にここで立ち入ることはできない。ただし、注解者の中ではK・グレイストンがやはり同じ問題を認め、ほぼわれわれと同様の判断から、元来の文脈（1a→3ab）が現在の文脈へ二次的に拡大されていったプロセスを比較的説得的に再構成していることを指摘しておきたい(4)。

もっとも、当然のことながら、二次的拡大とか、それが行なわれた時間的前後関係とか言っても、それはあくまで、同一の著者が自分で自分の文章をいじり直したというわれわれの前述の想定の枠内でのことである。時間的開きの点では大変ミクロな話であるから、その二次的拡大の過程を細部にわたって再構成することは、実証不可能であるのみならず、無意味である。重要なのはむしろ、1a→3abが元来の文脈であったが、著者はこれを事後的にいじって、1b―eと1f―2節を含む現在の構文に変えたという大きな方向性である。

それでは著者は一度書き下した文章をなぜそのようにいじり直す必要があったのだろうか。すでに述べたとおり、彼を導いた意図は、イエス・キリストにおける救いの出来事の感覚的具体性をさらに明確にするということであった。とすれば当然考えられる可能性は、同じ出来事をまさに逆に、人間の感覚による具体的な把握を超えたものと考えるようなキリスト論がここでは前提されていて、著者はそれに真正面から反駁を加えているということであろう。例えば、試みに1b―eをすべて否定形に裏返してみると、

わたしたちがまだ聞いたこともなく、目で見たこともなく、よく見て手で触ったこともないもの……

となるが、このような発言をイエス・キリストについて行なうキリスト論がわれわれの手紙の著者の時代（二世紀初頭）――あるいはその前後――に見いだされるならば、前述の可能性はますます大きくなるであろう。果して、そのような発言が二世紀中葉に成立したトマス福音書の語録一七（以下、トマス語録一七と略記）に見いだされる。

イエスが言った、「私はあなたがたに、(a)目がまだ見ず、(b)耳がまだ聞かず、(c)手がまだ触れず、(d)人の心に思い浮かびもしなかったことを与えるであろう」(5)。

Iヨハネ書一章1節のb—cに見られる視覚動詞の重複(1cと1d)がこのトマス語録一七には欠けていること、また逆にトマス語録一七のd「人の心に思い浮かびもしなかったこと」がIヨハネ書一章1節にはないこと、トマス語録一七では視覚(a)→聴覚(b)の順がIヨハネ書一章1節と逆であることを別にすれば、両者の対応関係は、肯定と否定の逆対応であるが、際立っている。ここで特に強調しておきたいのは、聴覚、視覚に続いて触覚についての文言がいずれにも出てくる点である。それだけではない。トマス語録一七c「手がまだ触れず」に用いられたコプト語の動詞はcïmcômであるが、ギリシア語でこれに対応する動詞は、W・E・クラムの辞書が第一等価語として明記するとおり、*ψηλαφᾶν* である(6)。ところがこのギリシア語は新約聖書では稀であって、合計わずかに四回の使用例の中の一つがわれわれの箇所Iヨハネ書一章1節なのである。逆にG・W・ホーナーの校訂によるコプト語新約聖書も、北方方言と南方方言のいずれの版においても、Iヨハネ書一章1節のこのギリシア語に、トマス語録一七と同じcïmcômをあてている(7)。つまり触覚についての文言は、Iヨハネ書一章1節とトマス語録一七の間で、単にモティーフとしてではなくて、用語法のレベルでも正確に対応し合っているのである。そしてこの点は聴覚と視覚に関する文言についても同じである(8)。さらに付け加えれば、トマス語録一七のaとbの部分は、前出の邦訳では確かめにくいが、原文ではcdと同様名詞的(目的格)用法の関係文(「目がまだ見たことのないもの」、「耳がまだ聞いたことがないもの」、「手がまだ触れず、人の心に……なかったこと」)になっており、構文の面でもIヨハネ書一章1b—eと一致している。

もちろん、成立年代の上でIヨハネ書の方が先と考えられるから、トマス語録一七そのものをもって、Iヨハネ書一章1節の論駁対象と見做すことはできない。また、トマス語録一七はイエスが語っている形になっており、Iヨハネ書一章1節のように、イエスについての発言ではないので、直ちに、また排他的にトマス福音書のキリスト論とだけ関連づけるわけにもゆかない。むしろ、トマスのグノーシス主義的な人間論との関連が勝るとも劣らず予想される。この理由からしても、トマス語録一七そのものをもって、Iヨハネ書一章1節が論駁対象とするキリスト論と考えることはできない。しかし、トマス語録一七は、二世紀中葉にトマス福音書の原本が編集された時に初めて生み出されたものではなく、すでにそれ以前に長く複雑な伝承史を経てきているのである。その途中ではキリスト論的に解釈される余地も十分にあったに違いない。以下ではこのような問題意識から、まずトマス語録一七の伝承史的位置を確定し、続いてIヨハネ書一章1節とトマス語録一七の伝承史的相互関係を確定することによって、Iヨハネ書一章1節――ひいてはこの手紙全体――において反駁されている論敵とそのキリスト論に新しい光をあててみたい。

第2章　トマス福音書語録一七の伝承史的位置

一　コリント人への第一の手紙二章9節との類似性

トマス一七の伝承史的位置を問う上で最も重要な糸口となるのはコリント人への第一の手紙(以下、Ⅰコリント書と略記)の二章9節である。以下の論述の便宜のために大きく三行に分け、それぞれに記号を付して示せば、次のようになる。

aα　目がまだ見ず、耳がまだ聞かず(*ἃ ὀφθαλμὸς οὐκ εἶδεν καὶ οὖς οὐκ ἤκουσεν*)、

aβ　人の心に思い浮びもしなかったことを(*καὶ ἐπὶ καρδίαν ἀνθρώπου οὐκ ἀνέβη*)、

b　神は、ご自分を愛する者たちのために備えられた(*ἃ ἡτοίμασεν ὁ θεὸς τοῖς ἀγαπῶσιν αὐτόν*)。

これとトマス語録一七を比較すると、右の第三行＝b全体がトマスには欠け、その代りにトマスではイエスの終末論的な約束(「与えるであろう」)の形になっている点で異なっている。パウロが右の文言全体に「(聖書に)書いてあるとおり」(*καθὼς γέγραπται*)の導入句を付して、暗黙の中に「聖書」からの引用として記しているのに対して、トマスでは「主の言葉」になっていること、またトマスの触覚の項「手がまだ触れず」が右の最初の二行＝aαとaβには欠けていることも相違点である。しかし、他方でaαとaβは、その触覚の項の欠落を別にすれば、トマス語録一七とほぼ完

全に一致しており、Ⅰコリント書二章9節とトマス語録一七の間に伝承史的関連が存在することは確実である。

二　伝承の起源

さて伝承史的視点から見て重要な点は、パウロの導入句が示唆する「聖書」が何を指すかという問題である。トマス語録一七もまた、パウロとは独立に、同じ「聖書」の箇所へ遡源する可能性が考慮されなければならないからである。この問題はわれわれの伝承の起源の問題に他ならない。周知のように、実はこれが大変な難問なのである。それだけにすでに幾多の論考が積み重ねられてきている。しかし、そのいちいちと対論しつつ、問題をあらゆる細部にわたって検討することはここでのわれわれの課題ではない。むしろ、これまでの研究が到達している基本的な認識を、われわれの設問にとって必要な範囲で再確認するにとどめなければならない。

先ず、この問題が難問となる最大の理由は、パウロの引用する文言がそのままの形では、現存の旧約聖書のどこにも見いだされないことにある。仮にパウロの示唆する「聖書」が、紀元一世紀末のヤムニア会議以後のユダヤ教の基準で言う「外典・偽典」をも含むものであるとすれば、問題となるのは『エリヤ黙示録』である。すなわち、パウロの引用の出典についての歴史的に最古の発言は、オリゲネス『マタイ福音書注解』のマタイ福音書二七章9節に関する段である。それによると、この引用に該当する文言は「正典文書」にはなく、『エリヤ黙示録』にしか見いだされないと言う。(1) この場合、そもそもラテン語で secreta Elliae prophetae とある書名を『エリヤ黙示録』と訳すことが適当であるかどうかが問題である。仮にそう訳すことが許されるとしても、少なくともコプト語の写本で現存する同名の文書には該当する文言は見つからない。(2) オリゲネスの言う『エリヤ黙示録』は現存するこの文書とは別物であったのだろうか。ヒエロニュムスはオリゲネスに反対して、パウロはイザヤ書六四章3節[3]から引用しているのだと断言するが、同じ文言が『エリヤ黙示録』の中に存在することまで否定しているわけではない。従って、コプト語の写本で現存するものとは別の『エリヤ黙示録』が存在した可能性は確かににわかに否定できないと言わなければならない。[4]

加えて、最近ではK・ベルガーが明らかにしているとおり、ユダヤ教黙示文学とその影響を受けた初期キリスト教黙示文学の領域に、Iコリント書二章9節に並行する文言が、従来指摘されていた以上に多数発見されるのである。[5]ベルガーによれば、ユダヤ教黙示文学の領域にこそ伝承の起源があり、パウロの出典も——すでに彼以前の段階で部分的に黙示文学的色彩を減じていたとは言え——この伝承に帰属するものである。

このベルガー説をどのように評価するべきであろうか。まず、パウロの出典をユダヤ教黙示文学の領域に求めるについては、少なくとも前記のオリゲネスの発言を引き合いに出すことはできない。なぜなら、オリゲネスの強調点は、パウロがIコリント書二章9節の当の文言を「正典文書」以外の文書から引いているからといって、それを含むコリント人への第一の手紙全体を「異端的」(adulterina)として退ける理由にはならないことを論証することにあるのであって、『エリヤ黙示録』をパウロの出典だと断定しようとしているわけではないからである。ベルガー説においてそれ以上に賛同し難いのは、すでにP・ビラーベックによって収集されているラビ文献中の並行例をも同じ黙示文学の伝承から導出しようとする説明である。すなわち、ラビたちはこの伝承を二次的に「聖書」箇所——例えば、ビラーベックの指摘するイザヤ書六四章3節——へ引き付けて解釈したのだと言う。[6]

また、ベルガーは、そのような黙示文学の伝承がパウロにとっても「聖書」と同列に扱うに値するものであったことを確証できているわけではない。

他方、パウロの言う「(聖書に)書いてあるとおり」については、これを旧約聖書の複数の箇所の混合引用として説明しようとする試みが早くから存在する。パウロの出典とその伝承史的起源を考える上では、この試みから出発する方が方法論的にはるかに確実であると言わなければならない。この観点からまず第一に注目に値するのは、ビラーベックが集めたラビ文献の並行例の中でも年代的に最も早いもので、シフレと呼ばれる古いミドラッシュ文書が民数記二七章12節に対する注解として、注解者の名を挙げずに伝える次の文言である。

神はモーセに言った。汝のために多くのものが貯えられ、多くのものが納められている。「あなたを恐れる者のためにあなたが貯えられたよきものは、いかに大いなるかな」(詩三一20)と言われているとおりである。[7] さらにまた、「とこしえからこのかた、おお神よ、あなた以外に理解した者はなく、聞いた者もなく、見た目もありません、神を待ち望む者に(神が)備えられているものを」(イザ六四3)と言われているとおりである。[8]

ビラーベックはこれ以外に、ラビ・シメオン・ベン・ハラプタ(一九〇年頃)とラビ・ヨハナン(二七九年没)の名の下に伝わる同様の文言を計五つ提示している。[9] いずれの場合も終末論の文脈に属する。例えば、旧約の預言者たちはメシヤの到来までのことを予言したが、その到来を越えた未来に神が「義人」のために備えている報いは、これまで聞かれたことも、見られたこともない、という具合である。確かにその場合、視覚動詞の方はどの例にも現れるが、聴覚動詞は欠けることが少なくない。[10] にもかかわらず、いずれもイザヤ書六四章3節に依拠するものであることは明白である。

特に注目に値するのは、右に引用した匿名のミドラッシュでは、イザヤ書六四章3節が詩篇三一章20節と結合されていることである。同じ結合は、ビラーベックが挙げるラビ文献にもう一例(Mid Spr 13 § 25)認められる。他方、I

コリント書二章9節の「聖書」引用も、その出典箇所を現存の旧約聖書に探す場合、すでに述べたとおり、単独で該当する箇所は存在しないので、複数の箇所を結び合わせた混合引用と考えざるを得ない。その場合、最も蓋然性が高いのが同じイザヤ書六四章3節と詩篇三〇章20節（「七十人訳」、マソラ本文では三一20）の組み合わせである。すなわちIコリント書二章9節の第一行aαはイザヤ書六四章3節、第三行bは詩篇三〇章20節からの引用と考えられる。[11] ラビ文献の並行例と組み合わせの順番は逆であるが、組み合わせそのものは全く同じである。

さて、ビラーベックの挙げるラビ文献はいずれも年代的にはパウロより後のものであるが、同時にパウロ（Iコリ二9）からの影響は全く考えられない性質のものである。従って、詩篇三〇章20節とイザヤ書六四章3節の組み合わせは、もともとラビのユダヤ教に固有の伝承であると考えられねばならない。問題はこの伝承がどこまで古いものであるかという点である。ビラーベックは、ラビ文献の中に最古の並行例、つまり、前出の民数記二七章12節へのシフレの注解が匿名で伝えられていることに注目して、この注解が後二〇〇年頃までのタンナイーム時代のユダヤ教において、その創唱者の名が忘れられて伝承される程に一般化していたと想定し、すでにパウロの時代についても同じ想定を妨げる根拠がないことを指摘している。[12] 従って、パウロが「（聖書に）書いてあるとおり」と言うのは、同時代のユダヤ教律法学者の間でそのように一般化していた前記の混合引用の伝承を指すことになるわけである。

この想定はかなり説得力があるようにわれわれには思われる。もっとも、そのような伝承からIコリント書二章9節を導出するためには、この伝承の歴史的古さの問題と並んで、もう一つ別の問題点がある。すなわち、ビラーベックが挙げるいずれの並行例にも、Iコリント書二章9節の第二行（aβ）に対応する文言が、少なくとも明瞭な形では見いだされないのである。[13]

この第二行（aβ）の背後にある旧約本文として一番蓋然性が高いのは、周知のとおり、イザヤ書六五章16節（「七十人訳」)である。[14] つまり、Ⅰコリント書二章9節は詩篇三〇章20節とイザヤ書六四章3節のみならず、さらにイザヤ書六五章16節を加えて計三つの旧約本文の混合引用なのである。そのような混合引用の伝承を果してパウロの時代、彼の周囲のユダヤ教の中に確認できるであろうか。

果して、これら二つの問題点を一挙に解決すると思われるユダヤ教文書が存在する。M・フィロネンコが一九五九年にこの関連で研究者の注意を促した偽フィロン『聖書古代誌』(Ps. Philo: Liber Antiquitatum Biblicarum)がそれである。[15] その二六章13節では、神は契約の箱に律法の板と共に宝石を入れておくことを命じるにあたって、やがてイスラエルの罪が満ち、さばきが行なわれる時にはその石も取り去られることを予告して次のように言う。

> その時には私はこれらの石を、それらがもともとそこから取られてきた所へ貯えよう(et reponam ea in locum unde ab initio prolata sunt)。私が世を想い起こし、地に住む者たちを罰する時まで、そこにとどめ置かれるであろう。その時が来たら私はこれらの石を、またそれよりさらに多くの値打の高い別の宝石を再び取り出そう。世にそのことが起きる前には、未だそれを見た目はなく、聞いた耳もなく、人の心に思い浮かんだこともない場所から(ex eo quod oculus non vidit nec auris audivit, et in cor homminis non ascendit)。その時、義人たちは、その宝石が放つ光のゆえに、もはや太陽の光も月の明りも必要としないであろう。[16]

傍点を付した部分がイザヤ書六四章3節と同六五章16節の混合引用であることは、フィロネンコも指摘するとおり、[17] 一目瞭然である。さらに、われわれの見るところでは、詩篇三〇章20節もこの本文全体の背後に暗黙の中に前提されているように思われる。宝石がもともとそこにあった場所、再びそこへ貯え置かれる場所についての言及、また全体としての終末論の文脈、「義人」の運命についての文言など、いずれも前述のラビ文献の並行例と共通する特徴がそのことを強く示唆している。ここでは実質的に詩篇三〇章20節、イザヤ書六四章3節、同六五章16節の三箇所が混合引用されていると言ってよいであろう。しかも、偽フィロン『聖書古代誌』は、フィロネンコのみならずD・J・ハリントンも精緻な文献学的研究によって論証しているとおり、原本はパレスティナのヘブライ語によって書かれ、その成立は後七〇年以前、キリスト教起源と同時代にまで遡る可能性が大きい。(18) 内容的にもモーセ律法の遵守の姿勢が随所に窺える。

従って、前述のビラーベックの想定はここに確証されるわけである。Iコリント書二章9節の「聖書」引用は、キリスト教起源とほぼ同時代のユダヤ教にまで遡る詩篇三〇章20節、イザヤ書六四章3節、同六五章16節の混合引用の伝統から取られたものと考えることができる。

三　伝承の経路

次に問題となるのは、一世紀末以降のキリスト教文書——一部グノーシス主義文書も含む——の中に広範に見いだされる類似の文言の伝承経路である。この点についても、すでにビラーベックが一つ重要な指摘を行なっている。すなわちIコリント書二章9節に年代的に最も近接する類似の文言は、ローマのクレメンスがやはりコリント教会に宛てた第一の手紙三四章8節で同様に聖書引用として示すものであるが、Iコリント書二章9節からの二重引用と見做すには、Iコリント書二章9節の第三行（b）に対応する部分「（神）が彼を待ち望む者らに備えられたもの」（*ὅσα ἡτοίμασεν τοῖς ὑπομένουσιν αὐτόν*）の言葉遣いがIコリント書二章9b（前出一二一頁参照）と余りに違い過ぎ、むしろイザヤ書六四章3節の「七十人訳」(ἃ ποιήσεις τοῖς ὑπομένουσιν ἔλεον)に一致している。ビラーベックはここから、ローマのクレメンスの右の聖書引用も、パウロとは独立に、しかし前述と同じユダヤ教の伝承から取られたものと見做したのである。[19]

P・プリジャンの一九五八年の論文は、その他のキリスト教文書中の類例の多くについて、基本的にはこれと同じことを別の角度から周到に論証して見せた。[20] 彼が着目したのは、数多い類例にもかかわらずパウロの名を挙げてIコリント書二章9節から重複引用するものは一つとしてなく、しかもその引用の仕方が——前述のIコリント書二章9節の行区分に従ってより厳密に言えば——bのみ、b+a、b+a+bの三タイプに分類可能であるということであった。紙幅の都合上、それぞれのタイプに属する文書名と箇所だけを——成立地と年代を必要に応じて補いながら——報告すれば、次のとおりである。[21]

I　bのみ

ローマのクレメンス『コリント人への第二の手紙』一四章5節、[22]『ディオグネートスへの手紙』一二章1節、『ピリポ行伝』一〇九章、『アンデレとマッテヤの行伝』一四章、『トマス行伝』二二章、『ヨハネ行伝』一一四章。

II　b+a

ヒッポリュトス『ダニエル書注解』IV 59, ヘゲシッポス(パレスティナ／シリア一六〇年頃)[23]『ポリュカルポスの殉教』II 3, アレクサンドリアのクレメンス『異教徒への勧告』X 94, 4, テルトゥリアヌス『肉の復活について』II 26, アンティオキアのテオフィロス『アウトリュコスへの手紙』I 14.[24]

Ⅲ　b＋a＋b

『ペテロ行伝』三九章[25]、偽ローマのクレメンス『処女たちへの手紙』Ⅰ9(三世紀)、『使徒教憲』Ⅶ32(シリア／コンスタンティノープル、四世紀末)、『処女性について』(アンカラ、四世紀中葉)、サラミスのエピファニオス『薬籠』六四章69節(五世紀初頭)、『われらの主イエス・キリストの遺訓』Ⅰ28(シリア、五世紀後半)、アガタンゲロス『啓蒙者グレゴリウスの行伝』三一章(アルメニア、五世紀末)、『聖バシリウスの式文』(シリア、四世紀末)、『聖ヤコブの式文』(エルサレム、五世紀初頭)、『聖マルコの式文』(アレクサンドリア、五世紀中葉)[26]

Ⅰコリント書二章9節の形a＋bを示すその他の本文をプリジャンは挙げていないが、われわれが見渡す限り、前出のローマのクレメンス『コリント人への第一の手紙』三四章8節と『トマス行伝』三六章の他、ベルガーの挙げる本文のいくつか(『偽ヒッポリュトス黙示録』、『ペテロ黙示録』エチオピア語断片、『アラビア語偽ヨハネ福音書』)がそれに該当する。われわれはこれを以下での論述での便宜のためにタイプⅣと呼ぶことにする。

ここに並記したいくつかの本文の間には、合計四つのそれぞれのタイプの枠内で、あるいは異なるタイプを横断する形で、相互に伝承史的、あるいは文献的依存関係が存在するに違いない。この関係を確定するためには、極めて細密な文献学的比較検討が必要であるが、その作業をここで本格的に繰り広げるわけにはいかない。ここでは一九九一年に筒井賢治が行なった観察を手短に報告するに留めたい。筒井の観察は次の三点に要約される。

(1)　タイプⅠ以外の三つのタイプに属する本文の大半において、a部分の文言は変動が少なく、相互にほぼ一致する。

(2)　タイプⅢ「b＋a＋b」に属する本文のa＋b部分の文言は、タイプⅣ「a＋b」の文言と一致ないし類似する。

(3)　タイプⅢ「b＋a＋b」に属する本文のb部分の文言に関しては、タイプⅠ「bのみ」およびタイプⅣ「a＋b」のb部分との類似は認められるものの、タイプⅡ「b＋a」およびタイプⅢ「b＋a＋b」の冒頭のb部分とは語句・表現面においてかなり隔たっており、それどころか後二者冒頭のb部分は、それぞれのタイプ内部においても、特に注目すべき同質性を見せてはいない。

筒井は以上の観察に基づいて、「形態面ではa＋bタイプが伝承の主流であり、内容面では文言aが伝承の主役である」と結論づけている。[27]

タイプⅣに挙げられた本文の中には、パウロに依存していると思われるものも確かに存在する。しかし、逆にこのタイプの本文すべてをⅠコリント書二章9節からのみ導出するのは難しい。例えば、クレメンス『コリント人への第一の手紙』がⅠコリント書二章9節に依存している可能性が小さいことはすでに述べたとおりである。さらに『トマス行伝』三六章の場合、Ⅰコリント書二章9節との語句上の一致はずっと大きいが、同時に『ペテロ行伝』三九章との並行も著しい。[28] そして『ペテロ行伝』三九章は、前記の一覧表の特にⅡとⅢに挙げられたすべての本文と同様、引用の構成がⅠコリント書二9と異なるのである。[29] それゆえ『トマス行伝』三六章も単純にパウロのこの箇所からのみ導出できるものではない。

従って、われわれはプリジャンと共に、次のように想定しなければならない。すなわち、パウロ以後のキリスト教文書に見いだされるⅠコリント書二章9節に類似の文言の中、パウロのこの箇所からの二重引用として説明できるものは少数であり、むしろ大半はパウロとは独立の伝承の系譜に属する。それらの系譜は前述のユダヤ教の伝承がそれぞれの時代にキリスト教側によって受容され、以後それぞれ固有の伝承史を辿った結果と考えられる。[30]

四　礼典式文の系譜

その一つは礼典式文の系譜である。プリジャンも指摘するとおり、ローマのクレメンス『コリント人への第一の手紙』三四章8節が礼典式文に生活の座を持つ伝承であることは、その直前の導入句から端的に明らかである。――「それゆえに、私たちも思いを一つに合わせ、それと意識して、共に集まり、彼(神)の栄ある約束に私たちも分かち与るために、あたかも一つの口からほとばしり出たように、倦まず弛まず彼に叫ぼうではないか」(三四7)。[31] アレクサンドリアのクレメンス『異教徒への勧告』X 94, 4も洗礼についての文脈(同94, 2参照)の中にあるから、洗礼の式文伝承から取られた可能性が大きい。『使徒教憲』VII 32,『聖バシリウスの式文』、『聖ヤコブの式文』、『聖マルコの式文』が教会の礼典を生活の座とするものであることは論証するまでもない。ここからプリジャンは、元来のユダヤ教の伝承そのものもユダヤ教の礼典を生活の座として成立、伝承されたものではないかと推定している。[32] われわれもこの推定を支持したい。というのは、すでに引用した民数記二七章12節へのシフレを初めとして、ビラーベックが挙げるラビ文献の並行例の大半に、いささか唐突に「おお、神よ!」という呼格形が現れているが、この唐突さも背後に礼典行為を想定すれば、極く自然に解消されるからである。おそらく、キリスト教起源と同じ時代のユダヤ教の礼典を生活の座として、詩篇三〇章20節、イザヤ書六四章3節、六五章16節の混合引用が成立し、[33] 以後エルサレム陥落とユダヤ国家崩壊(紀元七〇年)の破局を越えて、各地のユダヤ教会堂の礼典式文の一部として伝承され、それぞれの段階でキリスト教側へ受容されたものが、やがて右に挙げたようなキリスト教文書に定着したのであろう。

この生活の座との関連で注目すべきは、「耳にまだ聞かず、目に見たこともない」が元来のイザヤ書六四章3節では神を目的語としていたのに対して、今や神(主語)が「義人」の将来に備えるものを指すことになった点である。いわば神論から終末論へ神学的コンテキストが移動したわけである。そして、この移動は詩篇三〇章20節が混合引用のために結合されたことと深く関係しているから、すでに元来のユダヤ教の伝承において生じていたものと考えられなければならない。前記の四つのタイプに挙げられたキリスト教文書中の類例が、ほとんど例外なく終末論の文脈に属しているのもそのためである。また逆に、終末論の文脈が優勢であるという事実は、礼典という生活の座を想定する有力な根拠となる。礼典こそ終末論の現実性を強調するのに最適の場だからである。

五　グノーシス主義の系譜

この式文伝承の系譜は一部グノーシス主義の領域にも及んでいる。M・リッバールスキーが校訂した『マンダ教礼典式文』の第四五篇では「生命の泉」たる至高神に向かって、「汝はわれらに、いまだ何人の目も見たことがないものを見せ、何人の耳も聞いたことのないものを聞かせられた」と歌われる[34]。完了形になっているのは、死者ミサという場から説明可能である。もちろん、この本文の年代的な古さは問題であるが、キリスト教の媒介を経ている形跡はないので、ユダヤ教の伝承から直接取られたものと考えるべきであろう。

キリスト教グノーシス主義の領域では、まずヒッポリュトス『全異端反駁』V 23–27に伝えられるグノーシス主義者ユスティノスの『バルクの書』が確実に同じ系譜に属する。Iコリント書二章9節と類似の文言(ただし、第三行＝bを欠いてaのみの形)が前後四回繰り返されるが、その最後(V 27, 2)は明らかに「活ける水」を浄めのために飲む儀式と結びついている。

彼ら(『バルクの書』のグノーシス主義者たち)はこの誓いを誓ってから、善なる者のもとへ来て、「目が見ず、耳が聞かず、人の心に思い浮かばなかったこと」を見る。そして「活ける水」から飲む。これは彼らにとって、「洗い」であり、彼らの考えでは、「ほとばしり出る活ける水の泉」なのである。[35]

ナグ・ハマディ文書の一つ『救い主の対話』(NHC Ⅲ/5、後二世紀)一四〇(§57)にも類似の文言がaαのみの形で現れる。礼典との関係は、本文の破損がひどいこともあって明瞭ではないが、やはり信仰者個人の死の問題を扱う文脈にある。

［主］が言った、「一つの言葉、……目がそれを見たことがなく、私［も］あなたを通してでなければ、それを聞いたこともない［このもの］について［　　　　］私に尋ね［　　　　］」。[36]

すなわち、われわれの伝承はグノーシス主義の領域では確かになお礼典との関係を保ち、神学的にも終末論の枠内にあるものの、その終末論は極めて個人主義化されている。その結果、「耳が聞いたことも、目が見たこともないもの」は、それぞれのグノーシス主義の神話論における人間論的、あるいは宇宙論的秘義を指すものになっている。この限りで、以上に言及したグノーシス主義の本文は、伝承史的に独自の系譜として扱うことが許されよう。ただし、系譜とは言っても、すべての本文が縦に、つまり時間軸で系列化できる、あるいは、そうされねばならないという意味ではない。むしろ、本文によっては、いわば横向きに、それぞれの段階でユダヤ教の伝承から取られている可能性が大きい[37]。トマス語録一七はこの系譜の最も早い段階に(二世紀前半)に位置づけられる[38]。

六 「主の言葉」の系譜

次に、文言の文学的形態から見た場合、これを「主の言葉」とする伝承の系譜が存在する。年代的にはトマス語録一七がこの点でも現在確認し得る最古の本文である。次いで、『ペテロ行伝』三九章(一八〇—一九〇年頃)も明瞭に主イエス・キリストの約束として記している。『救い主の対話』の前出の箇所も「主の言葉」のようにも読めるが、本文破損のため確言はできない。すなわち、問題の文言は、その意味について「主」がマタイに、あるいはマタイが「主」に質問する形で導入されており、一義的に「主の言葉」とは断定できないのである。最後にF・W・K・ミュラーの編纂によるマニ教トルファン文書の断片七八九もこの系譜に属する。——「(あなたがたを死と破滅から救うために)私はあなたがたに、あなたがたが目で見たことも、耳で聞いたことも、手で触れたこともないものを与えるであろう[39]」。

この中、最後のマニ教の断片はトマス語録一七との類似が著しい。「人の心に思い浮かびもしなかったこと」に該当する語句が欠けている点を別にすれば、トマス語録一七の文言のすべてが——現存する本文としてはトマス語録一七にしか見いだされない触覚の部分をも含めて——正確に再録されている。トマス福音書がマニ教徒に好んで受容・伝播された事実を考慮すると[40]、このマニ教断片は伝承史的にトマス語録一七に依存していると見てよいであろう[41]。はるかに難しいのはトマス語録一七と『ペテロ行伝』三九章の伝承史的関係である。仮に荒井献のように、もともとイエスの語録ではなかった言葉をトマスが初めて「イエスの口に入れた」結果がトマス語録一七であると想定すると、『ペテロ行伝』三九章はトマス語録一七に伝承史的に依存している可能性が大きくなる。年代的にはこの関係は十分可能である。

加えて『ペテロ行伝』三八章(三九章の直前!)には「主の奥義」と称して、「もしきみたちが右のものを左のようにし、左のものを右のもののようにし、あるいは上のものを下のもののように、あとのものを前のもののようになすのでなければ、きみたちは決して御国を知ることはない」という外典の言葉が再録されている。[42] この中の傍点部は実はトマス語録二二にも現れる。他方、二世紀のエジプトのアレクサンドリアでユダヤ人キリスト教徒に向けて著わされたと思われる『エジプト人福音書』断片五(「(それは)きみたちが羞恥心の上着を踏みつけ、二つのものが一つになり、男でも女でもなく、男が女とともになる時である」[43])も同じトマス語録二二に一部並行する語句を含んでいる。荒井はこのあとの方の並行関係を、『エジプト人福音書』がトマス福音書の影響下に成立したという想定によって説明している。[44]

本質的に同じ論法が『ペテロ行伝』とトマス福音書の間にも一見成り立ちそうに思われる。しかし、この論法は無理である。『ペテロ行伝』三八章がトマス語録二二と共有するのは、「上のもの」と「下のもの」の逆転についての部分に過ぎず、トマス語録二二に伝承史的に依存していると見做すには、文言上の食い違いが余りに大きい。『ペテロ行伝』三九章についてもトマス語録一七に依存していると見做し得る可能性はほとんどない。なぜなら、トマス語録一七は――Iコリント書二章9節の行区分の記号で言うと――a α β を含むのみで、b に該当する部分を全く欠いているのに対し、『ペテロ行伝』三九章の並行文言は、すでに前出の一覧表IIIから明らかなとおり、b＋a＋b の形になっているからである。

従って、『ペテロ行伝』三九章の文言はトマス語録一七とは独立の伝承から取られたものと考えなければならない。その場合、直前の三八章の「主の奥義」の言葉(前出)もそれと同じ伝承に発すると考えてよいであろう。つまり、『ペテロ行伝』の著者は、独自の「主の言葉集」のようなものを手にしていた可能性が大きい。とすれば、トマス語録一七も、荒井説のように、トマスによって初めて「主の言葉」とされたと考えることはできない。むしろ、トマス語録一七と『ペテロ行伝』三九章に共通する伝承史的基盤が存在し、もともとはユダヤ教の礼典式文の伝承であった前述の混合引用がすでにそこで「主の言葉」化されていたと想定しなければならない。つまり、トマス語録一七はこのユダヤ教の伝承から直接取られたものではなく——この点は『ペテロ行伝』三九章についても同様である——、Q資料および共観福音書の成立以後もユダヤ人キリスト教徒によって担われたイエスの語録伝承によって媒介されているのである。

七 「手がまだ触れず」の問題

それでは、現存する本文としてトマス語録一七にしか見いだされない「手がまだ触れず」の部分はどの段階で付加されたのであろうか。消極的な観察から先に言えば、この部分をトマスの編集に帰すべき積極的根拠は一つもない。原文のコプト語 cïmcôm は、ナグ・ハマディ文書全体を見渡しても、他には『シルヴァノスの教え』(NHC Ⅶ/4)一〇二32で一回用いられるのみで、トマス福音書そのものにおいてもただ一回の使用例を見るのみ(hapax legomenon)である。[45] 従って、神学的にも特別に重要なモティーフと見做すわけにはゆかない。むしろ。それはすでにトマス以前の伝承に含まれていたもので、イエスの啓示の秘義性を言い表す上でトマスにも好都合であったために、そのまま採録されたという説明が可能である。すでに本論考の第1章でわれわれの行なったⅠヨハネ書一章1節についての分析も、この説明を積極的に支持するように思われる。すなわち、Ⅰヨハネ書一章1節の背後にトマス語録一七と同系統の伝承が存在し、すでにその伝承が触覚についての同様の語句――しかも前述のように、トマス語録一七のコプト語の正確な等価語にあたるギリシア語――を含んでいたと想定される。そして、この伝承は年代的にトマス福音書の編纂(二世紀半ば)に先行するのであるから、問題の語句をトマスの編集に帰すことは不可能である。

従って、問題の触覚についての語句は、かのユダヤ教の伝承がキリスト教へ受容された後、やがてⅠヨハネ書一章1節の背後の伝承とトマス語録一七へつながる伝承とに分枝する前に付加されたものと考えられる(46)。ただし、この付加が、当のユダヤ教からの伝承が蒙った「主の言葉」への変形と時間的にどう前後するかは、Ⅰヨハネ書一章1節の背後の伝承のこの点での文学的形態が不明であることもあって、もはや断定できない。しかし、いずれにしても、Ⅰヨハネ書一章1節の背後の伝承とトマス語録一七が触覚の語句を含む点で、すでに見たようなその他の多くのキリスト教文書中の類例から区別される独特な伝承の流れを示すものであることは間違いない。

なお、触覚の部分の付加にしても、「主の言葉」への変形にしても、もともとのユダヤ教の伝承に対するキリスト教側の取り扱いの自由さを示すものに他ならない。トマス語録一七が例えばⅠコリント書二章9節にくらべて、触覚の項を余分に含む反面、Ⅰコリント書二章9節の第三行、つまり前出の記号で言うbの部分を欠いていることも同じ理由によると思われる。それはいくつかのキリスト教文書(前出の一覧表Ⅰ参照)においては逆にbの部分だけの引用が行なわれていることの裏返しでもある。また、この部分を含めて引用する文書の場合にも、この部分の旧約の出典箇所である詩篇三〇章20節に出る「あなた(神)を恐れる者のために」(*τοῖς φοβουμένοις σε*＝マソラ三一章19節 lîrē'êkā)の表現を忌避している節がある。Ⅰコリント書二章9b、『ペテロの殉教』(リーヌス写本)、五章および『トマス行伝』三六章では「恐れる者たち」が「愛する者たち」(*τοῖς ἀγαπῶσιν*／his qui diligunt)に変えられており[47]、ローマのクレメンス『コリント人への第一の手紙』三四章8節では、すでに触れたとおり、「待ち望む者たち」(*τοῖς ὑπομένουσιν*)になっている。すでに言及した一連のグノーシス主義の文書では、Iコリント書二章9節の第三行＝bに該当する部分は例外なく欠落している。もしこれが偶然の一致ではないとすれば、その変形あるいは欠落の理由は、「神を恐れる」というモティーフがグノーシス主義者の自己理解に適合しなかったためと考えられる。トマス語録一七の場合にも、トマス以前の伝承には該当する文言が何らかの形で含まれていたものを、トマスが編集の段階で、同じ理由から切り捨てたということが可能性としては考えられる。しかし、このbの部分に対するキリスト教側の取り扱いの自由さを考慮すれば、すでにトマス以前に切り捨てられていたとしても不思議はない。この点もいずれとも断定はできない。

八　コリント人への第一の手紙二章9節との伝承史的関係

最後にIコリント書二章9節とトマス語録一七の間の伝承史的関係について言えば、後者が前者に直接依存している可能性は全くない[48]。このことは以上の伝承史的追跡から明らかである。しかし、荒井献が一九七四年に初めて公表した仮説についてはどうであろうか。それによれば、パウロがコリント人への第一の手紙で対峙している論争相手は「知恵の言葉」を誇った。その根拠となったのは、パレスティナ出身の巡回霊能者によってコリント教会へもたらされたイエスの言葉(「主の言葉」)であった。他方、シリアのエデッサでトマスにイエス語録の核を提供した人物も、彼らに似たユダヤ人キリスト者であった。Iコリント書二章9節とトマス語録一七の場合を含め、Iコリント書とトマ

ス福音書の間に見いだされる合計八つの対応関係は、このような伝承史的関連から説明されるべきだと言う。(49)

この仮説全体の妥当性の問題は別にして、Ｉコリント書二章9節とトマス語録一七については、この説明の蓋然性は乏しいようにわれわれには思われる。というのは、パウロはＩコリント書二章9節を、すでに見たとおり、「(聖書に)書いてあるとおり」として導入しており、「主の言葉」として引用しているのではないからである。もしこれが、言われるようなイエスの言葉としてコリント教会に伝えられたものであったならば、「主の言葉」であることが、七章10節や九章14節の場合のように、明言されるか、示唆されて然るべきであろう。またわれわれの伝承史的検討から見ても、Ｉコリント書二章9節がパウロ以前の段階ですでに「主の言葉」伝承の一部であったと考えることは困難である。むしろ、パウロはこの言葉を、「聖書」から、とはつまり、すでに明らかになっているユダヤ教の礼典式文における混合引用の伝承から直接採用したのだと考えられる。パウロはかつてファリサイ派の律法の訓練を受けた者として、この伝承に通暁していたに違いない。そして彼は、一見秘義的なこの言葉を、イエスの言葉に依拠して「言葉の知恵」を誇る論敵に対抗して持ち出し、いわば彼らの「お株を奪って」、自分自身の素養を垣間見せたのである。彼らの背後にいるパレスティナからの巡回霊能者らもユダヤ人キリスト教徒であったとすれば、パウロのこのやり方の持つ皮肉な意味に気が付かなかったはずはない。このように想定する方が、他でもない彼ら巡回霊能者が初めてコリントへもたらし、パウロの論争相手の根拠ともなっていた言葉を、パウロが言わば「貰い受け」て、おまけに「(聖書に)書いてあるとおり」というお墨付きまで与えたと考えるより、はるかに自然であろう。

第3章

ヨハネの第一の手紙一章1節とトマス福音書語録一七の伝承史的相互関係

われわれがIヨハネ書一章1節の背後に想定した伝承とトマス語録一七のそれぞれが初期キリスト教の伝承史の上に占める位置は、以上の検討によってほぼ明らかになった。Iヨハネ書一章1節の背後の伝承は、この手紙の著者が文字通り真正面から加えている論駁を考慮すると、また、それが手紙全体の序文の、それも劈頭において行なわれていることを考えると、この手紙全体にわたって論駁されているキリスト者のグループが依拠した伝承であったと想定される。従って、Iコリント書二章9節とトマス語録一七を含めて伝承史的関係をまず図示すれば、次頁のようになる。

二本の点線は、Iヨハネ書の論敵が担った伝承が、すでに述べたとおり、トマス語録一七のように「主の言葉」への変形を経ていた(①)か否(②)か、断定できないことを示す。

この論敵の伝承の文言についてさらに言えば、トマス語録一七の最後の項「人の心に思い浮かびもしなかったこと」(Iコリ二9のα、β)に該当する語句がそこに含まれていたか否かの問題(前出二二六—一三一頁参照)がなお残っている。論敵の伝承の文言を、論駁のために否定形から肯定形へ裏返しにしていると思われるIヨハネ書一章1節には、それに対応するような語句は含まれていない。ただし、このことはまだ、トマス語録一七のその部分に該当する語句が、Iヨハネ書一章1節の背後の論敵の伝承にも欠落していたことを確証するものではない。というのは、仮にその

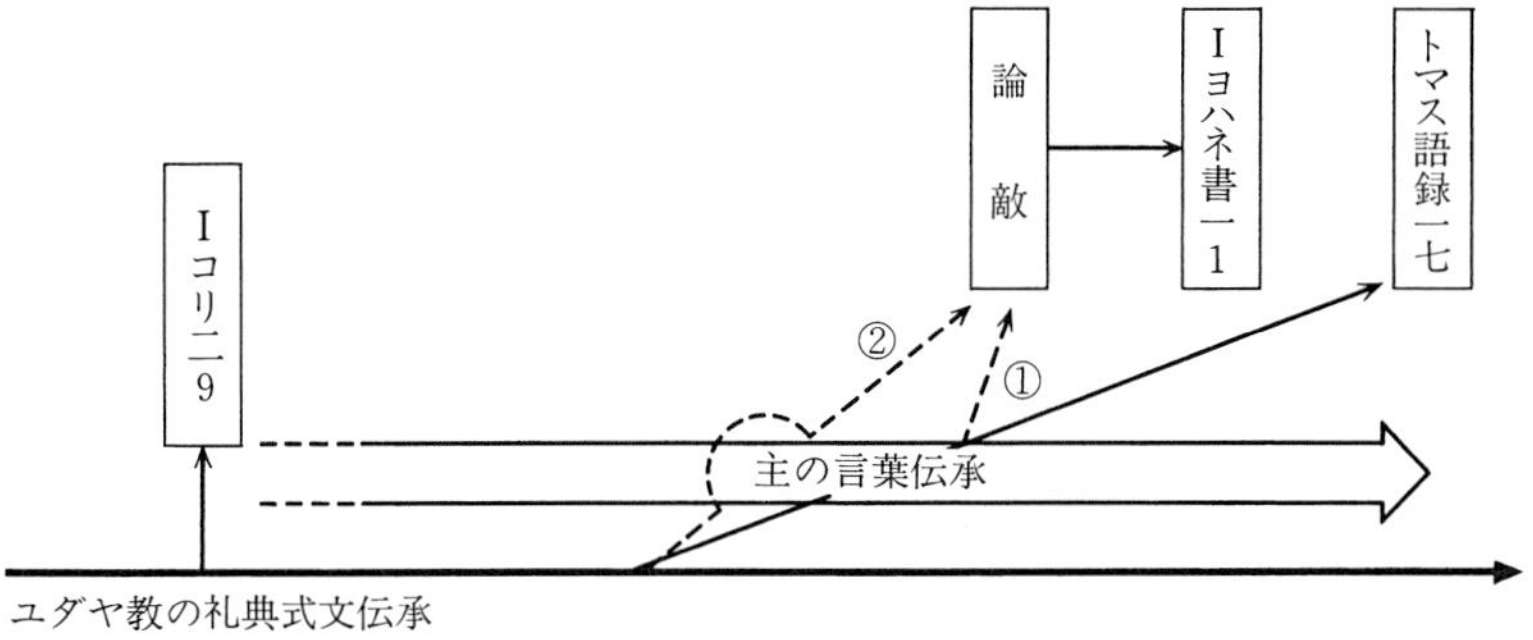

ような語句が論敵の伝承にあったとしても、それを肯定形に裏返しにすると、「人の心に思い浮かんだもの」となる。これを「わたしが聞いたもの、目で見たもの、よく手で触ったもの」と並べてイエス・キリストにあてはめることは、Ⅰヨハネ書の著者のキリスト論に適合しないのである。彼にとってイエス・キリストは「人の心に思い浮かぶ」というような内面的・主観的なものではないからである。従って、Ⅰヨハネ書の著者自身がこの理由から論敵の伝承の該当する語句を無視したという可能性が考慮されなければならない。そうである限り、論敵の伝承に「人の心に思い浮かびもしなかったこと」の語句が含まれていたか否かは断定できないのである。

また、Ⅰヨハネ書一章1節には、Ⅰコリント書二節9章の第三行＝bに——逆対応であれ、順対応であれ——対応する文言も含まれていない。これがⅠヨハネ書の著者による無視の結果であるのか、あるいは、すでに論敵の伝承が、現在のトマス語録一七のように、その部分を欠いていたためであるのか、この点ももはや断定不可能である。ただし、この部分がグノーシス主義の領域では一貫して欠落していること（前出一三九頁参照）を考慮すると、第二の可能性の方が大きいように思われる。というのは、Ⅰヨハネ書の論敵は問題の伝承をグノーシス主義的なキリスト論のために用いたと想定できるからである。あるいは逆に、これまでわれわれが明らかにしてきたこの伝承の形態と系譜から、彼ら論敵のグノーシス主義的な立場が——彼らをむしろイエスのメシヤ（キリスト）性を否定するユダヤ主義的キリスト教徒と見る最近のH・ティエンの説[1]に逆らって——改めて明瞭になるとも言えよう。

Iヨハネ書の本文から推定する限り、論敵は、彼らの言う「キリスト」および「神の子」と肉体を備えた人間イエスとの同一性を否定した(二22、四3、15、五1、5)。この意味で「神の子キリスト」は「肉体をとって来た」のでも、「血によって来た」のでもない(四2、五6)。すなわち、受肉と十字架の死の現実性が否定され、人間イエスと「神の子キリスト」の結合は仮の、一時的なものであったと考えられるわけである。このキリスト論がいわゆるキリスト教グノーシス主義の中でも最も早い段階の代表者の一人であるケリントスのキリスト論と多くの点で類似していることは、早くから指摘されてきた[2]。ただし、これまでの研究は、Iヨハネ書の論敵の思想にも「神の子キリスト」の先在の観念が含まれているべきことを、確かに論理的には強く予想してきたのだが、ケリントスの場合ほどには、はっきり本文に基いてそれを確認できずにきたのである。われわれの見るところ、彼らがIヨハネ書一章1節の背後の伝承を以て言わんとしたのは、まさにその先在論に他ならない。おそらく彼らは、「まだ聞いたことがないもの」、「目で見たこともないもの」、「手で触ったこともないもの」という伝承の文言を利用して、ヨハネ福音書劈頭のキリスト先在論を、よりグノーシス主義的・秘義的意味合いに解釈し直したのである。ヨハネ文書を生み出したキリスト教の系譜を基準に見た場合、彼ら論敵はその外部から侵入してきた者たちではなく、むしろその内部から「出て行った」者たちである(Iヨハ二19—20)。しかし、われわれの右の想定が正しければ、彼らが例えばIヨハネ書の著者と、ヨハネ福音書という共通の伝承に対する解釈において意見を異にしていくに際しては、かつてのコリントにおけるパウロの論敵と同様、外部から遅れて伝えられた新しい伝承、すなわち、本論考が明らかにした伝承が一つの足がかりとなったのである。ここにも原始キリスト教の伝承史と神学史の複雑さの一端が明らかになる。

すでに述べたとおり、元来のユダヤ教の礼典式文伝承とキリスト教文書中の類例の大半が、終末論の文脈に置かれていた。これに対して、Iヨハネ書の論敵は同じ伝承をキリスト論の、しかも先在論の文脈に移し変えたことになる。あるいは、終末論から始源論への文脈変換と言ってもよい。しかし、この文脈変換は決して唐突なものではない。すでにユダヤ教の伝承において、イザヤ書六四章3節の第一行「いにしえからこのかた」(ἀπὸ τοῦ αἰῶνος／mē 'ōlām)が詩篇三〇章20節の「神は……備えられた」と結合されて混合引用されたときに、終末論の文脈へ始源論が入り込むことになっていたからである。

また、この伝承を比較的早い段階で受容したパウロの場合、それを「聖書」引用として暗示する直前のIコリント書二章7―8節では次のように言っている。――「むしろ、私たちは、奥義の中にあって〔今に至るまで〕隠されてきた神の知恵を語るのであって、それを神は世々の〔創造〕以前に(πρὸ τῶν αἰώνων)、私たちの栄光のために、あらかじめ定めておかれたのである。この世の支配者たちのうちの誰一人として、その知恵を知ってはいなかった。もし彼らが〔それを〕知っていたなら、『栄光の主』を十字架につけたりはしなかったであろうからである」。ここでは始源論のみならず、キリスト論との係わりも明白である。パウロの思考は、十字架につけられた主を先在の「神の知恵」、とはつまり「目がまだ見ず、耳がまだ聞かず、人の心に思い浮かびもしなかったこと」と同定する方向に向かっている。[3]

最後にトマス語録一七であるが、ここでは確かにイエスは語り手であり、「目がまだ見ず、耳がまだ聞かず、手がまだ触れず、人の心に思い浮かびもしなかったこと」と直接同定されているわけではない。しかし、トマスの場合にもグノーシス主義一般においてと同様、啓示者と啓示の内容とは本質的には不可分なのである。その限りでは、トマス語録一七のこの文言も暗黙の中に一定のキリスト論を内包していると言わなければならない。しかも、直後の語録一八には明瞭に始源論も言及されている。――「初めに立つであろう者は幸いである。そうすれば、彼は終りを知るであろう[4]」。

こうして見ると、Ｉヨハネ書の論敵が、年代的にはパウロとトマスの中間にあって、もともとは同じユダヤ教の礼典式文に発する伝承をキリスト論化し、終末論から始源論へ文脈変換していたとするわれわれの仮説は、伝承史的に十分可能なのである。

最後にさらに仮説を一つ重ねることが許されるならば、Ｉヨハネ書一章1節の劈頭中の劈頭の「はじめから（ἀπ' ἀρχῆς）あったもの」という表現についても、以上のような伝承史的背景に照らすとき、新しい理解が開けるように思われる。すなわち、この表現がヨハネ福音書冒頭の「初めに（ἐν ἀρχῇ）言があった」を意識したものであることは間違いないにもかかわらず、それとは違った言葉遣いになっている事実について、これまでさまざまな説明と解釈が試みられてきた[5]。しかし、われわれの明らかにした伝承史的背景から見れば、Ｉヨハネ書一章1節の ἀπ' ἀρχῆς は、イザヤ書六四章3節の ἀπὸ τοῦ αἰῶνος／mē ōlām とヨハネ福音書一章1節の ἐν ἀρχῇ の混合形として理解できる。Ｉヨハネ書一章1節の背後にある論敵の伝承は、イザヤ書六四章3節のこの語句、ないしモティーフを何らかの形で含んでいたのかも知れない。ただし、それをヨハネ福音書一章1節の ἐν ἀρχῇ と結びつけ、両者の中間とも言うべき、そして文法的にも非難の余地のない表現 ἀπ' ἀρχῆς にしたのが論敵であったのか、あるいは、Ｉヨハネ書の著者であったのか、いずれとも断定はできない。

その点はいずれであれ、Ｉヨハネ書の著者は論敵のグノーシス主義化するキリスト論を、その論理的出発、つまり先在論において論駁するために、彼らが依拠した伝承の文言を、否定形から肯定形へ裏返しにしたのである。その結果、Ｉヨハネ書一章1節の現在の文言は、もはや単純に始源論の枠にはおさまらず、イエス・キリストにおいて歴史的・肉体的に生起した救いの出来事をすでに全体として回顧する視点――この出来事がすでに終末の開始である（二

8）という意味で——終末論的視点をも含んだものとなっている。その際彼は聴覚→視覚→触覚という、基本的にはすでに論敵の伝承にも含まれていたと思われる漸層法[6]をさらに精密化するために視覚の第二項「よく観て」（*ὃ ἐθεασάμεθα*）を新たに書き加えたのである。それほどまでに彼がこのギリシア語動詞にこだわったわけは他でもない、それがヨハネ福音書のキリスト論にとって決定的な重さを持つヨハネ福音書一章14節にすでに確固たる場を占めていたからである。

第1章

（1）R. Schnackenburg, *Die Johannesbriefe* (*HThK* XIII), Freiburg 1984[7], S. 60.

（2）例えば復活のイエスの顕現の場面で *θεάομαι* は決して使われず、*ὤφθηναι* が「現れる」イエスについて、*ὁρᾶν* が「見る」人間の側の行為について術語的に定着しているのはそのためである。詳しくは W.Michaelis,Art: *ὁράω*…, *ThWNT* V, Sp. 340–368 を参照。

（3）K. Wengst, *Der erste, zweite und dritte Brief des Johannes* (*ÖTK* 16), Gütersloh/Würzburg 1978, 35; R. Schnackenburg, *op. cit.*, p. 60 も同意見。

（4）K. Grayston, *The Johannine Epistles*, Grand Rapids／London 1984, pp. 35f.

（5）訳文は荒井献・大貫隆責任編集『ナグ・ハマディ文書II　福音書』、岩波書店、一九九八年に収められた荒井献訳（二四頁）による。Iヨハネ書一章1節がトマス語録一七の正確な裏返しになっている事実は、すでにR. Grant／D. N. Freedmann, *Geheime Worte Jesu. Das Thomas-Evangelium*, Frankfurt am Main 1960, S. 132 が短く指摘している。

（6）W. E. Crum, *A Cotic Dictionary*, Oxford 1939, p. 818b.

（7）G. W. Horner (ed., transl.), *Coptic Version of the New Testament in the Northern Dialect, otherwise called Memphitic and Bohairic*, 4 vols, London 1898–1905 (repr. 1969); *Coptic Version of the New Testament in the Southern Dialect, other-*

wise called Sahidic and Thebaic, 7 vols,Oxford 1911–1924(repr. 1969)の該当箇所を参照のこと。

（8） *ἀκούειν*／sōtm, *ὁρᾶν*／nau の対応。それぞれ W. E. Crum, *op. cit.*, pp. 363b, 233b を参照せよ。

第2章

（1） オリゲネス『マタイ福音書注解』の該当箇所はラテン語でしか残存しない。E. Klostermann／E. Benz／U. Treu(Hg.), *Griechisch-Christliche Schriftsteller in den ersten drei Jahrhunderten: Origenes* Bd. XI, 2. Aufl. Berlin 1976, S.250；新しいところでは次のドイツ語訳がある。Origenes, *Der Kommentar zum Evangelium nach Matthäus*, eingel., übers. u. komm. v. H. J. Vogt, 3 Bde, Stuttgart 1983–1993.

（2） P. Riessler, *Altjüdisches Schrifttum ausserhalb der Bibel*, Freiburg／Heidelberg 1928, S. 116ff；W. Schrage, *Die Elia-Apokalypse*, Gütersloh 1980(*Jüdische Schriften aus hellenistisch-römischer Zeit*, Bd. V／Lfg. 3)；O. S. Wintermute, Apocalypse of Elijah. A New Translation and Introduction, in: J. H. Charlesworth(ed.), *The Old Testament Pseudepigrapha*, Vol. 1, New York 1983, pp. 721–753 参照。なお、P. Riessler, *op. cit.*, pp. 234–240 に収められた『エリヤの書』(原本ヘブル語)も『エリヤ黙示録』と呼ばれることがあるが、これにもⅠコリント書二章9節に該当する文言は見いだされない。

（3） 「七十人訳」、マソラ本文、日本聖書協会新共同訳によって表示。日本聖書協会口語訳では六四章4節(ウルガータ訳に同じ)。

（4） ヒエロニュムス『パンマキウスへの書簡』一〇一章、『イザヤ書注解』一七章。W. Schrage, *op. cit.*, pp. 196–198 は、後三世紀までの古代ユダヤ教において、相異なる多様な文書が同じエリヤの名の下に流布していたことを、それぞれラテン語、ギリシャ語、ヘブル語で現存する断片から論証し、オリゲネスの言う『エリヤ黙示録』と現存するコプト語のそれが別物である可能性を支持している。O. S. Wintermute, *op. cit.*, p. 728；H. F. D. Sparks, 1 Kor 2, 9 a Quotation from the Coptic Testament of Jacob?, *ZNW* 67(1976), pp. 269–276 も同様。古くは、E. Schürer, *Geschichte des jüdischen Volkes im Zeitalter Jesu Christi*, Bd. III (4. Aufl.), 1909, S. 361 が同一説。それによれば、オリゲネスが『エリヤ黙示録』に発見したⅠコリント書二章9節に該当する文言はキリスト教徒の手による二次的付加とされる。

(5)　K. Berger, Zur Diskussion uber die Herkunft von 1Kor. II. 9, *NTS* 24(1977／1978), S. 270–283. ベルガーは『エチオピア語エズラ黙示録』、『シリア語ダニエル黙示録』、『偽ヒッポリュトス黙示録』、『ペテロ黙示録』(カルシニア語／エチオピア語断片)、『アラビア語偽ヨハネ福音書』、『エチオピア語マリヤ黙示録』中の並行例を新たに指摘している。すでにH. Conzelmann, *Der erste Brief an die Korinther* (*KEK* V), Göttingen 1981[12], S. 82も『イザヤの昇天』八章11節、一一章34節をユダヤ教黙示文学からの並行例として挙げているが、いずれの箇所も聴覚についての語句を欠いている(コンツェルマンは偽フィロン『聖書古代誌』三六章12—14節にも同じ関連で言及するが、これをユダヤ教黙示文学のカテゴリーに入れてよいかは大いに疑問である。後述参照)。荒井献『隠されたイエス』(講談社、一九八四年)六三頁は、ユダヤ教知恵文学の領域からさらに『ソロモンの知恵』九章13節、『ベン・シラの知恵』一章3節をも類似例として挙げるが、いずれの場合も単に「悟り」というモティーフがIコリント書二章9 aβに似ているに過ぎず、とても並行例と呼ぶに値しない。同著者『トマスによる福音書』(講談社学術文庫、一九九四年)七八頁では、おそらく私のこの指摘(一九八九年初出)を受けてであろう、該当する発言が削除されている。知恵文学の領域からは、むしろ『ヤコブの遺訓』(コプト、エチオピア、アラビア語で現存)中の明瞭な並行例が挙げられる。E. von Nordheim, Das Zitat des Paulus in 1Kor 2, 9 und seine Beziehung zum koptischen Testament Jakobs, *ZNW* 65(1974), S. 112–120は、これをパウロの出典とする判断に傾いている。しかし、O. Hofius, Das Zitat 1Kor 2, 9 und das koptische Testament des Jakob?, *ZNW* 66(1975), S. 140–142; H. F. D. Sparks, 1Kor 2, 9 a Quotation from the Coptic Testament of Jacob?, *ZNW* 67(1976), pp. 269–276は、『ヤコブの遺訓』全体にキリスト教徒の手が広範囲に加わっていることを指摘して、問題の並行箇所をむしろIコリント書二章9節から導出する。

(6)　K. Berger, *loc. cit.*, p. 276 n. 3.

(7)　マソラ本文、日本聖書協会新共同訳によって引用。「七十人訳」では三〇章20節、日本聖書協会口語訳では三一章19節。

(8)　H. L. Strack／P. Billerbeck, *Kommentar zum Neuen Testament ans Talmud und Midrasch*, Bd. III, München 1926, S. 329に引かれたSNu27, 12 § 135(51[a]).

(9) Sanh 99^a, 27, 30; B^{e}rakh 34^b, 24, 28; Midr Spr 13§25(37^a); Midr Qoh 1, 8(9^b).

(10) 聴覚の項を含むのは Midr Spr 13§25(37^a)と SNu 27, 12§135(51^a)のみ。

(11) H. Conzelmann, *op. cit.*, p. 81, 荒井献『隠されたイエス』六三頁、『トマスによる福音書』七八頁など参照。

(12) P. Billerbeck, *op. cit.*, pp. 378f.

(13) すでに引いた民数記二七章12節に対するシフレの注解に言う「あなた以外に理解した者はなく」が『ソロモンの知恵』九章13節と『ベン・シラの知恵』一章3節の「悟り」と同様、モティーフ上で対応すると言える程度に過ぎない。

(14) マソラ本文、日本聖書協会口語訳、新共同訳では六五章17節。

(15) M. Philonenko, Quod oculus non videt, I Cor2, 9, *ThZ*(1959), pp. 51–52.

(16) 本文は D. J. Harrington／J. Cazeaux／C. Perrot／P.-M. Bogart(ed.), *Pseudo-Philon, Les Autiquités Bibliques*(SQ 229), Paris 1976, pp. 210–213. その他 P. Riessler, *op. cit.*, pp. 735–861; Ch. Dietzfelbinger, *Pseudo-Philo: Antiquitates Biblicae*, Gütersloh 1979(*Jüdische Schriften aus hellenistisch-römischer Zeit*, Bd. II/Lfg. 2), p. 178; D. J. Harrington, Pseudo-Philo, A New Translation and Introduction, in: J. H. Charlesworth,(ed.), *The Old Testament Pseudepigrapha*, Vol. 2, New York 1985, pp. 297–377 参照。

(17) M. Philonenko, *loc. cit.*, p. 51.

(18) M. Philonenko, *loc. cit.*, p. 51; D. J. Harrington, The Original Language of Pseudo-Philo's Liber Antiquitatum Biblicarum, *HTR* 63(1970), pp. 503–514; The Biblical Text of Pseudo-Philo's Liber Antiquitatum Biblicarum, *CBQ* 33(1971), pp. 1–17. ただし、厳密には、ハリントンが紀元七〇年以前に遡る可能性を認めるのに対し、フィロネンコは七〇年の神殿倒壊後第二次ユダヤ戦争(後一三二—一三五年)以前の状況を背景に想定する。すでに P. Riessler, *op. cit.*, p. 1315 は、前出の箇所(二六13)に見られる「宝石」尊重の文言を、ヨセフス『ユダヤ戦記』II 8, 6 がエッセネ派について伝える薬用石の研究と結びつけて、われわれの文言のエッセネ派起源説を唱え、フィロネンコがこれに賛成している。

(19) P. Billerbeck, *op. cit.*, p. 328; A. Oepke, Art: *κρύπτω*, *ThWNT* III, Sp. 987–999(特に 989 Anm. 113)は、ローマのクレ

メンスが一貫してIコリント書を引いていることを理由に、Iコリント書からの完全な独立性を認めない。クレメンスはIコリント書と同時にビラーベックの言うユダヤ教の伝承とその旧約の該当箇所(イザ六四3)に通暁していたとされる。

(20) P. Prigent, Ce que l'œil n'a pas vu, I Cor 2, 9. Histoire et préhistoire d'une citation, *ThZ* 14(1958), pp. 416–429.

(21) P. Prigent, *loc. cit.*, pp. 416–420.

(22) ただし、一一章7節にaの文言が暗黙の引用として出ることに注意。そこにも導入部bの痕跡(τὰς ἐπαγγελίας)が認められるので、(b)+aの形である。

(23) 直接資料は現存せず、Photius(Patrol. Graec. 103, 1096)に書き留められたStephanus Gobarusの証言による。

(24) プリジャンはさらに『コーラン』中の引用も指摘している。

(25) ただし、プリジャンが挙げるのはいわゆる「偽リーヌス版」による。つまり、『ペテロ行伝』三〇―四一章は、伝説によるとペテロに次いで第二代ローマ司教となったリーヌス(Linus)によってギリシア語から筆写され、以後『ペテロの殉教』という表題の下に独立の文書として主に東方教会の地盤で伝承された。ギリシア語写本とラテン語写本が残っており、それぞれR. A. Lipsius, *Acta Apostolorum Apocrypha.* 1, 1891, Leipzig (Nachdr. Darmstadt 1959), pp. 78–102 および pp. 1–22 に校訂本文がある。プリジャンが挙げるのはそのラテン語写本 Martyrium beati Petri apostoli a Lino episcopo conscriptum の第一五章(Lipsius, *op. cit.*, p. 19)の本文である。これに該当するのはギリシア語写本『ペテロの殉教』第一〇章、『ペテロ行伝』三九章である。後者は不完全なラテン語でしか現存せず、R. A. Lipsius, *op. cit.*, pp. 45–103 に校訂本文がある。三九章の該当箇所の読みはラテン語(リーヌス)版『ペテロの殉教』一五章と、単語上の相違はあるものの、b+aの構成においては一致している。しかし、『聖書外典偽典7・新約外典II』(教文館、一九七六年)所収の邦訳『ペテロ行伝』(小河陽)は、右のラテン語校訂本を底本としたと言いながら、該当する箇所の訳文はギリシア語『ペテロの殉教』一〇章(a+bの形!)に沿ったものになっているので要注意である。

(26) 最後の三つの式文について詳しくはG. Kretschmar, Art.: Liturgie III, RGG^3 IV, Sp. 405 も参照。前述の『ヤコブの遺訓』の並行記事もここに属する。O. Hofius と H. F. D. Sparks はこれを、パウロに依存していると見做すが、(前出本章注

（5）参照）、Ｉコリント書二章9節の形a＋bとの違いを全く考慮していない。

(27) 東京大学大学院人文科学研究科西洋古典学専攻課程の一九九一年六月四日の著者（大貫）の演習での口頭発表による。筒井のこの発表に基づき、本論考は初出時（「Ｉヨハネ書一章1節とトマス福音書語録一七——伝承史的関連から見たＩヨハネの論敵の問題」、『聖書学論集23』日本聖書学研究所、一九八九年所収）の該当箇所を修正している。

(28) 『トマス行伝』はギリシア語とシリア語の両方の写本で現存する。いずれも三六章の該当する箇所は、Ｉコリント書二章9bと同様、「神がご自分を愛する者たちのために（τοῖς ἀγαπῶσιν）備えられたこと」と読む（『新約聖書外典』別巻3・新約Ⅰ、講談社、一九七四年、『聖書外典偽典7・新約外典Ⅱ』教文館、一九七六年にそれぞれ所収の荒井献訳の該当箇所を参照のこと）。しかし、その中ギリシア語本文はＩコリント書二章9aβに該当する部分で、「罪人の心に……」（ἐπὶ καρδίαν ἀνθρώπων ἁμαρτωλῶν）となっており、これが『ペテロ行伝』三九章の読み in cor hominis pecca〔toris〕と一致する（ただし、小河陽の邦訳では、前出本章注(25)に述べたのと同じ理由から、この読みに沿っていない）。

(29) ただし、前出注(25)で述べたとおり、『ペテロ行伝』三九章に並行するギリシア語『ペテロの殉教』一〇章はa＋bの構成である。これがＩコリント書二章9節の影響によるものか否か、また『ペテロ行伝』三九章およびラテン語（リーヌス版）『ペテロの殉教』一五章のb＋a＋bの形と写本伝承史の上でどう関係するのか、これらの問いはここでは未決のままにしておかざるを得ない。

(30) P. Prigent, *loc. cit.*, p. 428.

(31) 訳文は荒井献編『使徒教父文書』（講談社、一九七四年）七五頁（小河陽）による。

(32) P. Prigent, *loc. cit.*, p. 428; W. Schrage, *op. cit.*, p. 195 はアレクサンドリアのクレメンスと『使徒教憲』の二箇所をオリゲネスの言う『エリヤ黙示録』に帰す点でE. Schürer, *op. cit.*, pp. 362, 365 に従っているが、プリジャンの研究が参照されておらず、説得力に乏しい。

(33) プリジャン自身はイザヤ書六五章16節をこの混合引用に加えることについて、H. Vollmer, *Die alttestamentlichen Citate bei Paulus* (1895), S. 44ff. の推定に従い、その蓋然性を容認するにとどまっていた（P. Prigent, *loc. cit.*, p. 425）。前出本章

注(15)に挙げたM・フィロネンコの短いノートは、研究史上は、プリジャンのこの欠を補う意図のものである。

(34) *Mandäische Liturgien*, mitg., übers. u. erkl. von M. Lidzbarski, Göttingen 1920, S. 77 Z. 4f.

(35) 荒井献・大貫隆責任編集『ナグ・ハマディ文書Ｉ　救済神話』(岩波書店、一九九七年)に収録された荒井献訳(二八四頁)による。その他の箇所はV 24, 1; 26, 16の二回。

(36) 荒井献・大貫隆責任編集『ナグ・ハマディ文書Ⅲ　説教・書簡』(岩波書店、一九九八年)に収録された小林稔訳(二三八頁、§57)による。

(37) E. Haenchen, Das Buch Baruch. Ein Beitrag zum Problem der christlichen Gnosis, *ZThK* 50 (1953), S. 123–158, abgedr. in: ders., *Gott und Mensch*, Tübingen 1965, S. 299–334, 特にS. 315 Anm. 2に反対して。ヘンヘンはＩコリント書二章9節をこのユダヤ教伝承から取られたものと見ることに反対で、むしろオリゲネスの言う『エリヤ黙示録』(前出本章注(1)参照)を出典と考える。そして、グノーシス主義の領域で「標準化石」(W・バウアー)となるまで伝播していった中継基地を他でもないＩコリント書二章9節に見る。ユスティノスの『バルクの書』もパウロを経由していると言う。しかし、ヘンヘンは『バルクの書』においては、Ｉコリント書二章9節と異なり、元来の伝承が持っていた礼典との結びつきが今なお保持されていることに気づいていない。ヘンヘンはさらに『ポリュカルポスの殉教』二章3節、クレメンス『コリント人への第二の手紙』一一章7節、『トマス行伝』三六章、『ペテロ行伝』三九章もパウロ(Ｉコリ二9)に依存していると言うが、プリジャンの前出の論文以前の見解であり、説得力に乏しい。同様に説得力に乏しいのがU. Wilckens, *Weisheit und Torheit. Eine exegetisch-religionsgeschichtliche Untersuchung zu 1. Kor. 1 und 2*, Tübingen 1959, S. 75–80である。そこでは、ヘンヘンの場合とは反対に、ユスティノスの『バルクの書』は伝承の起源がグノーシス主義の領域にあることの証拠の一つとされ、パウロの出典も同じグノーシス主義の伝承に属するとされる。

(38) P. Prigent, *loc. cit.*, pp. 428f はトマス語録一七にも礼典的背景を想定する。

(39) F. W. K. Müller, *Handschriften-Reste in Estrangelo-Schrift aus Turfan 2*, Berlin 1904, S. 67f. なお、P. Prigent, *loc. cit.*, p. 419の引用から判断する限り、『われらの主イエス・キリストの遺訓』I 28もこの系譜に加えてよいと思われる。さ

らに、八世紀のラテン語写本で伝わる『外典・テトスの手紙』の並行箇所も、H. F. D. Sparks, *loc. cit.*, p. 271 の引用本文から明かなように、「主の言葉」になっている。

(40) この事実について詳しくは荒井献『トマスによる福音書』二二一―二四頁を参照。

(41) 荒井献『トマスによる福音書』七八頁。

(42) 訳文は『聖書外典偽典』7(教文館、一九七六年)八五―八六頁(小河陽)。

(43) 訳文は『聖書外典偽典』6(教文館、一九七六年)七八頁(川村輝典)。

(44) 荒井献『トマスによる福音書』四五頁。

(45) F. Siegert, *Nag-Hammadi-Register*, Tübingen 1982, p. 195 参照。

(46) 理論的には、Iヨハネ書一章1節の背後の伝承が初めて触覚の項を付加したということが考えられる。この場合には、トマス語録一七はこの伝承から導出されるべきものとなる。しかし、ここでは過度の仮説性を避ける意味で、両者を同一系統の伝承の時間的に相前後する二つの分枝と考えておきたい。

(47) 前出本章注(28)も参照。

(48) J. Leipoldt, *Das Evangelium nach Thomas, Koptisch und Deutsch*, Berlin 1967, S. 60; R. Kasser, *L'Évangile selon Thomas. Présentation et commentaire théologique*, Paris 1961, p. 53 に反対して。カッセによれば、トマス語録一七はIコリント書二章9節、Iヨハネ書一章1節と混合してできたものである。

(49) 荒井献「『十字架の言葉』と『知恵の言葉』」『理想』(一九七四年三月号)四九―五七頁、『隠されたイエス』六四頁、『新約聖書とグノーシス主義』(岩波書店、一九八六年)二〇五―二二五頁を参照のこと。

第3章

(1) H. Thyen, Art.: Johannesbriefe, *TRE* 17 (1988), pp. 186–200.

(2) 最近では K. Wengst, *Häresie und Orthodoxie im Spiegel des ersten Johannesbriefes*, Gütersloh 1976, S. 24–34.

(3) A. Feuillet, L'énigme de I Cor., II, 9. Contribution à l'étude des sources de la christologie Paulinienne, *RB* 70 (1963), pp. 52–74 がこのことをよく論証している。

(4) 語録一八をこの点で語録一七と関連づけ、Ｉヨハネ書一章1節との類似性を強調するのは R. Kasser, *op. cit.*, p. 53. なお、訳文は第1章注(5)に前出の『ナグ・ハマディ文書Ⅱ　福音書』二四頁(荒井献)による。

(5) 注解書以外では H. Conzelmann, "Was von Anfang war", in: *Neutestamentliche Studien für R. Bultmann* (*BZNW* 21), Berlin 1954, S. 194–201 が基本的な文献である。

(6) ただし、聴覚と視覚のどちらが先に来ていたかは断定できない。イザヤ書六四章3節では聴覚→視覚の順であるが、本稿で言及したＩコリント書二章9節の類似本文の中でこの順を示すのは、民数記二七章12節へのシフレ注解、『ポリュカルポスの殉教』二章3節、クレメンス『コリント人への第二の手紙』一一章7節のみである。それ以外の大半がＩコリント書二章9節と同様、視覚→聴覚の順。

III

女性的救済者バルベーロー・プロノイアの再来

――『ヨハネのアポクリュフォン』の文献学的研究

はじめに——問題の所在

『ヨハネのアポリュフォン』はグノーシス主義の神観、宇宙論、人間論、終末論、救済論を神話の形で物語る。その筋書きの首尾一貫性は数多いグノーシス主義文書の中でも稀に見るものである。もともとは後二世紀の前半にギリシア語で著されたと推定される。著者については確かなことは分からないが、旧約聖書に軸足を置きながら、同時に大衆化したストア哲学、中期プラトン主義にも接することができたユダヤ人、すなわちヘレニズム・ユダヤ教徒であったと思われる。著作地として最も蓋然性が高いのはエジプトのアレクサンドリアである。すなわち、『ヨハネのアポクリュフォン』の失われたギリシア語原本は、キリスト教とは無関係にヘレニズム・ユダヤ教の枠内で生み出されたユダヤ教文書であったと考えられる。

しかし、そのギリシア語原本はその後四世紀初めにいたるまでの間に、一方ではキリスト教化されるとともに、他方では当時エジプトの民衆語となって間もないコプト語に翻訳された。しかも、これら二つのプロセスは一挙に完了したのではなく、数次にわたり、かつ、複数の系統に分岐しながら、繰り返されていった。

その結果、先ずコプト語への翻訳について言えば、合計四つの写本がわれわれに残されている。その内の一つで「ベルリン写本」と呼ばれるものは、すでに一八九六年以来その存在が知られていたもので、現在はベルリンのボーデ博物館に収蔵されている。残り三つはいずれも一九四五年に上エジプトで発見されたコプト語の写本群「ナグ・ハマディ文書」に属するもので、研究上の整理番号で言えば、第Ⅱ写本、第Ⅲ写本、第Ⅳ写本に、いずれもそれぞれの第一文書として筆写されている。ただし、筆写された文字面の残存状況は写本ごとに異なっている。特に第Ⅳ写本はどの頁もあまりに断片的で、それだけではほとんど訳出が不可能である。[1]

これら四つのコプト語写本は写本の系統史の上では二系統に分かれる。すなわち、第Ⅱ写本(以下Ⅱと略記)と第Ⅳ写本(以下Ⅳ)は、第Ⅲ写本(以下Ⅲ)とベルリン写本(以下B)に比べると、大小さまざまな挿入記事あるいは特種記事を含むため、その分だけ分量的に長くなっている。このため写本Ⅱと写本Ⅳを一括して「長写本」、写本Ⅲと写本Bを一括して「短写本」と呼ぶことがある。しかし、このように大きく二系統に写本伝承史を分けただけでは問題は片づかない。二つの系統相互間の関係はもちろん、それぞれの系統の中での写本相互間の関係はどうなっているのか。例えば、ある写本が他の写本からの直接の書き写しである可能性がないとは言い切れない。最近の研究では写本Ⅱと写本Ⅳの間がそのような関係と見做されている。しかし、写本B、Ⅱ、Ⅲの間では、コプト語に移されずギリシア語のままにされた借用語の分布状況が異なる他、二つの短写本の間でさえ、記事によっては内容的にも相互に違いが大きいので、原則としては、それぞれのコプト語写本が依拠しているギリシア語原本そのものが別物であったと考えなければならないであろう。

それでは、写本B、Ⅱ、Ⅲそれぞれのギリシア語原本は写本の伝承史の上で、どれが一番古く、どれが一番新しいのか。まさにこの問いに対する解答を試みようとする時に、前述の第一のプロセス、すなわち、もともとユダヤ教文書であったものが次第にキリスト教化を蒙ったプロセスをどう判断するかが大きな岐路となる。この問題については、一九六七年に荒井献が「ヨハネのアポリュフォンにおけるソフィア・キリスト論」と題する重要な研究を公にしている。[2]荒井は『ヨハネのアポクリュフォン』の本体、本体の前後あるいは中央で場面の設定を行なっているいわゆる「枠」の部分、本体と「枠」の縫合部の三つの部分に登場する「キリスト」に注目し、次のような結論に達する。

『ヨハネのアポクリュフォン』のそもそもの原本には元来キリスト像は含まれていなかったところへ、まず最初に写本Ⅲの編集者が前述の「枠」を付加し、同時にキリスト像を導入することによって、原本のキリスト教化に手を着けた。このキリスト教化はその後写本B、次いで写本ⅡとⅣの順で拡大されていった。つまり、荒井の見解では、ギリシア語原本の伝承史上の新旧関係は写本Ⅲ→B→Ⅱ(Ⅳ)の順となる。

荒井の研究の翌年(一九六八年)に英国のグノーシス研究家であるR・M・ウィルソンも、『ヨハネのアポクリュフォン』に関する今後の研究が取るべき道について、次のような見解を表明した。

> ただ単純に長写本にはこの大挿入部(写本Ⅱ一五頁29行—九頁10行=以下**15**^{29}—**19**^{10}と表記、邦訳§49—54)[3]や他にもその種の挿入があるからという理由で、長写本を(短写本に比べて)二次的であると片づけるのでは十分ではない。われわれはそのような部分は差し当たり度外視して、むしろ残りの部分を相互に比べることによって、なぜそのような変更が行なわれたのか、その理由を確かめるように努めるべきである。一定の方向、あるいはまた別の方向へ変更された理由が説明可能となるならば、問題を解決するのに役立つかも知れない。ある系統のヴァージョンが特定の理論に歩調を合わせるために不断に改訂され続けたと考えるべき根拠があるような場合には、そのヴァージョンはより後期のものであると見做すべき理由があることになる。明らかにこの面では、まだこれからなされるべきことが多く残っている。[4]

しかし、その後の研究を見渡すと、ウィルソンのこのきわめて妥当な要請に正面から答えようとするものは必ずしも多くはなかったと言わなければならない。A・ヴェルナー(一九七七年)とM・タルデュー(一九八四年)による注解書の場合にも同じ印象を拭えない[5]。そのような研究状況を踏まえて私は一九八九年に、『グノーシスとストア――ヨハネのアポクリュフォンの研究』と題する独文の研究(*Gnosis und Stoa, Eine Untersuchung zum Apokryphon des Johannes*, Fribourg／Göttingen 1989［*NTOA* 9］)を著して、ウィルソンによって表明された要請に対する一つの応答を試みた。すなわち、ヘレニズム末期の地中海世界に展開した多種多様な学派哲学の中で最も大衆的影響力の強かったストア哲学のさまざまな命題に対して『ヨハネのアポクリュフォン』の四つの写本それぞれが向けている論駁の強弱を尺度として、写本B、Ⅱ、Ⅲの間の相互関係を吟味したのである。この研究に対して、欧米の研究者からも少なからず反応があった[6]。以下の論考は、その反応も踏まえながら前記の独文の一部を改稿の上、日本語に直したものである[7]。

ここで特に焦点が当てられるのは『ヨハネのアポクリュフォン』の神々の系譜の中で頂点に近いところに位置するバルベーロー・プロノイアである。かつてH・M・シェンケはこの文書の神話の全体的な枠組みの中でバルベーロー・プロノイアが果している役割はきわめて限られているとして、これを「日陰の存在」と呼んだことがある[8]。しかし、実際にはこのバルベーロー・プロノイアこそは、『ヨハネのアポクリュフォン』の短写本と長写本、さらには個々の写本間の伝承史上の相互関係を確定する上では、実に重要な手掛かりなのである。このことをそれぞれの写本の該当する本文を比較することによって文献学的に論証することが本論考の課題である[9]。

第1章

バルベーローとプロノイアの同一視とその役割の拡大

一　単語「プロノイア」の分布

『ヨハネのアポクリュフォン』の中で単語「プロノイア」が現れる箇所をすべて踏査すると、その意味内容は次の三つのグループに分かれる。

(1)　造物神ヤルダバオートの配下の勢力の一つとしてのプロノイア。

写本Ｂ**43**^{12}(§39)では、ヤルダバオートに仕える七つの諸力の内の第一の力ヤオート(男性)にプロノイアが女性的な「勢力」として結びつけられる。写本Ⅲはこれに並行する箇所を本文欠損で欠いている。長写本の並行箇所Ⅱ**12**^{17}／Ⅳ**19**^{17}は同じプロノイアを第二の力エローアイオーと組み合わせている。[1]

写本Ｂ**49**^{16}／Ⅲ**23**^{1}以下(§48)では、プロノイアが心魂的人間アダムの創造に先立って、そのために必要な七種類の心魂を創りだす七つの勢力の内の四番目として登場し、「髄の魂および身体の全構造」に責任を負う者とされている。長写本の並行箇所Ⅱ**15**^{15}以下／Ⅳ**24**^{5}では、第二の勢力として「腱の魂」の創造を担当している。

(2)　写本Ｂ**33**^{16}／Ⅲ**12**^{7}(§23)のプロノイアはまた別の範疇に属する。ここでのプロノイアは、プレーローマ(超越的な神々の世界)に在る第二の大いなる光オーロイアエールに割り振られた三つの下位アイオーン(神的存在)の一つである。ただし、長写本の並行箇所Ⅱ8^{11}／Ⅳ12^{19}は「プロノイア」の語を用いず、「エピノイア」[2]を当てている。

(3)　第三のグループを構成するのは「プロノイア」をバルベーローの別名として用いる箇所である。そのような箇所は写本Ⅲでは少なくとも五回、写本Bでは八回、写本Ⅱでは少なくとも一三回認められる[3]。頻度的にはこの第三のグループが最も大きい。

二　短写本の現況

われわれの設問にとって差し当たり重要なのは第三のグループである。短写本の該当するすべての箇所をさらに厳密に吟味すると、バルベーローの別名としてのプロノイアがそれぞれの文脈にあたかも二次的に挿入されたかのような印象を拭うことができない。この印象が最も強いのはⅢ10^{4-9}／B30^{19}—31^{5}(§20)である。それは「見えざる霊」とバルベーローから「独り子」なるアウトゲネースが生成してくる場面である。

Ⅲ10^{4-9}

[彼は]彼(見えざる霊)の前に現れ出た。そして彼は処女なる霊から塗[油]を受けた。《塗油》それから彼は[彼](見えざる霊)の前に立ち、見えざる霊を、また、彼がその方[により]現れ出ることになった方を賞め讃えた。

B30^{19}—31_{5}

彼(見えざる霊)は彼(キリストまたは「至善なる者」)に注ぎかけた。そして彼は[処女なる]霊から塗油を受けた。彼は[彼(処女なる霊)の前に立ちながら]、[見えざる]霊と完全なる「プロノイア」を賞め讃え続けた。——すなわち、その中[に]彼が(それまで)住んでいたこの霊を。

写本B（**31**[4]）の傍点を施した「プロノイア」が二次的につけ加えられたものであることは、先ず写本Ⅲの側に対応する単語が欠けている事実によって強く示唆される。それだけではなく、この「プロノイア」の語は明らかに写本Bの前後の意味上のつながりを損なっている。すなわち、前記の引用部分の最後の文章「すなわち、その中［に］彼が（それまで）住んでいたこの霊を」は、コプト語の原文では pai intafouônih in[he]tif となっている。この内の最初の単語 pai は訳文では「すなわち」と訳したが、文法上は男性・単数形の指示代名詞「これ」に当たる。他方、直前のプロノイアは女性名詞であるから、この「これ」の指示対象となるわけにはゆかない。つまり、この「これ」はさらにその前に置かれた男性名詞「［見えざる］霊」を受ける他はない。この点から見ても、写本Bのプロノイアは二次的に挿入されたものと見做すべきであろう。

それでは何のために挿入されたのか。この挿入に責任を負った者の狙いは明らかに、今や生成したばかりの「独り子」が、写本Ⅲのようにただ「見えざる霊」だけを賞め讃えるのではなく、「見えざる霊」とプロノイアの両方を賛美するようにすることにあるのだと考えられる。ここから当面は一つの仮説として次のように言えよう。写本Bは「プロノイア」でバルベーローのことを指していて、写本Ⅲがこのバルベーローを——前述のシェンケの表現に倣って言えば——陰に隠したままにしているのとは対照的に、より前面に押し出そうとしていると。この場合には、写本Ⅲはこの箇所で伝承史的に見て写本Bよりも古い段階を体現していることになる(4)。

しかし、その写本Ⅲそれ自身の中にも、「プロノイア」の語が二次的に付け加えられたのではないかという印象を呼び起こす箇所が少なからず見いだされるのである。そのいずれの箇所についても、写本Bの並行箇所は写本Ⅲに比べて、ほとんど見るべき違いを示さないから、以下では写本Ⅲの該当本文だけを順を追って列挙する。

(1)　Ⅲ **7** 12―19 (§12―13)
するとの「思考」(エンノイア)が活発になって現れた。[それ(思考)は光]の輝きの中から彼の[前へ]歩み出た。――すなわちこれが(ete intos pe)万物に先[立]つ力であり、[万]物の「プロノイア」であり、(このプロノイア)は見えざる者の[影像]の光の中に輝いている。それは完全なる力、バルベーロン[5]、栄光の完[全]なるアイオーンである。

(2)　Ⅲ **8** 9―13 (§14)
彼(見えざる霊)が承[認]したとき、「[第一の]認識」が彼に現れ[出た。]それは「思考」(エンノイア)――とはすなわち(ete)「プロ[ノイア]」のことである――と共に立[って]、見えざる[霊]と完全なる力、すなわち[バルベーロン]を賞め讃えた。なぜなら、それ(「第一の認識」)は[彼女]によって在るようになったからである。

(3)　Ⅲ **9** 20―23 (§20)
見えざる霊は、その光を、すなわちあの第一の力、つまり(ete tai te)、彼の「プロノイア」なるバルベーロンによって現れてきたその光を喜んだ。

以上三つの本文すべてにおいて、プロノイアはバルベーローと同定されている。ところが仔細に見てみると、いずれの場合にもプロノイアは、「とはすなわち」あるいは「すなわち」(ete intos pe, ete, ete tai te)という定型句によって導入される明瞭な説明的挿入文によって[6]、「思考」(エンノイア)、すなわちバルベーローと同定されている。確かに三番目の本文においてだけこの「思考」(エンノイア)の語が欠けている。しかし、ここで「プロノイア」によって言い換えられている「第一の力」とは、最初の本文が示すように、「思考」(エンノイア)の別称の一つに他ならない。加えて、三番目の本文は少し後のⅢ11^{6-11}/B32^{9-14}(§22)でも実質的もう一度繰り返されるのであるが、その際には「プロノイア」の代わりに「思考」(エンノイア)の語が用いられている。「なぜなら彼(アウトゲネース)は最初の『思考』[か]ら在るようになったからである」。

この同定の仕方は、同じ『ヨハネのアポクリュフォン』が他方で「アウトゲネース」あるいは「独り子」をキリストと同定するやり方を強く連想させる。もちろん、こちらの同定は写本ごとに明瞭度が異なっている上に、通常は「アウトゲネース」あるいはその等価語の後にただ単純に「キリスト」の語を同格的に付加することによって行なわれている[7]。しかし、一箇所ではあるが、プロノイアの場合と同じ定型句によって導かれる挿入文の形も見いだされる。「その光――とはすなわち、キリストのことである(ete pechrs pe)(Ⅲ11^{15}§23)」/「さて、その光――とはすなわちキリストのことである[8](inte pechrs pe)(B32^{20})」。

さて以上から、二つの短写本におけるプロノイアとバルベーローの同定は二次的であると想定することが許されよう。ところがこの想定以上にさらに蓋然性が高いのは、同じプロノイアがすでに『ヨハネのアポクリュフォン』の伝承史のさらに古い段階で前出の「思考」(エンノイア)と先ずもって同定されていたという想定である。この問題はシェンケが一九六二年に発表した重要な論文「ナグ・ハマディ研究Ⅲ――『ヨハネのアポクリュフォン』と『イエス・キリストの知恵』に前提されているグノーシス主義の神話体系の冒頭部[9]」によって提起した神話発生史的な問題と密接不可分に関係するので、『ヨハネのアポクリュフォン』の「伝承史のさらに古い段階」と言うよりは、むしろ『ヨハネのアポクリュフォン』の神話の「成立史のさらに古い段階」と言う方がおそらくより適切であろう。すなわち、シェンケはきわめて説得力のある論証の後に次のような結論に達する。

『ヨハネのアポクリュフォン』と『イエス・キリストの知恵』が同程度に前提している神話体系の冒頭部分は、われわれが論証してきたことすべてに照らすならば、「父」、その「思考」(エンノイア)――これは「ソフィア」とも呼ばれた――、それにこの両者の共通の子である「キリスト」という三者から成っていた。このキリストを生成させるために「父」と「母」が協力した。おそらく他のアイオーンたちの生成についても同様であったであろう(写本B **28**^{4}―**32**^{3}とB **114**$^{4-12}$を参照)。しかし、そのソフィアがその後で過失を犯す。すなわち、「父」なしに一つの存在を生み出そうと試みる。そうして生み出されたものがもちろん不完全なまま終ることによって、やがて下方の世界が誕生した。(10)

もっともシェンケはこのように再構成された原型神話を当初からキリスト教的な産物と見做している。「子」を「キリスト」と呼んでいる点にそのことは明白である。しかし、その後の研究史の定説によれば、すでに「はじめに」でも述べた通り、『ヨハネのアポクリュフォン』の原本はもともとキリスト教とは関係がなかったのであり、そのキリスト教化は「独り子」あるいは「アウトゲネース」をキリストと同定すること、また、文書の枠を構成する対話部分に使徒「ヨハネ」を登場させることによって初めて、二次的に進行したのである。(11)従って、この点ではシェンケの前記の結論は、「父」と「母」ソフィアの共通の「子キリスト」を正に「独り子」あるいは「アウトゲネース」と呼び変える形に修正されなければならない。(12)この一点を別にすれば、シェンケの結論は現在もなお説得力を失っていない。とりわけ示唆に富むのは、前記の原型神話がその後どのようにさらなる展開を遂げて行ったのかという問題に関するシェンケの次の発言である。

そのような至高の存在(母ソフィアを指す)が過失を犯し得るという考えは、敬虔なる思いには堪えがたかった。そのために過失を犯し、救いを必要とするようになるソフィアは今や光の世界の中の下方の領域に移された。上方には彼女の性格が、非難に値しない限りにおいて、彼女の自己の陰として、バルベーローという名の下に残された。ところが、過失という表象には男性的な存在の関与が、また彼の女性のパートナーが彼に従わないということが含まれている。そのためにソフィアにも今や一人の男性的伴侶が付け加えられることになったが、それはあくまで端役にとどまっている。(13)

至高の「父」(見えざる霊)と対を成す女性的存在が、シェンケが想定するように、もともとは「思考」(エンノイア)であったとすると、その「思考」に「プロノイア」という別名が付与されたのは、あくまで二次的な事態であることになる。この両者は現在はバルベーローと同定されているわけであるが、このバルベーローという固有名詞も初めから在ったのではなくて、前述のまだ比較的単純な神話が現在われわれが読むようなきわめて複雑かつ体系的な神話にまで漸次整備されていった途中のどこかで初めて付け加えられた、という可能性も排除できないように思われる。(14)しかし、この点はここでは未決のままにしておかなければならない。いずれにせよ、そのバルベーローが『ヨハネのアポクリュフォン』の現在の神話体系の枠内では、ソフィアの男性的伴侶と同じように、「日陰の存在」にとどまっているというのがシェンケのテーゼである。「バルベーローは超越的な神々の世界が生成する場面で一定の役割を果すものの、その後はもはや何の役割も果さない」と彼は言う。(15)

しかしこの断定は、私が見るところ、写本本文の実状を正しく言い表すものではない。『ヨハネのアポクリュフォン』の少なくとも写本の伝承史に関する限り、正にその反対の傾向、すなわち、プロノイア(バルベーロー)を「日陰の存在」から前面へと押し出してゆく傾向こそが認められる。この傾向をわれわれはすでにⅢ**10**$_{4-9}$／B**30**$_{19}$—**31**$_{5}$の本文を上下の対観形式にして確認した。加えるに、この傾向は写本伝承史の途中のどこかで初めて始まったのではなく、むしろシェンケの言う原型神話が現在の『ヨハネのアポクリュフォン』の神話体系にまで漸次整備されていったプロセスそのものの中ですでに開始し、終始強まっていったと想定すべき相当の根拠が存在する。先ず第一の根拠。すでにわれわれは写本Ⅲがプロノイアについて語る箇所の内、この語が二次的に挿入されたのではないかと思われる三つの箇所を引照した。それらはいずれも写本が——従ってまた神話が——まだ始まったばかりの冒頭部に属している。ところが同じ写本Ⅲは——そして今度は写本Bも——写本の終りに近いところで再びプロノイアに関する発言を繰り返す。そして、それらの発言は写本Ⅲの冒頭部の三つの箇所と大きなインクルージョン(inclusio)を構成している。すなわち、ヤルダバオートとその配下の天使たちが「セツの種子」、とはすなわち「揺らぐことのない種族」(グノーシス主義者)に敵対するものとして「宿命」(ヘイマルメネー)と「模倣の霊」を生み出す場面で、先ず次のように語られる。

そして彼(ヤルダバオート)は[彼によって]生じた[すべての業を]悔いた。彼は、人間[のあらゆる傲]慢の上に[洪水]をもたらすことに[決]めた。しかし、「[プロ]ノイア」[の大いなる]者——とはすな[わち、エピノイ]アのことである——が気付いて、「ノアに」(それを)啓示した。(Ⅲ**37**$_{14-21}$／B**72**$_{12}$—**73**$_{2}$、§78)

また、すぐそれに続いてヤルダバオートの天使たちに関してこう語られる。

　彼らは悪意から、金、銀、贈り物、それに銅、鉄、その他あらゆる種類の金属を彼女たち（人間の娘たち）に持参して、彼女たちを誘惑した。それは彼女たちが自分たちの揺らぐことのない「プロノイア」のことを想い起こさないためであった。（B **74** 15—**75** 3／Ⅲ **38** 25—**39** 5、§79）

この内先ず第一の発言は『ヨハネのアポクリュフォン』の短写本というマクロテキスト全体の統辞論の中でどのような役割を果しているのか。このことを正しく認識するためには、「光のエピノイア」が神話のこの箇所に至るまでの間に果してきた役割を考慮に入れなければならない。彼女は先ず最初に、今や物質的世界の最も深いところへ連れ去られてしまった心魂的アダムを助ける者として、至高の「父」（見えざる霊）から派遣される（Ⅲ **25** 6—11／B **53** 4—10、§57）。その後は、ソフィアが犯した過失を正すために、ある時は心魂的アダムの中に隠れ（Ⅲ **25** 17—23／B **53** 18—**54** 4、§57、Ⅲ **29** 12—16／B **59** 6—11、§64）、ある時は善悪の認識の木（Ⅲ **28** 6—9／B **57** 8—12、§61）、あるいはその木の上に止まる鷲（Ⅲ **30** 14—18／B **60** 16—**61** 2、§66）に姿を変える。彼女は肉体の牢獄に閉じ込められたアダムから、心の被いを取り去り（Ⅲ **30** 2—4／B **59** 21—**60** 3、§65）、最後には「完全なる光の人間の揺らぐことのない種族」を呼び覚ます（Ⅲ **36** 20—25／B **71** 5—13、§76）。

この「光のエピノイア」は、シェンケが想定する原型神話においては、あるいは本来の救済者の役割を果していたのかも知れない。すなわち、至高の「父」が今や過失を犯して下方に沈んでしまった女性的伴侶の「思考」（エンノイア）あるいはプロノイアを救うために派遣する救済者の役割である。[16] しかし、少なくとも現にわれわれが読むことのできる『ヨハネのアポクリュフォン』(短写本)の神話体系そのものにおいては、この「光のエピノイア」は、他でもない前出の第一の発言(Ⅲ**37**$^{14-21}$／B**72**^{12}—**73**^{2}、§78)によって、とりわけその後半の文言「『[プロ]ノイア』[の大いなる]者——とはすな[わち、エピノイ]アのことである——が気付いて」によって、いわば後から追いかける形でプロノイアと同定されている。「同定」が言い過ぎであれば、少なくともプロノイアと結合されているのである。これによって、今数え上げたエピノイアのすべての働きが同時にプロノイアの働きでもあることになる。ここから見るならば、エピノイアに言及する今挙げたすべての箇所に先立つソフィアの後悔の場面の直後で、至高の「父」(見えざる霊)が「あるプロノイアによって彼女(ソフィア)の欠乏を回復すること」を決めたと述べられるのは(Ⅲ**21**$^{10-11}$／B**47**$^{6-7}$、§44)、決して偶然ではなく、むしろ神話全体の統辞論との関係できわめて周到に考え抜かれた上での脚注的発言なのである。

さて、すでに引いた第二の発言(B**74**^{15}—**75**^{3}／Ⅲ**38**^{25}—**39**^{5}、§79)は短写本のほとんど最後の結びに当たる。長写本にも内容的に大部分並行する記事があるが(Ⅱ**29**^{31}—**30**^{7}／Ⅳ**46**$^{4-16}$)、他でもない「プロノイア」の語がそこには欠けている。その代わりに長写本はその並行記事にすぐ続けて、短写本にはない独自の記事、しかも分量的にかなり長い記事を保持している。そこではプロノイアの三回にわたる地上への到来、またその救済活動の段階的な前進が、部分的に賛歌形式で描かれる(Ⅱ**30**^{11}—**31**^{27}／Ⅳ**46**^{23}—**49**^{6}、§80)。反対に、この記事に内容的に並行する箇所の短写本の本文(Ⅲ**39**^{15}—**40**^{11}／B**75**^{15}—**77**^{7}、§81)は極度の混乱を示している。写本そのものに欠損はない箇所であるから、写し取られた本文そのものが統辞論上壊れているとしか考えられない。その混乱が極まるのは、一人称単数の「私」で語る啓示者が二度にわたって「私がこれらのことを君(ヨハネ)に話すのは」(Ⅲ**39**$^{15-18}$／B**75**^{15}—**76**^{1})、あるいは「私が君にこれらのことを与えたのは」(Ⅲ**39**$^{21-24}$／B**76**$^{5-8}$)と結びの口上を口にする間を縫って全く唐突に、「この(あの)母親」

が「彼女の子孫を立て起こすために」、「もう一度私より先にやって来た」(Ⅲ**39** $^{19-21}$／B**76** $^{1-5}$)と言われることである。

ただし、この問題に関してはW・ティル、S・ギーベルセン、A・ヴェルナーなどの研究者の間にすでに一定の見解の一致が生じている。それによれば、長写本の本文の形が元来のものである。それに対して、短写本の本文は、写本制作上の技術的な理由も含めて、何らかの理由によってかなり強引に短縮された本文と見做すべきである。[17] 私にもこれ以上に適切な説明はないように思われる。[18] おそらく短写本の短縮される前の本文では、われわれが現在長写本に読むことができるのと同じように、プロノイアの到来と救済活動について語られていたものと思われる。

この想定を支持すべき理由として、短写本の本文に関する次のような観察を挙げることができる。前述の二つの結びの口上の内の最初のもの(Ⅲ**39** $^{15-18}$／B**75** ^{15}—**76** ^{1})を挟んで、その前では「父母なる者」(Ⅲ**39** ^{11}／B**75** ^{11}、§80)、その後では「この(あの)母親」(Ⅲ**39** ^{19}／B**76** ^{1}、§81)が彼女の子孫のもとへ到来することが二回にわたり、しかもほとんど同じ言葉遣いで語られる。「私」による最初の結びの口上は、それをいわば中断する形になっているのである。ここに言及される「父母なる者」と「この(あの)母親」は、シェンケのようにソフィアと同定するのではなく、むしろプロノイアを指すと解するべきである。[19] なぜなら、一方でこの「父母なる者」と「この(あの)母親」の子孫は「揺らぐことのない種族」(Ⅲ**39** ^{18}／B**75** ^{20}—**76** ^{1})と呼ばれている。他方で、「父母なる者」あるいは「この(あの)母親」についての発言のすぐ前でプロノイアに言及する発言(Ⅲ**39** $^{4-5}$／B**75** $^{2-3}$)——これは短写本が明言をもってプロノイアに言及する最後の発言である——も、「揺らぐことのない『プロノイア』」となっているからである。

「父母なる者」と「この(あの)母親」がプロノイアを指すとすると、そのすぐ前で明言をもって行なわれているプロノイアへの言及と合わせて、分量的には限られた本文の枠内で、実質的には三回にわたってプロノイアの到来と活動が言及されていることになる。これは長写本の並行する段落における回数と同じである。確かに、短写本では三回の内の最初だけプロノイアが明言をもってプロノイアとして言及されるに過ぎない。しかし、その際に注目に値するのは、その言及に続いて、プロノイアが人間たちから無視された(「想い起こさない」)と述べられていることである(Ⅲ**39**$^{3-11}$／B**75**$^{3-10}$)。これによって、プロノイアに明瞭に言及する最後の発言は、長写本が述べるプロノイアの三回の到来の内の最初の到来にある程度まで対応するものとなる。長写本の方でも、最初の到来は失敗として描かれるからである(Ⅱ**30**$^{16-21}$／Ⅳ**47**$^{1-8}$)。

従って、短写本の最後の部分を切り詰めたことに責任を負う写字生は、それが誰であれ、写本の本文を切り詰めながらも、長写本とのこれらすべての対応関係を意識して、おそらくはやっとのことで保持したのだと思われる。そうだとすれば、彼が書き写そうとしているいわゆるオリジナルの写本には、三回にわたるプロノイアの到来と活動に関するもっと詳細な叙述があったものと想定しなければならない[20]。これに加えてわれわれは後ほど、その叙述が『ヨハネのアポクリュフォン』のマクロテキストの統辞論の枠内で、長写本の本文で言えばⅡ**9**$^{18-23}$(§25)、すなわち神話のまだ冒頭部の一節と密接不可分に結び合わされていることを論証する予定である。神話の冒頭部のこの箇所では、神話はまだ始まったばかりであるにもかかわらず、「プレーローマのことを知らず、直ちに悔い改めず、むしろしばらくの間ためらい、その後(初めて)悔い改めた者たちの魂」について語られる。つまり、神話の終りが先取りされているのである。短写本も冒頭部のこの箇所については、長写本に並行する記事を持っている(Ⅲ**14**$^{1-9}$／B**36**$^{7-15}$)のであるから、われわれの前述の想定がここからも支持されることになる。つまり、短写本も元来は、冒頭部のその箇所と大きなインクルージョン(inclusio)を構成すると同時に、内容的には長写本のⅡ**30**^{11}―**31**^{27}／Ⅳ**46**^{23}―**49**^{6}(§80)に並行して、三回にわたるプロノイアの到来と活動について語る結びの部分を持っていたに違いない。これが、プロノイアに終始より大きな役割を付与しようとする前述の傾向は少なくとも写本の伝承史の非常に早い段階からすでに動き始めたのだ、と考えるべき第二の根拠である。もちろん、短写本が元来存在したはずのその結びの部分を切り詰めたことは、この傾向に反する行為となるわけであるが、それには、すでに示唆したように、手持ちのパピルスがなくなってしまったというような技術的な理由も考慮に入れられなければならない。

三　長写本の現況

さて次に、長写本についてはどういう事情になっているだろうか。光の世界の頂点で「思考」(エンノイア)がプロノイアと二次的に同定されることに関しては、短写本での印象と変わるところはない。われわれはすでに前節で、写本Ⅲにおいてこの同定を証拠立てる三つの箇所を引用した。その内の第一の箇所(Ⅲ**7**$^{12-19}$)のみ長写本に明瞭な形で並行記事を持たない。と言うのも、長写本の本文が該当する箇所で損なわれているからである。とは言え、Ⅱ**4**^{31}(§13)には、説明的挿入文「とはすなわち……のことである」を導入する定型句の一部と思われる関係代名詞 ete の痕跡が今なお明瞭に読み取られる。これによっておそらくその直前に先行する「思考」(コプト語 meeue＝ギリシア語「エンノイア」、Ⅲ**7**^{12}／B**27**^{5}参照)が、現在は失われている後続部分にあったものと思われる「プロノイア」の語と同定されていたものと推定される。写本Ⅲの三つの箇所に対する長写本側の他の二つの並行箇所、すなわちⅡ**5**$^{15-18}$／Ⅳ**8**$^{4-8}$(§14)とⅡ**6**$^{20-22}$／Ⅳ**9**$^{26-28}$(§20)は、いずれも短写本と同じ挿入文によって、プロノイアを「見えざる処女なる霊」の「思考」(meeue)、すなわち「バルベーロー」と同定している。

　長写本における「プロノイア」の用法に関しては総じて次のことが言える。短写本が「プロノイア」の語を用いているすべての箇所について、長写本はわずかに二つの箇所を例外として、それ以外は常にそれぞれの並行箇所でやはり同じ単語を用いている。それらの箇所の内でもとりわけ注目に値するのは、情報量の上で短写本の並行箇所を凌駕する箇所である。どこでどのようにこの情報量の凌駕が生じているか。これを以下では先ず対観形式で確認してみよう。その際、短写本からは写本Ⅲではなく、写本Bを比較の対象として採用することが方法論上妥当と考えられる。なぜなら、すでに明らかにした通り、写本Bは写本Ⅲに比してより大きな役割をプロノイアに付与しているからである。

対観表1(§18)

B **29** 8–14(Ⅲ **9** 3–8)	Ⅱ **6** 2–8(Ⅳ本文喪失)
これが「第一の人間」である父のアイオーンの五個組である。——すなわち、見えざる者の影像(21)——とはすなわち、バルベーロー——、「思考」、「第一の認識」、「不滅性」、および「永遠の生命」である。	こ[れ]が父——[とは]すなわち、「第一の人間」のことである(22)——のアイオーンの五個組である。——すなわち、見[え]ざる霊の影像——とはすなわち(tai te)プロノイア、とはすなわち(ete tai te)バルベーローと「思考」のことである——「第一の認識」、「不滅性」、「[永]遠の生命」、および「真理」である。

対観表2(§22)

B **32** 9–14(Ⅲ **11** 6–11)	Ⅱ **7** 21–24(Ⅳ **11** 13–18)
「アウトゲネース」なる神、キリストこそ、彼(見えざ	これ(アウトゲネース、キリスト)こそ彼(見えざる霊)

る霊)が大いなる栄誉をもって讃えた者である。なぜなら彼(アウトゲネース)は彼(見えざる霊)の最初の「思考」から在るようになったからである。この(アウトゲネース)を見えざる霊は万物の上に神として任命した。

が大いなる声で讃えた者である。彼はプロノイアによって現れてきたのである。そして、見[え]ざる処女なる霊は神的[23]アウトゲネースを万物の上に[か]しらとして任命した。

対観表3(§45)

B **47**^{20}—**48**^{5}(III **21**$^{21-24}$)

聖なる完全なる父が第一の人間として人間の姿で自分を彼[ら(ヤルダバオートとその配下たち)に教えた]。至福なる者は彼の外見を彼らに現した。

II **14**$^{18-24}$(IV **22**^{23}—**23**^{2})

そして、聖なる母父、また、完全なる者、完全なるプロノイア、見えざる者の影像、とはすなわち、万物の父、とはつまり、万物がその中に成った者、第一の人間が彼らを教えた。なぜなら彼は自分の形を立像のかたち[24]で現したからである。

対観表4(§66)

B **60**^{16}—**61**^{2}(III **30**$^{14-18}$)

高きところからの委任と啓示に基づいてエピノイアがその木を使い、鷲の姿で彼(アダム)を教えて認識を与

II **23**$^{24-31}$(IV **36**$^{17-29}$)

天(高きところ)からの委任のプロノイアによって。そして彼女によって彼らは完全なる認識を味わった。私

えた。

は鷲の姿で知識の木——とはすなわち(ete tai te)、純粋なる光のプロノイアに由来するエピノイアのことである——の上に現れた。それは私が彼らを教え、彼らを眠りの深みから呼び覚ますためであった。

対観表5（§68）

B **62**, 3–10（Ⅲ **31**, 6–11）

その時、ヤルダバオートは、アダムの傍らに若い女が立っているのを見た。彼は愚かな思いでいっぱいになり、彼女から(自分の)種子を生じさせようと欲した。彼は彼女を辱しめ、(そして)一番目の息子を、続いて同じように二番目の息子をもうけた。

Ⅱ **24**, 9–17（Ⅳ **37**, 18–30）

そして第一のアルコーンは、アダムと共に若い女が立っているのを、また、生命の光のエピノイアが彼女の中に現れたのを見た。そしてヤルダバオートは無知でいっぱいになった。

しかし、万物のプロノイアは、(これに)気が付いたとき、何人かの者を送り出した。そして彼らはエバから「ゾーエー」(生命)を抜き取った。

それから第一のアルコーンが彼女を辱めた。そして彼女によって、一番目と二番目の二人の息子、すなわち、エローイムとヤウェをもうけた。

対観表 6（§76）

B $\mathbf{71}^{5-13}$（Ⅲ $\mathbf{36}^{20-25}$）	Ⅱ $\mathbf{27}^{33}$―$\mathbf{28}^{5}$（Ⅳ $\mathbf{43}^{9-17}$）
憐れみに富む母と聖なる霊、すなわち慈悲深くわれわれと共に労した者――これは光のエピノイアのことである――および彼（聖なる霊）がこの完全かつ永遠なる光の人間の種族に属する人間たちの思考の中に呼び覚ました種子が〈……〉した時、	憐れみに富む母父、あらゆるかたちを備えた聖なる霊、情け深く君たちと共に労する者、とはすなわち、光のプロノイアのエピノイアのことである〈……〉。そして彼は完全なる種族の種子とその思考、また、人間の永遠の光を呼び覚ました。

そのつど傍点を付した「プロノイア」の文言は長写本にしか現れない。このように長写本においてだけ「プロノイア」の文言が増大していることは、これが決して偶然の結果ではなく、むしろプロノイアの役割を拡大しようという確たる意図に基づくものであることを示している。しかし、以上六つの対観表は、そのような一般的な観察を越えて、さらに多くの具体的な観察を可能ならしめてくれる。

⑴　対観表1と2について

先ず対観表2からは、写本Bの「最初の『思考』（エンノイア）」（$\mathbf{32}^{12}$）が写本Ⅱで「プロノイア」（$\mathbf{7}^{22}$）に置き換えられていることが明瞭に見て取れる。「思考」（エンノイア）がプロノイアと二次的に同一視されるに至ったことについては、すでに写本Ⅲから証拠となる箇所を引照したが、写本Ⅱのこの箇所はさらに同じ証拠を一つ追加するものである。この事例は明らかに写本伝承史のプロセスのどこかで起きたものと考えられる。

対観表1もこれに匹敵する証拠を提供する。しかし、二つの本文をめぐる事情は対観表2に比して、はるかに複雑かつ困難である。文脈上は今まさに光の世界に生成したばかりの五つのアイオーンが列挙される場面である。もし仮に短写本と長写本のどちらの場合にも最初に言及される「第一の人間」を、アイオーンの「五個組」そのものには算入せず、至高の「父」をもう一度言い直すものと解すべきだとすれば、[25]短写本で「バルベーロー」の後に挙げられている「思考」(B29,9)はまず「バルベーロー」とは区別された独立の、上から数えて二番目のアイオーンと見做されなければならない。ティルとシェンケがそれぞれのドイツ語訳において、「バルベーロー」の後に句点(コンマ)を打っているのは、まさしくこの見解に沿うものだと思われる。この見解はさらに次のような想定に基づいている。すなわち、もともとこの箇所では「バルベーロー」とは区別された二番目の「思考」(エンノイア)の生成について語られていたのであるが、該当の本文が写本の伝承の過程で写字生のミス——おそらくはある行末から、それと似た綴りで終る行末へ目が飛んで、その間の文章を書き飛ばす脱文——によって脱落してしまったというのである。現在われわれが読む形での短写本が「思考」(エンノイア)にあまりにも唐突に言及するのはそのためであるとされる。[26]ギーベルセンはこれとは別の説明を試みる。彼はむしろ、長写本の方で最後に挙げられている「真理」が短写本の方で脱落していると見做し、短写本の「思考」(エンノイア)は、他でもそうであるように、「バルベーロー」の等価的な言い換えと解する。[27]

いずれの説明も本文の脱落を想定して初めて成り立つものであり、どちらに分があるのか確かな判断は難しい。しかし、われわれはこの問題をここでは未決のままにしておくことができる。いずれにせよ明白なのは、ここで長写本が短写本といささか違った発想をしていることである。長写本においてもアイオーンの五個組を読み取るためには、列挙されている項目を次のように分節する他はない。

1 「見えざる霊の影像」＝「プロノイア」＝「バルベーロー」＝「思考」
2 「第一の認識」
3 「不滅性」
4 「永遠の生命」
5 「真理」

すなわち、「思考」はまだ「バルベーロー」とともに、最初に言及される「見えざる霊の影像」に対する二番目の同格的言い直し（Ⅱ**6**^{5}）に属しているのである。「思考」はここでは pmeeue というコプト語で表記されている。まさにこのコプト語は長写本の多くの場所でギリシア語「エンノイア」の等価語として繰り返し用いられている（Ⅱ**5**$^{4-5}$をB**27**$^{18-20}$／Ⅲ**7**$^{22-24}$と、Ⅱ**5**$^{15-18}$をB**28**$^{9-13}$／Ⅲ**8**$^{9-13}$と、Ⅱ**5**$^{23-25}$をB**28**$^{17-20}$／Ⅲ**8**$^{16-19}$と、Ⅱ**7**$^{3-6}$をB**31**$^{10-11}$／Ⅲ**10**$^{14-16}$とそれぞれ比較せよ）。「見えざる霊の影像」はそれに先立って一番目の同格的言い直し（Ⅱ**6**^{5}）によってプロノイアと同定されているから、ここにもわれわれはバルベーロー／エンノイアがプロノイアと二次的に等置される事例を手にするわけである。この事例もまた時間的には比較的遅く、写本伝承史の枠内で生じたものと考えられる。

(2) 対観表4と6について

この二つの対観表のいずれにおいても、すでに短写本の側に現れている「エピノイア」の語に長写本では「プロノイア」がやはり二次的に付加されていることが明らかである。この付加は対観表4では前置詞句「純粋なる光のプロノイアに由来するエピノイア」(Ⅱ**23**^{29})によって、対観表6では属格表現「光のプロノイアのエピノイア」(Ⅱ**28**^{2})によって行なわれている。どちらの場合にも、プロノイアはエピノイアよりも上位に立つ主体と考えられている。対観表4の写本Ⅱ**23**$^{24-31}$では、エピノイアはもはや短写本の並行箇所のように鷲の姿に変身せず、むしろこの鷲の姿をここで語っている啓示者の「私」(Ⅱ**23**^{26}／Ⅳ**36**^{22})に譲って、自分は善悪の知識の木に同化している。つまり、エピノイアの啓示者としての役割が縮小されているのである。他方、ここで語っている啓示者の「私」自身が、エピノイアと全く同様に、プロノイアの「委任」の下にある。というよりも、おそらくこう想定すべきだろう。この「私」は今や新しい形を与えられた長写本――短写本から長写本へのこの本文の変形は『ヨハネのアポクリュフォン』の原本がキリスト教化される前に起きていた可能性が十分にある――の意味では、他でもないプロノイアそのものと同一なのである。確かにプロノイアの語りが三人称単数(Ⅱ**23**^{24}／Ⅳ**36**^{17})から一人称単数の「私」に変わるのは唐突であるが、にもかかわらずそのように想定することが許される。なぜなら、長写本はそのぎりぎりの結びの部分で、プロノイア自身を全く同じ一人称単数の「私」で語らせながら、三回にわたって闇の世界へ到来させるのであるが(Ⅱ**30**^{11}以下／Ⅳ**46**^{23}以下＝§80)、その際その「私」は今まさに『ヨハネのアポクリュフォン』という啓示講話全体を終結させようとしている啓示者(Ⅱ**31**$^{26-31}$／Ⅳ**49**$^{6-13}$)そのものと同一だからである。[28]

従って、『ヨハネのアポクリュフォン』はこの意味で、少なくとも長写本に準じる限りでは、プロノイアによる啓示講話であると見做すことができる。そのプロノイアが弟子ヨハネに自己を現しつつあるキリストと同定されたのは、二次的なキリスト教化のなせる業なのである。この意味で、Ⅱ**23**^{24}に二次的に付加された「プロノイア」の語は明らかに強調されていると考えなければならない。長写本の本文に加えられたこれら一連の新たな改変に認められるのは、救済者としてのエピノイアの役割をプロノイアが受けている「委任」のいわば下位に置こうとする意志、逆に言い換えれば、プロノイアの救済論上の役割をそれだけ拡大しようとする意志である。

この関連から、長写本が「(光の)エピノイア」に言及するすべての箇所を踏査してみると、それらの箇所は『ヨハネのアポクリュフォン』のいわば中央部分に当たるII **20**^{5}—**25**^{16}に集中していることが分かる。これは先ず心魂的人間、次いで物質的人間の中に閉じ込められた光の力をめぐる光の世界と闇の勢力の間の角逐を描く部分である。対観表4のII **23**$^{24-31}$(IV **36**$^{17-29}$)はまさにこの部分に属する。また、これから論及する予定であるが、対観表5に挙げたII **24**$^{9-17}$(IV **37**$^{18-30}$)も、そこに出るエピノイアに関する言及(II **24**^{11})を含めて、やはり同じ文脈に属する。すでに取り上げたII **27**^{33}—**28**^{5}(IV **43**$^{9-17}$)は直接同じ文脈に属するものではないが、主題的には、II **25**^{16}—**27**^{31}で行なわれている二次的な大挿入による中断を超えて、今述べた箇所を受け、それをさらに展開している。長写本はこれらの箇所以外にさらに以下の箇所でも短写本を凌ぐ形でエピノイアに言及する。

II **21**$^{14-16}$(IV本文欠損。III **27**$^{2-4}$／B **55**$^{15-18}$)
しかしやがて彼(アダム)の中に在ることになる光のエピノイア、[29] 彼女が彼の思考を呼び覚ますであろう。

II **22**$^{15-18}$(IV本文欠損。III **28**$^{23-25}$／B **58**$^{8-10}$)
ところが彼(第一のアルコーン、ヤルダバオート)は、彼(アダム)が光のエピノイアのゆえに自分に対して不従順であることに気が付いた。それ(エピノイア)が彼の中に在って、彼を思考において第一のアルコーンより優れた者としたのである。

Ⅱ**22**$_{34-36}$(Ⅳ本文欠損。Ⅲ**29**$_{18-21}$／B**59**$_{12-15}$)

そして彼(第一のアルコーン)はもう一つ別のこしらえ物を、彼に現れたエピノイアの像に従って、女の形で造った。

Ⅱ**23**$_{32-35}$(Ⅳ**37**$_{1-3}$。Ⅲ**30**$_{18-21}$／B**61**$_{2-7}$)

なぜなら、二人(アダムとエバ)とも堕落の中にあったからである。すると彼らは自分たちの裸に気が付いた。エピノイアが輝きながら、彼らの思考を立て起こすために現れた。

これらの四箇所にさらに加えて、ソフィアが男性的伴侶の同意なしに自分の内から一つの像を生み出したいという誤った欲求に憑かれる場面でも、長写本は短写本を凌ぐ形でエピノイアに言及する。すなわち、この場面の長写本(Ⅱ**9**$_{25-28}$／Ⅳ本文欠損)は短写本の並行場面(Ⅲ**14**$_{9-13}$／B**36**$_{16-20}$)と相違して、ソフィアに「エピノイアの」という属格表現――これは主格的属格(genitivus subjektivus)と解すべきである――を付け加えている。長写本でもこの箇所一つを例外として、エピノイアに言及する他のすべての箇所は、短写本の場合と同様、前述の中央部分、すなわち、『ヨハネのアポクリュフォン』の神話の中でも救済論を主題とする部分に限られているのである。この点から見れば、長写本がエピノイアの名前を目下問題の場面へ大幅に先取りして言及するのには驚かざるを得ない。しかし、このことが証明するのは、前記の四つの箇所が示すのと全く同じ傾向、すなわち、エピノイアの救済論上の役割を拡大強化しようとする傾向に他ならない。

ところが、まさにそのエピノイアそのものが、すでに明らかにされた通り、プロノイアの主導権の下位に置かれるのであるから、長写本におけるプロノイアの救済論上の役割はエピノイア以上に拡大強化されているのだと言わなければならない。[30]

(3) 対観表3と5について

プロノイアの主導権の拡大強化は対観表5において最も顕著に認められる。ここで長写本はプロノイアを新規に導入している(Ⅱ**24** 13／Ⅳ**37** 24)。しかも、そのプロノイアは、「ゾーエー」(生命)――これはⅡ**20** 17–19(Ⅳ本文欠損)によると「光のプロノイア」のことに他ならない――をヤルダバオートの凌辱行為から救い出すために、自分自身で行動的に介入している。これがこの箇所に独特な点である。プロノイアがエピノイアの背後に隠れながら、後者の救済活動を指揮しているというのが、長写本では変わらない前提であるが、それがここでは前提であることを超えて、明言をもって表明されているのである。もっとも、この表明は、すでにⅡ**23** 24–31／Ⅳ**36** 17–29でプロノイアが「高きところ」から受けた「委任」について語られた時に、ある程度準備されていたことである(対観表4についての前出の論述参照)。この点に関連して、A・ヴェルナーが、Ⅱ**24** 13の「万物のプロノイア」は全く唐突に使われており、これを含む文章は前後の文脈に対して「奇妙なことに術語上の繋がりを欠いている」と述べるのは、長写本が本来言わんとするところを完全に看過するものと言わざるを得ない。[31]

さて、われわれは今漸く、最も重要かつ興味深い対観表3を吟味することができる。文脈上この箇所は、ソフィアの後悔に続いて、プレーローマにいる「第一の人間」が自己を啓示する場面である。下方の暗黒の水の底に映し出されたその「第一の人間」の像を、思い上がったヤルダバオートが目にする。短写本の場合には、そのように自己を啓示するのが「聖なる完全なる父」であること、他でもないこの「父」が「第一の人間」であることは端的に明白である。ところが長写本ではこの点がいささか不明瞭である。長写本から引いた本文の後半三分の二ほど(「すなわち、万物の父」以下)は、短写本の並行部分と同じ意味で読み解くことができる。しかし、初めの三分の一の本文はきわめて混乱した印象を呼び起こす。短写本と共通する文言は、せいぜい「母父」に掛かる「聖なる」および「完全なる」の二つの形容詞と定動詞「教えた」[32]ぐらいのものである。反対に顕著な差異としては、短写本の「父」が「母父」に変わっており、短写本にはないプロノイアについての言及がある。これらの変更はどのように理解すべきであろうか。それらは何を意味するのか。

一つのあり得べき説明をS・ギーベルセンが提出している。彼はこの箇所の「母父」(文法上の性は男性名詞扱い)を、バルベーローがⅡ**5** 6−7(Ⅳ**7** 21−22)で与えられている同じ呼称と同定する。しかし、同じ呼称がそこでは女性名詞扱いとなっている。その理由をギーベルセンは正当にも、まさにそこではバルベーローが両性具有の男女(おめ)的存在とされていることに求めている。[33]さらにそこではバルベーローが同時に「第一の人間」とも呼ばれているから、ギーベルセンは長写本の目下の箇所(Ⅱ**14** 18−24)も、至高の「父」なる神ではなく、むしろバルベーローの自己啓示の意味で統一的に読み解くことができる。確かにこの箇所では、バルベーローはこの名前そのもので呼ばれてはいない。しかし、ギーベルセンによれば、「プロノイア」および「見えざる者の影像」という表現が指すのはまさにバルベーローに他ならない。[34]

しかし、A・ヴェルナーはこの説明を拒否する。この説明は「人間」の呼称が本来グノーシス主義の至高神、すなわち「父」にだけ用いられるものであるという「明確な認識」を蔑ろにするものであるのみならず、「写本BとⅢによっても支持されない」というのがその理由である。[35]にもかかわらず、そのヴェルナーも、この箇所で述語名詞として用いられている「母父」と「第一の人間」が間違いなくバルベーローにも掛かっていることを否定できるわけではない。[36] そのため彼は次のような想定を余儀なくされる。すなわち、ここでは「至高神がその女性的伴侶とともに遂行する集合的行為」が考えられているか、あるいはさらに蓋然性が高いのは、至高の「父」の同じ意味での「二重性」が「母父」の表現の下に視野に収められているのだと言う。[37]「実際この箇所は、色合いが相互に玉虫色に変わる術語を用いているために、あたかも二柱の神がここで活動しているかのような印象を呼び起こす」結果となっている。これがヴェルナーの説明である。[38]

このヴェルナーの見解は、われわれが見るところ、事柄上の認識においては決して間違ってはいないものの、文献学的には保持できない。目下問題の本文Ⅱ**14**$^{18-24}$(Ⅳ**22**^{23}—**23**^{2})は「母父」とプロノイア(バルベーロー)の二つを集合的に並列させようとするのではなく、むしろ両者を同定しようとするものである。このことを否定するのは、少なくとも文献学的には端的に不可能である。なぜなら、この箇所は同時にその他にも短写本の「父」に代えて「母父」とした上、かなり唐突なやり方でそれに「プロノイア」を同格的に付け加えるという改変も行なっているのであって、これらの改変は「母父」とプロノイアが相互に同定されていると見なければ、説明不可能だからである。

「母父」をプロノイア(バルベーロー)と同定しようとするこの傾向は、さらにⅡ**27**^{33}—**28**^{5}(Ⅳ**43**$^{9-17}$、前出対観表6参照)にも現れている。長写本はこの箇所で短写本が「母」としているところを「母父」としている他、この「母父」と同定されたエピノイアに、すでに言及した通り、「光のプロノイアの」という属格表現を付加している。ここでも「母父」とプロノイアを互いに接近させようとする意志が働いているとの印象が拭えない。

長写本のⅡ**20**^{9}(Ⅳ本文欠損)の「母父」についても、ギーベルセンやその他の研究者のように、至高の「父」なる神を指す外はないとは言えない。[39] まさにこの関連で、すでに指摘した事実、すなわち、長写本では常にエピノイアの背後にプロノイアが立っており、エピノイアとともに働いていることを考慮に入れるならば、この箇所の「母父」もプロノイアを意味している可能性を計算に入れなければならない。

同じことがⅡ**6**16／Ⅳ**9**19の「母父」についても言える。この箇所では、今まさに生成したばかりの「独り子」が「母父」の子であると同時に「父」の子でもあることが語られる。その際「母父」は「父」の書き換えであり得ると同時に、バルベーローのことでもあり得る。[40]

さて、長写本が「母父」に言及する箇所としては、なお一つだけⅡ**19**17(Ⅳ本文欠損)が残っている。なるほどこの箇所の「母父」は「五つの輝く者」たちを送りだす主体であるから、至高の「父」を指すとする解釈も成り立ち得るであろう。しかし、この解釈も絶対的に確実というわけではない。[41] 少なくとも、この箇所のこの解釈を一般化して、あたかも「母父」に言及する他のすべての箇所も第一義的には「父」を指すと見做すことはできない。また、A・ヴェルナーが、「母父」は「父」と同時にバルベーローにも述語として掛かると述べるのも正確ではない。[42] 事態はむしろ逆であって、この述語は第一義的にはバルベーローに掛かり、第二義的に初めて至高の「父」をも含意すると言うべきである。この見方が避け難いわけは、「母父」という述語が『ヨハネのアポクリュフォン』の救済神話の冒頭部、すなわち、延々と否定詞を連ねて至高神を記述しようとする部分(Ⅱ**2**26—**4**29／Ⅳ**3**24—**7**1)に現れないからである。長写本で「母父」の概念が初めて現れるのは、他でもないバルベーローに関する論述が始まる段落においてである。しかもそこで「母父」は、バルベーローに付与される多数の別称の内でも筆頭に挙げられているのである(Ⅱ**5**6—7／Ⅳ**7**21—22)！ ここには明らかに、長写本に独特なテキスト統辞論的かつテキスト効用論的な戦略が仕込まれている。それはこの写本の読者たちを誘導して、問題の「母父」を何よりも先ずバルベーローと同一化して読ませようとする作戦である。この点に関してこれ以外の解釈が可能だとは私には思われない。[43]

同じような事態が「第一の人間」という述語に関しても認められる。この述語も神話の同じ冒頭部には現れない。

つまり、至高神の別称としては現れず、やはりバルベーローの別称として現れるのが初出である。短写本はその初出を「彼女（バルベーロー）は最初の『思考』（エンノイア）、彼（至高神）の影像である。彼女は第一の人間となった」（B $\mathbf{27}^{19}$／Ⅲ $\mathbf{7}^{23-24}$）と述べる。その際、「第一の人間」（ouhoueit inpome）は不定冠詞を付されるに留まっている。バルベーローはいわばとある一人の「第一の人間」であって、定冠詞を付して表現するほど読者にとって既知の「第一の人間」ではないかのごとくである。つまり、「第一の人間」をバルベーローの別称とする短写本の表現はいまだきわめて控えめである。これに反比例して、定冠詞を伴う形（pehoueit inrome）での「第一の人間」は、誤解の余地なく明瞭に至高の「父」を指して用いられている。「父のアイオーンの五個組」が数え上げられる場面（B $\mathbf{29}^{9-10}$／Ⅲ $\mathbf{9}^{4-5}$、前出の対観表1参照）でもそうであるし、「父」が暗黒の水の底に自分の姿を啓示する場面（B $\mathbf{48}^{2}$／Ⅲ本文欠損、前出の対観表3参照）でもそうである。

ところが長写本での事情はこれとはかなり異なっている。「第一の人間」はその初出の初めから、定冠詞つきで、しかも明白に定着した称号のニュアンスで、「母父」の直後に挙げられている（Ⅱ $\mathbf{5}^{7}$／Ⅳ $\mathbf{7}^{22}$）。ただ「父のアイオーンの五個組」が列挙される場面においてだけは、短写本と同じように、「父」を指している（対観表1についてすでに述べたところを参照）。しかし、それ以外のところで長写本が「第一の人間」を至高神のためだけに留保している場面はない。そのような留保を長写本の「明瞭な認識」だとする前述のA・ヴェルナーの見解は文献学的には保持できない[44]。

方法論的には、どのような文書の場合にもそうであるように、長写本についても、差し当たり長写本の本文それ自体の内側での意味連関から理解するように努めることが必要である。たとえ同一の文書が問題になる場合でも、写本によって伝承の系譜が違うことがあり得る以上、ある写本を他の写本と調和させながら読むことも、方法論的に適切ではない。それによって、それぞれの写本あるいはその系譜が含んでいる最も重要な特性が蔑ろにされることになる。この点では、新約聖書の共観福音書について言えるのと全く同じことが『ヨハネのアポクリュフォン』にも当てはまる。ここでもう一度長写本のⅡ**14**$^{18-24}$(Ⅳ**22**^{23}―**23**^{2})の問題に戻れば、前述のようにA・ヴェルナーがこの箇所に関するギーベルセンの説明を、それが短写本の読みによって支持されないからという理由で退けることは、今述べた方法論上の見識に残念ながら違反すると言わなければならない。反対にギーベルセンは、長写本のこの箇所をバルベーロー・プロノイアの自己啓示の意味に解したとき、長写本にだけ独特なきわめて重要な事態を見て取ったのである。すなわち、この箇所に現れている「母父」および「第一の人間」といういずれの述語も、ここで自己を啓示するのが至高の「父」なのか、あるいはバルベーロー・プロノイアなのか、確実な読解を許さないということ、そしてその理由は後者の地位が拡大・上昇して、前者に匹敵するところまで近づいているということである。

このように長写本のこの最後に挙げた箇所の視点が短写本に比べて強度に変化している事実をわれわれは真剣に受け止めなければならない。この変化は、われわれが既出の五つの対観表に基づいて長写本の本文全体に関して論証した事態、つまり、バルベーロー・プロノイアの役割を終始拡大強化しようとする傾向を改めて確証するものに他ならない。その際、長写本の目下の箇所で新しいのは、バルベーロー・プロノイアがそのように拡大強化された役割を果している場面である。というのも、長写本でプロノイアが積極的な役割を果すのは、光の世界(プレーローマ)のアイオーンたちが成立してくる場面での一定の役割を別にすると、『ヨハネのアポクリュフォン』の救済神話の「救済論的半分」と私が呼んだ部分にほとんど集中しているからである。この点からみると、目下の本文Ⅱ**14**$^{18-24}$(Ⅳ**22**^{23}―**23**^{2})は場面的に例外的であり、しかもここでバルベーロー・プロノイアは自分の姿、すなわち人間の形を現すことによってヤルダバオートを動かし、やがて心魂的人間を創造させるという神話論上も重要な役割を果しているのである。

われわれの判断では、バルベーロー・プロノイアの役割を拡大強化しようとする長写本のこの傾向は、ギーベルセンが長写本について明らかにしたもう一つの傾向と表裏一体のものとして見なければならない。それは至高神に関して、あらゆる神人同形論的な言表を避けようとする傾向である。[45] バルベーロー・プロノイアの役割が拡大強化されればされるほど、至高神の役割は背景に退かざるを得ない。にもかかわらず、この至高神こそがすべての出来事の主宰者であり、統率者であり続ける。長写本もこの点を決して放棄することはない。しかし、その至高神からあらゆる神人同形論を可能な限り遠ざけるために、長写本は他でもない人間の姿での自己啓示から始まって、人間の中の神的本質をめぐる闇の世界との闘争までの救済活動を、不断に、かつ、ますます強く、至高神の女性的半身あるいは伴侶であるバルベーロー・プロノイアに移し替えていったのである。長写本が「母父」という短写本では稀にしか用いられず、ましてや至高神を指すことは一度もない表現をわざわざ導入して、第一義的にはバルベーロー・プロノイアを指すものの、同時に至高神をも含意するものとしたのはまさにそのためである。[46]

(4) まとめ

すでに述べた通り、かつてH・M・シェンケは『ヨハネのアポクリュフォン』のバルベーローを「日陰の存在」と呼んだ。しかし、これは少なくとも長写本の実情に即するものではない。このことは以上論証してきたところから十分に明らかになったはずである。シェンケの表現はむしろ短写本の方に適合すると言えよう。しかし、これもあまり適切な言い方ではない。なぜなら、バルベーローに関する発言を拡大強化しようとする傾向は、すでに前出の1章二節「短写本の現況」の段落で明らかにした通り、すでに「ベルリン写本」(B 30^{19}—31^{5})の中で明瞭に始まっているからである。

さらにシェンケによれば、『ヨハネのアポクリュフォン』の神話が成立史の上で遡る最も源初的な段階では、至高神の女性的伴侶が過失を犯すことになっていた。しかし、この考え方では、さすがのグノーシス主義者たちの敬神の念にとっても躓きが大きかったために、間もなくその女性的伴侶が一方ではバルベーロー、他方ではソフィアへと二つに分割され、過失の責めは後者へ、反対にその責めを負わないいわばプラスの属性は前者へ割り振られたというのであった。(47) このシェンケ仮説は当たっているかも知れない。しかし、われわれが提示してきた論証に従えば、写本Ⅲから写本Bを経て長写本Ⅱ／Ⅳに至る写本の伝承史は、たとえその個々の局面をどのように理解するにもせよ、(48) その全体において、そのバルベーローが不断に「プロノイア」の呼称を強化しながら、再び勢力を回復してくる過程、いわばバルベーローの再来のプロセスに他ならない。このことは、プロノイアが登場していたはずの神話の結びの部分が短写本の伝承史の途中で切り詰められるということが起きたにもかかわらず、(49) そう言われねばならない。それどころか、『ヨハネのアポクリュフォン』の神話全体が、キリスト教化を蒙る前の段階では、プロノイアを語り手とする啓示講話と考えられていたと想定すべき十分な根拠が存在する。(50)

バルベーロー・プロノイアの再来を動機づけたものは、すでに述べたように、至高神から神人同形論を可能な限り排除することであった。神人同形論に対するこの忌避の念が、『ヨハネのアポクリュフォン』の伝承史のいつかどこかで、かつてバルベーローに──シェンケ曰く──「日陰の存在」を余儀なくさせた敬神の念を凌ぐに至ったに違いない。この意味で、神人同形論に対する忌避は、伝承史の若い層をギーベルセンが主張する以上に強く印づける特徴と見做されるべきである。(51) もちろん、われわれが論証したバルベーロー・プロノイアの役割を拡人強化しようとする傾向についても同じことが言える。

第2章

バルベーロー・プロノイアと世界史

前章における結論を別の言葉で言い換えれば、バルベーローは「日陰の存在」を脱してプロノイアという神話論的に有力な存在として再来する。「プロノイア」とはギリシア語で「摂理」あるいは「配剤」を意味する。従って、この再来にはすでに一定の歴史理解が内包されていると言うことができる。アダムから終末における万物の回復に至るまでの世界史あるいは救済史の全過程こそが、バルベーローが今やプロノイアとして自分の子孫の救いのために働く場所に他ならない。

『ヨハネのアポクリュフォン』の歴史理解に関しては、つとにシェンケが、グノーシス主義の教派の一つであるセツ派の歴史理解に似ているとする見解を表明している。シェンケはナグ・ハマディ文書の中では『ヨハネのアポクリュフォン』の他に、『アルコーンの本質』(NHC Ⅱ/4)、『エジプト人の福音書』(Ⅲ/2、Ⅳ/2)、『アダムの黙示録』(Ⅴ/5)、『セツの三つの柱』(Ⅶ/5)、『アロゲネース』(Ⅺ/3)、『ノーレアの思想』(Ⅸ/2)、『ゾストゥリアヌス』(Ⅷ/1)、『メルキゼデク』(Ⅸ/1)、『マルサネース』(Ⅹ/1)などを複雑多岐に分化しながら展開したグノーシス主義の思想史の中でも同一の系譜に連なるものと見做して、他の文書から区別し、その元来の担い手をセツ派に求めるのである。そして、このセツ派には他の教派には見られない独特な世界史論が特徴的であったと言う。それによれば、世界史(普遍史)は大きく四つの時代に区分される。そのそれぞれの時代に、プレーローマの中の四つの「光り輝くもの」(フォーステール)、すなわち、「ハルモゼール」、「オーロイアエール」、「ダヴェイテ」、「エーレーレート」がこの順番で割り振られて、その時代の救済者として働く。しかし、これら四つの「光り輝くもの」がそれぞれ担当の時代に出現して活動する以前、まだ彼らがプレーローマの中に先在している段階ですでに、第一の「光り輝くもの」ハルモゼールの中にはアダマス(アダムの原型)が、第二の「光り輝くもの」オーロイアエールの中にはセツが、第三の「光り輝くもの」ダヴェイテの中には最初のセツ派(原セツ派)の者たちが、第四の「光り輝く者」エーレーレートの中には現在のセツ派の者たちがそれぞれあらかじめ置かれていた。実際の世界史の中では、これに対応して、第一期にはアダムが、第二期にはセツが、第三期には原セツ派の者たち、第四期には現在のセツ派の者たちが出現する。[1]

シェンケはさらにセツ派の系譜に属する文書に共通して認められる特徴として、救済者が三回にわたって到来するという観念を挙げている。『ヨハネのアポクリュフォン』の長写本の結び部分(Ⅱ $\mathbf{30}_{11}$―$\mathbf{31}_{25}$/Ⅳ $\mathbf{46}_{23}$―$\mathbf{49}_{6}$、§80)でプロノイアがやはり三回にわたって混沌の世界の中へ到来することは、シェンケによればまさにその観念の具体的な現れに他ならない。シェンケは次のように言う。「この三回にわたる到来は世界史の中で継続される啓示という(グノーシス主義的な)原理を独特な形で具体化したものであり、いずれにせよ世界史の四つの時期区分という表象の枠内にある。おそらくその意味は、アダムの時代(第一期)に続く(セツ、原セツ派、現在のセツ派の者たちの)三つの時期には、救済者がそのつど新しく到来して、啓示のわざによって救いをもたらすために、それぞれの時期を初めから終りまで歩み通すということであると思われる。それぞれの到来が起きる時点は、第二、第三、第四の時期それぞれの初めを考えるのが最も妥当であろう[2]」。

以上報告したシェンケ説の内の第二点は、私の見るところ、説得力に乏しい。というのは、『ヨハネのアポクリュフォン』の長写本の結び部分におけるプロノイアの三回にわたる到来を、シェンケに従って世界史の四つの時期の第二期以後の三つの時期に割り振ると、内容的に齟齬が生じるのである。すなわち、プロノイアの三回の到来は最初の否定的な結果から徐々に積極的な効果へと進む。これに反して、世界史の第二期から第四期はセツから原セツ派を経て現在のセツ派の者たちまで、神話論上の価値づけとしてはむしろ下降線を辿るからである。

今少し具体的に見れば、プロノイアの最初の到来は救われるべき者たちの「悪」のゆえに失敗に終る(Ⅱ**30**$_{16-21}$／Ⅳ**47**$_{2-8}$)。ところが、シェンケの割り振りでは、この最初の到来がこともあろうにセツの時代に当たることになる。しかし、セツはわれわれの『ヨハネのアポクリュフォン』ではアダムと同じように、グノーシス主義者の完全なる世代に数えられていると思われるのである(Ⅱ**28**$_{3}$、Ⅲ**36**$_{24-25}$／B**71**$_{12-13}$)。

プロノイアの第二の到来は、救われるべきグノーシス主義者たちが、しかるべき時が満ちる以前に早々と混沌の世界もろともに滅亡してしまう結果とならないように、途中で中断される(Ⅱ**30**$_{21-32}$／Ⅳ**47**$_{8-22}$)。シェンケはこの第二の到来を第三の時期、すなわち、原セツ派の時代に割り振る。ところが、この原セツ派の者たちとは、おそらくⅡ**28**$_{34}$—**29**$_{12}$／Ⅳ**44**$_{22}$—**45**$_{9}$、Ⅲ**37**$_{16}$—**38**$_{5}$／B**72**$_{14}$—**73**$_{12}$(§78)で言及されている「揺らぐことのない種族の多くの人間たち」を指すものと思われる。彼らは地上の不信の輩の中にあっては少数者であって、すでにプロノイアの啓示を受入れ、「ある場所」へ、すなわちプレーローマの中の彼ら固有の場所である「光り輝くもの」ダヴェイテへ入っていった(「光の雲で身を隠した」)者たちである。混沌の世界もろともに滅亡云々の恐れはすでにない者たちなのである。

プロノイアの第三の到来が初めてその所期の目的を遂げる。つまり、救われるべきグノーシス主義者たちの悔い改めを呼び起こす(Ⅱ**30**$_{32}$—**31**$_{26}$／Ⅳ**47**$_{23}$—**49**$_{9}$)。シェンケはこの到来を現在のセツ派の時代に割り振る。ところが、彼らはわれわれの『ヨハネのアポクリュフォン』の冒頭に近い箇所(Ⅱ**9**$_{18-23}$／Ⅳ本文欠損、Ⅲ**14**$_{1-9}$／B**36**$_{7-15}$、§25)では、無知のゆえに「直ちに悔い改めず、むしろしばらくの間ためらい、その後(初めて)悔い改めた者たち」として特徴づけられている。

こうして、シェンケの解釈に従う限り、現在のセツ派よりもはるかに積極的に評価されているはずのかつてのいわば原セツ派の者たちに割り振られるのはプロノイアが所期の目的を遂げる前に中断される到来であり、現在のセツ派には見事所期の目的を達成する到来が割り当てられることになる。しかし、『ヨハネのアポクリュフォン』の歴史理解は、シェンケの弟子であるA・ヴェルナーが明らかにしている通り[3]、これとは反対に、原セツ派の時代をいわば伝説的な「聖徒たち」(Ⅱ**9**^{17}、Ⅲ**13**^{22}／B**36**$^{4-5}$)の時代と見做して、現在の時から区別しているのである。シェンケの解釈はこの歴史理解に合わないと言わなければならない。しかし、だからと言って、ヴェルナーもそれに優る解釈を提示できているわけではない。ここにはこれまでの研究の未決の問題が残されている。

私の見解では、この問題は§80(Ⅱ**30**^{11}−**31**^{27}、Ⅲ**39**$^{11-14}$／B**75**$^{10-14}$)に描かれたプロノイアの三回にわたる到来を一括して第四の時代、すなわち、現在のセツ派の時代に関係づける時に初めて解決される。この見方は、§80でのプロノイアのその三回の到来についての記述を、現在のセツ派の者たちの魂が元来は第四の「光り輝くもの」エーレーレートに先在していたとする§25の記述と、相互に比べてみると、ほとんど避けがたいものとなる。以下、二つの記事を対観表の形にしてみよう。並行するモティーフには傍点を付す。

Ⅱ**9**$^{18-23}$(Ⅳ本文欠損、§25)	Ⅱ**30**^{11}—**31**^{27}(Ⅳ**46**^{23}—**49**^{8}、§80)
第四のアイオーンには、プレーローマのことを知らず、	**「プロノイア」の第一の到来** そして、私は彼らの邪悪のゆえに、彼らから身を隠した。彼らは私(＝「プレーローマの想起」としてのプ

直ちに悔い改めず、むしろしばらくの間ためらい、

その後（初めて）悔い改めた者たちの魂が置かれた。彼らは第四の輝く者エーレーレートのもとに在ることになった。

ロノイア）に気が付かなかった。

第二の到来

そこで私はもう一度私の光の根元へと駆け昇った。彼らが時の満ちる前に滅ぼされることがないように。

第三の到来

すると彼（今初めて悔い改めるグノーシス主義者）は泣いた。そして重い涙を流した。彼はそれ（涙）を拭い去って、言った、「わが名を呼ぶのは誰か。また、この希望は一体どこからやって来たのか。私は牢獄の鎖に繋がれているというのに。そこで私は言った、「私は純粋なる光のプロノイアである。私は処女なる霊の思考である。この方（処女なる霊）は君を栄光の場所へ立て直す者である」。

「しばらくの間ためらい、その後（初めて）悔い改めた者たち」と言われる背後に、現在のセツ派のグノーシス主義者たちのどのような具体的な歴史的体験が潜んでいるのかは不明である。いずれにせよここには、自分たちの「悔い

改め」が神的な「定め」(Ⅱ**30**^{27}／Ⅳ**47**^{15})に従って、すなわち、プロノイアによる歴史支配に従って起きたのだという自己理解が表明されている。

ここに対観形式で引いた二つの本文Ⅱ**9**$^{18-23}$と**30**^{11}—**31**^{27}をこのように相互に関連させて読むことが正しいとすれば、現在長写本の末尾(§80)にだけ見られる「プロノイアの自己啓示」の記事が元来は短写本の並行する箇所にも在ったことが、最終的に証明される。なぜなら、二つの短写本のいずれもⅡ**9**$^{18-23}$(§25)に並行する記事を明瞭に保持しているからである(Ⅲ**14**$^{1-9}$／B**36**$^{7-15}$)。こうして、これまでの研究の中で一度も満足のゆく形で答えられることがなかった難問、すなわち、§25(Ⅱ**9**$^{18-23}$、Ⅲ**14**$^{1-9}$／B**36**$^{7-15}$)は『ヨハネのアポクリュフォン』全体の中で一体どのようなテキスト統辞論的機能を果すものなのかという問いに、初めて明解な解答を出すことができる。すなわち、この記事は『ヨハネのアポクリュフォン』全体を締め括るプロノイアの啓示講話(§80)と大きなインクルージョンを構成しており、プロノイアのこの啓示講話を聞いた後に初めて悔い改めた現在のセツ派の者たち、言い換えれば、『ヨハネのアポクリュフォン』の読者であるグノーシス主義者たちを指しているのである。§25がこの文書の神話が始まってまだ間もない位置にありながら、すでに話の終りを先取りする言い方(「しばらくの間ためらい、その後(初めて)悔い改めた者たち」)をしているのは、この理由によるのである。

さて、それではこの§25から出発すれば、『ヨハネのアポクリュフォン』全体の中に改めて世界史の四段階区分の図式が成り立つことを証明できるだろうか。われわれの判断では事実証明可能である。われわれがすでに詳細にわたって明らかにしたエピノイアとその背後に立つプロノイアの全救済活動は、次の図が示すような形で、世界史の四つの時代に区分される。

時代	啓示の受け手	該当箇所	啓示者
1	アダム	Ⅲ**24**$_{20}$—**32**$_{6}$／B **52**$_{11}$—**63**$_{12}$ Ⅱ**20**$_{5}$—**24**$_{34}$／Ⅳ**30**$_{26}$—**38**$_{23}$	光のエピノイア（ゾーエー）／プロノイア（鷲）
2	セツ	Ⅲ**32**$_{6-22}$／B **63**$_{12}$—**64**$_{13}$ Ⅱ**24**$_{35}$—**25**$_{15}$／Ⅳ**38**$_{24}$—**39**$_{15}$	母の霊（Ⅲ**32**$_{10}$／B**63**$_{16-17}$）別の母親の霊（Ⅱ**25**$_{2}$／Ⅳ**38**$_{30}$）
3	原セツ派	Ⅲ**36**$_{18}$—**39**$_{11}$／B **71**$_{5}$—**75**$_{10}$ Ⅱ**27**$_{33}$—**30**$_{11}$／Ⅳ**43**$_{9}$—**46**$_{23}$	光のエピノイア／光のプロノイアのエピノイア
4	現在のセツ派	Ⅱ**30**$_{11}$—**31**$_{25}$／Ⅳ**46**$_{23}$—**49**$_{6}$（Ⅲ**39**$_{11-21}$／B **75**$_{10}$—**76**$_{5}$）	プロノイア（父母／母）

ただし、2のセツへの啓示は該当箇所のすべてにおいて、ほんの短く言及されるにとどまり、どの箇所もすでにセツの子孫のことを視野に入れている（Ⅲ**32**$_{11}$「彼（セツ）に等しい者たち」／B**63**$_{19}$「自分（霊）に等しい本質」、Ⅲ**32**$_{16}$「（セツの）種子」／B**64**$_{5}$、Ⅱ**25**$_{10}$／Ⅳ**39**$_{8}$）。加えて、Ⅲ**32**$_{10}$が啓示の直接の受け手と考えているのはセツではなく、むしろ「あの母親」、すなわち、今や自分の過失を後悔するに至っているソフィアである。彼女に向かって送られるのは「彼女自身のものなる霊」であり、送り出すのはプレーローマのアイオーンたちである。並行記事のB**63**$_{16-17}$はこれを改変して、「あの母親」が「彼女のものなる霊」を送り出す形にしている。ただしその際、「あの母親」が後悔したソフィアを指すのか（B**35**$_{19}$、**71**$_{6}$、**75**$_{11}$、**76**$_{1}$）、あるいは、エピノイア／プロノイアを指すのか（B**37**$_{17}$、**42**$_{17}$、**43**$_{2}$、**44**$_{19}$、**46**$_{1-9}$、**51**$_{14-16}$）がはっきりしない。すでに述べたところから推せば、(4) 一応第二の解釈の方に分があると言うべきであろう。

長写本はこの不分明さを取り除くために、バルベーロー・プロノイアを「あの別の母親」(tkemaau)として後悔したソフィアから区別した上で、そのバルベーロー・プロノイアだけが「彼女の霊を、彼女に似た女の姿で」(Ⅱ**25** 4／Ⅳ**38** 31)、とはつまり、「光のエピノイア」の姿で送り出す形に改変している。(5)

『ヨハネのアポクリュフォン』の写本伝承史においてバルベーロー・プロノイアの役割が終始拡大・強化されてゆく傾向にあることは、すでに十分明らかにした通りである。この傾向に対応して『ヨハネのアポクリュフォン』では、世界史のそれぞれの時代に啓示者として介入するのは、シェンケが他のセツ派の文書について想定するような四つの「光り輝くもの」ではなく、バルベーロー・プロノイア自身である。バルベーロー・プロノイア自身が彼女に委託された「定め」に従って、ある時はエピノイアとして、またある時は自分自身の名において到来する。しかし、シェンケがセツ派に固有なものだとする世界史の大きな四区分そのものは、人間の魂を待ち受ける相異なる運命についての長大な解説(§70—76)が第二と第三の時代の間に挿入されたことによって中断されてはいるものの、今なお判読可能である。

第3章

⁜ 『ヨハネのアポクリュフォン』の枠場面における プロノイア

われわれは前章までにおいて、『ヨハネのアポクリュフォン』がプロノイアに言及するすべての箇所を吟味した。その結果確認されたことは、繰り返しになるが、バルベーロー・プロノイアが世界史の中で彼女の子孫でもあるセツの子孫たちを救うために果す役割が、写本Ⅲから写本Bを経て長写本に至る写本伝承史の過程で、不断に拡大強化されていったということである。これに加えて、文書の末尾の§80でプロノイアが一人称・単数の「私」で語る啓示講話がこの文書の元来の一部であったことも論証された。これはかつては短写本の結びにも置かれていたに違いない。これらすべての結論から、今やもう一つの新たな、本論考が取り上げるべき最後の問題が浮上してくる。すなわち、すでに一度示唆した通り、『ヨハネのアポクリュフォン』全体が、二次的にキリスト教化される以前のどこかの段階では、キリストではなく、他でもないまさにプロノイア自身による啓示講話と見做されていたのではないかという問題である。もしそうであったとしたら、その啓示講話はどのような場面設定を枠組みとしていたのだろうか。以下、われわれはこれらの問題に少しく立ち入った解答を試みたい。

§80におけるプロノイアの自己啓示は次のような結びの言葉で終る。

私はすでにあらゆることを君の耳に入れ終えたが、それは君がそれを書き留めて、君の霊の仲間たちに密かに伝えるためである。なぜなら、これは揺らぐことのない種族の奥義だからである。

（Ⅱ**31**$^{28-31}$／Ⅳ**49**$^{9-13}$、Ⅲ**39**$^{15-18}$／B**75**^{15}—**76**^{1}も参照）

今仮に誰かが『ヨハネのアポクリュフォン』の本体部を知らずに、この結びの文言だけを読んだと想定すると、彼が受ける印象はどのようなものであろうか。おそらく彼は、この直前まで行なわれるプロノイアの自己啓示はもちろん、それに先行する本体部全体もプロノイアによって語られているはずだと推定するに違いないと思われる。少なくとも、その本体部の語り手が現在のように「キリスト」であることは直ぐには想像されないはずである。言い換えれば、前記の結びの句は、それだけとして見れば、未だキリスト教化されていないある秘密の啓示文書（アポクリュフォン）の結びとして読まれて当然のものである。

もちろん、事実そうであった蓋然性は、この結びの句に内容的に対応するような導入場面が文書の冒頭部に発見されて初めて大きくなる。内容的にこの結びの句に対応するためには、それは同様に未だキリスト教化されていないものでなければならない。すなわち、そこではキリストではなく、プロノイアが啓示者として出現し、その啓示を受ける者も現在のように（キリストの）弟子ヨハネではなく、キリスト教とは無関係の誰かでなければならない。未だキリスト教化される前の『ヨハネのアポクリュフォン』の原本の冒頭部にそのような導入場面が事実在ったことを、現にわれわれにはキリスト教化された形でしか伝わっていないこの文書から論証できるだろうか。論証可能だとすれば、いずれにしてもその手掛かりになるべき箇所は、当然のことながら、現在われわれが読むことのできる形での導入場面（B**19**^{6}—**22**^{16}、Ⅱ**1**^{1}—**2**^{25}、§1—5）[(1)]以外ではあり得ない。事実、興味深いことに、その現在の導入場面には、先に引用した§80の結びの句と趣旨の上で対応するばかりではなく、文言の上でも部分的に並行する一文がすでに現れているのである。

さ]あ、[君の顔を上げなさい。そして来て、聞きなさい。私が今]日[君に語って聞かせることを理解]して、[君自身がそれをさらに君と同じ]霊の仲間、とはすな[わち]、完全なる人間に属する[揺らぐことのない種族からの者た]ち[に宣べ伝えるた]めである。

(Ⅱ**2**22—25/Ⅳ**3**17—21、B**22**11—17、§5)

そして、この文を語っているのは、直属の文脈が示す通り、「一人の子供」かつ同時に「一人の老人」の姿で出現している「救い主」である(B**20**9、Ⅳ**2**2)。(2) よく注意しなければならないのは、「キリスト」という語が前後の文脈に確実な形では現れないことである。問題になるのは唯一写本Ⅱ**1**3に「[すなわち、イエス・キリストが]」とあることであるが、実はこの部分の本文は、[ ]で示した通り、欠損しており、このように復元してよいかどうかはきわめて不確実で、訳者によって判断が大きく分かれている。このような形で伝えられている現在の『ヨハネのアポクリュフォン』の導入場面(§2—5)から、それ以前の、キリスト教化を蒙る前の段階の導入場面を抽出することがなおも可能だろうか。

さて、すでにシェンケは写本B**21**9(§4)の本文欠損部に関して、それまでこれを疑問符つきで「とある[統一性](ou[mntouat]e)が多くの形をして」と復元していたW・ティルの提案に代えて、(3) むしろ「[一人の女]が(ou[n ous-him]e) 多くの形をして」と復元することを新しく提案している。(4) もちろん、この復元にはこの欠損部の前後の段落全体の構文に対する新しい読解が結びついている。そして、それはティルの読解よりもはるかに妥当なものと私には思われる。すなわち、シェンケは問題の段落全体を次のように訳す。

すると見よ、私の前に一人の子供が［現れた］。しかし、［私には］（突然）その像(peine)(a)が老人であるのが［見え］、その中に光があるのが［見えたので］、［私はじっと］その像を［見つめてみた］。（しかし）私には［こ］の奇蹟が［理解でき］なかった。すなわち、（今度は）［一人の女］（［oushim］e）(b)が多くの形(nesmorphē)(c)をして［光の中に］いたのである。

その（像の）形(nesmorphē)(d)はいろいろに入れ［代り］ながら［見えていた］。（私はこう思った、）もしそれ（像）が一つだ(te)(e)としたら、［どうして］それは三つの姿をしている(eso)(f)のだろうと。（B **21** 3—13）

記号(b)を付した復元によって、すでに一九五五年にティルが表明していた期待が満たされることになった。すなわち、ティルは前述の復元に疑問符を付したままにした時に、この段落の最後で「三つの姿」について語られていること、また、この段落に続く§5では、§4と同じ啓示者が自分のことを「私は［父であり］、［私は］母であり、私は［子である］」（B **21** 19—21）と語っていることを理由として、写本Bのこの段落でも本来「一人の女性の姿」についての言及があるべきだと指摘していたからである。(5)

しかし、このシェンケの翻訳は、その他の点では、いくつか難点を抱えている。すなわち、シェンケの読解では、前記引用中の改行以降の段落の主語——つまり、「その形はいろいろに入れ［代り］ながら見えて」いるもの、「一つだとしたら、どうして三つの姿をしているのか」と訝られるもの——は、前記の引用冒頭で記号(a)を付した「像」(peine)なのである。復元された「一人の女」(b)も多くの形(c)をしながら、光の中にいるのだが、「一つ」のように見えながら「三つの姿」をしているのは、その「一人の女」ではなく、「像」の方だという解釈である。その「像」

が「一人の子供」、「一人の老人」に加えて「一人の女」の姿もしていると言うのである。(6)

しかし、この読解が成り立つためには、記号(d)、(e)、(f)を付した三つの単語、すなわち順に、(d)＝名詞(morphē)に前綴りとして付された所有代名詞(nes)、(e)＝主語と述語を結ぶ繋辞(te)、(f)＝英語のbe動詞に相当する状態動詞の現在形(eso)がすべて文法的には男性形でなければならない。なぜなら、「像」(eine)は男性単数の定冠詞(p-)が明瞭に示す通り、男性名詞だからである。しかし、これら三つの単語の文法上の性は明瞭に女性として表記されている。(d)は括弧内にローマ字で付記したコプト語の綴りが示すように、(c)と全く同じ形であるから、「その女の形」(これが(c)の直訳でもある)と訳さなければならない。(e)の繋辞(te)も主語が女性・単数の場合の形である(主語が男性の場合はpe)。(f)の状態動詞も主語が三人称・女性・単数の場合の語尾変化になっている。文法的にごく普通に読めば、これら三つの女性・単数形の単語はすべて、前記の引用の改行直前の文に引き続いて、「一人の女」を主語とするものとして読むべきものである。

シェンケはこのようなごく普通の読解を退けて、敢えて前記のような解釈と翻訳を採用するわけであるが、彼がそのために挙げる根拠はあまり積極的なものとは言えない。すなわち、彼によれば、コプト語の「像」(eine)は確かに男性名詞であるが、そのギリシア語の等価語である「エイコーン」(εἰκών)は女性名詞である。ところが、われわれの文書が写本Bの伝承史を遡るどこかでギリシア語からコプト語に訳された時、訳者は一方で「エイコーン」をコプト語の男性名詞(eine)に移しておきながら、前述の三つの単語については、「エイコーン」の三人称・女性・単数形に対応していたギリシア語の形をそのままコプト語でも保持してしまったというのである。(7)

しかし、この説明はいささか技巧的と言わざるを得ない。第一に、写本Bも含むすべての写本におけるコプト語「像」(eine)の用例は大変数が多いが、シェンケがこの箇所について想定するのと同じような事態は他には見いだされない。第二に、先の引用の冒頭の像」(a)は、三つの単語(d)、(e)、(f)の意味上の主語であるためには、距離的に離れすぎている。さらに、(e)の繋辞と(f)の状態の定動詞については、確かにコプト語では同じ三人称・単数形でも女性形(te, eso)が男性形(pe, efo)と形態的に区別されるが、ギリシア語では三人称・単数形があるだけで、主語が男性であるか女性であるかによる形態上の区別は原則として存在しないのである。従って、この二つのコプト語の単語については、シェンケの説明は全く説得力がない。

以上から引き出される結論は一つしかない。三つの単語(d)、(e)、(f)が現在取っている三人称・女性・単数形は、(b)の「一人の女」を受けるものと解さねばならない。この読解に基づいて、前記の箇所(B 21 3—13)を訳し直せば次のようになる。

> すると見よ、私の前に一人の子供が[現れた]。しかし、[私には](突然)その像が老人であるように[見え]、その中に光があるのが[見えたので]、[私はじっと]その像を[見つめてみた]。(しかし)私には[こ]の奇蹟が[理解でき]なかった。すなわち、(今度は)[一人の女]が多くの形をして[光の中に]いたのである。その女の形はいろいろに入れ[代り]ながら[見えていた]。(私はこう思った、)もし彼女が一人だとしたら、[どうして]彼女は三つの姿をしているのだろうと。

すなわち、「一人の女」についてまず「多くの形をしていた」ことが語られ、次のステップでその多像性が正確には「三つの姿」であったと語られるのである。

ところが、こう訳すと、その直前の文脈で啓示者が一人の「子供」および「老人」として出現している事実とうまく適合しないのである。というのも、「一人の女」についてだけその多像性が言及され、「子供」と「老人」については同じことが言われないのだろうか。加えて、目下の§4の文脈で「子供」、「老人」、「一人の女」の三つが出現するこの順番は、続く§5で啓示者が自分のことを一種三体論的な言い回しで、「父」、「母」、「子」として、この順番で自己啓示する事実――「私は[父であり]、[私は]母であり、私は[子である]」(B 21 19―21)――ともやはりうまく適合しない。(8)

これらの不整合が何を意味するかを見極めるためには、『ヨハネのアポクリュフォン』からいったん目を転じて、例えば外典使徒行伝の一つで後三世紀の末に著されたと推定される『ヨハネ行伝』の八八―八九章を眺めてみるのがよい。そこではキリストが「子供」と同時に「老人」の姿で、すなわち、『ヨハネのアポクリュフォン』の目下の箇所の三体論的な三個組の内の初めの二つと全く同じ姿で出現している。この事例は、使徒ヨハネに関係する外典伝承の流れの中では、後二世紀から三世紀にかけて、この二つの姿でのキリストの出現について物語ることがすでに一定程度まで「正典性」を獲得するに至っていたことを推定させる。(9)

他方で、啓示者が『ヨハネのアポクリュフォン』の§5の三体論的な定式表現と同じような仕方で自己を啓示する事例は、やはりセツ派のものと一般的に見做されている『三体のプローテンノイア』(NHC XIII/1)の中にも見いだされる。というよりも、この文書全体が、女性的啓示者(「母」)である「プローテンノイア」がさらに「父」と「子」を加えた三つの姿(「父」、「母」、「子」の順)で出現しながら語る自己啓示に他ならない。多かれ少なかれこれと似た例は、さらに他のセツ派の文書からも集めることができる(『エジプト人の福音書』§4、『セツの三つの柱』§18―19)。(10)従って、三つの姿を取る女性的啓示者について『ヨハネのアポクリュフォン』の§5と同じように、しかも「父」、「母」、「子」の順番で語ることは、セツ派のグノーシス主義者の間で比較的早くから、やはり一定程度まで「正典性」

を得ていたと想定して大過ないであろう。

『ヨハネのアポクリュフォン』の周辺に位置する文書に対する以上の観察に基づいて、われわれは今や一つの仮説を立てることができる。§5の前記の三体論的定式表現で自己を啓示している「私」も、もともとは女性的な啓示者、すなわち§4で復元された「一人の女」(B **21**^{9})を指していたのではないか、そしてさらに言えば、この「三つの姿」をした女性的啓示者とは実はバルベーロー・プロノイアに他ならなかったのではないかという仮説である。[11] もしこの仮説が妥当であれば、われわれは続いてこう問わねばならない。すなわち、われわれが今読むことのできる形での導入場面§1―5(B **19**^{6}―**22**^{16}/Ⅱ **1**^{1}―**2**^{25})においては、もともとは未だキリスト教化されていないグノーシス主義文書の冒頭の枠組みであって、一人の女性的啓示者(バルベーロー・プロノイア)を登場させていた導入場面と、それに手を加えて、確かに「キリスト」の語は明示しないものの、しかし実質的には「子供」および「老人」として自己を現すキリストを新たに導入した改変作業の二つが、前者の上に後者が被さる形で重複しているのではないのか。

前記仮説の第一点が実際にその通りであることは、私が見るところ、同じ『ヨハネのアポクリュフォン』の§24において、プレーローマの中に生成したばかりのアダムが至高神に向かって捧げる賛美の言葉から証明される。取り敢えず、ティルの訳をシェンケが改訂したドイツ語訳に従って引けば次の通りである。[12]

彼(アダム)は言った、「私は見えざる霊を賞め讃えます。なぜなら、すべてのものはあなたのゆえに在るようになったのであり、すべてのものがあなたに向かっているからです。私はあなたと、アイオーンたちと共なるアウトゲネース、父と母と子の三つ、完全なる力を賞め讃えます」。(B **35**$^{13-20}$)

このアダムの賛美の言葉は文法的な構文の上でも内容の上でもあまりに困難な文章であるために、これまでの研究の中では一度も満足のゆく形で説明されたことがない。特に不分明なのは、「私はあなたと、アイオーンたちと共なるアウトゲネース、父と母と子の三つ、完全なる力を賞め讃えます」という最後の文章においては一体いくつの神的存在が数え挙げられているのかという点である。仮に「父と母と子の三つ」の「父」は第一項の「あなた」、すなわち至高神を、「子」は第二項の「アイオーンと共なるアウトゲネース」をそれぞれ再指示するものと解すると、「母」に相当する項がなくなってしまう。最後の「完全なる力」が先行する項とどう関係するのかもよく分からない。加えて、「アイオーンたちと共なるアウトゲネース」に含まれた前置詞「共なる」は、文法的には並列の接続詞としても訳し得るので、そう取れば、「アウトゲネースとアイオーンたち」となる。つまり、項が一つ増えるわけである。こう訳した場合の「アイオーンたち」は何を指すのだろうか。それは直ぐその後の「父と母と子の三つ」と同じなのか。長写本の並行記事(Ⅱ **9** 9–11／Ⅳ本文欠損)も写本Bと同じ構文と文言になっているため、全く同じように混乱した印象を呼び起こす。

ただ写本Ⅲの並行記事(**13** 14–16)だけがそれとは違った読みになっている。それは原文の構文における単語の順番を保持しながら直訳すると、次のようになる。

私はあなたとアウトゲネースとあのアイオーン(paiōn)と三つの者(pshomnt)、父・母・子、完全なる力を賞め讃えます。

ここでは読者は、「あのアイオーン」(男性・単数の定冠詞を伴う形)、「三つの者」、「父・母・子」、「完全なる力」(単数)のすべての項が相互に同格的に並列されている印象を受けるであろう。その印象は当たっており、そのように読むことがこの箇所の本来の構文に沿うものである、これがわれわれの見解である。

まず第一に男性・単数の定冠詞を伴う表現「あのアイオーン」は、バルベーロー・プロノイアが生成した直後の場面で与えられている多数の述語名詞の内の一つである(Ⅲ**7**[19]／B**27**[15]、Ⅱ**5**[9–10]／Ⅳ**7**[25]、§13)。同じことは最後の項「完全なる力」という表現についても言える。この表現もすべての写本において、同じ場面か、あるいはその直ぐ近くに現れている(Ⅲ**7**[18–19]／B**27**[14]に加えてⅡ**4**[33–34]、**5**[19]／Ⅳ**8**[8]も参照)。確かに時折至高神も「完全な」と形容されることがある(Ⅲ**5**[4]／B**24**[9]、Ⅱ**3**[19]／Ⅳ**5**[3]、§8)。しかし、「完全な」という属性表示の形容詞は圧倒的に多くの場合、「完全なるプロノイア」に留保されている(B**27**[11]、**31**[4]、Ⅱ**6**[30]、**14**[20]、**30**[12]／Ⅳ**10**[10–11]、**22**[25])。「完全なる力」の表現については同じ留保がもっと激しい。

次に「三つの者」(Ⅲ**13**[14–16])については、特別な注意が必要である。これは数詞の三(shomnt)に男性・単数の定冠詞(p-)が付加されて名詞化された形であるから、その指示対象は単数なのである。これと同じコプト語の表現 pshomnt, あるいは定冠詞を女性・単数形に変えた tshomnt という表現は、生成したばかりのバルベーロー・プロノイアに与えられる多数の呼称の内の「三倍男性的なる者」、「三つの力と三つの[名前]と三つの生殖を備えたもの」にも用いられている(B**27**[21]–**28**[4]／Ⅲ**8**[1–3]、Ⅱ**5**[8–9]／Ⅳ**7**[23–24])。従って、写本Ⅲの目下の箇所の「三つの者」も、余分な誤解を避けるためには、「三重なる者」と訳す方が適当かも知れない。いずれにしてもそれは、後続の「父」、「母」、「子」という三つの項を先取りして一括する概念として理解されるべきである。ということは、目下の箇所で列挙されている「あのアイオーン」以下の述語名詞はすべて、畳みかけるようにしてバルベーロー・プロノイアを言い換えるものに他ならないということである。目下の箇所では、文脈から推しても、至高神および「子」なるアウトゲネースと並んでバルベーロー／「プロノイア」についての言及があってしかるべきところである。すなわち写本Ⅲは次のような分節関係を念頭に置いているのだと考えられる。

1　至高神「父」＝「あなた」
2　「子」＝　アウトゲネース
3　バルベーロー・プロノイア＝「あのアイオーン」
　　　　　　　　　　　　　＝「三重なる者」(pshomnt, 単数)
　　　　　　　　　　　　　＝「父・母・子」
　　　　　　　　　　　　　＝「完全なる力」

この分節関係においても写本Ⅲは『ヨハネのアポクリュフォン』の本文の原型に最も忠実な形を保持しているものと思われる。[13] ところが、写本Ⅲ以後の写本伝承史の過程になると、明らかにその元来の分節関係がもはや理解されなくなってしまったのである。その結果、3に列挙されたバルベーロー・プロノイアの述語名詞のそれぞれが独立かつ別々の神的存在であると誤解されたのである。その中でも特に「父・母・子」という三体論的な表現は、今や「父」、「母」、「子」の三つに分割されてしまった。それに対応して、写本Ⅲ **13** 15では「あのアイオーン」と単数形で言われていたものが、写本Bと写本Ⅱの並行箇所(B **35** 18／Ⅱ **9** 10)のいずれにおいても「アイオーンたち」という複数形に変えられてしまったのである。すでに見たように写本Bと写本Ⅱの並行箇所がこの上なく混乱した印象を引き起こすのはそのためである。[14]

さて、もしわれわれの以上の本文分析が当たっているならば、今やこう結論づけることができる。すなわち、前述の§5の三体論的定式「私は[父であり]、[私は]母であり、私は[子である]」(B $\mathbf{21}_{19-21}$／Ⅱ $\mathbf{2}_{13-14}$)によって自己を啓示していたのも、もともとはバルベーロー・プロノイアであったに違いない。とすればさらに、写本Bの§4の本文欠損箇所($\mathbf{21}_{9}$)で復元され、その多像性がやがて「三つの姿」として描き出されていた「一人の女」も、§5の三体論的定式(B $\mathbf{21}_{19-21}$)で自己を啓示している「私」と同じの女性的存在と考えて差し支えないから、やはりもともとはバルベーロー・プロノイアを指すものであったことになる。

われわれは以上の論究に基づいて、この箇所では「さまざまな表象が重なり合っている」と見て、「キリスト教の救済者であるイエスの自己啓示が、あるグノーシス主義的な救済者の出現の前に移植されている」とするA・ヴェルナーの見解[15]に積極的に賛同する者である。ただし、われわれはヴェルナーとは異なり、そのように元来は互いに独立のものであった二つの表象、すなわち、一つはより古くて未だキリスト教化されていない導入場面、もう一つはより若くてすでにキリスト教化を経た導入場面に由来する二つの表象が前後に、あるいは上下に重なり合っている事態は、写本Ⅱよりも写本Bにおいてはるかに明瞭に確認されると考える。確かに写本Bで導入場面をキリスト教化した者は、未だキリスト教化を経ていない導入場面の中に見いだした「三つの姿」を「一人の女」(B $\mathbf{21}_{9}$)から今や切り離して、「救い主」とはすなわち「キリスト」が「子供」、「老人」、「女」として合計三回弟子ヨハネに出現するという意味に書き直そうと努めている。ところが文法的には彼はいささか稚拙な作業で事足れりとしてしまった。つまり、すでに立ち入って言及した三人称・女性・単数形を取る三つの単語(nesmorphē, te, eso)も今や実質的に「キリスト」を意味上の主語とするものとして、厳密には男性・単数形に改変すべきであったのに、改変以前の導入場面にあった「一人の女」を受ける形のままに放置したのである。

写本Ⅱについては全く事情が異なる。シェンケは写本Ⅱ**2**^{6}の本文欠損部においても、その並行箇所である写本B**21**^{9}の欠損部に復元したのと同じように、「一人の女」についての言及があるべきだと考える。そこから彼はその欠損部(Ⅱ**2**^{6})を「[一人の]多様な姿をした[女]」(o[ushi]<u>me e</u> [so in]hah immorphê)と補充する。しかし、この補充の妥当性はきわめて疑わしい。特に下線を付した三文字は、コプト語写本の該当箇所を写真版で見る限り、そのように判読するのはほとんど不可能である。シェンケはこの箇所の読みについては、F・ウィッセが当時まだ準備中であった新しい校訂本文に依拠したとのことである。その校訂本文はその後一九九五年になって初めて公刊された。しかし、そこではウィッセ自身は同じ箇所をシェンケとは異なって、「多くの形をした[像](o[uei]ne)が在った」と復元しているのである(16)。

他方、Ⅱ**2**^{8}の欠損部を「その[形](pe[sma]t)が」と読むシェンケの復元提案(17)は妥当である。括弧内に示したコプト語の綴りの最初の文字Pと最後の文字Tは写真版でも明瞭に判読できるからである。ウィッセもここではまったくシェンケと同じ見解である(18)。

Ⅱ**2**^{6}、^{8}の二つの本文欠損部をウィッセの復元に従って補充した上で、Ⅱ**2**$^{1-9}$(§4)の段落全体を私訳すると次のようになる。

> すると]光の中に[一人の子供を]見た。[その子供は私の前に立っ]ていた。[しかし]私は[一人の老人の像を見]た時——それ(像)は大きな姿のようであった。そして、それは[そ]の形[を変え]て、私の前[で]、[同時に]見るも小さな姿であった。そして、その光の中に多くの形をした[像](a)があった。[そ]して、それらの[形は]互い違いに現れていた。(その時、私は不思議に思った、)その[形](b)が三重の姿をしていること(c)を(19)。

確認のため繰り返せば、記号(a)と(b)を付した箇所がそれぞれ前述の二つの欠損部(**2**$_{6}$および**2**$_{8}$)に当たる。一読して明らかなように、この記事には先ず内容的に曖昧な点が残されている。すなわち、最後の文章に出る「三重の姿」には、最初に言及されている「一人の子供」と「一人の老人」も含まれるのだろうか。あるいは、これら二つの「像」の出現の後にやはり光の中に現れたいわば第三の「像」が、それ自身の内に「三重の姿」を「互い違いに」現していたのだろうか。もしそうだとすれば、その「三重の姿」とは具体的に何であったのか[20]。本文の保存状態が非常に悪く、多くの推定的な復元を行なわざるを得ない箇所であるから、これらの曖昧な点についても確かな解答はもとより不可能である。

にもかかわらず一つだけ確実なことは、写本Bの並行記事ではまだ読み取られた女性的啓示者(「一人の女」)の出現が今やほとんど完全に消失してしまっていることである。写本Bで「三つの姿」をしていたのはその女性的啓示者、バルベーロー・プロノイアであった。ところが写本Ⅱの目下の記事では、「三重の姿」をしているのは「その「形」」(単数形)である。すでに触れたように、「形」はコプト語では男性名詞である。そのために、写本Bの並行箇所では三人称・女性・単数形になっていた状態動詞(eso)も、今や前記の引用の記号(c)を付した箇所で三人称・男性・単数形(nafo)に変更されている。写本Bの並行記事に残されていた文法上のその他の不整合も、こちらではすべて除去されている。もちろん、「三重の姿」をしている「形」が男性名詞だというのはあくまでも文法上の事実に過ぎず、この男性名詞の指示対象の性別とは原則的に無関係である。しかし、写本Ⅱは、前述のように、この前後で女性的啓示者には一切言及していないのであるから、読者が「三重の姿」の持ち主を女性的存在と見做すのはほとんど不可能に近い。むしろ、「三重の姿」をした「形」で自己を啓示しているのは、先行する§1—3(特にⅡ**1**$_{1}$、$_{21}$)[21]で言及されていたと思われる「救い主」(男性名詞)、また、同じことであるが、直後の§5の冒頭で弟子ヨハネに初めて直接語りかける「彼」、つまり「キリスト」のことであると読む他はない。ここに明らかになるのは、「救い主キリスト」を啓示の語り手、そう『ヨハネのアポクリュフォン』全体の語り手として全面に押し出そうとする写本IIの傾向性である[22]。

われわれがすでに明らかにしたように、写本III→写本B→写本IIの順で、女性的啓示者バルベーロー・プロノイアの役割を拡大強化しようとする傾向が不断に強まっていった。しかし、この拡大強化は至高神との対比で言えることなのである。そのバルベーロー・プロノイアを「キリスト」と対比する場合には、前者が後者に取って代わられることがある。これが写本IIの導入場面に確認される前記の傾向性が意味することである。この意味では『ヨハネのアポクリュフォン』の写本伝承の歴史は、同時にキリスト教化する度合いが不断に強まってゆく過程でもあったわけである。

以上われわれが『ヨハネのアポクリュフォン』の結び(§80―81)と導入場面(§4)について述べてきたことはすべて、手掛かりとなる本文が量的に限られているばかりでなく、もともとのギリシア語版ならぬコプト語訳でしか残存しないために、多くの点で仮説性を免れない。にもかかわらず、これら二つの枠場面が決して一挙に書き上げられたものではないことは、十分な論拠をもって明らかにされたはずである。二つの枠場面そのものの内部に、時間的には後になってから初めて遂行されたキリスト教化の改変作業と、時間的にはすでにそれに先立って存在していた本文という二つの層が区別されなければならない[23]。もちろん、その先行本文の文面が実際にどこまで再構成され得るかは、該当箇所の現在の本文の保存状況の悪さを考慮すれば、はなはだ不確かである。しかし、このことはわれわれの結論の妥当性を左右するものではない。われわれの想定をもう一度整理すれば、キリスト教化される前の段階の導入場面では、「一人の女」(B21⁹)が啓示者として現れて語っていた。その女性的啓示者は文書末尾の結びの場面(§80―81)に至って初めて、自分をバルベーロー・プロノイアとして明かしていた[24]。他方、彼女の出現に接し、彼女から啓示を受ける人間は現在のキリスト教化された形では弟子のヨハネとされている。しかし、キリスト教化を蒙る前の段階で何という名前の人物とされていたのかは、もはや知るよしもない。その対話相手が女性的啓示者バルベーロー・プロノイアに何と呼びかけていたのかについても同様である。可能性としては、「救い主」(ソーテール)がそれであったかも知れない。この呼称はそのままキリスト教的な意味に、すなわち、「キリスト」を指すものに読み替えが可能であったために、枠場面のキリスト教化を進めた人物も敢えてそれを「キリスト」あるいは「イエス・キリスト」に書き換えることを控えて、そのまま残したのではないかとも考えられる。もちろんこれは最終的には論証不可能な一つの推測に過ぎない。しかし、そう想定するときに初めて、『ヨハネのアポクリュフォン』の現存のすべての写本の枠場面において、なぜ「キリスト」という語が明瞭な形では一度も現れないのか、その理由が明らかになるように思われる。

はじめに

(1)　このため以下の論考では、そのつど問題になる記事が第Ⅳ写本にある場合、その箇所を表記するだけにとどめ、本文の分析は行なわない。

(2)　日本聖書学研究所編『聖書学論集』第五号に初出。その後、荒井献『原始キリスト教とグノーシス主義』(岩波書店、一九七一年)一九六―二一一頁に再録。

(3)　以下そのつどの箇所表記の後に付記される§番号は、『ナグ・ハマディ文書Ⅰ　救済神話』(岩波書店、一九九七年)一一―一二五頁に収録された拙訳(写本Ⅱ、Ⅲ、B)のパラグラフ区分に準ずる。なお、同二八七―三〇八頁には『ヨハネのアポクリュフォン』のコプト語写本、ギリシア語写本の伝承史、内容構成、文学ジャンル、著作目的、資料と思想史上の系譜、成立年代・場所・著者などに関する詳細な訳者解説が付されている。

(4) R. M. Wilson, *Gnosis and the New Testament*, Oxford 1968, p. 110. 括弧内は大貫による補充。

(5) A. Werner, *Das Apokryphon des Johannes, in seinen vier Versionen synoptisch betrachtet und unter besonderer Berücksichtigung anderer Nag-Hammadi-Schriften in Auswahl erläutert*, Diss. (Masch.), Berlin 1977; M. Tardieu, *Écrits gnostiques: Codex de Berlin*, Paris 1984, pp. 26–47. 83–166. 239–345. タルデューは詳細な注解に先立つ序論部で、『ヨハネのアポクリュフォン』の成立史と伝承史に関し、ヨハネ福音書との関係も含めて自説を展開している。しかし、その内容は少なくとも様式史的および編集史的研究を経た福音書研究の現状から見るかぎり、あまりに空想的かつ冒険的で、私としてはひたすら敬して遠ざける他はない。

(6) 詳しくは本書の第Ⅳ部「はじめに」の注(4)参照。

(7) 厳密には一九八七年に独文で発表した拙論 Wiederkehr des weiblichen Erlösers Barbelo-Pronoia, Zur Verhältnisbestimmung der Kurz- und Langversionen des Apokryphon des Johannes, *Annual of the Japanese Biblical Institute* Vol. XIII (1987), pp. 85–143 を改稿したもの。

(8) H.-M. Schenke, Nag-Hammadi-Studien III: Die Spitze des dem Apokryphon Johannis und der Sophia Jesu Christi zugrundeliegenden gnostischen Systems, *ZRGG* XIV (1962) S. 352–361, 特に S. 356.

(9) 校訂本文としては次のものを参照する。W. Till (Hg.), *Die gnostischen Schriften des koptischen Papyrus Berolinensis 8502*, Berlin 1955 (2. Aufl. bearbeitet von H.-M. Schenke 1972; M. Krause/P. Labib (Hgg.), *Die drei Versionen des Apokryphon des Johannes im Koptischen Museum zu Alt-Kairo*, Wiesbaden/Le Caire 1962; S. Giversen, *Apocryphon Johannis, The Coptic Text of the Apokryphon Johannis in the Nag Hammadi Codex II with Translation, Introduction and Commentary*, Copenhagen 1963; M. Waldstein/F. Wisse (ed.), *The Apocryphon of John, Synopsis of Nag Hammadi Codices II, 1; III, 1; and IV,1 with BG 8502, 2*, Leiden 1995 (*NHMS* XXXIII).

第1章

(1) グノーシス主義救済神話の多くは人間を三つの部分から成ると考える。心魂的人間は霊的(神的)部分と肉体的(物質的)部分の中間に位置する部分。さらに詳しくは「はじめに」の注(3)に挙げた『ナグ・ハマディ写本Ⅰ　救済神話』の巻末に付された「補注　用語解説」七頁を参照。

(2) ギリシア語「プロノイア」が「先に」を表す前置詞「プロ」と「思考」あるいは「知恵」を表す「ノイア」の合成語であるのに対して、「エピノイア」は「後から」を表す前置詞「エピ」と「ノイア」の合成語であり、『ヨハネのアポリュフォン』では「後からの配慮」の意味に取ると神話の筋によく適合する。

(3) 写本Ⅲ **7**^{16}、**9**^{23}、**21**^{10}、**23**^{1}、**39**^{4} (不確実な形では **8**$^{5, 10}$、**37**^{19})、写本B **27**^{10}、**28**$^{4, 10}$、**30**$^{13-14}$、**31**^{3}、**47**^{6}、**72**^{18}、**75**^{2}、写本Ⅱ **5**^{16}、**6**^{5}、**7**^{22}、**14**^{20}、**23**$^{24, 29}$、**24**$^{13-14}$、**28**^{2}、**29**^{2}、**30**$^{12, 24, 35}$、**31**^{11} (不確実な形では **4**^{32}、**6**$^{22, 30, 31-32}$)。

(4) R. Kasser, Bibliothèque gnostique I: Le livre secret de Jean: *Ἀπόκρυφον Ἰωάννου*, *RThPh* 97 (1964) pp. 140–150 (特に pp. 144–145)は、これとは逆に、写本Bがギリシア語原本の読みに最も近く、写本Ⅲは比較的遅い段階の読みと見做す結論に至っている。しかし、カッセのその後の判断は揺れており、同じ年に別の専門誌に発表した論文では、ギリシア語の借用語の統計的頻度から見ると、写本Ⅲはやはり比較的遅い写本と思われるものの、本文の形態そのものにおいては原本に最も近い写本であるとしている (Le "Livre secret de Jean" dans ses différentes formes textuelles, *Le Muséon* 77/1964, pp. 5–16, 特に pp. 14–15)。

(5) 「バルベーロー」の別表記。

(6) この説明的挿入文についてはW. Till, *Koptische Grammatik: Säidsicher Dialekt*, Leipzig 1966 (3. Aufl.), §464を参照。Ⅲ **7**$^{12-19}$に並行するB **27**$^{5-14}$には合計三回この定式的挿入文が現れる(**27**$^{8、10}$ ete tai te, **27**^{13} ete intos te)。すなわち写本Ⅲに比べて二回増加している。

(7) Ⅲ **10**^{22}/B **31**$^{17-18}$、Ⅱ **7**^{11}/Ⅳ **10**$^{28-29}$、Ⅲ **11**^{7}/B **32**^{9}、Ⅱ **7**^{20}/Ⅳ **11**^{12}、Ⅲ **12**^{21}/B **34**^{12}、Ⅱ **8**^{23}/Ⅳ本文欠損、Ⅲ **13**$^{6-7}$/B **35**^{8}、Ⅱ **9**^{2}/Ⅳ本文欠損。

(8) 長写本の並行箇所も同じ定型句による挿入文になっている。II **7** 31「その光――とはすなわち、キリストのことである」(ete pai pe pechrs)。『エジプト人の福音書』(NHC Ⅳ/2)**59** 16(『ナグ・ハマディ文書Ⅱ 福音書』岩波書店、一九九八年、一二七―一七二頁所収の筒井賢治訳では§15)と**60** 7(同§16)でも同じ定型的挿入文によって「キリスト」の語が二次的に付加されている。これが二次的付加であることについては A. Böhlig/F. Wisse (ed.), *Nag Hammadi Codices III, 2 and IV,2 = The Gospel of the Egyptians*, Leiden 1975 (*NHS* IV), pp. 46. 175; A. Böhlig, Triade und Trinität in den Schriften von Nag Hammadi, in: B.Layton (ed.), *The Rediscovery of Gnosticism*, Leiden 1981, Vol. 2, pp. 617–634 (特に p. 627)を参照。「キリスト」の語が二次的に付加されている事例はナグ・ハマディ文書の中に他にも少なからず見つかるはずであるが、そのすべてをここに列挙する必要はないであろう。

なお、『ヨハネのアポクリュフォン』の短写本の場合、二次的な付加と思われるこれらの箇所を含めて、「キリスト」の訳語が現れるすべての箇所において、コプト語原本ではXRC(写本Ⅲ)あるいはXC(写本B)という短縮表記が行なわれている。「キリスト」はこれをギリシア語 *Χριστός* の短縮表記と解する場合の訳語である。ギリシア語 *Χρηστός* の短縮表記と見れば「至善なる者」となり、「独り子」(アウトゲネース)が至高神から「至善によって塗油」される(Ⅲ **9** 24/B **30** 14–15、§20)ことを受けた語呂合わせになる。この後者の解釈と訳語を採用する場合は、前者の場合に比べて、二次的なキリスト教化の痕跡が稀薄になる。

念のため付記すれば、長写本は短写本が前記の短縮表記を行なっている箇所に並行する箇所で、一貫して「主」の語を用いている。「主」はコプト語では TSCHOEIC と発音される。最初の子音 TSCH はコプト語固有の字母一文字で表記されるが、その文字がギリシア語の字母Xときわめて似ているため、特に手書きの写本の場合、一見しただけでは区別が困難な場合が多い。さらにこの語は頻度が大きいために最初の文字(TSCH)と最後の文字(C)だけで短縮表記(TSCHC)されることがある。こうなると前記の短写本の短縮表記の内の XC と非常に見誤りやすい。W・ティルは写本Bの校訂初版(「はじめに」の注(9)参照)に付した注(五五、一三一頁)において、写本Bの写字生がまさにこの見誤りを犯したのではないかと想定している。すなわち、その写字生は目の前にしていた元の写本では短縮表記で TSCHC(=「主」)となっていたのに、これを見誤ってXC（＝「キリスト」あるいは「至善なる者」）に読み換え、かつ書き換えたというのである。理論的には蓋然性のある想定だと思われる。

(9)　「はじめに」の注(8)に前出。

(10)　H.-M. Schenke, *op. cit.*, p. 361.

(11)　この点について研究史の早い段階で交わされた議論の詳細に関しては、「はじめに」の注(2)に挙げた荒井献の論文の他に次のものを参照。W. C. van Unnik, *Evangelien aus dem Nilsand*, Frankfurt a. M. 1960, S. 92; R. Kasser, *RThPh* 97 (1964) pp. 140–150(特に p. 146, n. 1); M. Krause, Der Stand der Veröffentlichung der Nag-Hammadi-Texte, in: U. Bianchi (ed.), *The Origins of Gnosticis*, Leiden 1967, pp. 61–89(特に p. 75); K. Rudolph, Gnosis und Gnostizismus, Ein Forschungsbericht, *ThR* 34 (1969) S. 121–175(特に S. 141–147) および R. M. Wilson, *op. cit.*, pp. 107–109. 最後に挙げたウィルソンはもともとキリスト教とは関係のなかった原本が二次的にキリスト教化されたという説に傾いているが、最終的な判断は保留して、問題を未決のままにしている(同著者によるその後の論考 "Gnosis/Gnostizismus", *TRE* 13/1984, S. 535–550 特に S. 545 も参照)。他方「ベルリン・グノーシス研究会」が一九七三年に公表した見解によれば、『ヨハネのアポクリュフォン』が二次的に初めてキリスト教化された文書であることは、余りにも当然の前提である。K.-W. Tröger (Hg.), *Gnosis und Neues Testament, Studien aus Religionswissenschaft und Theologie*, Berlin/Gütersloh 1973, S. 24 参照。それではこの「ベルリン・グノーシス研究会」を率いるシェンケは、彼が再構成してみせた原型神話の冒頭部分を、その二次的なキリスト教化と時系列上どう関係づけるのだろうか。H・M・シェンケ自身はこの点について明瞭な形では見解を明らかにしていない。しかし、彼の学生であるA・ヴェルナー(前掲書四三頁)がこの点では論理的に首尾一貫した帰結を導き、シェンケの原型神話の冒頭部に立つ「父」、「母」、「子」の三柱の神について、「もともとはキリスト教と無関係で、むしろセツ派に由来する至上の三神」という呼び方をしている。

　このように二次的なキリスト教化を想定することがその後現在までの研究の趨勢であるが、例外はB・アーラントである。彼女にとっては、早くから、『ヨハネのアポクリュフォン』はそもそもの当初からキリスト教的要素を根本的なものとして前提している文書である。B. Layton (ed.), *op. cit.* Vol. 1 に収められた彼女とH・ヨナスの討論(特に三四七頁)を参照のこと。

(12) 「アウトゲネース」という称号は、いわゆるセツ派の系譜に属するとされる文書では、至上の三柱の神的存在の内の「子」身分に当たる存在を指す場合が多い。この点についてはH.-M. Schenke, Die neutestamentliche Christologie und der gnostische Erlöser, in: K.-W. Tröger (Hg.), *op. cit.*, pp. 205–229 (特に p. 216) と A. Werner, *op. cit.* p. 42 を参照。なおこの点に関連して R. van Den Broek, Autogenes and Adamas, The Mythological Structure of the Apocryphon of John, in: M. Krause (ed.), *Gnosis and Gnosticism*, Leiden 1981 (*NHS* XVII), pp. 16–25 が、別の根拠に基づいて、興味深い仮説を提出している。それによると、『ヨハネのアポクリュフォン』が現在プレーローマについて語っているところは、もともと別個のものであった二つの神話を合体させたものである。その一つは「天的原人」について物語るものである。これが別名「アントローポス」あるいは「アウトゲネース」と呼ばれ、不可知の至上の存在である「父」の最初の顕現であると同時に、他方では天的「アダム」の産みの親である。もう一つは「父」、「母」、「子」という「三位一体論的」な図式で展開する神話である。さらにヴァン・デン・ブロエクはこの観点からエイレナイオス『異端反駁』第一巻二九章をも吟味して、そこではアウトゲネースに神話論上適切な役割が付与されていない——これは事実その通りである——ことを指摘する。言い換えれば、そこでは前記二つの神話系列が相互にまだ十分に統合されていないというのである。そこから彼は、エイレネイオスが報告する神話の方が、二つの神話系列の統合がはるかに進展した形になっているコプト語写本よりも、伝承史的に古いという結論を導いている。後出の第3章注(14)で述べるように、われわれはある重要な一点においてこの仮説と意見を異にする。

(13) H.-M. Schenke, ***ZRGG* XIV** (1962) S. 361. ここでシェンケが問題にしているのは、『ヨハネのアポクリュフォン』の現存の神話で言えば、「ソフィアの過失」の段落(§26)に該当する。

(14) この問題は、グノーシス主義の系譜学の中で語られるいわゆる「セツ派」といわゆる「バルベーロー派」が歴史的にどう関係し合うのかという問いとの関連でさらに吟味される必要がある。その際重要になってくるのは、「バルベーロー」という名前がプレーローマ界の成立の場面内でしか現れない(最後に現れるのは**III 11** 5/**B 32** 6、**II 7** 17/**IV 11** 9)のに対して、

「プロノイア」の方は文書全体を貫いてその結び部分にまで及んでいるという事実である。この点については Y. Janssens, L'Apocryphon de Jean, *Le Muséon* 84 (1971) pp. 403–432 (特に p. 430) を参照。

(15) H.-M. Schenke, *ZRGG* XIV (1962) S. 356.

(16) シェンケ自身は彼の言う原型神話の救済論をどう考えるべきかについては、何も発言していない。しかし、彼の仮説から論理的な帰結を導けば、ここに述べたようになると思われる。とは言え、この帰結は、エピノイアによって正されたソフィア自身も、かつての自分の過失から生じてきた子孫を救うためにエピノイアと一緒に働き続けるという可能性を排除するものではない。ソフィアのそのような積極的な救済活動について語っているとしてシェンケ (op. cit., p. 357) が挙げている箇所を、われわれとしてはそう理解する。ただし、K. M. Fischer, *Tendenz und Absicht des Epheserbriefes*, Göttingen 1973 (*FRLANT* 111), S. 189–191 は『ヨハネのアポクリュフォン』のソフィアにいかなる意味でも救済論的役割 (Sophia-Salvator) を認めない。ソフィアはむしろ救済の対象 (Sophia salvanda) に留まっていると言う。

(17) W・ティル (「はじめに」の注(9)に挙げた写本Bの校訂本初版一九一頁の脚注)、S. Giversen, *op. cit.*, pp. 272–273, A. Werner, *op. cit.*, p. 231 がこの見解である。

(18) ギーベルセンはこの見解を文献学的にきわめて説得的に論証している。それによると、§80の短写本の冒頭 (Ⅲ **39** 13–14／B **75** 14–15) に「最初に私はあの完全なるアイオーンのもとへ昇った」(B写本 nschorp aiei ehrai epiaion intelios) とある文章は、同じ§80の長写本の本文 (Ⅱ **30** 11–**31** 27) の冒頭部分「なぜなら、私は太初に (inschôrp) 存在し、すべての行く道を行ったのだから」(Ⅱ **30** 13–14) と結び部分「そして見よ、今や私は完全なるアイオーンへと昇って行こう (einabok ehrai apteleion inaiôn) としている」(Ⅱ **31** 26–27) からそれぞれの傍点部を採って合成したものと見做すことができる。

　これと異なり、R. Kasser, *Le Muséon* 77 (1964) p. 15 は短写本と長写本とで異なる二つの本文伝承を想定する。荒井献、前掲書 (「はじめに」の注(2)参照) 二〇五―二〇六頁と C. Colpe, Heidnische, jüdische und christliche Überlieferung in den Schriften aus Nag Hammadi V, *JAC* 19 (1976) S. 120–138 (特に S. 125) は長写本の§80は短写本の並行記事を事後的に拡大したものだと見做す。その際荒井は、短写本の本文も元来の形を保持しているわけではないことを慎重に付記している。しかし、長写本の本文は短写本の本文に対する「キリスト教的拡張解釈である」(二〇六頁)とする荒井の最終的結論には説得力がない。なぜなら、荒井の議論全体が長写本の§80をすでに『ヨハネのアポクリュフォン』全体の結びと見做している点で、誤った前提に基づいているからである。そのため荒井は、この段落で自己を啓示しながら語っている「私」(=プロノイア)を、後続の§81、すなわち文字通り文書全体の結びで初めて語り手として現れる「キリスト」(厳密には言えば「救い主」、II **31**[32]／IV **49**[14])から区別できない結果となっている。これに対してわれわれの判断では、長写本の§80は、詳しくはなお後述する通り、確かに文書の「枠づけ」部分に該当するものの、時間的には、「救い主」と弟子ヨハネの間で交わされる明瞭にキリスト教的な枠場面である§81がその後さらに加わる一歩手前の段階に位置づけられるべきものである。われわれの文書はこの明瞭にキリスト教的枠場面§81を付加される前の段階では、第一義的には女性的な、しかし同時にさまざまな姿に変容する啓示者としての「プロノイア」を語り手とする「秘密の教え」(アポクリュフォン)であったと推定されるのである。それでは、その段階の枠場面はどこに、どのように発見されるのか、されないのか。この問いに適切に答えるためには、われわれはまず現存の形での『ヨハネのアポクリュフォン』のすべての写本においてプロノイアが果している役割を踏査してみなければならない。その踏査が首尾よく果されれば、『ヨハネのアポクリュフォン』が辿ったキリスト教化のプロセスは、荒井が想定するよりはるかに複雑なものであったことが明らかになるであろう。すなわち、そのキリスト教化は、もともと何の枠場面も持たなかった原本の冒頭部と結びの部分に「救い主」キリストと弟子ヨハネの間の対話が事後的に付加されただけで完了したかのような単純な話ではないのである。

(19) この見解はS. Giversen, *op. cit.*, p. 273 と Y. Janssens, *Le Muséon* 84(1971) p. 428と一致し、H.-M. Schenke, *ZRGG* XIV(1962) S. 356と荒井献、前掲書二〇一頁に反対するものである。荒井はわれわれが「父母なる者」と訳したコプト語maau ieiot(III **39**[11]／B **75**[11])を「父のような母」と訳し、これを「明らかにソフィアのことである」と解する。しかし、この解釈は荒井が主張するほど自明のものではない。

確かに『ヨハネのアポクリュフォン』(特に短写本)ではソフィアがしばしば「母」と呼ばれている。しかし、同時にプロノイアも、頻度的には劣るものの、きわめて明瞭に「母」と呼ばれている(III **13**[16]／B **53**[19]、§24)。B **71**[6](§76)の「憐れみに富む母」も無造作にソフィアと同定はできない。この箇所のこの表現は「聖なる霊」についての文言と結合されているが、その「聖なる霊」は明らかに二次的な付加であることを匂わせる挿入文「これは光のエピノイアのことである」によって、「光のエピノイア」と同定されている（B **71**$^{7-10}$／Ⅲ **36**$^{21-22}$）。さらにこの「光のエピノイア」はそのほんの少し後では（B **72**$^{17-19}$／Ⅲ **37**$^{18-20}$、§78）、やはり同様の挿入文によって、「プロノイアの大いなる者」と呼び直されているのである！従って、これらの挿入文による一連の言い直しを逆に辿ると、前述のB **71**^{6}の「憐れみに富む母」もバルベーロー・プロノイアを指すのでなければならない。他方では、目下われわれが問題にしているⅢ **39**^{11}／B **75**^{11}の「父母なる者」（荒井「父のような母」）も同じ「憐れみに富む」という形容句を伴っている。このことは、私の判断では、この「父母なる者」もバルベーロー・プロノイアに他ならないことを強力に示すものである。もし仮にこれがソフィアを指すのだとすれば、その他の箇所のソフィアは終始ただ単純に「母」と呼ばれているのに、この箇所においてだけ「父母なる者」と呼ばれていることになる。荒井はその理由を「憐れみに富む」の形容句がここで付加されていることに求めるが、理由として十分なものだとは思われない。この形容句はむしろ、至高神と対の形で存在するバルベーロー・プロノイアにより良く適合する。このバルベーロー・プロノイアは、本論考が以下個々に立ち入って論証する通り、『ヨハネのアポクリュフォン』の伝承史の経過につれて常に強度を高めながら、「母父」(*μητροπάτωρ*)と呼び直されて行くのである。具体的な一例を挙げれば、写本B **71**^{6}の前述の「憐れみに富む母」は長写本の並行箇所Ⅱ **27**^{33}／Ⅳ **43**^{9}では、まさに「母父」に変えられてしまっている。しかもこの変更は、荒井が、すでに前注(18)で触れたように、§80から開始している見做すとキリスト教的枠場面とは原理的に無関係である。むしろこの変更は、それよりはるかに大規模な形で『ヨハネのアポクリュフォン』の伝承史全体を支配している特定の発展傾向の一部なのである。すなわちそれは、バルベーロー・プロノイアの役割を不断に拡大強化しようとする傾向である。その発端は『ヨハネのアポクリュフォン』の原本のキリスト教化が始まるずっと以前にまで遡り、そのキリスト教化が始まった時には、実際の進展の程度はともかくとして、既存の事実であったと考えられねばならない。

最後に、Ⅲ **32**$^{9-22}$がB **63**^{16}―**64**^{13}（いずれも§69）で受けている改変もこの傾向との関連で評価されなければならない。Ⅲ **32**^{10}に「あの母親」とあるのは、間違いなくソフィアを指している。ソフィアの上に「彼女自身のものなる霊」が助け手として派遣されるのである。ところが、これに場面的に並行するB **63**$_{16}$においては、「あの母親」が「彼女のものなる霊」を送っている。シェンケ(*ZRGG* XIV/1962, S. 357, Anm. 15)は写本Bのこの箇所の本文を tmaau aoutinnoou nas impetepos pe と修正して、「あの母親(tmaau)、彼女に(nas)彼ら(＝受動態の言い換えのための不特定多数の第三者を指す)は彼女のものなる霊を送った」と訳す。荒井はシェンケのこの提案に従って、写本Bの「あの母親」をもソフィアの意味に解する。しかし、シェンケの提案は単純に写本Ⅲの読みに合わせようとするもので、それ以上の文献学的な根拠があるわけではない。われわれの判断では、シェンケが提案する本文の修正は無用である。なぜなら、写本Bの「あの母親」はバルベーロー・プロノイアを指し、バルベーロー・プロノイアが彼女自身の霊をソフィアの助け手として送り出しているのだと解し得るからである。シェンケと荒井はこの解釈では前後の文脈とのつながりが破壊されると言う。しかし、これは「霊を送った」(B **63**$_{18}$)の間接目的語を表す人称代名詞・女性・単数・与格形の nas を無理をしてでもあくまで先行する文章(B **63**$_{16}$)中の「あの母親」に掛けようとするところから生まれてくる判断である。ところが、この与格形をむしろ直後に続く文章に現れる単数形の女性名詞「本質」(ousia)に掛けて、「その霊は、自分に等しい本質を呼び起こすために、その(本質)のもとへ到来した」(B **63**$_{19}$)と訳すことも文法的には十分以上に可能なのである。この「本質」はここでは救い出されるべき神的種族を指している。バルベーロー・プロノイアが彼らを救うために彼女自身に属する霊を送り出すのである。文脈上の繋がりには何の困難もない(すでに Y. Janssens, *Le Muséon*, 84/1971, p. 421 がこの見解であり、その後 A. Werner, *op. cit.*, p. 197 も賛同している)。加えるに、長写本の並行箇所(Ⅱ **25**$_{3}$／Ⅳ **38**$_{29}$)は短写本の「あの母親」を「あの別の母親」(tkemaau)と書き換えている。長写本のこの表現はバルベーロー・プロノイアを指すものと解されねばならない。そう解するならば、ここには前述の傾向がきわめてくっきりと見て取れることになる。すなわち、Ⅲ **32**$_{10}$(「あの母親」＝ソフィア＝受動的)からB **63**$_{16}$(「あの母親」＝バルベーロー・プロノイア＝能動的)を経てⅡ **25**$_{3}$／Ⅳ **38**$_{29}$(「あの別の母親」＝バルベーロー・プロノイア＝能動的)まで、バルベーロー・プロノイアの果す役割が不断に拡大強化しているのである。写本B(**63**$_{16}$)はその拡大強化の中間段階を表しているのであるから、本文修正というような無理を犯してまで「あの母親」をソフィアの意味に取ることは控えるべきである。

(20)　S. Giversen, *op. cit.*, p. 273も表現は異なるが実質的に同じ見解である。

(21)　これは**29**$^{9-10}$のコプト語本文 ete pehoueit inrôme pe をその直前にある「父」に掛かる説明的関係文と解する訳であり、R. Kasser, Bibliothèque gnostique II, *RThPh* 98 (1965) pp. 129–155 (特に p. 146) とM. Tardieu, *op. cit.*, p. 96の訳文と一致する。しかし、ティルとシェンケ(写本Bに付したドイツ語の対訳)はその「父」よりもさらに前(**29**$^{8-9}$)に出る「五個組」をこの関係文の先行詞と見做して、「これが父のアイオーンの五個組である、すなわち、第一の人間、見えざる者の影像……」と訳している。われわれの訳では「第一の人間」は「父」を指すが、この訳では以下列挙されるべき「父の五個組」の構成要素の最初の項になる。しかし、こう訳し得るためには、先行詞とされる「五個組」が女性名詞なのだから、コプト語の文法に照らせば、前記の関係文中の定動詞 pe もそれに応じた女性形 te になるべきである。事実、この関係文の直後(**29**^{10})に在って「見えざる者の影像」に掛かる説明的関係文「とはすなわち、バルベーロー」(ete intos te tbarbêlô)は、先行詞の「影像」が女性名詞であることを受けて、定動詞を女性形 te にしている通りである。われわれの訳はこの無理を解消するものである。この場合、「父の五個組」の個々の構成要素の列挙は「見えざる者の影像」から始まることになる。なお、写本Ⅲの並行箇所(**9**^{4})もやはり説明的関係文(et[e int]of pe pehoueit inrôme)になっている。定動詞は男性形(pe)である。ところが写本Bと違い、「父」だけでなく、「五個組」も男性名詞で表記されているために、先の関係文はこのどちらにも掛かり得る。写本Bとの並行性を保つべきだとすれば、「父」に掛かると見做すべきであろう。

(22)　この箇所についても前注(21)で述べたのと全く同じ翻訳上の問題が生じる。説明的関係文「[とは]すなわち、『第一の人間』のことである」の定動詞は男性形(pe)であるから、女性名詞で表記されている「五個組」(pentas)ではなく、男性名詞「父」を先行詞と解するべきである。ここでもR・カッセとM・タルデューの翻訳に賛成しなければならない。S. Giversen, *op. cit.*, p. 57も同様の見解と思われる。しかし、M. Krause, *op. cit.*, p. 123とF. Wisse, *op. cit.* (「はじめに」の注(9)), p. 39は、前出注で言及したティル・シェンケ説に準じている。

(23)　本文が判然としない箇所。「神的」の後に「かつ真実な」と補う提案がある(S. Giversen, *op. cit.*, p. 58; F. Wisse, *op. cit.*, p. 47)。

(24) 「立像のかたち」はコプト語では hin outypos inandreas である。H.-M. Schenke, *Der Gott "Mensch" in der Gnosis*, Göttingen 1962, S. 35; ders., *OLZ* 59 (1964) S. 551 はこの表記の背後に「立像」を意味するギリシア語 ἀνδριάς があると推定する。R. Kasser, Bibliothèque gnostique III, *RThPh* 99 (1966) pp. 165–181 (特に p. 174) も同じ見解である。S. Giversen, *op. cit.*, p. 73 は inandreas を「男」を意味する別のギリシア語 ἀνήρ の属格形 (ἀνδρός) から導出し、「人」という一般的な意味に訳す。A. Werner, *op. cit.*, p. 122, n. 1 はシェンケ説に対して批判的で、むしろギリシア語の形容詞 ἀνδρεῖα/-ος の属格から説明し、やはり「人間の」という一般的な意味で訳す。ヴェルナーのシェンケに対する批判には当たっているところもあるものの、提案されたギリシア語の形容詞をこの意味に訳し得るか否かは疑わしい。われわれはシェンケの提案に従ってギリシア語 ἀνδριάς を採る。しかし、このギリシア語の第一義は H. G. Liddell/R. Scott, *A Greek-English Lexicon*, Oxford 1961 (9. ed.), p. 128b に従えば、「立像」ではなく、むしろ「人間のかたち(イメージ)」である。もしこの語義を優先するとすれば、われわれの箇所の前記のコプト語本文はこの語の直前にもやはり「かたち」を意味するギリシア語 τύπος を置いているから、ἀνδριάς はコプト語で名詞の属格あるいは形容詞に付される前綴り in を伴ってそれに同格的に付け加えられたものと解される。

(25) 前出注(21)(22)参照。

(26) W. Till, *op. cit.*, pp. 322–323, A. Werner, *op. cit.*, pp. 37–38 参照。

(27) S. Giversen, *op. cit.*, pp. 170–171.

(28) Ⅱ**23**$_{26}$／Ⅳ**36**$_{22}$の「私」とⅡ**30**$_{11-12}$／Ⅳ**46**$_{23}$以降の「私」の同一性はすでに S. Giversen, *op. cit.*, p. 271 が見て取り、これをプロノイアの意味に解している。しかし、荒井献、前掲書二一〇—二一一頁にとっては、Ⅱ**23**$_{26}$／Ⅳ**36**$_{22}$の「私」は一貫して「キリスト以外ではあり得ない」。A. Werner, *op. cit.*, p. 184 が正当にも荒井のこの思い込みを批判している。

(29) 短写本では「光のエピノイア」の代わりに「思考」(Ⅲ**27**$_{2}$／B**55**$_{15}$)。

(30) この点に関連して Y. Janssens, *Le Muséon* 84 (1971) pp. 416–417, 426 の発言が注目に値する。彼女によれば、エピノイアとプロノイアがこのような関係に置かれるために、そのつどの場面で一体どちらが問題になっているのか断定することが困難になっている。これはまさにその通りである。ただしヤンサンには、この点において短写本から長写本へ至る間で一定の発展傾向が見て取れるという認識はない。

(31) A, Werner, *op. cit.*, p. 190. ヴェルナーはこの理由から、この箇所に事後的な「編集作業」を見て取ろうとしている。そのような「編集作業」をむしろ写本Ⅱ全体に特徴的な傾向性と見做して、それを組織的に取り出してくるべきだというのがわれわれの当研究を支える見解であり、立場である。

(32) すでに引いた訳文では日本語の語順に制約されているために見えにくいが、コプト語の原文では引用部分の第一行に属する。

(33) S. Giversen, *op. cit.*, p. 239 (p. 168 も参照)。

(34) G. Quispel, The Demiurge in the Apocryphon of John, in: R. M. Wilson (ed.), *Nag Hammadi and Gnosis, Papers read at the First International Congress of Coptology Cairo December* 1976, Leiden 1978 (*NHS* XIV) pp. 1–33, 特に p. 32 も全く同じ見解である。

(35) A. Werner, *op. cit.*, p. 123.

(36) A. Werner, *op. cit.*, p. 35 (Ⅱ **5** 6–7 に関して)。

(37) A. Werner, *op. cit.*, p. 123.

(38) A. Werner, *op. cit.*, ibid.

(39) S. Giversen, *op. cit.*, pp. 168, 257.

(40) S. Giversen, *op. cit.*, p. 168 と A.Werner, *op. cit.*, p. 36 はバルベーローを指すと見る。

(41) 例えば M. Tardieu, *op. cit.*, p. 317 はあたかも当然であるかのごとくバルベーローを指すと解している。

(42) 前出の注(37)(38)を付した引用を参照。

(43) この点に関連して改めて注意したいのは、「母父」の呼称が短写本では「父母なる者」の形でただ一度だけ、しかも文書の結びの部分(§80)にしか現れないということである。この事実は逆に長写本の神学的特徴を明らかにする上で、しかるべく評価されるべきである。短写本の「父母なる者」については前出注(19)参照。

(44) この点については H.M. Schenke, *Der Gott "Mensch"*, *op. cit.*, pp. 38, 107 の観察がはるかに優っている。それによれば、「第一の人間」は元来は至高神にだけ留保されていた呼称であったが、やがてバルベーローにも転用されるに至った。そして、この傾向は『ヨハネのアポクリュフォン』それ自体の中ですでに始まっていると言う。しかし、シェンケはこの視点からこの文書の複数存在する写本を相互に比較することによって、伝承史の発展傾向を析出する研究には至っていない。なお、他のいくつかのナグ・ハマディ文書についても同じような消息が認められる。『エジプト人の福音書』について A. Böhlig/F. Wisse, *op. cit.*, p. 185 参照。

(45) S. Giversen, *op. cit.*, p. 280.

(46) M. Tardieu, *op. cit.*, p. 298 は短写本と長写本の伝承史的関係をわれわれとはまるで正反対に想定する。われわれは本文に述べたことを根拠にタルデューの説を退ける。

(47) 前出注(13)を付した引用を参照。

(48) 『ヨハネのアポクリュフォン』の本文あるいは写本伝承の系統図を再構成することはきわめて困難である。そのような再構成の試みとしては、これまでのところ S. Giversen, *op. cit.*, p. 282 が唯一のものである。われわれがここで四つの写本に言及する順番はあくまで伝承の発展傾向を示すためのものであり、その内どれか一つが他の写本に直接依存しているかどうかの問いとは原則的に区別されなければならない。この後の問いは本論考ではなお未決である。

(49) 短写本が文書の結びの部分で事後的な「切り詰め」を蒙っているという説については、次節「バルベーロー・プロノイアと世界史」で立ち入って論証する。

(50) 詳しくは本論考の第3章で述べる。

(51) ギーベルセンは長写本IIの本文の形態については、これを短写本のそれよりも原本に近いと見做すが、神人同形論に対する忌避については、これを伝承史の比較的遅い段階で二次的に進展したものと見做している(*op. cit.*, p. 280)。この忌避は後二—三世紀のキリスト教の内外の思想史の中で決してそれだけ孤立した現象ではなく、この時代の異端と正統の両方に跨がって確認される。その典型的な例が神のアパシーという理念である。アテナゴラス、ユスティノス、エイレナイオス、アレクサンドリアのクレメンス、オリゲネスなどに加えてマルキオンにいたるまでの人物が、明示的であれ非明示的であれ、この理念をどのように共有しているか、その際にストア派の哲学における定義と論拠をどのように用いているか。これらの問いについてはすでにM. Pohlenz, *Die Stoa, Geschichte einer geistigen Bewegung*, Bd. I, Göttingen 1964 (3. Aufl.), S. 411–428が立ち入った論究を行なっている。さらにI. S. Gilhus, Male and Female Symbolism in the Gnostic Apocryphon of John, *Temenos* 19 (1983) pp. 33–43も長写本の神人同形論に対する忌避との関連で注目に値する。この論文によれば、短写本は明瞭に女性性よりも男性性を高く評価しているのに対して、長写本は多くの点でこれに修正を加えて、女性性により大きな救済論的能力と働きを付与している。この結論はバルベーロー・プロノイアの役割が伝承史の進展について不断に拡大強化してゆくという本論考が示した傾向と軌を一にするものである。

第2章

（1）以上についてさらに詳しくは H.-M. Schenke, Das sethianische System nach Nag-Hammadi-Handschriften, in: P. Nagel (Hg.), *Studia Coptica*, Berlin 1974, S. 165–173（特に S. 167–168）を参照。その外に M. Tardieu, *op. cit.*, p. 272; C. Colpe, Gnosis II (Gnostizismus), *RAC* 11 (1981), S. 537–659（特に S. 633）も同様の見解が表明されている。G. C. Stroumsa, *Another Seed, Studies in Gnostic Mythology*, Leiden 1984 (*NHS* XXV), pp. 104–105も『アダムの黙示録』について同様な図式を取り出そうと試みている。

（2）H.-M.Schenke, *op. cit.*, p. 169. シェンケによれば、「三回にわたる救済者の到来」という同じ表象は『エジプト人の福音書』（Ⅲ **63**$^{4-8}$、§48）と『アダムの黙示録』（**76**$^{8-17}$、§25）にも認められると言う。しかし、『アダムの黙示録』の場合、実際にはそのような試みは多くの困難に直面する。詳しくは『ナグ・ハマディ文書Ⅳ　黙示録』（岩波書店、一九九八年）に収めた『アダムの黙示録』の拙訳の巻末解説三〇二—三二二（特に三一四）頁を参照。

（3）A. Werner, *op. cit.*, p. 70.

（4） 第1章注(19)とその本文を参照。

（5） tkemaau(Ⅱ **25** ^{3}／Ⅳ **38** ^{29})を「あの別の母親」と訳すのはM. Krause, *op. cit.*, p. 179とM. Tardieu, *op. cit.*, p. 148のみである。他の訳者は「あの母親もまた」と訳す。S. Giversen, *op. cit.*, p. 95; R. Kasser, *RThPh* 100 (1967), p.15; F. Wisse, *op. cit.*, p. 143の他にE. Lüddeckens, *GGA* 218 (1966), p. 9も参照のこと。純粋に文法的にだけ言えば、どちらの翻訳も可能である(W. Till, *Koptische Grammatik, op. cit.*, §230)。従って、ここでは内容的な判断で決着をつける他はない。その重要な岐路となるのが、この単語を含めて構文的に過重な形になっている目下の文章全体(Ⅱ **25** $^{3-4}$)をどう読解するかである。私にはE・リュデッケンスによる次の訳文が最も適切だと思われる。「彼女(＝tkemaauを受ける)が彼女の霊を、彼女に似た女の姿で、また、プレーローマに在る者の影像として、下方へ送った」。ただし、リュデッケンスはこの訳文を前後の文脈と内容的にどう繋ぎ合わせるかを示していない。しかし、問題のtkemaauを受ける冒頭の「彼女」をバルベーロー・プロノイア以外のものに掛けるのは困難である。なぜなら、ここでセツに送られた霊はいずれにせよ女性的存在と考えられているからである。長写本でそのような霊たり得るのは「光のエピノイア」しかいない(Ⅱ **20** $^{15-17}$、**27** ^{33}—**28** ^{2}を参照)。すでに論証した通り、そのエピノイアの背後にはほとんど常にプロノイア(バルベーロー)が立っているから、目下のtkemaauもバルベーロー・プロノイアを指すと解すべきである。この点に関するM. Tardieu, *op. cit.*, p. 329の議論は正しい。それではなぜプロノイアがわざわざ「あの別の母親」として「母親ソフィア」から区別される必要があるのか。この点については第1章注(19)を参照のこと。A. Werner, *op. cit.*, pp. 196–197もわれわれと同じ解釈に賛成し、この解釈を採ると、目下の場面とアダムにエピノイアが派遣される場面(§57)の間に並行関係が生まれることを指摘している。いずれの場面も、世界史の過程を貫いて救済者あるいは啓示者が繰り返し現れるという観念——グノーシス研究の用語で「連続的啓示」と呼ばれる観念——に属することになる。

第3章

（1） この箇所の写本Ⅲの本文は完全に喪失しており、写本Ⅳはあまりに断片的で判読できない。

（2）　Ⅱ **1** 1、21とⅣ **1** 1にも「救い主」の語が現れていた可能性があるが、残念ながら本文が損傷していて不確実。

（3）　「はじめに」の注（9）に挙げた写本Bの校訂本（第二版）の初版（一九五五年）の当該箇所。R. Kasser, *RThPh* 98（1965）, p. 135も同様の見解。並行する長写本の箇所Ⅱ **2** 6に関してはS. Giversen, *op. cit.*, p. 48 M. Krause, *op. cit.*, p. 112が同じ見解。

（4）　「はじめに」の注（9）に挙げた写本Bの校訂本（第二版）の該当箇所（p. 83）参照。シェンケがこの読みを提案する根拠については、H.-M. Schenke, Bemerkungen zum koptischen Papyrus Berolinensis 8502, in: *Festschrift zum 150 jährigen Bestehen des Berliner Ägyptischen Museums*, Berlin 1974, S. 315–322（特にS. 321–322）に詳しい。

（5）　前注（4）と同じ箇所参照。

（6）　H.-M. Schenke, Bemerkungen, *op. cit.*, pp. 321–322.

（7）　H.-M. Schenke, Bemerkungen, *op. cit.*, p. 322.

（8）　この不整合性はG. C. Stroumsa, Polymorphie divine et transformations d'un mythologeme: l'Apocryphon de Jean et ses sources, *VigChr* 35（1981）, pp. 412–434（特にp. 414）とE. Junod, Polymorphie du Dieu sauveur, in: J. Ries（ed.）, *Gnosticism et monde hellénistique*, Louvain-la-Neuve 1982, pp. 38–46（特にpp. 42–43）も観察している。ただし前者は写本Bについて、シェンケの手による改訂第二版ではなく、一九五五年のティルによる初版しか参照していないために、**21** 9を新たに「一人の女」と読み直すことに伴って生じてくる文献学的問題がすべて視野の外に置かれている。同じ著者はまた、前述の不整合性を根拠として、B **21** 19–21／Ⅱ **2** 13–14の「三体論的」定式表現を「後代の付加」と見做している（pp. 414, 421）。この最後の判断は、われわれの以下の論述が当たっていれば、全く的外れである。

（9）　『ヨハネ行伝』八八—八九章では、イエスが「少年」（*παιδίον*）、「禿頭の老人」（*ὑπόφιλον ἔχων*）、「青年」（*νεανίσκος*）の三様の姿で出現する。『ペテロ行伝』二一章とフォティウス『図書館』一一四章でも同様である。G. Quispel, Demiurge, *op. cit.*, pp. 2–6はこれらの箇所を証拠として、この三つの姿でのイエスの出現について語ることが後二世紀のキリスト教にとっては周知のことになっていたと推定する。ただし、『ヨハネのアポクリュフォン』の写本Bの **21** 4に出るコプト語alouを

「子供」あるいは「青年」のいずれに訳すべきか判断が難しい。W. Westendorf, *Koptisches Handwörterbuch*, Heidelberg 1965–1977 の該当箇所は「子供」を第一義として挙げているから、われわれはティル／シェンケの校訂本に付された訳に賛成する。しかし、G. C. Stroumsa, *loc. cit.*, pp. 418 は「青年」の語義を採っている。彼の議論はその全体が、『ヨハネのアポクリュフォン』の枠場面は神を決まって「青年」と「老人」の二つの姿で出現させる一定の表象法に基づいており、この表象法は同時代のユダヤ教の秘儀的サークルに遡るという想定に依っている。

(10) ナグ・ハマディ文書の中で三体論的な定式表現を示す箇所は A. Böhlig, Triade und Trinität, *op. cit.*, pp. 617–634 にまとめられている。

(11) Y. Janssens, *La Protennoia Trimorphe* (*NH XIII, 1*), *Texte établi et présenté*, Quebec 1978, p. 9 は、さしたる根拠も示さずに、ここで自己を啓示しているのはアウトゲネースだとする。この解釈は他方でヤンサンが『三体のプローテンノイア』と『ヨハネのアポクリュフォン』の間に指摘する類縁性にも矛盾するように思われる。『ヨハネのアポクリュフォン』(特に写本B)におけるプロノイアの救済活動を『三体のプローテンノイア』におけるプローテンノイアの三つの姿での自己啓示に並行させるヤンサンのやり方にもわれわれはにわかに賛成しがたい。彼女の想定にはいくつかの暗黙の前提がある。その一つが『ヨハネのアポクリュフォン』の写本Bにおいてプロノイアが果している救済論的役割は考え得る限りの最大限度にすでに達しているという見方である。ただし、ヤンサンはこれを、本論考のように『ヨハネのアポクリュフォン』のすべての写本を相互に文献学的に比較することによって裏づけようとはしていない。

(12) 『ナグ・ハマディ文書I　救済神話』(岩波書店、一九九七年)に収めた拙訳とも若干文言が異なっている。

(13) W. Till, *op. cit.* (写本Bの校訂本初版), p. 111 と A. Werner, *op. cit.*, p. 67 も同じ見解。ただし、ヴェルナーはこの箇所をもともとは「セツ派の至高の神々への一種の賛歌」であったのではないかと想定し、「三重なる者」(pschomnt) の項はその賛歌の韻律に合わないとして、元来の本文から除外している (p. 68, n. 1)。われわれはこの見方には与しない。

(14) S. Giversen, *op. cit.*, pp. 188–189 はこの混乱の原因を現存の写本の伝承史ではなく、むしろすべての写本の基になっている原本の段階に求める。すでにそこで文章(行)の混乱が起きていたのではないかというのである。しかし、ギーベルセンの原因説明は最終的には、原本の著者の思考法そのものが体系的なものではなかったということに行き着く。van Den Broek, Autogenes und Adamas, *op. cit.*, pp. 21-24 の想定はこれとはまた異なる。彼によれば、長写本の現在の本文の形でのアダムの讃辞は、この箇所で実は二つの相異なる神話類型が合成されていることを最も端的に示す証拠である。この合成説についてはすでに第1章注(12)でも触れた。そこでは長写本(と写本B)の「アイオーンたち」(inaion あるいは niaion)は四つの「光り輝くもの」(フォーステール)と合わせて、至高神の宮廷でアウトゲネースに仕える者たちを指し、神話類型論的には「アントロポス(アウトゲネース)神話」に属する表象と見做される。他方、「アイオーンたち」の後に続く「父」、「母」、「子」以下のすべての項は「三位一体論型」神話に割り振られる。ヴァン・デン・ブロエクのこの仮説からすると、写本Ⅲ **13**^{15}の「あのアイオーン」という単数形の読みは、われわれの判断とは正反対に、伝承史的に二次的なものということになるであろう。従って、われわれはこの仮説に賛同することができない。目下問題になっているアダムの讃辞をどう分節するかは、コプト語写本の文献学的な比較検討という作業抜きには解決できないのである。このことは同時に、この箇所に関して写本間のあらゆる差異を蔑ろにしているM・タルデューに対しても言っておかなければならない。

(15)　A. Werner, *op. cit.*, p. 11, n. 3.

(16)　F. Wisse, *op. cit.*, p. 17.

(17)　H.-M. Schenke, Bemerkungen, *op.cit.*, p. 322.

(18)　F. Wisse, *op. cit.*, p. 17. さらに M. Tardieu, *op. cit.*, p. 85 も参照。M. Krause, *op. cit.*, p. 112 の復元提案は本文欠損部の長さに対して短か過ぎる。また S. Giversen, *op. cit.*, p. 48 の復元提案は、現在完了第一形を be 動詞の状態形と結合するというコプト語文法では不可能な形(afo)になるから、退けなければならない。W. Till, Koptische Grammatik, *op. cit.*, §257 参照。E. Lüddeckens, *GGA* 218 (1966), p. 7 がギーベルセンを支持するのは理解し難い。

(19)　『ナグ・ハマディ写本Ⅰ　救済神話』(岩波書店、一九九七年)に収めた拙訳を若干修正している。

(20)　G. Quispel, Demiurge, *op. cit.*, p.4 はⅡ **1**^{30}—**2**^{1}の独自の私訳に基づいて、キリストの「三重の姿」を「青年」(**2**^{2}の欠損部を写本B **21**^{4}から alou と補充)、「老人」(**2**$^{3-4}$の欠損部をおそらく写本Bから hllo と補充)、「子供」(**2**^{5}の欠損部を

hal と補充）の意味に解する。最後の「子供」と読むための補充提案 hal は、写本のこの箇所になお微かに認められる文字の痕跡から推すかぎり、確かに他の補充提案（M. Tardieu, *op. cit.*, p. 85 と M. Krause, *op. cit.*, p. 111 は hm＝「小さな（者）」と復元）に比べて、よりあり得べき読みである。クイスペルはそう読んだ上で、ここで問題になっているのは、三様の姿で出現するイエスという、後二世紀のキリスト教に広範に広まっていた表象なのだと言う。しかし、コプト語の hal そのものの語義は「僕（しもべ）」であって、これを「子供」と訳すことには疑問が残る。一つの可能性としては、『ヨハネのアポクリュフォン』のギリシア語原本にはギリシア語 *παῖς* が「子供」の意味で用いられていたのだが、コプト語への最初の翻訳者がこのギリシア語の単語を、それが含むもう一つの語義である「僕」の意味で理解したために、そのコプト語における同意語である hal を訳語として当てた。従って、ギリシア語原本にこそ忠実であろうとすれば、「子供」と訳すべきだという議論が成り立つ。事実これがクイスペルの言い分であると思われる。H.-M. Schenke, Bemerkungen, *op. cit.*, p. 322 は **2**^{5} の本文欠損部にはやはり hal と補うが、これを「僕」と訳している。**2**^{3} の欠損部についても、クイスペルのように写本Bの読み「老人」（hllo）を補わない。その結果、シェンケの場合には、「救い主」（キリスト）の三重の姿は詰まるところ「子供」（**2**^{2} シェンケは schere と復元）、「僕」（**2**^{5} hal）、「一人の女」（**2**^{6} shime）を指すかのような誤解を招きやすい訳文になっている。A. Werner, *op. cit.*, pp. 241-242 は本文の復元についてはシェンケに準じているが、hal を「老人」と訳している。この訳は辞書的に確かめられる語義の範囲を越えるもので、端的に不可能である。F. Wisse, *op. cit.*, p. 17 は本文の復元についてはクイスペルに準じているが、hal を「僕」と訳している。

(21) 前出注(2)参照。

(22) われわれがすでに提示した仮説によれば、写本Bの枠場面では「子供」と「老人」という二つの姿でのキリストの出現が、いかにもグノーシス主義的な女性の救済者の出現について語っていたもともとの枠場面の前へ事後的に重ねられているのであった（二〇九頁参照）。もしここで「子供」と訳されたコプト語単語 alou を、G. C. Stroumsa, *op. cit.*, p. 418 に従って、「青年」と訳すとすれば、キリストの出現の二重性は「青年」と「老人」の二つから成ることになる。そしてストゥルムサは、これと全く同じ組み合わせの二重性が『ヨハネのアポクリュフォン』と同時代の秘教的なユダヤ教の中で神の出現に当てはめられていることを説得的に論証している。従って、『ヨハネのアポクリュフォン』の枠場面で語られている二重の姿でのキリストの出現は、もともとは秘教的なユダヤ教の中に存在したそのような神顕現の表象をキリスト論的に転用したものに他ならないと言う(以下での整理の都合上、この転用をわれわれは転用Aと呼ぶことにする)。

さらにストゥルムサは、ここでは同じ秘教的ユダヤ教の中で培われていた「神の僕」(Yahoel-Metatron)の表象も同時にキリストに転用されていると言う。また、この種の転用はすでにパウロ以前のキリスト教にまで遡るとも言う。この最後の点はここでは措くとして、Ⅱ 2[5]の hal がストゥルムサの言う秘教的ユダヤ教の「神の僕」の表象とキリストへのその転用を前提としていることはあり得べきことと思われる(=以下では転用B)。

すでに述べたように、ここでは同じ秘教的ユダヤ教の中にすでに認められる二重の姿での神顕現の表象もキリスト論的に翻案されているとすれば、写本Ⅱの枠場面でキリストが三重の姿で出現するくだりはこれら二つの転用(A、B)に基づきながら、それらを合成させて出来上がっているということになる(*op. cit.*, pp. 426–427 参照)。

ストゥルムサ自身は、すでに前出注(8)で述べたような理由から、写本Bと写本Ⅱの文献学的突き合わせは一切行なっていない。この突き合わせを行なうならば、写本Ⅱの枠場面が写本Bの同じ場面に比べて、キリスト論により大きなスペースを割いていることは明白である。今やその理由に関して、以上のようなストゥルムサの知見を考慮に入れながら、次のような仮説を立てることが許されるだろう。――長写本Ⅱは前述の二つの転用を合成することによって、第三の出現をキリストが「僕」として現れる出現に変形したのに対して、写本Bはこの変形を行なわず、もともとの枠場面に登場していたと思われる女性的かつグノーシス主義的救済者の出現のくだりの前に転用Aを重ねるだけで事足れりとしたのである。

(23)　本論考でも繰り返し引照したM・タルデューの前掲書は『ヨハネのアポクリュフォン』に対する注解書として今なお最も本格的なものであるが、このような分析視点を全く欠いている。彼によれば『ヨハネのアポクリュフォン』はそもそもの初めからヨハネ福音書に依拠して著されたキリスト教的文書である(*op. cit.*, pp. 38–39. 42–43. 245)。

(24)　荒井献は『ナグ・ハマディ文書Ⅲ　説教・書簡』(岩波書店、一九九八年)に収めた『三体のプローテンノイア』の訳者解説の中で、『ヨハネのアポクリュフォン』の§80にも言及して、ここに描かれたプロノイアの自己啓示をこの文書の原本にとっても不可欠の一環と見做す私の判断について賛意を表明している。ただし、その際荒井がC. W. Hedrick (ed.), *Nag Hammadi Codices XI, XII, XIII*, Leiden 1990 (*NHS* XXVIII) の中で『三体のプローテンノイア』の本文校訂と緒論を担当しているJ・D・ターナー(Turner)も私とは独立に同じ見解に到達していると述べる(四二八頁)のは何かの間違いであろう。ターナーはプロノイアの自己啓示の記事(§80)を短写本も含めての『ヨハネのアポクリュフォン』の元来の一部ではなく、むしろ長写本の伝承史のどこかで二次的に編入されたものだと見做している(*op. cit.*, p. 385)。

IV

三つのプロノイア
――グノーシス主義、ストア、中期プラトン主義の関係をめぐって

はじめに

先行する本書第Ⅲ部は一九八九年にドイツ語で公刊された拙著『グノーシスとストア――ヨハネのアポクリュフォンの研究』(*Gnosis und Stoa. Eine Untersuchung zum Apokryphon des Johannes*, Fribourg/Göttingen 1989) の一部である。この著作は一九八六―八七年の一年間の在外研究の成果であるが、そもそもの発端においては荒井献の論文「『ヨハネのアポクリュフォン』におけるソフィア・キリスト論」(1)に啓発されたものである。ただし私はそこで、『ヨハネのアポクリュフォン』の現存四写本の伝承史上の相互関係を、荒井とは異なる独自の視点から、すなわちストア哲学のさまざまな命題に対する論駁の強弱を尺度として、確定することを試みた。その多様な論題の一つがプロノイア論である。私の結論は次の三点に要約される。

(1) ストアがプロノイアを「宿命」(εἱμαρμένη)と同一視するのに対して、『ヨハネのアポクリュフォン』はグノーシス主義の立場から前者を言わば「闇」の原理、後者を「光」の原理(「バルベーロー」)として二分割した。

(2) さらに『ヨハネのアポクリュフォン』の救済神話においてプロノイアが果す役割が、ストアのその他の命題に対する論駁一般と同様に、『ヨハネのアポクリュフォン』のいわゆる短写本(ナグ・ハマディ写本Ⅲとベルリン写本＝以下Bと略記)に比べいわゆる長写本(ナグ・ハマディ写本ⅡとⅣ)では明白に拡大している。

(3) そしてこの事実は写本伝承史の上で、すでに前記の荒井論文が別の尺度から結論づけているように、長写本を短写本よりも二次的と見做す場合に最も無理なく説明される。

さて荒井は拙著への論評の労を取り、私のこの結論に対しては全面的な賛意を表明した。しかし同時に、私が『ヨハネのアポクリュフォン』と対照するために行なったストア哲学についての報告に関しては、それが最近のストア研究に照らしてどこまで適切なものであるか、判断を保留している。(2) 最近のストア研究に照らしての論評は野町啓によって行なわれ、そこでは適切にも、私自身が執筆に際して最も不確かであった点、すなわち通常中期ストアの代表的人物とされるポセイドニオスとプラトン主義の関係づけに疑義が表明されている。(3) グノーシス主義研究の重鎮G・クイスペルも拙著を論評し、『ヨハネのアポクリュフォン』にストアの学派伝承に対する論駁が存在することを明らかにした点での新しさを承認する一方で、その論駁が後二世紀のアレキサンドリア(『ヨハネのアポクリュフォン』の推定上の成立地)にも展開したストア以外の哲学諸派、とりわけ中期プラトン主義の媒介を経ている可能性について何らの論述が無いことを不足として指摘している。(4)

私はこの不足を率直に承認せざるを得ない。ただし、念の為に言えば、クイスペルの指摘する問題は、すでに前記拙著の序文にも明記したとおり、私自身が脱稿の時点で気づいていたところである。許された在外研究の枠内ではもはや取り上げることができなかったが、その際特に私の関心を引いたのは、一方において『ヨハネのアポクリュフォン』のプロノイア論が実際には拙著で明らかにした以上に複雑で、一口にプロノイアと言っても二種類あるいは三種類考えられていること、他方この文書の成立とほぼ同じ時期の中期プラトン主義の著作、とりわけ偽プルータルコス『宿命について』とアプレイウス『プラトンの生涯と教説』にもやはり二種類ないし三種類のプロノイアという観念があり、しかもそれが明らかにストアに対する批判を意図しているという事実であった。以後私は今日まで、この視点から『ヨハネのアポクリュフォン』を含むグノーシス主義の本文を改めて、また中期プラトン主義の本文を新たに読み進めてきた。それぞれの領域でのプロノイア論を整理し、グノーシス主義がストア哲学の伝統に向けた論駁に中期プラトン主義が果した媒介作用の一端を明らかにすることが本論考の課題である。

第1章　グノーシス主義のプロノイア論

一　『ヨハネのアポクリュフォン』

『ヨハネのアポクリュフォン』では「プロノイア」は圧倒的に多くの場合、至高神の女性的対と言うべきバルベーローと同定され、その別称の一つである。神話の展開の上では、至高神に関する延々たる否定神学が終了した後、「光の世界」の叙述の劈頭で、「すると彼（至高神）の『思考』（*ἔννοια*）が活発になって現れ出た。それ（『思考』）は光の輝きの中から彼の前へ歩み出た。――すなわちこれが万物に先立つ力であり、（今や）現れ出たものである。これがすなわち万物の完全なる『プロノイア』（*πρόνοια*）、光、光の似像、見えざる者の影像である。それは完全なる力、バルベーロー、栄光の完全なるアイオーンである」（B **27**$^{5-15}$／Ⅲ **7**$^{12-20}$、Ⅱ **4**^{27}―**5**^{3}／Ⅳ欠損、§12―13）とその成立が語られる。[1] これを初出として以後、写本Ⅲでは少なくとも四回、Bでは六回、Ⅱでは十三回現れる。[2] われわれはこのプロノイアを以下での整理の便宜上P_1と名付ける。

さらに『ヨハネのアポクリュフォン』は、ヤルダバオートが自己の配下として七人の支配者（惑星！）を立て、そのそれぞれに固有の（女性的）勢力・属性を付与する次第を物語る。そのくだりでプロノイアがそのような属性の一つとして挙げられている（B **43**^{12}／Ⅲ欠損、Ⅱ **12**^{17}／[Ⅳ **19**^{17}]、§39）。ただし、短写本と長写本では若干組み合わせが異なる。

短写本			長写本	
ヤオート	プロノイア	1	善	アトート
エローアイオス	神性	2	プロノイア	エローアイオー
アスタファイオス	善	3	神性	アストラファイオー
ヤオー	火	4	支配	ヤオー
サバオート	王国	5	王国	サンバオート
アドーニ	理解	6	妬み	アドーネイン
サバタイオス	知恵	7	理解	サッバテオーン

これと同じプロノイアは、ヤルダバオートとその配下の七人が心魂的人間を創造し、七人がそれぞれの勢力・属性から心魂的能力を人間アダムに分与する場面でもう一度だけ言及される（B **49**^{16}／Ⅲ **23**$^{1-2}$、Ⅱ **15**$^{15-16}$／［Ⅳ **24**^{5}］、§48）。ただし、その順番は前記の場面と必ずしも一致していない。

短写本			長写本	
神性	骨の魂	1	骨の魂	善
支配	腱の魂	2	腱の魂	プロノイア
火	肉の魂	3	肉の魂	神性
プロノイア	髄の魂	4	髄の魂	支配

王国	血の魂	5	血の魂	王国
理解	皮膚の魂	6	皮膚の魂	妬み
知恵	髪の魂	7	髪の魂	理解

ヤルダバオートの支配下にあるこのプロノイアは、前記のバルベーローと同一視されたプロノイア(P_1)とは明確に区別されなければならない。しかし、それをP_2と呼ぶべきか、あるいはP_3と呼ぶべきかは、次に検討する箇所のプロノイアをどのように判断するかによる。

その箇所とはプレーローマ界においてアウトゲネースから四つの光(天使)が派生し、それぞれに三つの神的存在が付与されるくだり(§23)である。

その組み合わせを再び表にして示せば次のとおりである。

	短写本	長写本
第一の光	ハルモゼール 恵み(*χάρις*) 真理(*ἀλήθεια*) かたち(*μορφή*)	アルモゼール 恵み(*χάρις*) 真理 かたち(*μορφή*)
第二の光	オーロイアエール プロノイア(*πρόνοια*) 知覚(*αἴσθησις*) 想起(*μνήμη*)	オーリエール エピノイア(*ἐπίνοια*) 知覚(*αἴσθησις*) 想起

第三の光	ダベイテ 理解(*σύνεσις*) 愛(*ἀγάπη*) 現象(*ἰδέα*)	ダヴェイタイ 賢明 愛(*ἀγάπη*) 現象(*ἰδέα*)
第四の光	エレーレート 完全 平安(*εἰρήνη*) 知恵(*σοφία*)	エレーレート 完全 平安(*εἰρήνη*) 知恵(*σοφία*)

ここで注目すべきは、短写本が「第二の光」にプロノイアを配置している（B **33** 16／Ⅲ **12** 7）のに対して、長写本ではエピノイアとなっていることである（Ⅱ **8** 11／Ⅳ **12** 19、§23）[3]。この結果、短写本では前後三つのプロノイアが言及されることになるのに対して、長写本では数の上では二つとなる。

もっともM・タルデューは、短写本のこの最後の箇所のプロノイアを前述のP_1（バルベーロー）と区別せず一つに数えている[4]。おそらくその理由は、いずれもプレーローマ界のものだからということであろうと推測される。他方でタルデューは、後述するように『ヨハネのアポクリュフォン』の神話の後半部、すなわち救済論と終末論を扱う部分に集中的に現れる「エピノイア」を、そのプレーローマ界のプロノイアが可視的・歴史的世界に内在化して働く姿に他ならないと解釈し、これを独自のプロノイアとしてカウントする。その結果、ヤルダバオートの配下のプロノイアと合わせると、この文書は、短写本と長写本の別を問わず、三つのプロノイアを示すことになる。タルデューはその上でこれを中期プラトン主義に見られる「三種のプロノイア」論と関係づけるのである[5]。

このタルデュー説は、われわれの判断では、半分誤り、半分当たっている。まず誤りについて言えば、この解釈では短写本と長写本の間に存在する前記の差異が等閑視されてしまう。長写本と異なり短写本はプレーローマ界そのものの中に明らかに二つのプロノイアを区別しているのである。「第二の光」に配置されたプロノイアはP_1（バルベーローと区別してP_2と表記しなければならない。従って、ヤルダバオートの配下のプロノイアはP_3となる。短写本は、エピノイアを算入するまでもなく、三種類のプロノイアを明確に区別しているのである。

他方、短写本のP_2が長写本の並行箇所で「エピノイア」になっていることは、エピノイアとプレーローマ界のプロノイアの関係についてのタルデューの説明が大きくは当たっていることを示している。しかし、この点でも、短写本と長写本の文献学的および伝承史的相互関係についてははるかに精密な検討が必要である。ここで以下の論証の結論を先に述べれば、長写本はこの点でも短写本に比べ二次的である。すなわち、まず短写本が三種類のプロノイアを登場させていたのであるが、長写本は前出の箇所（Ⅱ**8** 11／Ⅳ**12** 19、§23）で、その内のP_2を選んで「エピノイア」に書き換えたのである。逆の可能性、つまりあらかじめ長写本が言葉としては二つのプロノイアしか言及していなかったところを、短写本が後からP_2を明記することによって初めて三種類のプロノイアが言及されることとなった、という可能性はほとんど考えられない。

この結論を導く足掛かりとなるのは、短写本と長写本がそれぞれエピノイアとプレーローマのプロノイアを、神話のより大きな筋の展開上どのように嚙み合わせているか検討することである。極めてマクロに見れば、プロノイアは主として始源論に相当する部分、とはつまり、プレーローマ（光の神々の領域）の成立について語る部分に場を持ち、エピノイアが、それとは対照的に、主として救済論・終末論に相当する部分（§57以下）に主要な場をもつことは当然である（二四八―二四九頁図参照）。「プロノイア」（*πρόνοια*）、「エピノイア」（*ἐπίνοια*）いう用語法がこのことを意識して、実に周到に選ばれたものであることは間違いない。すなわち、ギリシア語の「プロノイア」の「プロ」は「先」、「ノイア」は「思考」あるいは「配慮」、「エピノイア」の「エピ」は時間的な意味では「後」を意味するから、それぞれ「先立つ配慮」と「後からの配慮」という語義になることを語り手は明らかに意識しているのである。

ただし、両者の嚙み合わせは、短写本の場合、読者を少なからず困惑させる態のものとなっている。まず、エピノイアが初めて言及されるのはB **53**^{8}／Ⅲ**25**^{10}(§57)であるが、文脈上相当に唐突な感を否めない。プロノイアとの関連づけは、この初出箇所にかなり遅れたB **72**$^{18-19}$／Ⅲ**37**$^{18-20}$(§78)で初めて明文をもって行なわれる。

救済論・終末論(§57-81)	
	75, 10
アの派遣)	
72, 18;75, 2	
53, 8. 18;54, 4;57, 12; 59, 6. 10;60, 2. 18;71, 9;72, 19	
	30, 11(プロノイア賛歌)
23, 24. 29;24, 13–14;28, 2;29, 2	30, 12. 24. 35;31, 11
20, 17. 25. 27;21, 14–15; 22, 16. 35–36;23, 6. 28. 34;24, 11;28, 1–2	

そして彼(プロトアルコーン)は彼によって生じたすべてのものを悔いた。彼は、人間のあらゆる傲慢の上に洪水をもたらすことに決めた。しかし、「プロノイア」の大いなる者——とはすなわち、光のエピノイアのことである——がノアに知らせた。

ここで言う「プロノイア」は文脈上、直後(B **75**^{2}／Ⅲ**39**^{4}、§79)の「揺らぐことのないプロノイア」と同様、明らかにバルベーロー、つまりP_1を指している。

		始　源　論（§6-25）（プレーローマの成立）	宇宙・人間 創成論（§26-56）
短写本（B）	P_1	27, 10;28, 4. 10;30, 13;31, 3　36, 16（ソフィアの過失）	52, 17（エピノイ
	P_2	33, 16	47, 6-7
	P_3		43, 12　49, 16
	E		
長写本（Ⅱ）	P_1	〔4, 32〕;5, 16;6, 5〔22. 30. 31-32〕;7, 22　9, 25	14, 20　20, 9
	P_2		
	P_3		12, 17　15, 15-16
	E	8, 11;9, 25	

（注）36, 16＝36 頁 16 行（以下同様），E＝エピノイア

すなわち、エピノイアはP_1の救済論的機能として位置づけられる。この関連づけは挿入文によって行なわれており、二次的である印象を免れない。

短写本におけるエピノイアとプロノイアの関連づけという面から、もう一つ問題になるおそらく最も重要な箇所は、ソフィアの後悔と回復について述べるくだりの次の文言である。

> 彼、すなわち見えざる霊は同意してうなずいた後、彼女の上に完全さの中から（ある）霊を注ぎかけた。彼女の伴侶が彼女の欠乏を回復するために彼女のもとに到来した。彼はあるプロノイアを通して彼女の欠乏を回復することに決めた。
> （B **46**^{20}—**47**^{7}／Ⅲ **21**$^{6-11}$、§44）

ここで「あるプロノイア」にわざわざ傍点を付したのは、原文が不定冠詞を伴った表現になっていることに注意を喚起するためである。この箇所以前に集中的

に言及されるP_1、つまりバルベーローは終始、定冠詞つきで指示されているから、この箇所の「あるプロノイア」は明らかにそれとは別のプロノイアでなければならない。事実、右の引用文は文脈によって、それを「(ある)霊」、とはつまり「聖霊」と同定している。他方、エピノイアも、前記の初出箇所以後一貫して、実は「聖霊」と同じものとされている(特にB **71**$^{7-9}$/Ⅲ **36**$^{20-22}$、§75—76を参照)。とすれば、短写本の語り手の頭の中では、すでにこの「あるプロノイア」によってエピノイアが考えられているとしなければならない。また、それがP_1とは確かに区別されながら、しかしなおプレーローマのプロノイアであるとすれば、プレーローマの「第二の光」に在るP_2と同じものと考えざるを得ない。その「第二の光」は、『ヨハネのアポクリュフォン』の神話では、セツが置かれた場所である(B **35**^{21}—**36**^{2}/Ⅲ **13**$^{17-19}$、Ⅱ **9**$^{11-14}$/Ⅳ欠損、§25)。仮に同書が元来セツ派の系譜に属する文書であったとすれば、終末論的啓示者・救済者たるエピノイア(聖霊)が、そこから到来するのは極めて整合的であると言うことができる。ただし、読み手の側からすると、P_2(B **33**^{16}/Ⅲ **12**^{7}、§23)=「あるプロノイア」(B **47**$^{5-6}$/Ⅲ **21**^{10}、§44)=エピノイア(B **53**^{8}以下/Ⅲ **25**^{10}以下、§57)という語り手の意図する等式を了解するには相当の労力を必要とする。

　長写本は明らかに短写本のこの等式をさらに明確化しようと意図している。すでに見たように、短写本のP_2を「エピノイア」に書き換えたのもそのためである。当該箇所(Ⅱ **8**^{11}/Ⅳ **12**^{19}、§23)は同時に、長写本における「エピノイア」の初出箇所である。すなわち、エピノイアは短写本に比べ大幅に、しかも明文をもって、始源論の枠内へ引き寄せられているのである。同じことはⅡ **9**^{25}/Ⅳ **15**^{15}(§26)についても言うことができる。これは場面的には、ソフィアの過失を述べるくだりであるが、長写本だけがそのソフィアを「エピノイアの『知恵』(ソフィア)」といささか持って回った表現にしている。この「エピノイアの」という表現は直前直後の文脈からはうまく説明がつかないものであり、むしろ、私がすでに他のところで明らかにしたとおり、[6]「ソフィアの過失をやがて正すことになるエピノイア」

と敷延して解釈すべきものである。つまり、神話の後半部で終末論的救済者として活動するエピノイアが先取りされているわけである。長写本は明らかに意識的に終末論と始源論をより緊密に嚙み合わせようと努めているのである。また、当の救済論的・終末論的部分でのエピノイアは、これも短写本の場合と異なり、終始「光のプロノイアに由来するエピノイア」、あるいは「光のプロノイアのエピノイア」とやはり回りくどい言い方で表現されている。しかもそれは、例えばⅡ**23**$^{28-29}$／Ⅳ**36**$^{24-26}$(§66)とⅡ**28**$^{1-2}$／Ⅳ**43**$^{12-13}$(§76)では挿入文の中にあるから、明らかに二次的な明確化を意図したものと見なければならない。つまり、長写本の語り手は、それによってエピノイアを「光のプロノイア」、とはすなわちP_1(バルベーロー)の一機能として位置づけたいのである。救済論と終末論を改めて始源論と嚙み合わせたいのである。

従って、長写本は確かに言葉の上で三種類のプロノイアに言及はしないものの、事態としては確実に三つのプロノイアを想定しているのである。それどころか、短写本のP_2の働きをエピノイアのそれとして一層明確化するとともに、拡大もしているのである。[7]

最後に以上のようなプロノイア論との関連で宿命論についても一瞥しておかなければならない。総体的に見て『ヨハネのアポクリュフォン』は「宿命」(ヘイマルメネー)に関して極めてわずかしか言及しない。そのわずかな言及箇所(B**72**^{4}／Ⅲ**37**^{7}、Ⅱ**28**$^{14-15, 21}$／Ⅳ**43**^{29}、**44**^{6}、§77)から判断される限りでも、短写本と長写本では「宿命」の理解が、厳密に言うと、同じではない。このことはすでに他の所で詳説したのでここでは立ち入らない。[8] 目下の関連で重要なのは、いずれの写本においてもプロノイアの三分割に相応じるような「宿命」の三分割がないことである。また、ヤルダバオートと配下の諸力によって創造された「宿命」とその諸力の一つであるP_3の間の関係についても立ち入った反省はない。「宿命」の支配範囲は、短写本では地上界(月下界)のみならず、神々(星辰)、天使、悪霊の領域(中間界）にまで及ぶかのようであるのに対して、長写本では地上界に限られているように読める。いずれにせよ、プレーローマのP_1とP_2が一方の極、「宿命」（P_3も？）がもう一方の極という二極対立の構図になっていることは間違いない。

二　『この世の起源について』

われわれの設問にとって『ヨハネのアポクリュフォン』に次いで重要なグノーシス文書は『この世の起源について』（NHC Ⅱ／5）である。[9] 成立時期は早ければ二世紀後半、遅くとも三世紀末から四世紀初頭と推定される。周知のように、この文書は大小さまざまな挿入記事、解説、補論、逸脱、レジュメ、語源考、出典指示、連想などを含むため、神話の主要な筋がたどりにくい。加えて、「オグドアス」（八つのもの）と呼ばれる神々の光の世界は終始前提に置かれているばかりで、固有の叙述の対象にならないこともあって、極めて難解な文書である。

以下の論考は、現存の本文がそれにもかかわらず全体として意味論的つながりを有することを信頼した上でのものである。[10]

まず『この世の起源について』の宇宙論の梗概を確認すれば、「オグドアス」の中でソフィアがピスティスから流出し、光の世界の最下位の神的存在「ピスティス・ソフィア」となる。彼女の過失から一つの「カーテン」が生じる。それが光を遮ってできた「陰」からはじめて「カオス」が生まれ、さらにピスティス・ソフィアの動揺と後悔からカオス界の支配者ヤルダバオート（別名「プロノイア・サンバタス」101[27]、§16）と配下のアルコーンたちが、いずれも両性具有の存在として誕生する。

	男性名	女性名
1	ヤルダバオート	プロノイア・サンバタス
2	イャオー	支配
3	サバオート	神性
4	アドーナイオス	王国
5	エローアイオス	妬み
6	オーライオス	富裕
7	アスタファイオス	ソフィア

さらに彼らの下位に四十九柱の悪しき霊（ダイモーン）たちが生じるが、光の勢力も対抗して善なる霊（ダイモーン）たちを創造する（以上101^{23}—102^{2}＝§16、106^{35}—107^{5-6}＝§37—39、123^{4-8}＝§124）。その下に地上界、地下界（タルタロス）が位置づけられる。この宇宙像は終始、光の勢力とカオスの諸力の間の角逐の枠を形造るとともに、それ自体が一部はすでにその角逐の結果に他ならない[11]。

さて、ヤルダバオートの女性名として現れる「プロノイア」は、すぐ後で確認するとおり、『この世の起源について』の神話論では上位から二番目のプロノイアに相当する。従って、すでにここで便宜上これをP_2と表記すれば、このP_2は前後四つの箇所で言及される。

最初は、アルキゲネートール（ヤルダバオート）とプロノイアにオグドアスから至高神（「原人」）の似像たる「光のアダム」が出現する場面である。光のアダムはヤルダバオートとプロノイアにだけ見えた。プロノイアは発情し、光の血を流出する。その血から両性具有のエロースが生まれ、その女性性「血の魂」がプロノイアの実体に由来するとされる（$108^{11、14}$＝§44、109^{6}＝§49）。ここではプロノイアは明らかに独立の位格と考えられている。

これに続いて、エロースとプシュケーの神話に取材した記事が挿入され、地上の種々の花々が「プロノイアの処女なる娘たち」の流出する血に由来することが語られる(111^{18}、§59)。このプロノイアも文脈上P_2以外ではあり得ない。

エロースとプシュケーの挿入記事が終ると本文は再びヤルダバオートとプロノイアに到来した光のアダムの話(§46の108^{25}で中断)に戻って、「さて、これらすべての(ことが起きる)前、彼(光のアダム)が最初の日に現れたとき、彼は約二日の間地上に留まり、(その後)プロノイアを下方の天に残して自分の光に戻って行った。すると直ちに、闇が全世[界]を覆った」(111^{29}—112^{1}、§61)と続けられる。傍点を付した部分のコプト語本文は afko intpronoia etimpsa impitin hin tpe である。研究者による諸訳は etimpsa impitin を形容詞句に取って、「下方のプロノイア」と訳すものが多い[12]。この場合、その「下方のプロノイア」はP_2ではなく、さらにその下位のプロノイア(後述するP_3)を指す可能性が生じる。しかし、エロース・プシュケーの挿入記事を越えて108^{25}との文脈を重視すれば、今や光のアダムがP_2を「下方に残して」上方へ(112^{10-18}=§63によればオグドアスとヤルダバオートの第七天の間へ)帰ってゆくという意味に解すべきであろう[13]。つまり、この箇所のプロノイアもP_2となる。

最後に問題になる箇所は117^{15-28}(§95—97)である。神話の展開の上ではアルコーンたちがエバの模像を凌辱し、その種子たる人類をも光と闇の混合物たらしめようとする場面である。

彼女(模像のエバ)はまず最初に、第一のアルコーンによってアベルを孕んだ。また、他の息子たちを七人の権威とその天使たちによって産んだ。このすべてのことはアルキゲネートールの予知(プロノイア)に従って生じた。それは第一の母(=模像のエバ)が自分の内側にあらゆる種子を混合物として生み出すためであった。すなわち、(天空の)星位(*σχῆμα*)によって働く宇宙の宿命(*εἱμαρμένη*)と「正義」(*δικαιοσύνη*)に適合させられるところの種子を。
一つの計画（*οἰκονομία*）がエバのために生じた。つまり、権威たちのつくり物が光の檻となるべきであった。やがて、それ（光）は彼らを彼ら自身のつくり物によって裁くであろう。

この箇所で言及される「プロノイア」（117_{19}）は、前出の三つの箇所のそれと異なり、神話的な位格としては考えられていない。[14] しかし、ヤルダバオートの一機能であることに変わりはなく、彼の女性的対としてのP_2と截然と区別できるものではない。また、そもそもわれわれの設問にとっては、位格と機能の別は決定的なものではない。

この箇所でさらに注意すべきは、宿命論が同時に展開されていることである。Ph・パーキンスはここ（117_{22-23}、§96）に出る「宿命」を、それに直続する「計画」（117_{24}、§97）と同定し、ポジティブに、つまり光の勢力側の力として解釈し、それに応じた訳文を提案している。[15] しかし、これはこの箇所全体を意味論的に一連のまとまりと見做して初めて成り立つ解釈である。ところが、この箇所は意味論上厳密に見れば、一つの段落変わりを含んでいる。われわれはこれを右の引用では改行によって示した。[16] 改行以後の部分はプロスペクティブに、つまり、これに続く記事との関連で読まれなければならない。そこでは直ちに地的アダムの創造が物語られる。地的アダムは光を閉じ込めるべき檻としてアルコーンたちによって造られながら、実は彼らを裁くことになる。そこに光の勢力の側からの「一つの計画」が働いているというのである。従って、確かにこの「計画」（オイコノミア）はポジティブな意味で言われているのである。しかし反対に、改行以前の部分は、「このすべてのことは」（117_{18-19}）という典型的なまとめの句が示すように、レトロスペクティブに読まれなければならない。アルコーンたちが模像のエバを凌辱したのは、彼女が生み出す種子を「宿命」と「正義」の圧力の下に置くためであったというのである。従って、「宿命」も「正義」も共にここではネガティブな意味に取らなければならない。[17] 特にこの箇所の「宿命」(ヘイマルメネー)はヤルダバオートの機能としてのP₂と密接に関連づけられているから、取り敢えずわれわれはそれをH_2と表記しておこう。それより上位にさらに別の「宿命」(H_1)が、それより下位にもまた別の「宿命」(H_3)がさらに確認できるか否かはすぐ後に検討することとし、その前に『この世の起源について』のプロノイア論についての検討を先に進めなければならない。

すなわち、この文書は以上に見てきたP_2のさらに上位にもう一つ別のプロノイア=P_1を配置しているのである。神話の展開上は地的アダムの創造の場面から少し後戻りすることになるが、アルコーンたちがやはり「光の檻」として心魂的アダムを創造するくだり(§68)に次のようなまとめの句がある。

しかし、このことはすべてピスティスの予見(プロノイア)に従って生じたのである。それは「人間」が彼の模像の前に現れて、彼らを彼ら自身のつくり物の内側から滅ぼすためであった。(113 6―9)

この箇所(113 6)の「プロノイア」も神話的位格化を受けてはいない。しかし、明確に「オグドアス」のピスティス・ソフィアの一機能とされており、「カオス」の支配者ヤルダバオートのプロノイア=P_2とは厳格に区別されなければならない。[18]

さらに、『この世の起源について』のすでに終りに近く、「王なき種族」たるグノーシス主義者の上に救済者(ロゴス)が到来することをめぐる終末論的予言の段落(§141)で、いま一つ別のプロノイア=P_3が言及される。

ところで、アルコーンたちの形成物の中にすべて完全なる者たちが現れて、比べる物のない真理を啓示したとき、

（この世の）神々のあらゆる知恵が辱められた。彼ら（神々）の宿命は滅びを宣告され、彼らの力は解消されてしまった。彼らの支配は解かれ、彼らの予知（プロノイア）は彼らの栄光と［共に虚ろな］[19]ものとなった。（125^{23-32}）

この「プロノイア」（125^{31}）はP_1とはもちろん、P_2とも区別されなければならない。なぜなら、ここに言う「アルコーンたち」および「神々」は、この箇所に先立つ121^{34-35}（§114）でそれぞれの天から地上に追放されて悪霊と化し、続く123^{2-8}（§124）ではさらに自分たちの下位に配下の悪霊を産みだしているからである。従って、右の引用箇所の「予知」（プロノイア）」は彼らが追放先の地上界で奮う支配の意味でなければならない。否、それはここでは明文をもって、彼らが操る「宿命」（125^{28}）と同定されている。この箇所のプロノイアP_3がヤルダバオートのP_2と区別されるべきだとすれば、この箇所の「宿命」も前述のヤルダバオートが操る「宿命」H_2と区別されなければならない。われわれはこれをH_3と表記する。

問題は今や『この世の起源について』の宿命論に関係する。H_3は123^{12-15}（§124）にも言及される。地上に追放されたアルコーンたちによって産み出された悪霊たちは、人間にさまざまな迷信と誤った祭儀行為をもたらすのだが、「その際、彼らは同労者として宿命を手にしていた。それは不正義の神々と正義の神々の間の協議にしたがって生じてきたものである」と語られる。「正義」、「不正義」のモティーフは、117^{22-23}（＝§96、前出参照）におけるH_2にも見られた。ただし、目下の箇所の「宿命」H_3は明らかにそれより一段下位に位置づけられている。[20]

もちろん、H_2あるいはH_3というわれわれの番号づけが適切であるか否かはまだ論証されているわけではない。問題はH_1とも呼ぶべきものがH_2のさらに上位に確認されるかどうかである。この点で問題になる本文は121^{15-16}（§113）である。そこではアルコーンたちがアダムとエバを楽園から地上へ追放し、彼らの寿命を減じることを画策する。しかし、

「彼ら(＝アルコーンたち)は、最初から彼らの上に置かれている宿命のゆえに(そうすることが)できなかった」。

ここに言う「宿命」は明らかにアルコーンたち――しかも、神話の筋から言えば、自ら地上に追放となる前のアルコーンたち――の上位にあって、アダムとエバの利益のために働く力である。この限りで、H_2およびH_3と区別してH_1と呼ぶことができよう[21]。ただ、残念なことにこのH_1を『この世の起源について』の神話体系の中にこれ以上厳密に位置付けることは、この文書が、すでに断ったとおり、光の世界「オグドアス」を叙述の対象としていないために、不可能なのである。

以上をまとめると、『この世の起源について』のプロノイア論と宿命論について次の二点を確認することができる。

(1)『ヨハネのアポクリュフォン』と同様『この世の起源について』にもプロノイアの三区分が認められる。ただし、『ヨハネのアポクリュフォン』が上位二つのプロノイアP_1／P_2をプレーローマ界に、P_3を中間界以下の領域に配置するのに対し、『この世の起源について』は三つのプロノイアをプレーローマ界(オグドアス)、中間界、地上界のそれぞれに一つずつ配置している[22]。

(2)『ヨハネのアポクリュフォン』と異なり『この世の起源について』には宿命論についてより立ち入った反省があり、三種類の宿命H_1、H_2、H_3が区別されている。H_2とH_3はそれぞれP_2およびP_3と同義語であるが、H_1とP_1の対応関係は不詳である。

この二点を表にして示せば次のようになる。

	プレーローマ	中間界	地上界
『ヨハネのアポクリュフォン』	P_1　P_2	P_3	H
『この世の起源について』	P_1（H_1？）	P_2／H_2	P_3／H_3

三　その他のグノーシス主義文書

中期プラトン主義のプロノイア論との比較対照に移る前に、『ヨハネのアポクリュフォン』および『この世の起源について』以外のグノーシス主義文書のプロノイア論をも一瞥しておきたい。ただし、紙幅の都合で、ナグ・ハマディ文書を中心に主要なもののみに限らざるを得ない。神話論上『ヨハネのアポクリュフォン』に近いと思われる順に取り上げるので、成立年代（推定）の上では順不同になる。

まず『イエスの知恵』（NHC Ⅲ／4、B／3）は最近の研究ではすでに後一世紀の後半には成立したともされるが、反対に『ヨハネのアポクリュフォン』より後に位置づける説も有力である。[23] 神話論は必ずしも組織立ってはいないが、ソフィアの過失論を中心に大きくは『ヨハネのアポクリュフォン』あるいは『この世の起源について』と同タイプと言うことができると思われる。表題は異なるものの、内容的には大幅に並行する『エウグノストス』（NHC Ⅲ／3）に比べると、『イエスの知恵』ではキリスト教化が一段と進んでおり、それと軌を一にするかのように、プロノイア論も進展している。その両者に共通する序文は、明らかに当時の哲学諸派の間で闘わされたプロノイア論と宿命論を意識して、次のように述べる。

彼ら(＝地上に生まれた人間たち)の内で最も賢い者たちは宇宙(*κόσμος*)の秩序(*διοίκησις*)と運動から推論を行なってきた。だが、その推論は当たらなかった。すなわち、宇宙の秩序については、あらゆる哲学者たちによって、三通りの見方が行なわれていて、彼らの意見は一致しないのである。ある者たちは、それは自らによって運動する聖なる霊だと言う。また別の者たちは、それはプロノイアだと言い、さらに別の者たちは宿命だと言う。[24]だが、それはこれらの内のいずれでもない。(中略)なぜなら、自己自身の内から来るものが送る生は損なわれた生であり、プロノイアには知恵がなく、宿命は認識しないからである。[25]（B **80**^{12}—**82**^{8}、§2—4)

プロノイアについては、この序文中の二回の言及(B **81**^{9}、**82**^{6}/Ⅲ **93**$^{2、14-15}$、§2、4)以外にも前後三回言及される(B **106**^{9}/Ⅲ **108**^{16}＝§34、**122**^{3}/Ⅲ欠損＝§52、**126**^{8}/Ⅲ **119**^{2}＝§53)。いずれの箇所でも、「キリストの弟子」(グノーシス主義者)たる者がキリストに倣って踏み潰すべきアルコーンたちの企図を指している。唯一ポジティブな意味合いで用いられるのは、前述の序文のさらに冒頭部分で、弟子たちが「万物の本質、救いの摂理、聖なる予知(プロノイア)」についてイエス・キリストに尋ねる箇所である。しかし、このプロノイアが『イエスの知恵』の前提する神話論の固有な一部なのか否かは不詳である。

『エジプト人の福音書』(NHC Ⅲ/2、Ⅳ/2)の神話論は通常『ヨハネのアポクリュフォン』と同様「バルベーロー・グノーシス派」あるいは「セツ派」に属すると言われるだけに、そのプロノイア論も注目されるところである。[26]しかし、すべての言及箇所(Ⅲ **40**$^{17-18}$、**42**^{2}、**43**^{6}、**63**$^{22-23}$/Ⅳ **50**^{8}、**51**^{20}、[**53**^{2}]、[**58**$^{23-24}$]、**75**^{11}＝§1、4、8、48)において、「プロノイア」は至高の存在「見えざる処女なる霊」、すなわち「父」の属性、あるいはその女性的「対」の位置にある。原初の「沈黙」(*σιγή*)と同義語であるが、神話的位格化は現存する二つの写本の内Ⅲ／2において一層顕著である。[27]「バルベーロー」そのものと同定されているとは断定できない。しかし、それと密接に関係づけられていることは間違いない。従って、『ヨハネのアポクリュフォン』のP_1に相当する。ただし、『ヨハネのアポクリュフォン』や『この世の起源について』と違い、P_2／P_3についての言及はなく、三種類のプロノイアという観念は認められない。不思議なことに「宿命」については一回も言及されない。

『三体のプローテンノイア』(NHC XIII／1)は明瞭な形では一回も「プロノイア」に言及しない。[28]唯一問題になる箇所は**41**^{4}(§12)である。文脈はプローテンノイアが自己を「父」として啓示するくだりである。ただし、この箇所は本文が損なわれていて、研究者による復元の提案も、「私の予知(プロ[ノイ]ア)に由来する言われざる伝えざる奥義を語ろう」[29]と、「私はあなたがたに[いかなる]口によっても言い得ざる伝え得ざる秘義を語ろう」[30]の間を揺れている。むしろ「エピノイア」の方が多く言及され、**35**^{13}(§1)ではプローテンノイアの属性、**39**$^{19、30、32}$(§10)では過失を犯したのち後悔するソフィアと同定されているように見える(§11の**40**^{15}と§27の**47**^{33}も参照)。最近の研究はこの文書について、『ヨハネのアポクリュフォン』の長写本末尾のいわゆる「プロノイア賛歌」に文献的に依存している可能性さえ想定している。[31]それだけに、プロノイア論の後退は注目に値する。今ここでその理由について立ち入って考える余裕はないが、この文書が全体として始源論よりは救済論と終末論に関心を絞るものであることが考慮されるべきであるかも知れない。『ヨハネのアポクリュフォン』(長写本)末尾の「プロノイア賛歌」がすでに救済論・終末論の枠内にあり、そこでもすでに「エピノイア」の役割拡大が始まっていたことはすでに見たとおりである。あるいはまた、プローテンノイア――**38**^{9}(§5)ではバルベーローと同定されている――が、プロノイアという単語との語源的な類縁性も手伝って、『ヨハネのアポクリュフォン』ではP_1が果している役割を包摂・吸収してしまったのであろうか。「エピノイア」の前記の位置づけも、『この世の起源について』のP_1、すなわちピスティス・ソフィアと類比的である。いずれにせよ、この文書にはプロノイアの垂直的な三区分は明白には認められない。宿命論に関しても、この世の「諸権力」の同盟者としての「宿命」についてわずかに語られる（$\mathbf{43}_{13}$、$_{17}$、§17）にとどまる。

ヴァレンティノス派の周辺で著されたと思われる『三部の教え』[32]（NHC Ⅰ／5）は、『イエスの知恵』と同様、ヘレニズム哲学諸派（「ギリシア人たちと異民族（バルバロイ）の間で賢者となった者たち」）の論争を確実に意識した上で、「現に存在するもの」についての五つの学説を列挙する。その際、第一に挙げられるのがプロノイア論である（$\mathbf{109}_{9}$、§55）。ただし、この文書の著者自身のプロノイア論は必ずしも一義的にならない。$\mathbf{66}_{21}$（§17）の「配慮」（プロノイア）はプレーローマ界内部での「御子」を指す。もう一つの言及箇所$\mathbf{107}_{22}$（§54）は、自分の過失を悔い改めた「ロゴス」（他の文書のソフィアに相当！）の善なる半身がプレーローマに帰り、そこで他のアイオーンと共同で「救い主」（「御子」とも呼ばれる）を生み出す文脈に属する。その「救い主」は「予知」（プロノイア）をもって、楽園から追放された人間の追放解除と安息の場所のために働く。この「救い主」と$\mathbf{66}_{21}$の「御子」との関係がつまびらかではないために、プロノイアについての二つの言及をそれぞれP_1（$\mathbf{66}_{21}$）、P_2（$\mathbf{107}_{22}$）というように互いに区別すべきか否かも不詳である。いずれにしても、この文書はプレーローマの「プロノイア」を知っているが、中間界、地上界のそれについては言及しない。

その他でヴァレンティノス派あるいはその周辺のグノーシス主義者たちのプロノイア論を窺わせる資料は少ない。私の見る限りでは、アレクサンドリアのクレメンスの『テオドトス抜粋』がある箇所（$\mathbf{74}_{2}$）で、キリストは信徒を救って彼の「プロノイア」に移すと述べる。[33] もう一つ、『ヴァレンティノス派の解明』（NHC Ⅺ／2）は、自分の過失を後悔したソフィアの苦悩を癒すために、彼女の神的「対」たるイエスがプレーローマから下降する文脈[34]（$\mathbf{36}_{10}$、$\mathbf{37}_{21}$）で、神話的位格としての「プロノイア」に二回言及する。

周知のように、ヴァレンティノス派の神話に関しては、エイレナイオス『異端反駁』第一巻（プトレマイオス派、マルコス派）、オリゲネス『ヨハネ福音書注解』（ヘラクレオンの断片）、ヒッポリュトス『全異端反駁』第五巻などに豊富な報告がある。にも拘わらず、まとまったプロノイア論はほとんど見られない。前述の『三部の教え』は後三世紀末から四世紀初めの成立と考えられること、また、『ヴァレンティノス派の解明』の成立も比較的遅く、明らかにヴァレンティノス派自体における学派内論争を前提していることを考慮すると[35]、現存の資料にわずかに認められるプロノイアについての発言も、この学派の歴史的展開の上では比較的後期のテーマなのかも知れない。

その外、ナグ・ハマディ文書に限って見ると、語句索引で調べる限り[36]、『オグドアスとエンネアスについて』（NHC Ⅵ／6）と『セクストゥスの金言』（NHC Ⅻ／2）に若干の言及箇所がある。しかし、いずれもグノーシス主義文書とは呼び難いものである。特に前者が属する『ヘルメス文書』群のプロノイア論については、やはりストアおよび中期プラトン主義、さらには新プラトン主義との関連を考慮しつつ、独自の研究が必要であり、ここでは扱うことができない。ただ一つ、グノーシス主義的性格が疑いない『ポイマンドレース』にのみ一言すれば、この文書は第一九節の冒頭で唯一回だけ「プロノイア」に言及する。ただし、それは意志的主体として同時に「宿命」および「調和」[37]（ἁρμονία）と同義に用いられ、男性性と女性性に分割された後の人間と動物の生殖および生誕を司る（第一九節）。その際、「宿命」と「調和」は造物神（第二のヌース）によって造られた天の「七人」、すなわち惑星のことである。人間は元来、至高神（第一のヌース）によって創造されながら（第一二節）、「兄弟」たる造物神とその配下の「七人」の所に赴き、それぞれの能力を受け取った（第一三節）。その後、彼らの蒼穹の端から下方の「ピュシス」を覗き見ると、そこに至高神（原人）の姿が見えた（第一四節）。人間はそれを求めて下降するが、かえって「ピュシス」に結合されてしまう。以来、人間は「調和」に従属する者となってしまった(第一五節)。それゆえ、人間の救済とはこのプロセスを逆にたどり、「七人」にそれぞれから受けた能力を返しつつ、第八の天に至り、自ら神となることなのである(第二五—二六節)。

つまり、『ポイマンドレース』の「プロノイア」は『ヨハネのアポクリュフォン』のP_3、『この世の起源について』のP_2／P_3に相当する。「宿命」も『この世の起源について』のH_2／H_3に相当するのみならず、「プロノイア」と同定されている点でも同文書と類比的である。ただし、『ポイマンドレース』全体がグノーシス的二元論を緩和させているのに対応して、「プロノイア」と「宿命」が人間に対して示す敵対性も、『この世の起源について』に比し、緩くなっているように思われる。(38)

まとめ

以上のようなグノーシス主義のプロノイア論を全体として振り返って見ると、プロノイア論は決してグノーシス主義文書全般を覆うようなメジャーな論点ではないことがはっきりする。むしろ、『ヨハネのアポクリュフォン』、『この世の起源について』、『イエスの知恵』あるいは『エジプト人福音書』など、これまで多かれ少なかれいわゆる「バルベーロー・グノーシス主義」、「セツ派」の系譜に分類されてきた文書に偏在していると言わなければならない。その中でも、三種類のプロノイアについて明言するのは『ヨハネのアポクリュフォン』と『この世の起源について』のみである。(39) 宿命論との関連づけはかなり広範に認められるが、プロノイアの三分割との相関性は『この世の起源について』においてもっとも高い。

はじめにも述べたように、三種類のプロノイアという観念は中期プラトン主義——それもその内の特定の系譜——に特徴的な指標である。それと『ヨハネのアポクリュフォン』および『この世の起源について』との思想史的関連を探り、後者における新しいグノーシス主義的意味づけを問うことが次の課題である。

第2章

中期プラトン主義のプロノイア論

『ヨハネのアポクリュフォン』および『この世の起源について』の成立時期に相前後する時代(後一―三世紀)は、思想史的には、ストアのプロノイア・宿命論をめぐる激しい学派論争の時代であった。すでにキケロ(前一〇六―四三年)の著作『宿命について』と『神々の本性について』がその消息を余す所なく伝えている。例えば、すでにアカデメイア派のカルネアデス(前二一四―一二九年)は、ストアの決定論的宿命論を反駁して、「もしすべてのことが先行する原因によって成るのであれば、すべては自然的連鎖によって結び合わされ、織り合わされて起きることになる。もしそうなら、すべては必然がしからしむるところなのである。もしこれが真実なら、何一つわれわれの能力の内にはないことになる。にも拘わらず、何がしかのものがわれわれの能力の内にあるのである」と語ったという(1)。明らかに、ストアの決定論的宿命論から人間の自由意志、ひいては倫理的責任能力を擁護しようとする反論である。同じ論点は『神々の本性について』の第二巻(架空の人物バルブスが論述するストア哲学)と第三巻(コッタによるアカデメイア派の立場からの反論)の間にも、繰り返し読み取られる。

これに対してストアは、クリュシッポス(前二八〇―二〇七年)以来、セネカ(前四―後六五年)、エピクテートス(後五〇―一三〇年頃)、さらにマルクス・アウレーリウス(後一二一―一八〇年)まで一貫して、いわゆる「世界劇場」(theatrum mundi)の理論をもって切り返した。いわく、舞台演劇において役者各自が演じるべき役割が決められており、科白の単語一つも自由に変えることはできないように、世界内での各人の運命も決定されている。しかし、各人は割り振られた宿命を己が理性（ロゴス）に合致させて、よく生きることができる。それはちょうど役者が自分の役割をよく演じることに彼の自由を見いだし得るのとおなじだというのである。[2]

このような論争の後に、プラトン主義の側でのプロノイア論と宿命論は、やがてプロティノス（後二〇五―二七〇年）によって、最終的かつ根本的な反省にもたらされる。[3] しかし、それ以前の中期プラトン主義がストアの宿命論に対置したプロノイア論こそ、年代的にも内容的にもグノーシス主義――とりわけ『ヨハネのアポクリュフォン』および『この世の起源について』――のプロノイア論との比較にとっては重要である。その中でも特に、本稿の冒頭でも触れた偽プルータルコス、アプレイウス、アルビノスが後二世紀の前葉から中葉にかけて、神的摂理および人間の自由意志と両立可能な宿命論を目指す中で展開したプロノイア論が決定的に重要である。

一　偽プルータルコス『宿命について』

誤ってプルータルコスに帰せられた『宿命について』（後二世紀初頭）は中期プラトン主義の宿命論の綱要とも言うべきもので、極めて簡潔かつ体系的叙述である。[4] 最初に「働き（*ἐνέργεια*）としての宿命」と「本質（*οὐσία*）としての宿命」が区別され（568C）、まず後者が、プラトン『国家』617C, 670DE に拠りながら、次のように定義づけられる。

本質としての宿命とは宇宙の全体霊魂のことであると考えられ、三つの部分、すなわち、恒常的なる部分

> (μοῖρα)、変動的と見做される部分、そして第三に天の下の大地をめぐる部分に分けられる。これらの中で最も高いところに位置する部分はクロートー(Κλωθώ)、その下はアトロポス(Ἄτροπος)、最も下位の部分はラケシス(Λάχεσις)と呼ばれる。このラケシスは彼女の姉妹たち(クロートー、アトロポス)の天での働きを受け取り、それらを混ぜ合わせた上で、彼女自身に任せられた領域、つまり地上世界に伝えるのである。
> (568E)

しかし、「働きとしての宿命」の方がより重要視され、プロノイアの問題もそれとの関連で論じられる。それに先立って、この宿命に対する偶因(τύχη)、自由意志(τὸ ἐφ' ἡμῖν)、偶然性の関係(τὸ πρός τι)が論じられ、すべては「宿命の内にある」(ἐντὸς τῆς εἱμαρμένης)とは言えるものの、ストアの主張のように、すべてが「宿命に従って」(καθ' εἱμαρμένην)生じるとは言えないという結論が導かれる(570C, 572F)。続いてプロノイアとの関係の問題に立ち入るに当たり、まずプロノイアそのものが、プラトン『ティマイオス』29D–30A, 41D–42Eを再解釈しながら、三つに区分されて定義される。

> 最上位かつ第一のプロノイアとは、第一の神の思考(νόησις)あるいは意志のことであり、万物に恩恵をもたらす者である。神的なるものはすべてかつてそれによって余すところなく最善かつ最高に麗しく秩序づけられたのである。
>
> 第二のプロノイアは、天球を行き巡る第二の神々に属する(δευτέρων θεῶν)。可死的生物がそれによって秩序正しく生まれ、またそれぞれの種の維持と保存に必要なものもすべてそれによって生じるのである。
>
> 第三のプロノイアと呼ばれてしかるべきものは、人間たちの行動を見張り、監督する者として地上の領域に配備

されたダイモーンたちに属するプロノイアと先慮(*προμήθεια*)である。　(572F–573A)

最後に、これら三つのプロノイアと「働き」としての宿命の関係については次のように言われる。

第一のプロノイアは宿命を生んだのだから、何らかの形でこれを包摂する。第二のプロノイアは宿命と共に生まれたのだから、宿命と共に包摂され、第三のプロノイアは宿命に遅れて生まれたのだから、この宿命によって包摂される。それはちょうど「われわれ人間の」自由意志と偶因がそうであると上で言われたのと全く同様である。　(574B–D)

唯一点必ずしもつまびらかにならないのは、劈頭で行なわれた「本質としての宿命」の三分割とプロノイアのこの三分割の対応関係である。しかし、論理的には第一のプロノイア(＝P_1)によって包摂される宿命は、宇宙の全体霊魂の内の「恒常的なる部分(*μοῖρα*)」、つまり恒星天を司る宿命(*μοῖρα*＝H_1)、第二のプロノイア(＝P_2)と「共に包摂される」――とはつまり合同な――宿命は「変動的と見做される部分」、つまり惑星天の宿命(＝H_2)、第三のプロノイア(＝P_3)を包摂する宿命は「天の下の大地をめぐる部分」、つまり地上界(月下界)を支配する宿命(＝H_3)と解釈するのが一番自然であろう。これを図表にすれば次のようになる。

恒星天	惑星天	月下界―地上界
$P_1 > H_1$	$P_2 = H_2$	$P_3 < H_3$

二　アプレイウス『プラトンの生涯と教説』

アプレイウス（後一二三—没年不詳）はプラトンの名において三種類の神性・神々を区別する。[5] 第一の神は「唯一にして至高」（unus et solus summus）、「世界を超越して」（ultramundanus）、「非身体的」（incorporeus）、「この神的天球の父にして建築者」（pater et architectus huius divini orbis）であり、第二は星辰とその種の神的存在（numina）で「天に住む者たち」（caelicolae）、第三は以上の神々からは理性、居場所、能力において劣りながら、人間よりは格段に優った「仲介者たち」（medioximi）である[6]（一 11後半）。

アプレイウスによればこの三種類の神々のそれぞれに固有のプロウィデンティア（providentia＝πρόνοια）が備わって働いている。

第一のプロウィデンティアは神々の中でも至高の神のものである。この至高の神は天に（住む）他の神々を全宇宙のすみずみにまで配置してそれを衛る者とし、また飾りともした。それだけではない。知恵において地上の他の生物のいずれにも優りながら本性上可死的なる者（人間）[7]をも創造して、永遠の時にわたらせ、また彼らのために法律を定め、その他毎日の生活の中で必然的に生じて来ることどもを整え、守護する役割については、これを他の神々に委ねたのである。

そこでこの神々は第二のプロウィデンティアの命令を受け、それを忠実に果しているのである。その結果、可死的なる者の目にも見える天空にあるもののすべてが、彼らの父による配置にしたがって変わることのない秩序を保持しているのである。

さらに、プラトンはダイモーンたち——それはゲニイーおよびラレスと呼ぶことができる——を神々に仕える者たち、あるいは人間たちが何か神々に求めるところがある場合に、彼らを守り、彼らに解釈を告げる者たちであると見做している。（一12）

偽プルータルク『宿命について』におけるプロノイアの三分割との類似性は一目瞭然である。ただし、アプレイウスは第一、第二のプロヴィデンティアをはっきり区別しながら、第三のプロヴィデンティアについては明言していない。その理由に関しては研究者の意見が別れている。J・ディロンは、この箇所で第三のプロヴィデンティアも暗黙の内に前提されていると見做すが、これに続く宿命論の扱いとの不整合を指摘して、アプレイウスの「アマチュア的処理」のせいに帰している[(8)]。反対に、H・デリーによれば、アプレイウスは後のプロティノスとヒエロクレスのプロノイア論を先取りする形で、三種類ではなく二種類のプロヴィデンティアを考えている[(9)]。G・バラも二種類説を採る。彼によれば、アプレイウスが第三のプロヴィデンティアに言及しないのは極めて意識的な行為なのである。すなわち、神的プロヴィデンティアは完全性に満ちた神的領域にのみ保留されるべきものであり、頑固な宿命によって支配され、悪と非理性と不完全性に縛られた地上世界(月下界)には存在しないものである。もちろん、地上世界においても「実際のところは、プラトンの考えでは、必ずしもすべてが宿命(fatum)の力に帰されるべきではなく、何がしかのものがわれわれの手中にあり、幸運というものの手に何も残されていないわけでもない」(nec sane omnia referenda esse ad vim fati putat, sed esse aliquid in nobis et in fortuna esse non nihil; 一12)のだとしても、その幸運と不運、幸と不幸、意図と結果が相互に乖離するのが地上世界の常である。バラによれば、こうしてアプレイウスは他でもない「悪の起源」という難問にプラトン主義の立場から解答しようと試みているというのである。[10]
しかしこの解釈では、前記の引用箇所と同じ段落(一12)の末尾に、「しかし、プロウィデンティアはすべて地上にあるものの中で人間に優るものは何一つもたらさなかった」(omnium vero terrenorum nihil homine praestabilius providentia dedit)とある文言を無理なく説明することができない。むしろ、その後のF・レーゲンの研究がこの文言のなかに地上世界に係わる第三のプロウィデンティアを読み取っているのは当然と言うべきである。[11]
それではこの第三のプロウィデンティアは、前述の引用に「実際のところは必ずしもすべてが宿命の力に帰されるべきではなく……」とある「宿命」(fatum)とさらに厳密にはどのように関連するのであろうか。同じ段落の初めでは、プロウィデンティアの以上のような三分割に先立って、プロウィデンティアは「神の思念」(sententia)、「宿命」は神のその不動の思念と意図を実現する神的法(divina lex)であると定義され、「もし何かがプロウィデンティアによって導かれるなら、それは宿命によっても実現されるのであり、宿命によって成し遂げられることは、プロウィデンティアによって遂行されるものと考えられねばならない」とも言われる。ところが、この「宿命」が右の引用に言う地上世界の「宿命」と同じものなのか否か判然としない。いずれにしても、三種類のプロウィデンティアに対応させて「宿命」にも同様の区別を設けようというような理論的・反省的整理は、アプレイウスの場合認められない。[12]問題の著作が紙幅の限られた梗概であることを考慮にいれても、「アマチュア的」というJ・ディロンの評価はこの点で当たっているように思われる。しかし、このことは逆に言えば、三種類のプロウィデンティアという観念も決してアプレイウス個人の独創によるものではなく、むしろ偽プルータルコスのプロノイア論と同系統の学派伝承に帰されねばならないということである。

三　アルキノス『プラトン哲学要綱』

アルキノスの『プラトン哲学要綱』(後二世紀中葉)の中でわれわれの設問にとって最も重要な本文は次の文章(第二六章)である[13]。

宿命(*εἱμαρμένη*)に関しては、ほぼ以下のような見解がプラトンのよしとするところである。

彼は、確かにすべてのことが宿命の中にあるが、必ずしもすべてのことが宿命に縛られているわけではない、と言う。なぜなら、宿命が定めるところは法律の場合と同じで、ある人がこれこれしかじかのことを行なうだろうとか、これこれしかじかのことを被るだろうとかは言わない。(そのような言い方には、生まれてくる人間の数が無限で、彼らの上に起きる出来事も無限なのだから、キリがないからである。)仮にそうであるとしたら、われわれの自由意志(*τὸ ἐφ᾽ ἡμῖν*)は失われ、従って、賞賛と非難も、また、これに類するすべても失われることになるであろうから。宿命が告げるのはむしろ、ある魂がこれこれの生活を選び、これこれのことを行なうならば、これこれの結果がその魂の上に生じるだろう、ということである。

従って、魂の上に専制君主はいないのであり、あることを為すか為さないかは魂自身に掛かっている。この点では魂に何の強制も及んでいない。しかし、行為の結果は宿命に従って完成されるであろう。

アルキノスはこれに続けて、最後の命題の例証として、パリスのヘレネー略奪という自由意志の行為が、やがて宿命によってトロヤ戦争に発展したこと、ライオスが自由意志によってアポロンの神託に逆らったことが、やがて宿命によってオイディプス王の悲劇を生んだことを挙げる。この宿命観はすでに見た偽プルータルコスおよびアプレイウスのそれと完全に一致している。ここでも共通の学派伝承を考えなければならない。

ただし、アルキノスにはプロノイア論と呼ぶべきものがほとんど認められない。そもそも「プロノイア」に言及するのはわずかに二箇所にすぎない。一つは神学が扱うべきトポスを列挙する文脈（第七章）において、「神が万物を配剤しているか否か」(εἰ θεὸς προνοεῖ τῶν ὅλων)という論点がそのようなトポスの一つとして指摘される。今一つは造物神が「原型」（イデア）を見上げながらこの世界を造った際の「驚嘆に値する予知（プロノイア）と熟慮」に関係する（第一二章）[14]。しかし、偽プルータルコスとアプレイウスに認められたようなプロノイアあるいはプロウィデンティアの三分割を窺わせる痕跡は全く見られない。また、宿命の三分割はもちろん、プロノイアと宿命の関係づけも未反省のままである。アルキノスが偽プルータルコスとアプレイウスのそれに比すべきプロノイア（プロウィデンティア）論と宿命論を知っていながら、問題の著作がやはり『要綱』であることに制約されて、省略して叙述したという可能性はまず考えられない[15]。

四　学派伝承の起源の問題

以上、偽プルータルコス、アプレイウス、アルキノスの三者に多かれ少なかれ共通して認められる宿命論は、明らかに同一の学派伝承に遡ると考えなければならない。周知のように、ほぼ同一の宿命論は後四世紀末葉のエメサの司教ネメシオスの著作『人間の本性について』、およびほとんど同時代（後四世紀から五世紀初頭）のキリスト教プラトン主義者カルキディウスの『ティマイオス注解』(ラテン語)にも現れている。特に前者の場合には、三種類のプロノイアの区分も明確に言及かつ詳論されている。(16)

すでに一九五九年にPh・H・デ・レイシィは『ロエブ古典叢書』の一冊として偽プルータルコス『宿命について』を校訂・翻訳するに当たり、その解説の中で、ネメシオスおよびカルキディウスにまで及ぶこの学派伝承の歴史的起源を、もちろん仮説的にではあるが、後二世紀初頭に活動したと伝えられるガイオスに求めた。(17)その後、W・タイラーも「タキトゥスと古代宿命論」という後に有名になった論文で、やはりガイオスとその学派の影響を強調した。(18)H・デリーもこれに賛同している。(19)また、『ビュデ古典叢書』でアプレイウス『プラトンの生涯と教説』の校訂・翻訳を担当しているJ・ボージューは、アプレイウスの宿命論とプロウィデンティア論の視角から、前述のPh・H・デ・レイシィ説に賛同する。(20)

これに対してはJ・H・レーネンがすでにデ・レイシィ説以前に、アルキノスもアプレイウスもともにガイオスに直接依存している可能性を否定していた。(21)その後、J・ディロンがこの問題をさらに根本的に論じて、ガイオス起源説を改めて否定している。ディロンによれば、偽プルタルコス、アルキノス、アプレイウス、ネメシオス、カルキディウスは互いに誰をも直接前提してはおらず、むしろ全員が共通の資料・伝承に遡る。(22)

私にはこの論争問題に立ち入って発言する資格がない。また、ここではその必要もない。ただ、三種類のプロノイア／プロウィデンティアという観念についてのみ言えば、前述のようにこれがアルキノスが手にしていた学派伝承に欠けていたと思われることは、この観念まで彼の直接の師であったガイオスに帰すことをためらわせるものである。いわゆる「ガイオス学派」の歴史的および哲学史的位置付けについても諸説が分かれている。(23)われわれはこれらの論争問題をここでは未決のままにしておかなければならない。しかし、三種類のプロノイア／プロウィデンティアの観念は中期プラトン主義のその他の代表者たちには見られないのであるから、中期プラトン主義の中でも特定の系譜の学派伝承の産物であることは確実であろう。

結びにかえて――評価と展望

以上のような中期プラトン主義のプロノイア論および宿命論と突き合わせる時、『ヨハネのアポクリュフォン』のそれ――とりわけ三種類のプロノイアの観念――がこの学派伝承を直接間接に意識していることは明らかである。本論考のはじめにも述べたように、『ヨハネのアポクリュフォン』は直接ストアを論駁しているのではなく、中期プラトン主義の媒介を経ているのではないかというのが、G・クイスペルが私に対して提出する疑義であった。私はこの文書のプロノイア論について今やこの批判を受け入れざるを得ない。同時に以上の私の論述は、同じことが『ヨハネのアポクリュフォン』のみならず、その他のグノーシス主義文書(とりわけ典型的には『この世の起源について』)にも妥当することを示したはずである。しかし、なお残された問題は、『ヨハネのアポクリュフォン』および『この世の起源について』に代表されるようなグノーシス主義のプロノイア論と宿命論が中期プラトン主義に媒介されている、その媒介の在り方である。中期プラトン主義のプロノイア論・宿命論との類似性はすでにPh・パーキンス、M・タルデュー、M・A・ウィリアムスによっても指摘されている[(1)]。しかし彼らにおいては、当の中期プラトン主義そのものに対してもグノーシス主義が向ける論駁と再解釈の新しさが奈辺にあるかは必ずしも十分に明らかにされていないように思われる。われわれの見るところでは、それは次の二点に認められなければならない。

(1)　中期プラトン主義の宿命論が三つのプロノイアを区別したことは、後にネメシオスも適切に述べたように、地上世界(月下界)に現実に存在する悪にも拘わらず、神的秩序の支配がそこにも及んでいるという理念を何とかして貫きたいために他ならない。[2] 従って、三つのプロノイアは確かに上から下へと垂直的にその支配力を減衰させてゆくものの、それはあくまで連続的であって、その途中に決して断絶はないのである。ところが、『ヨハネのアポクリュフォン』および『この世の起源について』のプロノイア論に特徴的なのはその断絶に他ならない。すなわち、そこではプレーローマ(オグドアス)に所属するプロノイアと中間界以下のプロノイアが、グノーシス主義の反宇宙的二元論に対応する形で、原理的に対立させられるのである。神話的にはこの断絶はプレーローマ(オグドアス)と中間界の間を区切る「ホロス」(境界)あるいは「カーテン」によって表される。この事情を考慮に入れて、すでにそれぞれの場所で提示した中期プラトン主義(特に、偽プルータルコス)、『ヨハネのアポクリュフォン』、『この世の起源について』のプロノイア(および宿命)の三区分表を改めて、より厳密に対照させせれば、次のようになる。『ヨハネのアポクリュフォン』と『この世の起源について』では≡以上がプレーローマ(『ヨハネのアポクリュフォン』)あるいはオグドアス(『この世の起源について』)に該当する。

		第八天	第七天——第一天	地上界(月下界)
偽プルータルコス		$P_1 \vee H_1$	$P_2 = H_2$	$P_3 \wedge H_3$
『ヨハネのアポクリュフォン』	P_1、P_2 ≡	P_3	H	H
『この世の起源について』	P_1 (H_1?)	P_1 (H_1?) ≡	$P_2 = H_2$	$P_3 = H_3$

(2) 中期プラトン主義のプロノイア論は、H・デリーが指摘するように、わずかな例外(プルータルコス!)を除いて、終末論とは無縁である。[3] ストアの自然学が「宿命」(εἱμαρμένη)を「原因の連鎖(εἱρμός)」から説明した場合と同

様[4]、中期プラトン主義においてもプロノイアは第一義的には、自然学的な原因の連鎖を統御する力のことに他ならない。しかし、グノーシス主義のプロノイアは、『ヨハネのアポクリュフォン』と『この世の起源について』において特に顕著であったように、終末論および救済論と密接不可分に結び付いている。とりわけ『ヨハネのアポクリュフォン』はエピノイアの役割を不断に拡大し、さらにはこれをP_2と同定しつつ、始源論の枠へ遡及させることによってこの結び付きを緊密化させたのであった。それは中期プラトン主義との対比で見れば、プロノイアの終末論化に他ならない。従ってM・タルデューのように、エピノイアを第三のプロノイアとカウントして、中期プラトン主義のプロノイア論との並行を指摘するだけで終っては、極めて不十分と言わざるを得ない。

最後になお今後の研究のために一つの展望を付け加えておきたい。中期プラトン主義における三種類のプロノイアという観念は、すでに引用した本文にも明らかなように、宇宙を上から下へ垂直軸に沿って三層に分ける世界観に対応している。この三層構造の最上層に位置する神性は明瞭な「否定神学」によって記述される。『ヨハネのアポクリュフォン』の救済神話は、その垂直軸での基本構造の型においては、同様な「否定神学」から始まる点も含めて、中期プラトン主義に負うところが大きいと考えられる。やはり垂直軸で展開する「三種類のプロノイア」の観念を受容したことは、その点で象徴的である。それに対して、ストアへの論駁は、その垂直軸の展開のそれぞれの段階で、対応するストアの個別の論題に対して、いわば横軸で遂行されると言えるように思われる。

はじめに

（1）　日本聖書学研究所編『聖書学論集』(山本書店)第五号(一九六七年)所収。独文でも発表され(Zur Christologie des Apochryphon des Johannes, *NTS* 15/3, 1969, S. 302–318)、その後、荒井献『原始キリスト教とグノーシス主義』(岩波書店、一九七一年)一九六—二一一頁に収録。

(2) 日本新約学会編『新約学研究』(新教出版社)第一八号(一九九〇年)、六九—七四(特に七三)頁。

(3) 日本基督教学会編『日本の神学』(教文館)第二九号(一九九〇年)、九六—一〇一(特に一〇〇—一〇一)頁。

(4) G. Quispel, in: *VigChr* 44/1(1990), pp. 99–101. 前記のドイツ語の拙著に対するその他の欧文の書評の内主なものに次のものがある。B. Dehandschutter, in: *EThL* LXC(1989), p. 444; A. Segovia, in: *Archivo Theologico Granadino* 52(1989); K. Rudolph, in: *ThR* 55(1990), S. 113–152, 特に S. 146f; H. J. Klauck, in: *BZ* 34(1990),S.146f; J. M. Timbie,in: *CBQ* 53(1991), pp. 145–147; H.Neitzel, *Biblica* 72(1991), pp. 435–441; P. W. van Der Horst, in: *Nederlands Theologisch Tijdschrift*, 46(1992); J.-D. Dubois, *Archives de Sciences des Religions* 88(1994); M. Rodríguez Ruiz, in: *Estudios Bíblicos* 1995, pp. 570–572.

第1章

(1) なお、以下『ヨハネのアポクリュフォン』の本文としては、ベルリン写本Bについては W. Till(Hg.), *Die gnostischen Schriften des koptischen Papyrus Berolinensis 8502*, Berlin 1972(2. Aufl. bearb.von H.-M.Schenke), S. 79–195, ナグ・ハマディ写本Ⅱ、Ⅲ、Ⅳについては M. Krause/P. Labib(Hg.), *Die drei Versionen des Apokryphon des Johannes im koptischen Museum zu Alt-Kairo*, Glückstadt 1962 を適宜批判的に用いる。邦訳としては『ナグ・ハマディ文書Ⅰ 救済神話』(岩波書店、一九九七年)一一—一二五頁に私訳が詳しい訳注および解説(二八七—三〇八頁)とともに収録されている。この邦訳は写本B、Ⅱ、Ⅲを上下に同時に対観できる形になっており、適宜パラグラフ区分を行なっている。本論考で『ヨハネのアポクリュフォン』からの引用あるいは引照はこの邦訳に従って行なう。引用あるいは引照箇所の表記に際しては、原則として該当するパラグラフ番号も併せて表示する。なお、M. Waldstein/F. Wisse(ed.), *The Apocryphon of John, Synopsis of Nag Hammadi Codices II, 1; III, 1 and IV, 1 with BG 8502, 2*, Leiden 1995 は時間的な都合で実質的に参照できなかった。

（2）詳細については大貫隆、*op. cit.*, p. 108 参照。

（3）珍しく写本IVもこの箇所は明瞭に読める。

（4）M. Tardieu, *Écrits gnostiques :Codex de Berlin*, Paris 1984, pp. 102, 292, 498.

（5）M. Tardieu,*op. cit.*, p. 292.

（6）大貫隆、*op. cit.*, p. 126.

（7）われわれはこの理由から、M. A. Williams, *The Immovable Race, A gnostic designation and the theme of stability in late antiquity*, Leiden 1985(*NHS* XXIX), pp. 131–138(特に p. 137, n. 46)に賛同できない。ウィリアムスは、『ヨハネのアポクリュフォン』が写本の別を問わず、二種類のプロノイアにしか言及しないという見解である。彼のその他の見解に対するわれわれの批判は後注(22)と第2章注(11)参照。

（8）大貫隆、*op. cit.*, pp. 132–140.

（9）Editio princeps: A. Böhlig/P. Labib(Hg.), *Die koptisch-gnostische Schrift ohne Titel aus Codex II von Nag Hammadi im Koptischen Museum zu Alt-Kairo*, Berlin 1962 の編者の一人A・ベーリッヒは年代決定を断念して未決のままにしている(S. 35)。M.Tardieu, *Trois Mythes Gnostiques : Adam, Éros et les animaux d'Égypte dans écrit de Nag Hammadi* (*II*, 5), Paris 1974, p. 38 は詳細な議論の後に二世紀後半のアレクサンドリアのヘレニズム・ユダヤ教に位置づける。最も新しい校訂本文(*Nag Hammadi Codex* II, 2–7, ed. B. Layton, Leiden 1989,=*NHS* XXI, pp. 12–93)の校閲者H・G・ベートゲ(Bethge)は、反対に比較的後期(三世紀末—四世紀初頭)に位置づける(*op. cit.*, p. 12)。われわれにとって興味深いのは、Ph. Perkins, On the Origin of the World(CG II, 5) : A gnostic physics, *VigChr* 34(1980), pp. 36–46(特に p. 45)が、他でもないこの文書のプロノイア論・宿命論が中期プラトン主義に対して示す類似性を一つの根拠に、二世紀後半(一七五年頃)を想定していることである。ただし、著者が当時のアテネで哲学の修養を積んだ人物である(p. 44)というのは、全くの推測以上のものではない。その他、この文書の緒論上の諸問題については、『ナグ・ハマディ文書I　救済神話』三一八—三二八頁に私による詳しい訳者解説がある。以下この文書からの引用と引照は同書に収められた邦訳とパラグラフ番号によって行なう。

(10) 「オグドアス」と呼ばれる光の世界が終始前提されていながら、固有の叙述対象にならないことは、H. G. Bethge, "*Vom Ursprung der Welt*": *Die fünfte Schrift aus Nag-Hammadi-Codex II, neuherausgegeben und unter bevorzugter Auswertung anderer Nag-Hammadi-Texte erklärt*, Diss. Berlin 1975 (Masch.), S. 11, 183ff, 214–217 も正しく見ている。著者の関心は「カオス」の絶対的先在性を主張する者たちを反駁して、それが「オグドアス」の「陰」から二次的に生まれたものであることを論証する点にある(**97** 24–30 = §1参照)。

(11) この宇宙像についてさらに詳しくは、H. G. Bethge, "*Vom Ursprung der Welt*", S. 327; idem, in: B. Layton (ed.), *op. cit.*, pp. 20–22 参照。

(12) A. Böhlig, *op. cit.*, p. 69, 荒井献「いわゆる『この世の起源について』における創造と無知」、『原始キリスト教とグノーシス主義』二一一—二三一頁(元来は『聖書学論集』第四号、一九六七年所収、特に二一六頁)、H. G. Bethge, "*Vom Ursprung der Welt*", S. 53: "Er verließ die Pronoia, die unten im Himmel ist"; idem, in: B. Layton (ed.), *op. cit.*, p. 57; Ph. Perkins, *op. cit.*, p. 41; J. M. Robinson (ed.), *The Nag Hammadi Library in English*, Leiden 1988[3], p. 179.

(13) M. Tardieu, *op. cit.*, pp. 94f, 315 が同じ見解。

(14) A. Böhlig, *op. cit.*, p. 83; H. G. Bethge, "*Vom Ursprung der Welt*", S. 378 参照。

(15) Ph. Perkins, *op. cit.*, p. 41.

(16) 同様に段落を設けて訳すのは H. G. Bethge, "*Vom Ursprung der Welt*", S. 66f; idem, in: B. Layton (ed.), *op. cit.*, p. 71. ただし、ベートゲも参加している J. M. Robinson (ed.), *op. cit.*, p. 183 の訳は段落を置かない。M.Tardieu, *op. cit.*, p. 322 も同様。A. Böhlig, *op. cit.* p. 85 も同様であるが、これは editio princeps として写本の連続筆写 (scriptio continua) に倣ったためである。

(17) A. Böhlig, *op. cit.*, p. 83, 荒井献、前掲論文、二一八頁、H. G. Bethge, "*Vom Ursprung der Welt*", S.378 も同様の見解。このためベートゲは、J. M. Robinson (ed.), *op. cit.*, p. 183; B. Layton (ed.), *op. cit.*, p. 71 のいずれにおいても『正義』を大

文字で表記している。

(18) H. G. Bethge, *"Vom Ursprung der Welt"*, S. 335; Ph. Perkins, *op. cit.*, p. 40も同様の見解。

(19) [　]内の復元はH. G. Bethge, *"Vom Ursprung der Welt"*, S. 86f=B. Layton(ed.), *op. cit.*, p. 88に従う。A. Böhlig, *op. cit.*, p. 104の復元では、「彼らの栄光の[中に存在しないもの]となった」となるが、前後の文脈とのつながりが悪い。M, Tardieu, *op. cit.*, p. 333は後者の復元に従っている。

(20) Ph. Perkins, *op. cit.*, p. 41は**123**^{13}の「宿命」と**125**^{28}のそれとの同一性(H$_3$)をよく見ている。反対にH. G. Betghe, *"Vom Ursprung der Welt"*, S. 420, 448はこの同一性を見過ごしている。

(21) H. G. Betghe, *"Vom Ursprung der Welt"*, S. 448もこの箇所(**121**$^{15-16}$)の「宿命」と**125**^{28}のそれとの違いはよく観察している。

(22) M. A. Williams, *op. cit.*, p. 137, n. 46は『この世の起源について』も『ヨハネのアポクリュフォン』同様(前出注(7)参照)、二種類のプロノイアにしか言及しないとして、Ph. Perkins, *op. cit.*, pp. 40fに反対している。われわれはパーキンスに賛成する。

(23) J. M. Robinson(ed.), *op. cit.*, pp. 220–243所収のD・M・パロット(Parrot)の解説(p. 221)参照。反対に、W. Till, *op. cit.*, p. 56は『イエスの知恵』を『ヨハネのアポクリュフォン』の神話論の崩れた段階、つまり比較的後期に位置づける。M. Tardieu, *Écrits gnostiques*, p. 61も類似の見解。その他の議論については、『ナグ・ハマディ文書III　説教・書簡』(岩波書店、一九九八年)三八四―三九一頁に収録された『イエスの知恵』の訳者解説(小林稔)を参照。

(24) この箇所(B **81**^{11}、§2)の原語TEΘONTの語義については、並行箇所III／3 **70**^{21}およびIII／4 **93**^{2}とも関連させた説明がW. Till, *op. cit.*, p. 327にある。

(25) 訳文は大貫による。

(26) 『ナグ・ハマディ文書II　福音書』(岩波書店、一九九八年)一二七―一七一、三五五―三六六頁に筒井賢治による邦訳と解説がある。以下の引照箇所の表示に添記されたパラグラフ番号はこの邦訳による。

(27) 写本IVは「プロノイア」を終始不定冠詞と共に用いている。写本IIIは例外なく定冠詞を付す。この点についてはA. Böhlig/F. Wisse (ed.), *Nag Hammadi Codex III, 2 and IV, 2: The Gospel of the Egyptians*, Leiden 1975 (*NHS* IV), pp. 171, 192も参照。

(28) 『ナグ・ハマディ文書III 説教・書簡』一七九―二〇六頁に収録された邦訳(荒井献、特に§12)参照。校訂本と欧米語諸訳についてもその訳者解説(四三一―四四三頁)に詳しい。

(29) G. Schenke, *Die dreigestaltige Protennoia* (*Nag-Hammadi-Codex XIII*), Berlin 1984 (*TU* 132), S. 36による復元。荒井献『新約聖書とグノーシス主義』(岩波書店、一九八六年)四四七―四八九頁はこれに従っている(特に四六二頁)。

(30) Y. Janssens, *La Prôtennoia Trimorphe* (*NH XIII, 1*), Leuven 1978, p.30; J. D. Turner, NHC XIII,: Trimorphic Protennoia, C. W. Hedrick (ed.), *Nag Hammadi Codex XI, XII, XIII, Leiden 1990*, pp. 371–454 (特にp. 415)による復元。前注(28)に挙げた荒井訳はこれに従っている。

(31) G. Schenke, *op. cit.*, S. 20f, 135; J. D. Turner, in: J. M. Robinson (ed.), *op. cit.*, pp. 511f. 最近の研究について詳しくはK. Rudolph, *op. cit.*, pp. 149–151参照。

(32) 『ナグ・ハマディ文書II 福音書』二一一―三一二頁に私訳がある。校訂本、欧米語諸訳、最近の研究についても、その解説(三八二―三九九頁)に詳しい。

(33) O. Stählin (Hg.), *Clemens Alexandrinus, Bd. III*, Berlin 1970^{2}, p. 130.

(34) エイレナイオス『異端反駁』第一巻四章5節にも同様の表象について報告がある。

(35) E. Pagels, in: J. M. Robinson, *op. cit.*, pp. 481f参照。

(36) F. Siegert, *Nag-Hammadi-Register*, Tübingen 1982は、少なくともpronoiaの項(p. 295)については極めて不完全で、例えば『イエスの知恵』の写本III／4の該当箇所(前出)がすべて欠落している。

(37) 荒井献と柴田有による邦訳『ヘルメス文書』(朝日出版社、一九八〇年)では一貫して「組織」(六二、六六、六八頁他)。この邦訳には柴田による詳細な注が付されているが、一九節の「プロノイア」についての注解はない。

(38) W. Foerster (ed.), *Die Gnosis I: Zeugnisse der Kirchenväter*, Zürich/Stuttgart 1969, S. 419. しかし、K.-W. Tröger, *Mysterienglaube und Gnosis in Corpus Hermeticum XIII*, Berlin 1971 (*TU* 110), S. 146 は異なる見解。なお、『ヘルメス文書』第一三冊子21節の「プロノイア」については、柴田有「世界拒否としてのグノーシス」(『エピステーメー』一九七九年六—七月号〔終刊号〕)一四二—一六〇(特に一五三)頁に短い論述がある。

(39)『この世の起源について』が「バルベーロー・グノーシス主義」、「セツ派」に帰属するか否かについては争われている。H. G. Bethge, "*Vom Ursprung der Welt*", S. 15–17 は、師に当たるH・M・シェンケに反対して、その可能性を否定するのみならず、特定のグノーシス主義グループに帰属させることを放棄している。また、「セツ派」の存在を想定すること自体の是非をめぐる論争については、大貫隆, *op. cit.*, p. 166, Anm. 7、『ナグ・ハマディ文書I 救済神話』三〇三頁(訳者解説)、『ナグ・ハマディ文書IV 黙示録』(岩波書店、一九九八年)三一四—三一五頁(『アダムの黙示録』の訳者解説)、三三六—三三七頁(『シェームの釈義』の訳者解説)参照。

第2章

(1) M. T. Cicero, *De fato*, 14.

(2) クリュシッポスについては *Stoicorum Veterum Fragmenta*, Bd. II (1903), 1181 (Plutarchus, *De comm. not.* 14), Bd. III (1903), 371 (Cicero, *De finibus* III 20, 67); Seneca, *De providentia* II, 8; Epictetos, *Diss.* I, 6; III, 17 マルクス・アウレーリウス『自省録』(神谷美恵子訳、岩波文庫、一九五六年)六42、一一6、一二36。

(3) *Enneades* III, 2/3. プロティノスのプロノイア論については Ch. Parma, *Pronoia und Providentia. Der Vorsehungsbegriff Plotins und Augustins*, Leiden 1971 (*SPGAP* VI) に詳しい。ストアとプラトン主義の論争の大まかな経過については H. Dörrie, Der Begriff《Pronoia》in Stoa und Platonismus, *FZPhTh* 24 (1977), S. 60–87(ただし、デリーは奇妙なことに偽プルタルコスの『宿命について』*Περὶ εἱμαρμένης* を終始 *Περὶ προνοίας* と表記しているので要注意)、ペリパトス学派の宿命論については J. Talanga, *Zukunftsurteile und Fatum. Eine Untersuchung über Aristoteles' De interpretatione 9 und*

Ciceros De fato, mit einem Uberblick über die spätantiken Heimarmene-Lehren, Bonn 1986参照。特に後者は巻末(pp. 143ff)に、アフロディシアスのアレクサンドロス(後二〇〇年頃)に至るまでの宿命論に関する古代の著作を一覧に供していて便利である。

(4) 以下、底本はPseudo-Plutarchus, *De fato* =*Plutarch's Moralia* VII, London/Cambrige(Massach.) 1959(*The Loeb Classical Library*), pp. 301–359.

(5) 以下、底本はApuleius, *De Platone et eius dogmate*, in: Apulée, *Opuscules philosophiques et fragments: Texte établi, traduit et commenté* par Jean Beaujeu, Paris 1973, pp. 47–107.

(6) この箇所の「仲介者」(medioximi)について詳しくはA.-J. Festugière, *La révélation d'Hermès Trismé giste* III, Paris 1953, pp. 162f参照。なお、神性のほぼ同じ三区分はツロのマキシモス(二世紀後半)にも見られる。本文はA.-J. Festugière, *op. cit.*, IV, p. 110.

(7) この補充の根拠についてはJ. Beaujeu, *op. cit.*, p. 274参照。

(8) J. Dillon, *The Middle Platonists, A. Study of Platonism 80B.C. to A. D. 220*, London 1977, pp. 325f.

(9) H. Dörrie, *op. cit.*, p.81.

(10) G. Barra, Apuleius und das Problem der Entstehung des Bösen(=idem, Apuleio e il probleme dell'origine del male, *Vichiana* N. S. 1/1972, pp. 102–113の独訳), in: C. Zintzen(Hg.), *Der Mittelplatonismus*, Darmstadt 1981(*WdF* LXX), S. 283–298, 特にS. 291–294.

(11) F. Regen, *Apuleius philosophus Platonicus, Untersuchungen zur Apologie(De magia) und zu De mundo*, Berlin 1971, S. 84f, 90f. この理由からわれわれはM. A. Williams, *op. cit.*, p. 137, n. 46がアプレイウスのプロノイア論を依然として三種類説としていることに賛成できない(そこで公刊が予告されている彼の論文Higher Providence, Lower Providences and Fate in Gnosticism and Middle Platonismは入手できなかった)。ウィリアムスに対するわれわれの批判については第1章注(7)と(22)も参照。

（12）*Florida, Apologia, De mundo* におけるプロウィデンティア論については F. Regen, *op. cit.*, pp. 83–91 参照。

（13）以下、底本は C. F. Hermann, *Platonis Dialogici secundum Thrasylli tetralogias dispositi*, Bd. VI (pp. 145ff = Appendix Platonica), Leipzig 1853, pp. 152–189; P. Louis (ed.), *Albinos: Épitomé*, Paris 1945. 私訳については本書第V部第1章（ここでは特に三一三頁）を参照。

（14）本書第V部第1章§23参照。

（15）J. Dillon, *op. cit.*, p. 295 参照。

（16）Nemesius, *Περὶ φύσεως ἀνθρώπου*, in: J.-P. Migne, *PG* 40, col. 503–818 は最後の部分（第四二—四四章）でプロノイア（摂理）論を扱う。神的プロノイアの存在を否定することの反倫理性・反社会性、プロノイアの本質（「神の意志」）について論じた後、その働き（*τίνων ἐστίν*）が「全体」（*τὰ καθόλου*）にかかわるのか、あるいは「個物」（*τὰ καθ᾽ἕκαστα*）にかかわるのかという問いが立てられる（col. 781）。三種類のプロノイア説はこの問いに対するプラトンの解答として提示される。プラトンはそれによって神のプロノイアが「全体」と「個物」の両方を包摂するものであることを示したというのである（四三章）。第一のプロノイアは「第一の神」のもので、イデアイ、全宇宙、天の星辰、すべての種、実体、性質にかかわる。第二のプロノイアは天球を回転させている「第二の神々」のもので、動物、植物などすべて生成と消滅の定めの下にあるものにかかわる。第三のプロノイアは地上に人間たちの監視人として配置されたダイモーンたちのものである（以上 col. 793, 796）。ネメシオスのこのプロノイア論全体がストア的宿命論に対抗して神的摂理の優位を論証しようとする意図のものである（三五—三八章参照）。「プロノイアに従って」生じることは「宿命に従って」生じることでもあるが、逆は真ではないこと（col. 753）、行動の結果は「宿命」と「必然」に従うとしても、行動の選択は自由意志によるものであること（col. 756）など偽プルータルコス以来のトポスも現れている。

カルキディウスの『ティマイオス注解』（*Timaeus a Calcidio translatus commentarioque instructus*, ed. J. H. Waszink, London/Leiden 1962）は一四二—一九〇章で宿命論を扱う。その枠組みを構成するのは、至高神（summus deus）→第二の神（secundus deus = prima mens = providentia）→宿命（fatum = secunda mens = 世界霊魂 = 恒星天）→惑星→精霊（ダイ

モーン)→空気・湿気→地上、という階層的に考えられた宇宙論である(一七六—一七八、一八八章参照)。世界霊魂を宿命と同一視した上で、アトロポス(恒星天)、クロートー(中間領域)、ラケシス(最下位)に三分割する点(一四四章)は、アトロポスとクロートーの順番が入れ代わっていることを除けば、偽プルータルコスとほとんど同じである。偶因、偶然、自由意志と宿命の関係にも論及される(一五一—一五九章)。しかし、宿命とプロウィデンティアの関係については、前者は後者に従うが、逆は真ならず、という中期プラトン主義以来の周知の公式を前面に押し出すにとどまり(一四三—一四四、一四七章)、プロウィデンティアの三区分は認められない。J. Den Boeft, *Calcidius on Fate, His Doctrine and Sources*, Leiden 1970, pp. 93f はこの類似と相違を、カルキディウスにおいて中期プラトン主義の伝承が同時に新プラトン主義の視点から変形されていることから説明する。

(17) Ph. H. De Lacy, in: *Plutarch' Moralia* VII(前注(4)参照), p. 304.

(18) W. Theiler, Tacitus und die antike Schicksalslehre, in: *Phyllobolia*(FS für P.von Mühl), 1945, S. 36–90, abgedr. in: idem, *Forschungen zum Neuplatonismus*, Berlin 1966, S. 46–103.

(19) H. Dörrie, *op. cit.*, p. 79, n. 54.

(20) J. Beaujeu, *op. cit.* (前注(5)参照), p. 273.

(21) J. H.Loenen, Die Metaphysik des Albinos: Versuch einer gerechten Würdigung(=Albinus' Metaphsics. An Attempt at Rehabilitaion, *Mnemosyne* IV 9/1956, pp. 296–319, IV 10/1957, pp. 35–56 の独訳), in: C. Zintzen(Hg.),*op. cit.*, pp. 98–149, 特に p. 120.

(22) J. Dillon,*op. cit.*, pp. 295, 320.

(23) K. Praechter, Zum Platoniker Gaios, *Hermes* 51(1916), S. 510–529, abgedr. in: C. Zintzen(Hg.), *op. cit.*, pp. 67–88; C. Moreschini, Die Stellung des Apuleius und der Gaios-Schule innerhalb des Mittelplatonismus(=La posizione di Apuleio e della scuola di Gaio nell'ambito del medioplatonismo, Annali della Scuola Normale Superiore di Pisa, Lettere, Storia e Filosofia, II 33/1964, pp. 17–56 の独訳), in: C. Zintzen(Hg.), *op. cit.*, pp. 219–274 参照。

結びにかえて

（1）　第1章注(5)、(22)、第2章注(11)参照。

（2）　Nemesius, *op. cit.*, col. 796: *Εἶναι δὲ καὶ τῇ δευτέρᾳ καὶ τῇ τρίτῃ προνοίᾳ τὸ εἶναι παρὰ τῆς πρώτης, ὡς δυνάμει πάντα παρὰ τοῦ πρώτου θεοῦ διοικεῖσθαι.*

（3）　H. Dörrie, *op. cit.*, pp. 77f. プルータルコスのプロノイア論の終末論的色彩は個々人の死後の運命との関連で論じられる時に最も顕著である。特に『遅れて来る神罰について』(*De sera numinis vindicata*)の一―三節(プロノイア論)を一七―一八節と比較せよ。

（4）　大貫隆、*op. cit.*, pp. 137f. K・ルドルフはH・ヨナスが未完のまま残した『グノーシスと古代末期の精神』第二部の後半を編集公刊するに当たり、その部分に長い序文を付して新プラトン主義とグノーシス主義の関係をめぐるヨナス以後の研究史を総括している。その中でルドルフは私のこの論考のドイツ語版(T. Onuki, Dreifache Pronoia –Zur Beziehung zwischen Gnosis, Stoa und Mittelplatonismus, *AJBI* XVII, 1991, pp. 107–149)にも言及し、特にこの箇所での私の見解に賛同している。K. Rudolph, Vorbemerkungen des Herausgebers zum 6. Kapitel: Fragmente zu Plotin, in: H. Jonas, *Gnosis und spätantiker Geist, 2. Teil: Von der Mythologie zur mystischen Philosophie, 1. und 2. Hälfte*, Göttingen 1993, S. 243, Anm. 35.

V

否定神学の構造と系譜
——中期プラトン主義とナグ・ハマディ文書

はじめに

　われわれが第Ⅵ部の結びで立てた見通しでは、ナグ・ハマディ文書の一つ『ヨハネのアポクリュフォン』の救済神話が上から下への垂直軸に沿って示す基本構造は、明瞭な否定神学で始まる点も含めて、中期プラトン主義に負うところが大きいと思われる。この見通しに沿って、『ヨハネのアポクリュフォン』および関連するナグ・ハマディ文書の救済神話を一方に、内容的にそれと類似の主題を扱う中期プラトン主義の教説を他方に置いて、それぞれの基本構造を互いに比較してみることにより、両者の間の一致と差異を明らかにすることが第Ⅴ部の課題である。ただし、一口に中期プラトン主義と言っても、それに属する思想家あるいは学説史家は、すでに第Ⅵ部でも若干引照したように、多岐にわたる上に、彼らが残した著作も中期プラトン主義哲学の体系的な叙述というよりも個々の論題をめぐって著されたものが少なくない。その中で最も体系的な叙述と呼び得るものは、私が知る限り、アルキノスの『プラトン哲学要綱』である。これはプロティノス（後二〇五―二七〇年）とともに新プラトン主義の時代が始まる直前の時期に、中期プラトン主義の学派哲学の授業の現場で用いられた入門書であると考えられている。他方、現存する形での『ヨハネのアポクリュフォン』の背後には、後二世紀半ばのユダヤ教の周縁に遡ると思われる原本――これは具体的には現存する『ヨハネのアポクリュフォン』からキリスト教的な覆いを取り除くかたちで想定される――が存在し、救済神話の基本構造はすでにそこで出来上がっていたと考えられる。従って、以下『ヨハネのアポクリュフォン』との比較において中期プラトン主義をアルキノスの前記の著作によって代表させることは、年代的にも妥当であると言えよう。

第1章

✣ アルキノス『プラトン哲学要綱』（抜粋）

アルキノス（別伝ではアルビノス）については、後二世紀の前半にスミュルナ（現トルコのイズミール）でプラトン主義哲学を講じていたという証言が伝わるのみで、詳しいことは分からない。しかし、その著『プラトン哲学要綱』は、プラトン（前四二七―三四七）亡き後多くの学頭の下でさまざまな変容を遂げながら学派哲学として続いてきたプラトン主義が、後二世紀の時点でどのような姿を呈していたかを知る上で最も貴重な資料である。そこでは中期プラトン主義哲学の体系が、当時有力であったストア派の学問体系観の影響の下、論理学、理論的学、実践論の三分野に分けられ、それぞれの分野がさらにいくつかのテーマに下位区分されて、概論的に紹介される。その内、われわれにとって重要なのは理論的学に係わる部分である。この分野では、最初に数学について論じられた後に、神学と自然学が取り上げられる。その部分の冒頭に置かれた「まえおき」はこの両者が互いに不可分一体のものであることを明言しているが、取りあえずは神学の部分を抜粋的に読んでみよう。最初にまず三つの根本原理、つまり、その存在を端的に前提して始める外はないものとして、質料、イデア、神が挙げられる。その神について否定神学が展開されるのである。[1]

まえおき

【§1】 さて、われわれは以上の論題に引き続いて、今度はいくつかの原理と神学に係わる教説について見てみたいと思う。その際われわれは根本原理から始め、次いでそこから下降しながら、世界の生成の次第を吟味し、最後は人間の生成と本性について論及することとする。 (162, 24–28)

質　料

【§2】 先ず質料(ὕλη)について言えば、プラトンはこれを名づけて、「印刻用の素材」、「すべてを受容するもの」、「養母」、「母」、「場」と呼んでいる。 (162, 29–31)

【§3】 その属性はこうである。すなわち、乳母の役割と同じで、あらゆる生成を引き取って、それを担い、あらゆる形相を受け容れるけれども、自分自身はいかなる姿も持たず、無性質で、無形相である。確かにもろもろの形相へとこねあげられ、ちょうど印刻用の素材のように型を押されて、もろもろの形相にかたちづくられはするけれども、自らはいかなる形も性質も持ってはいない。 (162,32–39)

【§4】 それは物体でもなければ、非物体的というのでもない。ただし、可能性においては物体である。それはちょうど青銅も、あとは形相を受け取れば銅像となるからという理由で、可能性においては銅像だと言われるのと同じ事情である。 (163,7–10)

イデア

【§5】 プラトンは、このように根源的な役割を担う質料の他にも、なおいくつかの原理を想定している。その一つは範型因として働く原理、つまり個々のイデアという原理であり、今一つは万物の父であり、その原因でもある神という原理である。イデア(ἰδέα)とは、この神との関係で言えば、彼の思考のことであり、われわれとの関係で言えば、第一の認識対象であり、質料との関係で言えば、その尺度であり、感覚的世界との関係で言えば、その範型であり、それ自体として考察すれば、実在である。(163, 11–17)

【§6】というのは、すべてわれわれの思考に生じてくるものは、ある事物に向けて生じるのでなければならないが、その事物には、ある物からある物が生じる——例えば私から私の肖像が生まれる——場合と同じように、前もって範型が存在しなければならないからである。また芸術家は誰であれ、たとえ外的な範型が存在しなくても、間違いなく自分の内側に範型を持っていて、そのかたちを素材に付与してゆく。(163, 17–23)

【§7】神が知性(*νοῦς*)と知性的なるもの(*νοερόν*)のいずれかであるならば、彼には思惟(*νοήματα*)も属するわけであり、しかもそれは永遠かつ不変のものでなければならない。そうとすれば、イデア(複数)が存在するわけであると。なぜなら、もし質料が、それ自身の定義によって、いまだ尺度を欠いたものであるとすれば、自分以外の何かより優れたもの、かつ非質料的なものから尺度を貰い受けなければならないからである。さて、前者が前提であれば、後者がその帰結である。だとすれば、イデア(複数)が何か非質料的な尺度として存在するわけである。(163, 32–38)

【§8】加えて、もし現在の世界が自動的にそうあるわけではないとすれば、それはただ単にある物から生まれてきたというに留まらず、ある者の働きによって生まれてきたはずでもある。否、それに留まらず、何かに即して生まれてきたはずである。ところで、何かがそれに即して生じてきたもの、それはイデア(単数)以外の何であり得ようか。それゆえ、イデア(複数)は確かに存在するわけである。(163, 38–164, 1)

【§9】そのうえ、知性が真なる憶見と異なるのであれば、認識対象も憶見によって知られるものとは異なっていたのである。だとすれば、認識対象は憶見の対象とは別物である。それゆえ、ちょうど第一の感覚対象も存在するのと同じように、第一の認識対象も存在することになるであろう。だとすれば、イデア(複数)は存在することになる。ところで知性は真なる憶見とは異なるものである。それゆえ、イデア(複数)は存在する。(164, 1–6)

神

【§10】 さて次には、第三の原理について論じなければならない。プラトンはこれをほとんど語られ得ないものだとさえ考えている。しかし、われわれとしてはこの原理について、次のような仕方で帰納的に推論できるだろう。もし認識対象が存在し、しかもそれらは感覚対象でもなく、感覚対象に与るものでもなく、むしろ何らかの第一の認識対象にこそ与るものだとすれば、第一の感覚対象が存在するのと同様に、端的な意味での第一の認識対象も存在することになる。前者が前提、後者はその帰結である。しかし、人間は感覚からの働きかけに満たされてしまっているので、その結果、認識対象を思惟するときにも、表象として感覚対象を保持しており、しばしば大きさや形や色を一緒に思惟してしまい、認識対象を純粋に思惟することができない。ところが、神々は感覚対象からはかけ離れているので、純粋に混じり気なしにそうすることができる。(164, 7–18)

【§11】 さて、知性は魂より優れており、すべてのものを同時かつ永遠に思惟する現実態における知性は、可能態における知性よりも優れている。これよりもさらに優れているものは、これの原因者であり、これらよりもさらに上位に存在するものであるから、この者こそが第一の神であろう。彼は宇宙全体の知性に永遠に活動を可能ならしめている原因者である。彼は自らは不動のままこの知性に働きかける。それはちょうど、太陽が自分を眺めようとする人間の視力に及ぼす働きと同じであり、また、欲求の対象が自らは不動のままで人間の欲求を動かすのと同じである。この知性(=第一の神)もまさにこのようにして宇宙全体の知性を動かすのであろう。

【§12】　さて、第一の知性は最も優れたものであるから、その認識対象も最も優れたものであるとしなければならない。ところが、この知性よりも優れたものは何もない。従って、この知性は自分自身と自分自身の思惟を永遠に思惟するということになるだろう。そしてこの知性のこの活動こそがイデア(単数)なのである。（164, 18–27）

【§13】　そしてさらに、第一の神は永遠で、語られ得ず、自己完結的、とはすなわち欠けたところがなく、永遠完全、とはすなわち永遠に完全で、完璧、とはすなわちあらゆる点で完全であり、神性、実在性、真理、均整、善である。私はこれらの属性を互いに区別するためにこう語っているわけではなく、むしろこれらすべての言葉によってただ一つのものが認識されるようにと考えてのことである。（164, 27–31）

【§14】　神は善である。なぜなら、すべての善の原因者としてあらゆるものにそれぞれの受入れ能力に応じて善を施すからである。神は美である。なぜなら、自ら自分自身の本性によって完全で、均整を保っているからである。神は真理である。なぜなら、太陽があらゆる光の始源であるのと同じように、あらゆる真理の始源だからである。神は父である。なぜなら、万物の原因者であり、宇宙の知性と世界霊魂を自分自身と自分自身の思考に即して秩序づけるからである。すなわち、神は自分自身の意志によって万物を彼自身で満たし、世界霊魂の知性の原因者として、この世界霊魂を目覚めさせ、彼自身の方へと向きを変えさせたからである。父によって秩序づけられたその知性が現下のこの世界の全自然をあまねく秩序づけているのである。（164, 31–36）

（164, 36–165, 4）

この後アルキノスは神を思惟するための一つの方法としていわゆる否定神学を提示する。それは神からもろもろの「属性を捨象(ἀφαίρεσις)すること」である。「それはわれわれが感覚対象から捨象によって点を思惟するとき、まずり広げられる。

面を、次いで線を、そして最後に点を思惟するのと同様である」(165,16–19)。アルキノスの否定神学は次のように繰

否定神学

【§15】 前述のように、神は語られ得ないものであり、ただ知性によってのみ把握可能なものである。なぜなら、神は類でも種でも種差でもなく、神にはいかなる偶然的な属性もないからである。悪もそうではない。そのようなこと(=悪が神の属性だということ)は語るのも許されないことだからである。善も神の属性ではない。(もしそうだとすれば)神は何かに、つまりまさしく善性に与ることによって善であることになってしまうからである。善悪無記も神の属性ではない。なぜなら、これはわれわれが抱いている神の観念にそぐわないからである。何らかの性質も神の属性ではない。神は性質を付与されたものではなく、性質によってこのように完全なものとなったのではないからである。無性質も神の属性ではない。神は自分に帰属する一定の性質を奪われることはないからである。神は何かの部分でもなく、何らかの部分を含むような全体でもなく、何かと同一であるとか異なっているとかいうこともない。なぜなら、神には、その点で他のものと区別が可能となるような属性は一つもないからである。神は動かしも動かされもしない。 (165, 5–16)

【§16】 神より先には何も存在しないゆえに、神は部分をもたない。なぜなら、部分と構成要素は、それらがまさにその一部であるもの(=つまり全体)よりも先に存在するものだからである。すなわち、面は物体よりも先に、線は面よりも先にあるとおりである。神は部分を持たない者として、場所においても、質的変化においても、不動の存在であろう。 (165, 34–38)

【§17】　なぜなら、もし神が質的に変化するとしたら、それは自分自身によってか他のものによってかのいずれかである。他のものによってであるとすれば、その他のものの方が神よりも強いことになるだろう。他方、自分自身によってであるとすれば、それはより悪いものへ変化したか、より善いものへ変化したかのいずれかであろう。しかし、このいずれも不条理である。これらすべてのことから、神は非物体的なものであることも明らかになる。　(165, 38–166, 2)

性質の非物体性

【§18】　さらに性質が非物体的であることも次のように証明されるだろう。すべて物体は実体であるが、性質は実体ではなく、むしろ属性である。それゆえ、性質は物体ではない。あらゆる性質は物体に備わるものであるが、性質に備わる物体というものは存在しない。それゆえ、性質は物体ではない。　(166, 15–19)

【§19】　加えて、属性と属性は対立することがあるが、物体が物体と対立することはない。物体は物体である限りにおいては、他のいかなる物体とも異なるものではない。異なるのは、性質によって異なるのであって、物体性において異なるのでは断じてない。それゆえ、性質(複数)は物体ではない。一方で質料が無性質なのであるから、(逆に)性質の方も非質料的であるというのがもっとも蓋然性が高い。そしてもし性質が非質料的だとすれば、性質は非物体的であることになろう。　(166, 19–25)

【§20】　さらに、仮に性質もまた物体であるとすれば、同一の場所に二つあるいは三つの物体が存在するということになるであろうが、これは全くもって不条理である。それゆえもろもろの性質は非物体的であるとすれば、それらの性質の創造者もまた非物体的でなければならない。　(166, 25–28)

【§21】 その上、作動因（*τὰ ποιοῦντα*）は非物体的なもの以外ではあり得ないであろう。なぜなら、物体は働きかけを受けるもの、流動するものであり、常に同じものにとどまるものでも同一の状態にとどまるものでもなく、持続するものでも堅固なものでもないからである。また、一見したところでは物体が何かを能動的に遂行しているかのように見えるような場合にも、実際には物体が働きかけを受けていることがはるかに多いからである。純粋に働きかけを受けるだけのものが存在するのと同じように、実際に能動的に働きかけるだけのものも必然的に存在しなければならない。われわれはこれを非物体的なものと見做す外はないであろう。 (166, 28–35)

以上の神学的・原理的な議論に続いて、世界と人間の生成の次第を扱う自然学が上から下に垂直的に下降しながら展開される。

世界の生成

【§22】 自然に即した個別的な感覚対象には、何らかの確定された範型、とはすなわち、それぞれのイデアが存在しなければならない。 (166, 39–41)

【§23】 それはちょうど、たった一つの印章から多くの印刻が作り出され、ただ一人の人間について夥しい数の肖像画が生み出されるのと同じであって、イデアこそがそれぞれの個物がそのイデアと同じように在ることの原因者でもあり始源でもあるからである。それゆえ、現に存在する最良の制作物、すなわちこの世界についても必然的に、それが神によって造られるに際しては、神は世界のための何らかのイデアを眺めていたのでなければならない。そのイデアとはこの世界がそれに象って造られるべき範型である。この世界は造物主により、そのイデアに似せて造りあげられたのである。造物主は驚嘆に値する予知と熟慮にしたがって世界の制作に手をつけた。それは彼が善なる存在であったからである。　(167, 4–15)

【§24】　彼はあらゆる質料を使って世界を制作した。すなわち、未だ天が生じる以前、無秩序かつ無原則に動き回っていた質料を、その無秩序から解き放って至上の秩序にもたらし、世界の各部分をしかるべき数とかたち(*σχήματα*)によって整えたのである。その結果、火と土が空気と水に対してどのような関係にあるのかが現に識別できるのである。すなわち、この後の二つ、空気と水は今に至るまで、わずかに(形の)痕跡を留め、(他の)要素の力を受け容れる能力は有するものの、理性も尺度もなしに質料を揺り動かし、逆に自らも質料によって揺り動かされているにすぎない。　(167, 15–24)

【§25】　造物主は世界を四つの要素それぞれの全体を使って生み出した。すなわち、すべての火と土と水と空気のいかなる部分も能力も使わずに残すことはしなかった。造物主がその際に先ず考えたことは、生じてくるべき世界が物体の形を備えていて、まったく触ることができ、また目で見ることができるようなものであるべきだということ、ところが火と土を欠いては可触的で可視的なものは何一つ存在し得ないということであった。造物主はこのもっともな理由により、土と火から世界を造った。　(167, 24–32)

【§26】　ところで、二つのものが結びつくためには、両者の中央に何らかの結合子が生じなければならないが、そのような結合子としては、その結合子自身および結合されるべき当の二つのもののすべてを一つに合成することができるようなもの、すなわち比例(*ἀναλογία*)結合こそが神的な結合である。しかも世界は平面ではなく――平面であれば、ただ一つ中心があれば十分であろう――球形をしていた。そこで造物主は世界に二つの中心を与えることによって、全体の調和を図ったのである。まさにこの理由から、火(天)と土(大地)の中央に空気と水が比例の原則に従って置かれた。その結果、火が空気に対するのと同じ関係で、空気は水に、さらに水は土に関係し、その逆もまた成り立つことになっているのである (167, 32–41)

【§27】造物主は世界の外部には何一つ残さなかった。そうすることで彼は世界を独り子としたのであり、唯一のあのイデアに数の上でも似せたのである。これに加えて、病気とは無縁で、老いることもないもの、しかも害を加えることのできるものは何一つやってこないがゆえに、自己自身の内に充足し、外部のものを何一つ必要としないものに造りあげた。 (167, 41–46)

【§28】その形は球形にした。球形がもろもろの形の中でもっとも美しく、もっとも収容力が大きく、動きやすい形だからである。世界は視覚も聴覚もその他その類のものを必要とはしないから、造物主はその種の諸器官をそれに付与して奉仕させることはしなかった。彼は世界に、知性と思慮とに本来ふさわしい運動、すなわち回転運動だけを与え、その他の運動は、これを除外したのである。 (167, 46–168, 7)

要素と世界の幾何学的な構成

【§29】さて、世界は身体と魂の二つから成り立っているが、その内の身体は目に見え、手でも触ることができるのに対して、魂は目に見えずで手で触れることもできない。それぞれの能力と組成も互いに異なっている。 (168, 8–11)

【§30】すなわち、世界の身体は火と土と水と空気から生じた。世界の造物主は、そう、断じてまだ要素としての秩序を備えていない状態のこれら四大を取り合わせて、それらに正四面体（ピラミッド）、正六面体、正八面体、正二〇面体、そして最後に正一二面体の形を与えた。質料が正四面体（ピラミッド）の形を取ると、それは火になった。なぜなら、この形はもっとも切れ味が鋭く、しかも最少の数の三角形から成り立っているために、もっとも稀薄だからである。質料は正八面体の形を取ると、空気の性質を帯び、正二〇面体の形を取ると、水の性質を持った。造物主は土には正六面体の形を与えて、もっとも堅固で安定性に富んだものとした。正一二面体は「万物」(πᾶν)のために使った。　(168, 11–24)

【§31】　正一二面体を神が「万物」のために使ったわけは、天の獣帯に一二の動物の姿が見られ、そのそれぞれがさらに三〇度に分割されることが、正一二面体が正五角形から成り、そのそれぞれが(五つの頂角を中心と結べば)さらに五つの三角形に分割され、さらにそのそれぞれの三角形が六つの三角形から成るので(＝三つの頂角から対辺に垂線を下す)、正一二面体全体では三六〇個の三角形が発見されることになるのと似ているからである。つまり、この数がちょうど獣帯の全角度と一致するのである。　(168, 40–169, 4)

世界霊魂の構造

【§32】　ところでプラトンが世界は生まれたものだと言うとき、このことは、それ以前に世界がまだ存在しない時があったかのような意味で聞いてはならない。その意味はむしろ、世界が常に生成の過程にあり、世界自身の存続よりもさらに原理的な原因が何らかのかたちで存在することを指し示すことにある。世界霊魂も終始存在するものであるから、神がそれを創造するというのではなく、秩序づけるのである。神が世界霊魂を創造するという言い方が可能だとすれば、それは神がその世界霊魂の知性と世界霊魂それ自身を、あたかも深い昏睡から、あるいは夢から目覚めさせるかのように、神自身の方に向きを変えさせ、神が示す認識対象を眺めさせて、もろもろのイデアとかたちを受け取り、神の思惟を求めるようにさせるという限りにおいてである。　(169, 32–41)

【§33】 それゆえ、世界が生き物であり、知性を備えたものであることは明らかであろう。神は世界を最善のものにしようと欲した。そのために神は世界を魂と知性を備えたものとして造ったのである。なぜなら、魂を備えた一つの全体に仕上げられたものは、魂を備えないそれよりも優れており、知性を備えたものは知性を備えないものよりも優れているからである。おそらく知性は魂なしでは存続できないであろう。 (169, 41–170, 4)

【§34】 さて魂(世界霊魂)は中心から周縁へと広がって、世界の身体をあらゆる方面から包み込んで覆うことになった。その結果、魂は世界の全体にわたって伸延し、こうして世界を合体させ、かつ統括することになった。とは言え、この魂の内側にあるものを支配するのはあくまで魂の外側にあるものである。 (170, 4–9)

【§35】 すなわち、外側の運動は分割されないままであったのに対して、内側の運動は六回にわたって、二倍ないし三倍の間隔を置くかたちで、七つの円周に分けられた。分割を免れた天球によって囲い込まれた運動は「同一なるもの」に似ており、分割された運動は「別のもの」に似ている。 (170, 9–13)

【§36】 なぜなら、万物を包み込む天の運動は迷うことがなく、唯一の、しかも規則正しい運動であるが、内側のもろもろの天の運動は多様で、上昇と下降の点で変化し、そのために惑星天とも呼ばれるからである。外側の天(恒星天)の運動は東から西に向かって右方向へ進むが、内側の運動はそれとは逆で、西から東へ、世界に向き合うかたちで左方向へ進む。 (170, 13–20)

§35の「同一なるもの」と「別のもの」という表現は少し分かりにくい。しかし、その内容は前後の文脈から十分明らかであろう。「同一なるもの」とは恒星天の不動性を指し、「別のもの」はそれと対照された惑星天の不規則性(迷い)を指すものと思われる。世界霊魂は七つの惑星天のさらに上、つまり第八の天に当たる恒星天と同定されるのである。後続の§38では同じことが「第八の天には至上の大能があって、すべてのものを包み込んでいる」と語られる。

いま一つ興味深いのは、§32で「世界は生まれたものだ」というプラトンの文言から、「それなら世界がまだ存在しない時があったのか」という有り得べき誤解を取り除こうと、著者がかなり苦労していることである。それはなぜだろうか。著者が語りたいのは、「世界自身の存続よりもさらに原理的な原因が……存在する」という、物理的・歴史的な時間を越えた事態である。ところが「世界は生まれた」、あるいは「神が世界霊魂を創造した」という言い方は、明らかに物語的・神話的な語り口に近づくから、避けがたくそのような時間の内部での出来事を連想させてしまうのである。ここには、存在とその根拠について語る形而上学の言語(ロゴス)から物語(ミュトス)の言語への傾きが見て取れると言えよう。

恒星と惑星

【§37】　さて神は天体と星をも創造した。これらの内のいくつかは恒星で、天と夜を飾るものであり、その数はきわめて多い。他のいくつかは数と時間を生み出し、もろもろの存在を指し示すもので、七つある。さらに神は時間を世界の運動の延長として造った。それはいわば、永遠の世界の永続性を測る尺度である永遠性(αἰών)の模像(εἰκών)である。

天体の内で恒星ではないもの(つまり惑星)はその能力において同じではない。　(170, 20–27)

【§38】　さて、惑星天内には七つの天球が存在するので、神は素材の大部分を火から取りながら、目に見える七つの天体を創造して、「別のもの」の彷徨える軌道から成る(七つの)天球に配置した。月を神は地上から見て最初の軌道に置いた。太陽は二番目の軌道に置き、金星およびヘルメスの聖なる星と呼ばれる惑星(=水星)は、速度の点では太陽と同じだが、太陽からは離れている軌道に配置した。さらにその上方のそれぞれ固有の天球には他の惑星を置いた。それらの内でもっとも動きが遅い惑星すなわち、人々がクロノスと呼ぶ星(=土星)は、恒星天のすぐ下に横たわる天球に置き、その下には、動きの遅さでそれに次ぐもの、すなわち、ゼウスとあだ名される惑星(=木星)、さらにその下にはアレスの惑星(=火星)を置いた。第八の天球には至上の大能があって、すべてのものを包み込んでいる。

以上の天体はすべて知性を備えた生き物であり、神であり、かたちの点では球形である。　(170, 42–171, 14)

他の神々

【§39】　その他のもろもろの神霊たちは、「生まれた神々」とも呼び得る者たちであり、すでに触れた要素の一つ一つに応じる仕方で存在している。ある者たちは目に見えないが、別の者たちは目に見える。彼らはアイテールと火と空気と水の中に住む。従って、世界のいかなる部分といえども魂を分有しないということはなく、死すべき自然よりも優れた生物に与らないということもないのである。月下界と地上の領域はすべてこれらの神霊の支配下に置かれている。まことに、神自身が「万物」の創造者であり、神々と神霊たちを造った者である。「万物」がやがて解消してしまうことがないのは、この神の意志によるのである。この神の子供たち(神霊たち)がその他のものを指導するが、彼らが為すことはすべて、その神の命令に従って、また、その神を真似て行なわれるのである。占い、音解き、夢判断、託宣、さらには死すべき者たちによって操作される予見の営みは何であれ、彼らからやってくるのである。　(171, 15–26)

大　地

【§40】　さて、大地は全体の真ん中に位置しており、「万物」を貫くかたちで置かれた基軸の回りに固定されている。大地は昼間と夜とを守る者であり、天の下の神々の中では、世界霊魂に次いで年長であり、われわれに豊かな食物を与えてくれる。世界はこの大地の周りを回っている。大地はそれ自身も一つの天体であるが、均衡を保った状態で世界の中心に置かれたものであるために、場所を変えない天体であり、その点では(世界の)周囲を取り囲んでいる天体(恒星)と似ている。

アイテールは最も外側に在って、恒星の天球と惑星の天球とに分配されている。惑星の天球のアイテールの下には空気の天球が位置し、その中央に大地が固有の液体物質を備えながら存在するのである。

(171, 27–37)

可死的生物の生成

【§41】　さて、すべてのものが神によって秩序づけられたとき、残るは三種類の生物だけとなった。それらは可死的生物となるべきものであって、鳥類と水棲類と陸棲類の三種類である。神は(前述の)自分の子孫である神々にこれらのものの創造を命じた。それは彼自身によって創造されると、それらのものが不死の存在になってしまうかも知れないからであった。神々は第一質料からいくらかの量を、一定の時間を区切り、いずれ再び返却するということで、借り受けると、死すべき生物を創造した。

(171, 38–172, 3)

人間の創造

【§42】ところが、人間の種族については、それが神々の本性にできるだけ近いものとなるようにとの配慮が改めて「万物」の父とその子孫の神々に働いたため、全体の造物主はこの種族の魂を数の上で天体の数に等しい分だけ、下の大地に向けて送り出した。造物主はそれらすべての魂をそれぞれに割り当てられた天体に、いわば車輛に載せるかのように、積み込むと、それらの魂に向かって、ちょうど立法者がするように、宿命の法を告げた。それは、やがて身体から生じてくることになるであろう可死的情念、すなわち、第一に感覚、それから快楽と苦痛、恐れと怒りに、造物主自身が責任を負うことにならないためであった。(172, 3–13)

【§43】これらのものを克服し、これらのものに決して無理強いされることのない魂は正義に即して生き、やがて割り当てられた天体へと帰ってゆくことだろう。しかし、不正の下に捕らわれてしまった魂はやがて第二の転生の際に女の生活を送ることになり、もし不正をやめなければ、最後には動物の本性になりさがることだろう。しかし、魂が労苦して目指すべき目標は、彼らの上に二次的に生じてきたそのようなものを克服して、本来の状態へと到達することである。(172, 13–19)

この§42―43の人間創造譚は次章で取り上げる『ヨハネのアポクリュフォン』との比較において、非常に興味深い。ここではあらかじめ二点のみ確認しておきたい。

(1) まず§42では、大地が完成し、その上に下位の神々によってさまざまな可死的生物が創造された後、いよいよ人間の創造の段になると、その魂だけは改めて万物の父、造物主、すなわち第一の神から、「下の大地に向けて」送り出されている点に注意したい。そして、それは人間の種族を他のもろもろの可死的生物から際立たせ、できるだけ神々の本性に近いものとするためであったと言う。この不死の魂は続く§44、49では、人間の頭部に収められることになり、さらに§50では、それに後から付加される二つの可死的部分と区別される。

(2)　もう一つ重要な点は§43の全体が、地上で個々の人間がそれぞれの生涯を終えた後に魂が辿る宿命という問題、つまり一言で言えば、個人主義的終末論の問題を論じていることである。この問題は最後の§50―55でもう一度より本格的に論じられる。しかし、目下の§43においてわれわれが現に到達している話の繋がりは人間の創造の話、つまり、まだ「はじめ」の話なのだから、そこでもう「おわり」の話になるのでは、話が飛びすぎて、読む者は混乱すると言わなければならない。しかし、著者にとっては、それで至極当然なのである。魂の由来について語ることは、そのまま魂の行く末について語ることなのである。

さてこの後、話は元に戻り、「神々」による人間の身体の創造について次のように語られる。

【§44】　神々は特別に人間を土と火と空気と水から造った。すなわち、これらの要素の一定の分量を、やがては返すということで借り受けると、目に見えない鉤を使って一つの身体に合成した。そして、上から送られてきたあの魂の指導的な部分を頭蓋の中に収め、脳髄を畑のように置いた。顔にはもろもろの感覚器官を置いて、それぞれしかるべき働きを果すようにした。　(172, 20–27)

【§45】　神々は諸要素が生じた際に使われた滑らかで規則正しい三角形を用いて、骨髄を合成し、精子の生成に当たるものとした。骨は土と骨髄をこね合わせ、しばしば水と火に浸して造った。腱は骨と肉から造った。その当の肉は塩分を含んで辛い一種の発酵物から生まれた。　(172, 28–34)

【§46】　骨髄の回りには骨を置き、その骨の間には腱を置いて結合させた。その腱のお陰で関節が撓むようになり、関節同士も結合された。また、肉がある部位では薄く、ある部位では厚く、いわば上塗りされることによって、それらを庇護するものとなり、身体にとって、まさしく重宝なものとなった。(172, 34–38)

【§47】 内側の内臓もやはりこれらの物から合成されたのであり、体腔とその回りで曲がりくねっている腸もそうであり、上部では口腔から通じている気管支と咽頭もそうである。この内の一方は食道へ、もう一つは肺へ通じている。(172, 38–42)

【§48】 食物は胃で呼吸気と体熱によって分解されて柔らかくされる。こうしてそれは固有な変化を遂げながら、身体全体をめぐってゆく。さらに、背骨に沿って走る二本の血管は頭部の近くで正面から出会って、互いに絡み合うが、そこからまた多くの血管に分岐してゆく。(172, 42–173, 5)

【§49】 さて神々はこのように人間を造り、その身体に魂を結び付けて、その身体を治めるものにしようとしたが、その時彼らは魂の内の理性を備えた指導的部分を頭部のあたりに据えた。というのは、骨髄と腱が始まるのもそのあたりであり、感情に捕らわれたときの精神の混乱もそこに始まるからである。また、もろもろの感覚も頭部の周囲に置かれていて、いわばその指導的部分を防衛しているからである。この同じ場所には(魂の)論理的部分、判断部分、観想部分も置かれている。魂の情念的部分については、神々はこれをいささか下方に置いた。すなわち、怒りに係わる部分は心の周辺に、欲求に係わる部分は下腹部および臍の周辺の場所に置いた。(173, 5–15)

アルキノスはこの後かなりの紙幅を割いて、人間の感覚に関する議論を、視覚、聴覚、臭覚、味覚、触覚の順で展開する(173, 16–175, 12)。その内容は、もちろん現代の生理学理論から見れば突飛なところも多々あるに違いないが、努めて客観的・理論的・分析的である。感覚に続いて、人体の呼吸のメカニズムと病気のさまざまな原因について論じられる。「実際、胆汁と粘液は無数の病苦をさまざまに引き起こす。持続的な発熱は身体の中に火が過剰な時に生じ、二日熱は空気が、三日熱は水が、四日熱は土がそれぞれ過剰である時に生じる」という具合である。

その後、著者は「以下、繰り返しと思われるかも知れないが、前述の議論に遡って始めよう」と断った上で、再び魂の問題を取り上げる。魂は「神的で不死の部分」、「怒りの部分」、「欲求の部分」の三つに区分される。「神的で不死の部分」の不滅性の証明に続いて、宿命論一般が論じられる。

魂の理性的部分の不滅性

【§50】　可死的な存在を造るようにと委託された神々は、第一の神から、人間の魂――それが不死のものであることは後から示されるだろう――を受け取ると、それに二つの可死的部分を付与した。しかし、魂の神的で不死の部分が死をもたらす虚無に染まらないようにと、彼らはこれを身体の内のいわばアクロポリス、つまり一番高い部位に置いて、支配権と王権を与え、その住処として頭部を割り当てたが、それは頭部のかたちが「万物」のそれと似ているからであった。彼らはそれに身体のその他の部位を付け加え、いわば乗物としてそれに奉仕させることにした。そして魂の可死的な部分については、それぞれ別の住処を割り当てた。(176, 8–19)

【§51】　もし魂が不死であれば、それは滅びることもないものであろう。すなわち、それは非身体的な本質であり、その実体において不変なものであり、知性を備え、眼には見えず、かたちが均一なものである。従って、合成されたものでもなく、可滅的なものでもなく、分散することもない。反対に、身体はすべて感覚的、可視的、分散可能、合成的であり、そのかたちはさまざまである。(177, 21–26)

【§52】 それゆえ、魂は身体に媒介されて感覚的なものに接すると、混乱し、動揺して、いわば酒に酔ったようになる。反対に、知性対象に接すると、自己自身に一致して平静な状態になる。魂はそれに接すると動揺するようなものにではなく、むしろ知性対象の方に似ているのである。ところがその知性対象は本性上、分散することも滅びることもないものなのである。

(177, 26–32)

【§53】 さらに、魂はその本性上、指導的存在である。ところが、本性上指導的な存在は神的なものに似ている。それゆえ、魂は神的なものに似て、滅びることも朽ちることもないものであろう。

(177, 33–35)

【§54】 さて、他方でもし学習が想起であるとすれば、魂は不死であることになろう。学習が想起であるということ、このことは次のようにして導出されよう。すなわち、学習はそれ以前に知られていた事柄を想起するという仕方以外では成り立たないことであろう。

実際、もしわれわれが部分的な形でしか存在しないものから出発して普遍性を認識しようとするとしたら、それら部分的なかたちでしか存在しないものの数は無限であるのに、それをわれわれはどうして隅なく跋渉することができようか。あるいは、わずかな数のものからどうして普遍性に到達できようか。(というのは、例えばもし呼吸をするものだけが生物だと考えるとすれば、誤った判断になるであろう。) あるいは、そのようにして得られる観念がどうして(魂の)支配的な部分(τὸ ἀρχικόν)に属することができようか。

それゆえ、われわれの認識はいわば小さな火花をきかっけとして想起する仕方で起きるのである。すなわち、われわれに振りかかってくる限られた個別的な事柄から、われわれの魂がかつて認識していたのに、身体に繋がれる際に忘却してしまった事柄を想起するのである。

(177, 45–178, 12)

魂の移住

【§55】さて、魂が不死であるという議論から次の帰結が導かれる。すなわち、魂は身体の中に繋ぎ留められ、形成途上の胎児の本性に寄り添いながら成長してゆくものであること、また、魂は多くの人間の、あるいは、人間ならざるものの身体を渡り歩くということである。それは(魂の)総数が変わらないようにするためであるのか、神々の意志によるのか、あるいは魂の放埓と身体への愛着のせいであるのかはいずれであれ。他方では、身体と魂は、ちょうど火と瀝青がそうであるように、お互いに一定の親和性を持っているのである。(178, 33–39)

運　命

【§56】宿命(εἱμαρμένη)に関しては、ほぼ以下のような見解がプラトンのよしとするところである。彼は、確かにすべてのことが宿命の中にあるが、必ずしもすべてのことが宿命に縛られているわけではない、と言う。なぜなら、宿命が定めるところは法律の場合と同じで、ある人がこれこれしかじかのことを行なうだろうとか、これこれしかじかのことを被るだろうとかは言わない。(そのような言い方には、生まれてくる人間の数が無限で、彼らの上に起きる出来事も無限なのだから、キリがないからである。) 仮にそうであるとしたら、われわれの自由意志は失われ、従って、賞讃と非難も、また、これに類するすべても失われることになるであろうから。宿命が告げるのはむしろ、ある魂がこれこれの生活を選び、これこれのことを行なうならば、これこれの結果がその魂の上に生じるだろう、ということである。(179, 1–10)

【§57】従って、魂の上に専制君主はいないのであり、あることを為すか為さないかは魂自身に掛かっている。この点では魂に何の強制も及んでいない。しかし、行為の結果は宿命に従って完成されるであろう。それはちょ

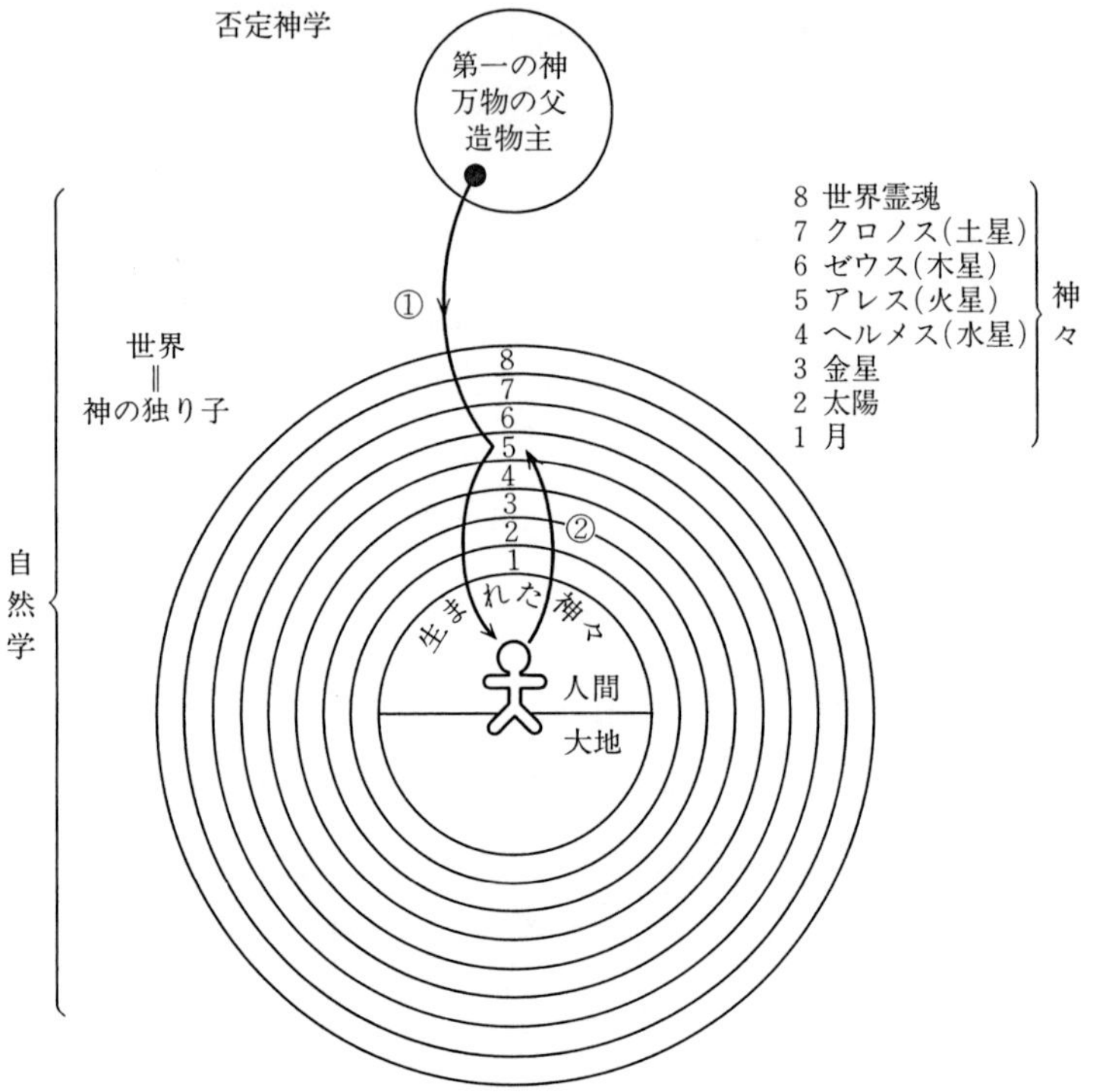

図1

うど、パリスがヘレネーを略奪する行為そのものは、パリスの決断によることであるが、そのヘレネーをめぐってやがてギリシア人たちが互いに戦争するという結果につながるのと同様である。同様に、アポロンも(オイディプスの父)ライオスに予めこう告げたのであった。

「もし汝が男子をもうけるならば、生まれ出るその子が汝を殺すであろう」。

確かにライオスも彼が息子をもうけることもこの神託に含まれてはいるが、宿命に縛られているのはその結果の方なのである。 (179, 10–19)

アルキノス『プラトン哲学要綱』の内、神学と自然学に係わる部分の内容と構成はほぼ以上の通りである。試みに神と世界と人間の位置関係を図表化すれば、前頁のようになろう。矢印①は人間の魂の理性的部分の下降(§42)、矢印②はその終末論的運命の一つである上昇(§43)を表す。

第2章

『ヨハネのアポクリュフォン』との比較

次にわれわれは以上に抜粋的に紹介したアルキノス『プラトン哲学要綱』を『ヨハネのアポクリュフォン』の物語る救済神話と構造的に比較してみたい。アルキノスの論述の大きな構成は、「まえおき」(§1)で述べられている通り、「根本原理から始め、次いでそこから下降しながら、世界の生成の次第を吟味し、最後は人間の生成と本性について論及する」構造になっている。このように上から下へ「下降しながら」展開する構造は『ヨハネのアポクリュフォン』においても一目瞭然である。この垂直的な大枠の中でどのような個々の主題がどのような順番で取り上げられるか、という意味でのいわば形式的な「構造」においても、両者の並行性は極めて顕著である。と同時に、それぞれの主題に関連して使われている言語表現と語られる内容の違いも見逃せない。以下順に、重要と思われる主題ごとに見てみよう。(1)

一　否定神学

まず、アルキノスが三つの「原理」の最後に挙げる「神」について否定神学(§15—17)を開陳するように、『ヨハネのアポクリュフォン』もその神話の冒頭(§6—8)で、至高神についてははるかに大規模な否定神学を繰り広げる。ナグ・ハマディ文書の中では、『三部の教え』のやはり冒頭部（§3―5）が内容的にも分量的にもそれに匹敵する否定神学を展開する。その他、『イエスの知恵』の§10にも、分量的には少し短く、置かれた文脈も神話の劈頭ではないが、否定神学が現れている。(2) それぞれにおいて用いられている否定属性詞を一覧表にして対観すると次のようになる。(3)

	アルキノス	ヨハネのアポクリュフォン	三部の教え	イエスの知恵
1 類ではない	○	―	―	―
2 種ではない	○	―	―	―
3 種差ではない	○	―	―	―
4 属性がない	○	―	―	―
5 悪ではない	○	―	―	―
6 善ではない	○	―	―	―
7 善悪無記でもない	○	―	―	―
8 性質を持たない	○	―	―	―
9 無性質でもない	○	―	―	―
10 何かの部分ではない	○	―	―	―
11 部分から成る全体でもない	○	―	―	―
12 何かと同一ではない	○	―	―	―
13 何かと異なるものでもない	○	―	―	―
14 動かしも動かされもしない	○	―	○	―
15 質的に変化しない	○	―	○	○
16 語り得ない	○	―	○	―

17 非物体的・非身体的	○	○	｜	｜
18 非身体的でもない	｜	○	｜	｜
19 目に見えない	｜	○	○	｜
20 限定不可能	｜	○	｜	｜
21 断定し難い	｜	○	｜	○
22 知り得ざる者	｜	｜	○	｜
23 知解不可能	｜	｜	○	｜
24 記述し難い	｜	○	｜	｜
25 把捉できない	｜	○	○	｜
26 摑み難い	｜	｜	○	｜
27 名づけられない	｜	○	○	○
28 近づき難い	｜	｜	○	○
29 究め難い	｜	｜	○	｜
30 測り難い	｜	○	○	○
31 触り得ざる者	｜	｜	○	｜
32 支配されない	｜	○	｜	○
33 不朽不滅	｜	○	｜	○
34 通常の神ではない	｜	○	｜	｜
35 神性ではない	｜	○	｜	｜
36 生命を必要としない	｜	○	｜	｜
37 何一つ必要としない	｜	○	｜	｜
38 欠乏を知らない	｜	○	○	○
39 完成ではない	｜	○	｜	｜

40	至福さではない	―	○	―	―
41	大きさで表せない	―	○	―	―
42	被造物ではない	―	○	―	―
43	存在する何かではない	―	○	―	―
44	時間に与らない	―	○	―	―
45	何かを貰うことがない	―	○	―	―
46	範型を持たない	―	―	○	―
47	質料と併存しない	―	―	○	―
48	先立つ者はいない	―	○	○	―
49	共に働く者はいない	―	―	○	―
50	似た者がいない	―	―	―	○
51	初めを持たない	―	―	○	○
52	生まれざる者	―	―	○	○
53	終りを持たない	―	―	○	―
54	不死である	―	―	○	○
55	揺らぐことがない	―	―	○	―
56	場所を持たない	―	―	○	―
57	人間の姿を持たない	―	―	―	○
58	跡を辿れない	―	―	―	○

アルキノスの背後にも三つのナグ・ハマディ文書の背後にもそれぞれ長い否定神学の伝承があって、ここに挙げた単語の多くがすでにそこで述語として定着していたものと思われる。とりわけ興味深いのは、アルキノスが使ってい

る十七の術語の中で、ナグ・ハマディ文書側のそれと一回でも重なるものは、わずか四つ(No. 14-17)に過ぎないことである。反対に後者においては、術語の数が全体的に増大している中でも、人間の認識能力に関わるもの(No. 19-31)が目立っているということである。ここでは、同じように否定神学でありながら、アスペクトの差異が見逃せない。アルキノスが「第一の神」の存在それ自体に焦点を当てているのに対して、三つのナグ・ハマディ文書には認識論の視点が優勢である。個々の人間が自分の中に至高神と同じ本質が宿っていることを認識することを救済の条件とするグノーシス主義の見方がすでにここに現れているわけである。(4)

二　イデアとプレーローマの神々

アルキノスは§5―9で「第一の神」の永遠の自己思惟がイデア(複数)に他ならないと言う。他方、『ヨハネのアポクリュフォン』の神話が超越的な神々の世界(プレーローマ)の生成について繰り広げる系譜学においても、至高神に次ぐ存在であるバルベーローは至高神が自己自身を認識対象としたときに(§12)、彼の「最初の思考」(§13)として出現する。このことから推せば、その後バルベーローの求めに応じて至高神が順次出現させる一連の神的存在(アイオーン)も、同じ至高神の「思考」であると言えよう(§14―25)。つまり、『ヨハネのアポクリュフォン』の光の領域に充満する神々は、アルキノスの言うプラトン哲学のイデア(複数)を神話論的に翻案して擬人化したものだと言うことができる。プラトン哲学のイデア論は、今や始まった神々の生成のさらに先で生まれてくる造物神ヤルダバオートが配下の天使たちと可視的世界を創造するに当たって「不朽の範型」に倣ったと言われる時(§29、39、40)にも明瞭に意識されている。

三　質料と「物質」

『ヨハネのアポクリュフォン』のいう「物質」についても同じ見方が成り立つ。『ヨハネのアポクリュフォン』において「物質」は、ヤルダバオートとその配下の勢力が心魂的人間を造ったものの、立ち上がらせることができずにいる時、「第一の人間」(バルベーロー)が下方の暗黒の水の中に自分の姿(人間のかたち)を啓示する場面(§45―46)で突然言及される。[5] それまでその存在や創造について一言も語られてはいないから、当初からその存在が前提されているもの、つまり一つの「原理」なのである。もちろんそれは明瞭に悪の原理であるが、原理として当初から前提される点では、アルキノスが三つの原理の一つに挙げる「質料」と変わらない。『ヨハネのアポクリュフォン』で使われているギリシア語(ὕλη)も同じである。違うのはその原理性がアルキノスの場合のように、話の初めから明示されず、暗黙の前提とされていること、つまり原理性の程度が弱いことである。さらに言えば、アルキノスが論述全体の冒頭で「神」および「イデア」といわば横に並列させている「質料」が、『ヨハネのアポクリュフォン』では垂直軸に移されて、前二者が「上」、「物質」が「下」に布置し直されている。

さらに『ヨハネのアポクリュフォン』(長写本)はその少し先で、心魂的人間の身体の中に、熱気と寒気と湿気と乾気を源泉とする四つの悪霊が宿っていて、「これらすべての母親は物質である」、「彼女は無限定で、彼らすべてと混ざり合っている」(§52)と語る。これがアルキノスの§2―3に並行するものであることは言を待たない。『ヨハネのアポクリュフォン』(長写本)はここでも中期プラトン主義がいう「質料」を神話論的に翻案しているのである。

四　「世界霊魂」とヤルダバオート、「他の神々」とアルコーンたち

アルキノスにおける「第一の神」と世界と人間の位置関係は、すでに三一四頁に掲出した図1の通りである。この図を今一度§22から§41までの記述と突き合わせると、次のようになる。すなわち、世界(別名「万物」)は球形で(§26、28)、知性を備えた生き物である(§33)。その全角度(三六〇度)は一二に分けられて「天の獣帯」を成す(§31)。世界の最高の生命原理あるいは「至上の大能」(§38)、つまり「世界霊魂」は質料の中の「火」から「造られ」、第八の恒星天に宿る。その下に造られた七つの惑星の素材も大部分は「火」から取られた(§38)。彼らも知性を備えた神である(§38)。さらにその下に「空気」と「水」の領域が広がり、その基盤に「土」(大地)が位置する(§24―26)。この領域(月下界)にもろもろの神霊と可死的な生物が棲む(§39、41)。

『ヨハネのアポクリュフォン』がプレーローマ界の下の可視的世界(中間界と物質界)について描き出す世界像もこれと完全に一致する。まず、ヤルダバオートは「十二人」(獣帯、§29、31)あるいは「七人」(惑星、§33)のアルコーンたちをプレーローマのアイオーンたちを「範型として」造り出し、自分はその上に立つ「第一のアルコーン」として第八の天に座している(§29)。彼は自分の「火」を配下の天使たちに分与する(§29、38)彼らの下には、さらに三六〇(あるいは三六五)柱の天使たちが造り出される(§30)。彼らによって支配される物質界(「洞窟」、§68)はさらにその下に広がり、「土」と「水」と「火」と「風」が混じり合う領域である(§58、68)。

五　人間の魂

アルキノスは§41で、完成した大地の上に下位の神々によってさまざまな可死的生物が創造されたことを語った後、続く§42では人間の創造について語る。人間の身体(肉体)の創造はさらにその後の§44以下で語られるから、§42で問題になっているのは、厳密には、人間の魂の由来である。すでに抜粋訳の§43に続く地の文でも確認したように、それは改めて全体の造物主、すなわち「第一の神」から、「天体の数に等しい数だけ」、しかもその天体を乗物として、「下の大地に向けて」送り出される。それは人間の種族が「神々の本性にできるだけ近いものとなるため」である。

『ヨハネのアポクリュフォン』で主題的にこれに対応するのは、§47—54で物語られる心魂的人間(アダム)の創造である。造物神ヤルダバオートの配下の七人のアルコーンがそれぞれ骨の魂、腱の魂、肉の魂、髄の魂、血の魂、皮膚の魂、髪の魂を創造して、一つの調和ある全体に組み合わせる。しかし、『ヨハネのアポクリュフォン』は彼らが心魂的人間を立ち上がることができない(§54)ままにしている点で、「神々の本性にできるだけ近いものとなるため」というアルキノスの見方からは明瞭にずれている。このずれの意味については後ほど改めて考えたい。

六　人体解剖学

アルキノスは続く§44—49で、人間の身体(肉体)の合成について語る。上から送られてきた魂は頭骸の中に置かれる。それに続いて脳髄、骨髄、骨、腱、肉、関節、体腔、内臓(腸、気管支、咽喉、胃、血管)が造られる。その叙述からはアルキノスが前提している古代の人体解剖学の知識がかなりのものであったことがうかがわれる。前掲の抜粋訳では省略したが、その後には人間の五感、呼吸、病気に関する詳細な議論が展開される。

『ヨハネのアポクリュフォン』もほぼ同じような人体解剖学の知識を前提していることは、すでに前節で見た心魂的人間の創造の場面に明白である。加えて、長写本にのみ見られる独自記事である§49―53(大挿入)は、人間の身体を考えうる限り細かな部位(肢体)に分解し、さらには認識作用、寒暖と乾湿の属性、情念をもそれぞれいくつかの下位概念に区分した上で、その一つ一つに対する支配を合計三六五柱の天使たちに割り振っている。ただし、『ヨハネのアポクリュフォン』のこの箇所は心魂的人間と肉体的人間のいずれを念頭に置いているのか曖昧な箇所である。[6] 明瞭に肉体の創造について語るのはむしろ§58―69(特に§58、68)である。そこで肉体は物質への鎖、暗黒の洞窟であるとされる。

七　魂の移住と人間の相異なる死後の運命

アルキノスの§50―55では、魂が「神的で不死の部分」、「怒りの部分」、「欲求の部分」の三つから成ること、その中の「神的で不死の部分」は、不死なるがゆえに、生前の身体(肉体)との関係のあり方に応じて、肉体の死後相異なる運命を辿ることが語られる。ある魂はかつて乗物として割り当てられた天体へ帰ってゆくが、ある魂は女性に、さらには動物の本性に転生する。すでに§43がこの主題を人間の創造の場面で先取りしている事情については、すでに述べた通りである。

『ヨハネのアポクリュフォン』では§70―75が主題上これに並行する。弟子のヨハネが神話の語り手である救い主キリストに、人間の死後の運命について尋ねるのである。救い主の解答によると、その運命は基本的に三つに分かれる。⑴「生命の霊がその上に到来する者たち」、すなわち真の覚知者(グノーシス主義者)は「完全なるもの」となって、プレーローマへ回帰する(§70)。⑵真の認識に到達しなかった者たちは、死後もそのような認識に到達する時まで、鎖に繫がれ、アルコーンたちによってあちこち連れ回される(§73)。⑶一度認識しながら、やがて道を逸れてしまった者たちは、貧困の天使たちの場所へ連れてゆかれ、永遠の刑罰によって処罰される日までそこに拘禁される(§75)。

八　宿命論

最後に、アルキノスの論述は運命と人間の自由意志(可能性)の関係を論じて終っている(§56—57)。『ヨハネのアポクリュフォン』では人間の相異なる運命に関する問答に直続して、悪しき「模倣の霊」あるいは「忌むべき霊」の起源の問題が取り上げられる。救い主の解答は再び心魂的人間アダムの創造の場面から説き起こし、その起源が創世記六章の出来事、すなわち神の子らと人間の娘たちの結婚にあることを明らかにする(§76—79)。興味深いのは、その途中で宿命の由来が併せて物語られることである。曰く、宿命とはヤルダバオートとその配下のアルコーンたちが「知恵」と交互に犯した姦淫から生み出された。それは変転する究極の忘却の鎖であり、全被造物を盲目にし、時間と時点に縛りつけた(§77)。もちろん、このような一義的に否定的な意味づけはアルキノスの哲学的な定義とは大きく異なる。しかし、『ヨハネのアポクリュフォン』がこの宿命論に神話全体の大きな構造の中で与えている位置は、アルキノスの論述において宿命論が占めている位置に並行している。

以上で明らかになったアルキノスと『ヨハネのアポクリュフォン』の間の主題配列上の大きな並行関係を、『ヨハネのアポクリュフォン』全体の配列を基準にして一覧表にすれば、次のようになる。後述することとの関連で、『ヨハネのアポクリュフォン』にだけあって、アルキノス側に並行記事がない場面も【　】で囲って表示する。

ヨハネのアポクリュフォン	主題	アルキノス
【§1—5	プロローグ】	欠
§6—11	至高神(否定神学)	§10—17
§12—25	プレーローマの神々／イデア	§5—9
【§26	ソフィアの過失】	欠
§27—29	ヤルダバオートの誕生／世界霊魂の創造	§32—33
§30—41	諸力・勢力・悪霊／世界と神々(天体・神霊)	§22—31、34—41
【§42—46	ソフィアの後悔・至高神の自己啓示】	欠
§47—48	心魂的人間の創造／人間の魂	§42
§49—51	人体解剖学	§44—49
§52—54	物質(悪霊の母)／質料・性質・情念論	§2—4、18—21、42、49

§55―69	肉体の牢獄／身体の創造	§44	
§70―75	人間の相異なる運命／魂の移住	§43、50―55	
§76―77	宿命論	§56―57	
【§80―81	プロノイアの自己啓示とエピローグ】	欠	

この一覧表は大きな並行関係と同時に細部での微妙なずれも示している。すなわち、『ヨハネのアポクリュフォン』の構成を基準にした場合、それぞれの主題に並行するアルキノスの箇所を書き出すと、そのパラグラフの並び方が部分的に順不同になる。また、『ヨハネのアポクリュフォン』固有の文学的様式から必要になっているプロローグ(§1―5)とエピローグ(§80―81)が、哲学の講義のための要綱であるアルキノスの側に欠けることは当然としても、それ以外のところでも部分的に並行主題が欠けるのである。そして、まさにこのずれにこそ、『ヨハネのアポクリュフォン』がアルキノス的な体系をグノーシス主義の救済神話に翻案した狙いが隠されていると見なければならない。ここではもっとも顕著なずれを四つ確認――一部は再確認――しておくことにする。

(1)　まず、ソフィアの過失と後悔は『ヨハネのアポクリュフォン』に固有な出来事で、アルキノスにはこれに応じるような段落はない。それは、プレーローマの神々の最下位に生成した女性神ソフィアが自分の中から自分の影像を出現させたいという欲求に取りつかれ、彼女の男性的伴侶の同意がないままに、それを生み出す場面である。『ヨハネのアポクリュフォン』はソフィアのこの過失から異形の子ヤルダバオートを誕生させ、そのヤルダバオートに可視的な世界全体を創造させる。そのことによって、その可視的世界とその上に存在する超越的な光の世界との間に深い断絶を置くのである。可視的世界は、アルキノスの言うような「最良の制作物」(§23)あるいは「(至高神の)独り子」(§27)なのではなく、自分自身が「流産」の子である造物主ヤルダバオートによる「こしらえもの」なのだ(『ヨハネのアポクリュフォン』§29以下)。

(2) 『ヨハネのアポクリュフォン』も人間の中に至高神と繋がる神的本質が宿っていると考える点では、アルキノスと変わらない。ただし、アルキノスの場合には、そのような神的本質、すなわち、魂の「神的で不死の部分」だけは、すでに見たとおり、天体なる神々が人間を創造した際に、改めて至高神から、それらの神々を乗物として、「下の大地に向けて」送り出され、やがて人間の頭部に置かれるのであった(§42、44、49、50)。

ところが『ヨハネのアポクリュフォン』は前述の断絶のゆえに、それよりはるかに複雑で巧妙な話にしなければならない。すなわち、ソフィアの後悔に続いて至高神が深淵の水の上に自分の姿を啓示し、その姿に倣って心魂的人間をヤルダバオートに創造させる(§45—46)のは、ヤルダバオートがそうとは知らずに母親から引き継いでいた神的本質(力)を彼から引き抜いて、その心魂的人間の中へ移すための最初の罠なのである。そして、至高神が続けて「五人の輝く者」を送り、ヤルダバオートに嘘の助言を与えて、動けずにいる心魂的人間の中へ彼の気息を吹き込ませることが同じ罠の本番である(§55)。これが同時に旧約聖書創世記の二章七節の人間創造譚に対する悪意に満ちたパロディーであることは、創世記のその場面を読んだことのある人には直ぐに分かるであろう。ユダヤ教の周縁で発生したグノーシス主義一般がそうであるように、『ヨハネのアポクリュフォン』も旧約聖書の造物神を悪と愚かさの筆頭に貶めているのである。と同時に、彼に創造されながら動けずにいる人間が心魂的人間であり、その心魂的人間が立ち上がることができるのは、ヤルダバオートから吹き込まれた気息、すなわち究極的には彼の母ソフィアを経てプレーローマから由来している神的本質によるのであるから、人間の中には「魂」を越える神的原理が存在することとなる。

つまり今や、人間は最下位の原理である肉体、中間の原理である魂、至上の原理である神的本質(「力」、「霊」、「光」)の三つから成るとする三分法的な人間観が提示されるのである。その結果、「魂」はアルキノスにおいて占めているような至上の原理の位置から追放されるわけである。(7)

(3)　アルキノスにおける造物主との比較でも似たようなことが言える。アルキノスの場合、下位の神々も確かに可死的生物の創造には参与するが(§41)、可視的世界全体の「造物主」と呼ばれるのは終始至高神(第一の神)である(§23―28、42)。そして、その可視的世界の最上位、第八の天(恒星天)に在る「大能」、すなわち、世界霊魂は明瞭に至高神から区別されている(§32―36、38)。

ところが、『ヨハネのアポクリュフォン』の至高神は、前記(1)の深い断絶のゆえに、可視的世界の創造という造物主の役割を負うことができない。この役割はヤルダバオートに負わされる。ヤルダバオートは同時に黄道十二宮(獣帯)と七つの惑星を配下に従えて、自らは第八の恒星天に住んでいるから(§38)、アルキノスの世界霊魂に相当する。アルキノスでは別のものであった造物主と世界霊魂の役割が、『ヨハネのアポクリュフォン』では第一の支配者ヤルダバオートの中に一体化されているのである。

(4)　造物主のいわば身分がこのように異なるのに応じて、可視的世界の将来の運命も違ってくる。アルキノスにおいては、すでに述べたように、世界は至高神の「独り子」、「最良の制作物」であるから、年老いることもない(§27)。§39はこれと同じことを、可視的世界全体を「万物」(πᾶν)と言い直して、こう表現している。「まことに、神自身が『万物』の創造者であり、神々と神霊たちを造った者である。『万物』がやがて解消してしまうことがないのは、この神の意志によるのである」。可視的世界の全体は永遠に存続する。同じように、人間の魂の理性的・指導的部分も死を越えて存続し、さまざまな身体の間を渡り歩き(§55)、やがては「割り当てられた天体へ帰ってゆく」ことになる

(§43)。しかし、それは決して、可視的世界の外へ飛び出しはしない。その内部で居場所を変えるに過ぎない(本書三一四頁の図1参照)。

反対に『ヨハネのアポクリュフォン』では、人間の中の神的本質はあの深い断絶を越えてこの世界に「落下」(§58)してきたものであるから、再びまたその外へ、光の世界へ帰って行かねばならない。プレーローマの生成について語る大きな段落の終りに近い§25では、光の世界(プレーローマ)に四つの輝く領域があって、その内の第三の領域には「セツの子孫」、すなわち「聖徒たち」の魂が、第四の領域には「プレーローマのことを知らず、直ちに悔い改めず、むしろしばらくの間ためらった後初めて悔い改めた者たちの魂が置かれた」と言われている。これはアルキノスの§43と全く同様に、プレーローマの生成というまだ「はじめ」の話の中へ早くも「おわり」の話、つまり§70—75で初めて繰り広げられる人間の相異なる終末論的運命の話を持ち込んでいるのである。終りの時にどう「悔い改める」か、あるいは、自分の中の神的本質をどう認識して生きるかによって、その人が可視的世界を越えて、光の世界のどこまで帰昇して行けるかが違ってくるというのである。しかし、この違いにもかかわらず、すべてが可視的世界の外への脱出である点に変わりはない。第一の領域に置かれた原型アダムが至高神を讃えて、「万物はあなたのゆえに在るようになったのです。そして万物はあなたへと向かうことになるでしょう」(§24)と言うのも、同じ消息である。それゆえ、ここで言う「万物」が光の世界だけを指し、アルキノスの場合のように、可視的世界の全体を含むものではないことも明らかであろう。

では逆に『ヨハネのアポクリュフォン』によれば、この目に見える世界全体の行く末はどうなるのだろうか。『ヨハネのアポクリュフォン』以外のグノーシス主義神話では、この点について、世界が大火によって焼尽するとするものが少なくない(8)。『ヨハネのアポクリュフォン』はこの点をいささか簡略に済ませてしまっている。しかし、文書全体のぎりぎり最後(§80)では、プロノイア(バルベーロー)が自己を啓示すると、混沌の世界全体が根底から揺れ動き、今にも崩壊せんとする様が述べられる。この限りでは、『ヨハネのアポクリュフォン』も可視的世界をやがて消滅するものと考えていると見て差し支えないであろう。やがてその後に独り残されるであろう光の世界、それこそがすべて、つまり「万物」なのだ。

至高神、世界、そして人間の位置関係についての以上のような『ヨハネのアポクリュフォン』の見方を図表化すれば、図2のようになろう。矢印の線は神的本質の移動を表す。

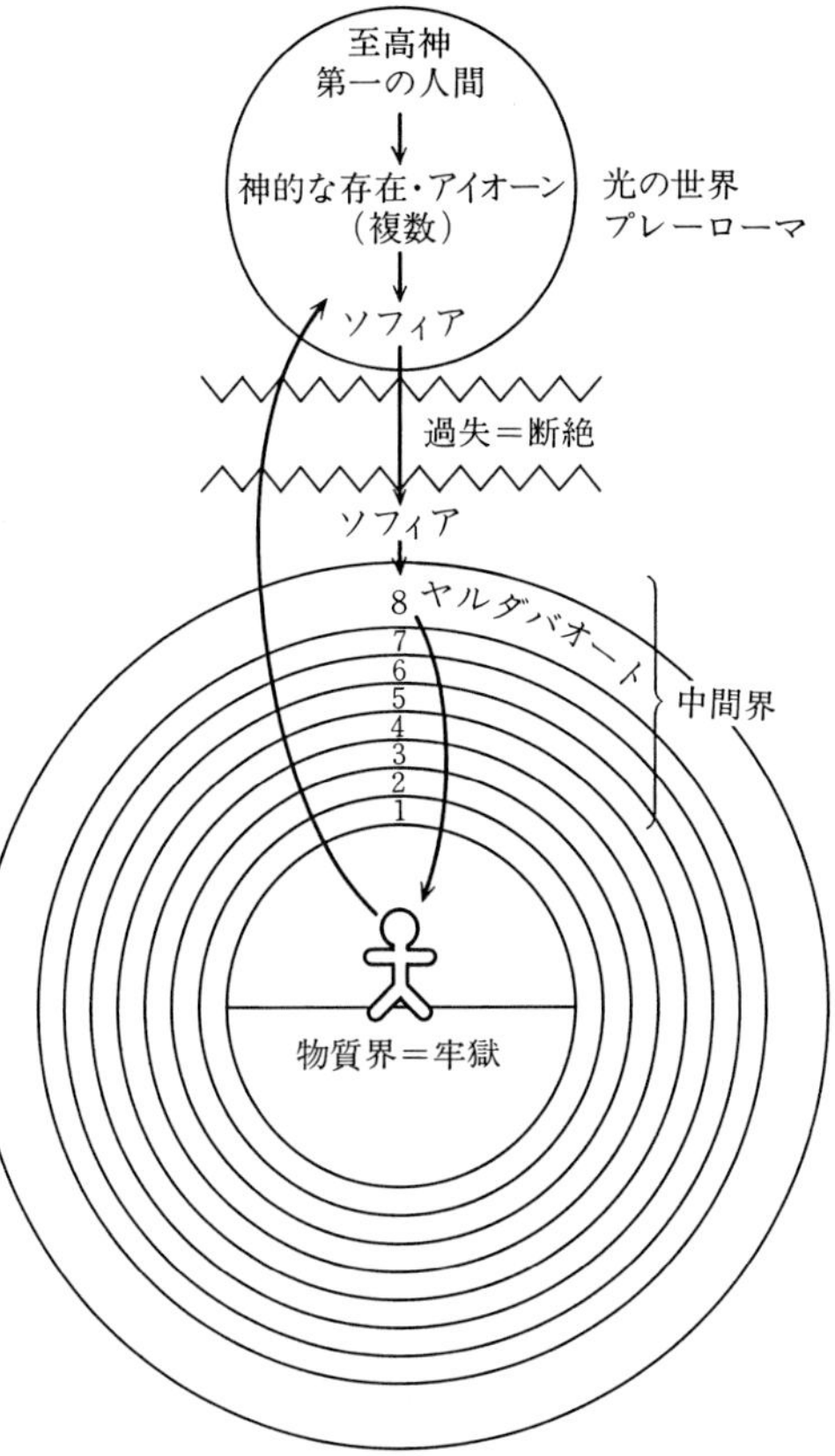

図2

結びにかえて——評価と展望

本論考においてわれわれは、まず中期プラトン主義の教科書アルキノス『プラトン哲学要綱』を抜粋的に読みながら、そこでどのような個々の主題が取り上げられるかを確かめた（第1章）。続いて、それらの主題のほとんどすべてが、ナグ・ハマディ文書の一つでキリスト教グノーシス主義に数えられる『ヨハネのアポクリュフォン』にも見いだされるが、個々の主題の配列にずれが生じているのみならず、アルキノスには現れない新しい固有な主題も付け加わっていることを明らかにした（第2章）。『ヨハネのアポクリュフォン』がアルキノスに代表されるような中期プラトン主義において定着していた神学と自然学の基本構造を、直接であれ、間接であれ知っていたことは間違いないと言えよう。『ヨハネのアポクリュフォン』はそこで扱われる個々の主題の配列を組み替え、必要に応じて表現と内容に関わる変更も加え、さらには新たな固有な主題を編入することによって、独自の構造によって成り立つグノーシス主義救済神話を創出したのである。

その結果、アルキノスと『ヨハネのアポクリュフォン』では、同じように否定神学を冒頭に置いて始まりながら、否定形で語られる神が世界と人間に対して立つ位置関係は、それぞれの文書の構造全体によって、異なった形に組み上げられる。その違いは図1（三一四頁）と図2（三三一頁）に示した通りである。われわれはこの相違を根拠に、すでにこの段階で否定神学の二つの類型について語り得るし、語らねばならないと信じる。もちろん、古代キリスト教の内外に限っても、この二つのいずれにも分類できない否定神学の伝統が存在することは、次の第Ⅵ部の最後で明らかにする通りである。そこでわれわれはアルキノスおよび『ヨハネのアポクリュフォン』とほぼ同じ時代のキリスト教正統主義(初期カトリシズム)の側にも、独自の、いわば第三の否定神学が繰り広げられるのを確かめるであろう。

アルキノスと『ヨハネのアポクリュフォン』の否定神学の違いは用いられる言語の性格にも現れている。アルキノスの論述全体を貫く言語は学派哲学の教科書にふさわしく、終始哲学的・形而上学的言語である。確かに、§32へのコメントにも簡単に記した通り、部分的にはミュトスの言語への傾きを示してはいるが、その基軸は終始理性・ロゴスの立場に置かれている。この点でプラトンその人以来の形而上学の伝統を外れてはいない。それに対して、『ヨハネのアポクリュフォン』全体の言語は、当然のことながら、神話的・詩的言語である。それぞれの冒頭の否定神学についてわれわれがすでに確認したアスペクトの違い(前出三三〇頁参照)も、用いられる言語のこのような基本性格の違いに対応しているのである。

アルキノスの否定神学とその言語を支える基本的な立場は終始理知の立場である。すでに述べたように、冒頭の否定神学に現れる単語のほとんどが「第一の神」の存在そのものに焦点を当てるものであって、人間の認識あるいは知解能力に関わるものではないことがそのことを示している。この否定神学は理性の立場を放棄して、超理性の立場へ飛躍するものではない。その何よりの証拠が§51である。そこでは人間の魂の理性的な部分が、至高神について用いられるのとほとんど同じ否定詞を重ねる形で、こう記述される。

それは非身体的な本質であり、その実体において不変なものであり、知性を備え、眼には見えず、かたちが均一なものである。従って、合成されたものでもなく、可滅的なものでもなく、分散することもない。

これはいわば否定神学ならぬ否定心理(魂)学である。その魂の理性的部分とは§42によると、可死的生物の創造の後に、他でもない至高神から人間にだけ改めて送り出されてきたものである。だから、至高神と人間の魂の指導的な部分はどちらも同質、つまり最高の知性あるいは理性に他ならない。この理由から、アルキノスの神学と自然学は、図1のいかにも古代的な宇宙像を別とすれば、現代のわれわれも特別な解釈を施さずに理解することができるものなのである。

これとは違って、『ヨハネのアポクリュフォン』およびそれと並べて取り上げた二つのナグ・ハマディ文書(『三部の教え』と『イエスの知恵』)の否定神学は、明らかに知性の分別的働きを越えたある根源的な全体性を目指している。「知り得ざる者」、「知解不可能」、「記述し難い」、「把捉できない」、「摑みがたい」、「究めがたい」、「限定不可能」など、人間の認識能力に関わる否定形容詞が延々と積み重ねられるのはそのためである。われわれは次の第VI部において、そのようにして否定的にしか表現され得ない至高神が実は個々の人間に内在すると信じられた神的本質の別名に他ならず、理知の分別を越える全体性とは人間のいわゆる「自己」の全体性にとどまることを明らかにするであろう。さらには、その「自己」が「他者」を失って膨張する危険性(「自己」のインフレーション)がないかどうかを問うであろう。(1)

しかしここでは、『ヨハネのアポクリュフォン』がそのような全体性への希求を救済神話の形で表現したことに含まれる言語の問題に限って、最後になお一点だけ触れておかなければならない。すでに見たように、『ヨハネのアポクリュフォン』は冒頭の否定神学の部分に限らず、文書全体の随所で陰に陽にプラトン主義哲学の用語を借りつつ、それを神話の言語に翻案している。もちろん、思想史的な関係としては、『ヨハネのアポクリュフォン』の側が中期プラトン主義の側へ影響を及ぼしている可能性も計算に入れておかねばならない。(2)にもかかわらず、主要なベクトルとしては、『ヨハネのアポクリュフォン』がプラトン主義哲学の術語を神話の言語に翻案していると見るべきであろう。とすれば、ここではH・ブルーメンベルクが彼独特の「メタフォロロギー(比喩学)」、あるいは哲学の「概念史的研究」において終始念頭に置いている方向とは逆の展開が起きていることになる。なぜなら、ブルーメンベルクの見地は、便宜的に生松敬三氏の要約を借りれば、「概念の一義的な定義＝哲学的ロゴスの底に前概念的・非概念的な把握＝神話的ミュトスの領域を『哲学的概念形成の前地(Vorfeld)』としてとらえ、ここに着目することによってメタファーとその関連場面の研究を『メタフォロロギー(比喩学)』として内容的・方法的に構築していこう」というものだからである。(3) この言い方に倣えば、ナグ・ハマディ文書の中でも『ヨハネのアポクリュフォン』に代表されるような神話論的文書は、むしろ「哲学的概念形成の後地(Nachfeld)」の研究に恰好の素材を提供すると言えよう。

しかし、それこそ概念史的あるいは思想史的に真に興味深いことに、グノーシス主義の領域では、『ヨハネのアポクリュフォン』の場合のように哲学の言語から神話の言語へという言語身分の変化だけが一方向的に起きているわけではなく、まさしくブルーメンベルクが言う方向、すなわち神話の言語から哲学の言語へという逆の変化も起きているのである。

そのよい例が実は『三部の教え』である。この文書は『ヨハネのアポクリュフォン』の原本よりも遅く、おそらく後三世紀の末から四世紀の初めにかけて、ヴァレンティノス派の影響下に著されたものと考えられる。(4) ナグ・ハマディ文書の中でも最も大部なもので、グノーシス主義的世界観をきわめて体系的に叙述する点でも、『ヨハネのアポクリュフォン』とともに際立っている。その体系的叙述を大規模な否定神学で開始する点でも、すでに繰り返し述べたように、『ヨハネのアポクリュフォン』と並行する。体系的に取り上げられるその他の個々の主題とその配列も、ほぼ『ヨハネのアポクリュフォン』と並行すると言ってよいであろう。

しかし、その文学的ジャンルは『ヨハネのアポクリュフォン』のように神話ではなく、明白に論文である。繰り返し一人称複数形の「われわれ」が現れて、そのつどそこまでの論述全体を総括したり、「さて今やわれわれは、彼らに与えられた恵みの原因と結果と起動因とを結び付けることが必要である」(§75)という具合に、新しい論題を導入したりすることにそれは明らかである。あるいはギリシアのさまざまな哲学説とユダヤ教内部のさまざまな「神学」を取り上げて、論争的に論評する姿勢(§55―60)にも論文という基本的な性格が端的に見て取れる。

その結果、厳密には『三部の教え』の言語は、『ヨハネのアポクリュフォン』と比べて、神話の言語である度合いを著しく弱めている。神話であれば物語の舞台に登場するそれぞれの役柄が直接話法で語るはずの台詞が、この文書では、いわば舞台の袖にいる著者の解説文として提供されるのである。著者は神話の内側から語らず、外側から報告する。このスタンスが最も鮮明なのは、著者が前提されている神話の術語を引用する場合である。それは例えばプレーローマの最下位で過失を犯したロゴス(『ヨハネのアポクリュフォン』のソフィアに当たる)については、次のように行なわれる(§39)。

自分の堅固さを取り戻し、彼のゆえに存在するようになった者たちの上に支配するようになったロゴスの思考は、「アイオーン」とも、彼が定められたところに従って生み出したすべての者たちのための「場所」(トポス)とも呼ばれた。それはまた、「救いの会堂」とも呼ばれる。それは、彼が自分を拡散から、とはつまり、雑多な思考から癒し、単一の思考へと立ち戻ったからである。同様にそれは、彼が自分に取り戻し、自分にだけ与える安息のゆえに、「貯蔵庫」とも呼ばれる。それはまた、一致が生み出す実に希望をかけて自分を彼に与えた者、すなわち、彼に現れた者の喜びのゆえに、「花嫁」とも呼ばれる。それはまた、彼が自分に逆らった者たちの上に(今や）揮っている支配を喜びながら取り戻した安定のゆえに、「王国」とも呼ばれる。それはまた、［彼が］自分の上に着［た］喜びのゆえに、「主の喜び」とも呼ばれる。その時、彼の側には光があって、彼の中にある善きものに答えていた。自由の観念も（彼の側にあった）。

明らかにここで生じているのは、神話の言語から哲学的言語への一種の非神話論化、あるいはH・ヨナスが言う神話論的グノーシスから哲学的グノーシスへの変容である[5]。ナグ・ハマディ文書は哲学的概念形成の「前地」と「後地」の両方の研究にとってきわめて興味深い素材だと言うことができる。

第1章

（1）翻訳の底本は Alcinoos, *Enseignement des doctrines de Platon, intoruduction, texte établi et commenté*, par J. Whittaker, et traduit par P. Louis, Paris 1990 である。ただし、以下の翻訳は抜粋であるため、パラグラフ（§）の区分と番号も本論考だけの便宜上のものである。それぞれのパラグラフが底本のどこに該当するかは、それぞれのパラグラフ末尾の括弧内に記す。なお、10節から17節までの翻訳については、第五五回日本宗教学会（一九九六年九月二一—二二日、国学院大学）における土屋睦廣氏の発表用資料「中期プラトニズムにおける神・資料」を参照している。ただし、一部文言を変更させていただいた。

第2章

（1）『ヨハネのアポクリュフォン』のギリシア語原本は散逸し、四つのコプト語写本のみが伝わる。その内の三つについては、写本の説明と訳注を含む拙訳が荒井献・大貫隆責任編集『ナグ・ハマディ文書Ⅰ　救済神話』(岩波書店、一九九七年)一一一―一二五頁に収録されている。以下そのつど問題となる『ヨハネのアポクリュフォン』の該当箇所はこの拙訳に付されたパラグラフ番号に従って表記する。なお、この三つの写本の拙訳を一般読者による通読に便利なように適宜合成したものが、宮本久雄・山本巍・大貫隆『聖書の言語を超えて』(東京大学出版会、一九九七年)二〇一―二九六頁に収録された拙論「ないないづくしの神――古代における三つの否定神学」に含まれている。

(2) 『三部の教え』の邦訳(大貫隆)は荒井献・大貫隆責任編集『ナグ・ハマディ文書Ⅱ　福音書』(一九九八年)二一一―三一二頁、『イエスの知恵』の邦訳(小林稔)は同『Ⅲ　説教・書簡』(一九九八年)五九―一〇一頁に収録されている。以下、それぞれの該当箇所はこれらの邦訳に付されたパラグラフ番号による。

(3) 原語はアルキノスの場合すべてギリシア語、『ヨハネのアポクリュフォン』以下三つのナグ・ハマディ文書の場合はギリシア語(借用語)とコプト語が混じっている。厳密には原語で対観することが望ましいのだが、ナグ・ハマディ文書側に現れるコプト語がもともとどのようなギリシア語を訳したものなのかが必ずしも常に確定できないために、断念せざるを得ない。

(4) 前掲拙論「ないないづくしの神」二四四頁が、アルキノスと『ヨハネのアポクリュフォン』の「それぞれの冒頭に置かれた否定神学は、(中略)個々の単語(否定属性詞)レベルでも一致するものが多い」と述べたのは無造作に過ぎた。ここで修正させていただく。なお、中期プラトン主義の神学とグノーシス主義の否定神学の関係についてはH. J. Krämer, *Der Ursprung der Geistmetaphysik, Untersuchungen zur Geschichte des Platonismus zwischen Platon und Plotin*, Amsterdam 1967という精緻を究めた文献学的研究があり、プラトンからプロティノスに至る間のプラトン主義の神学――ヌース(叡知)の形而上学――の展開の中に詳細に跡づけている(特にS.118–119, 124–125参照)。そこではグノーシス側の資料としてすでに『ヨハネのアポクリュフォン』のベルリン写本も引照されているが(特にS. 233, 254–255, 242参照)、主たる資料はヴァレンティノス派の本文である。

(5) ただし、長写本のみ。短写本は同じ場面で「物質」に言及しない。

(6) 詳しくは『ヨハネのアポクリュフォン』の前掲拙訳の該当箇所(§54)に付した訳注(『ナグ・ハマディ文書Ⅰ　救済神話』

八七頁、訳注Ⅱの(1)を参照。

(7) もちろん、中期および新プラトン主義の学派哲学の伝統の中には、「魂」のさらに上位に「叡知(ヌース)」を置いて、「叡知」/「魂」/身体(肉体)の三分法を取る立場が明確に存在する。この点もH・J・クレーマー(Krämer)の前掲書(随所)に詳しい。『ヨハネのアポクリュフォン』の三分法的人間論がこれと構造的および思想史的にどのような関係にあるかは、いずれ稿を改めて論じたい。

(8) 大貫隆訳・著『グノーシスの神話』(岩波書店、一九九九年)一四九—一五七、二七九—二八一頁参照。

結びにかえて

(1) 三六三—三六五頁参照。

(2) この点に関連してH・J・クレーマーの前掲の研究の基本的な視点に注意しておく必要があると思われる。クレーマーはヴァレンティノス派の救済神話の基本構造が思想史的には中期プラトン主義を超えて、プラトンその人とスペウシッポスの時代からプラトンの公刊された対話篇とは別にアカデメイアの内部でだけ伝承された教説にまで遡り得るものであるとする。もちろん、ヴァレンティノス派においてその伝承はグノーシス主義的な変形を被ってはいるが、中期プラトン主義の領域での潰滅的な保存状況に比べれば、ヴァレンティノス派のほうにこそよりよく、より多く残されている」という。「従って、逆にヴァレンティノス派の教説を分析することが、古アカデメイアの長く存続を続けたと想定される体系をより広い範囲で確定するのに役立つのである」(S. 263)。

(3) 引用はH・ブルーメンベルク『光の形而上学』(生松敬三/熊田陽一郎訳、朝日出版社、一九七七年)一八頁(訳者はしがき)。

(4) 詳しくは『ナグ・ハマディ文書Ⅱ 福音書』三九七頁参照。

(5) 周知のようにH・ヨナスは今や古典的名著となった『グノーシスと古代末期の精神』の第一巻で「神話論的グノーシス」を扱い、第二巻で「哲学的グノーシス」への変容を跡づけている(H. Jonas, *Gnosis und spätantiker Geist I–II*, Göttingen

1934–1954 (I = 1964³, II = 1966²/Neuauflage 1993)。これを一般向けの概説書として書き直したものがH・ヨナス『グノーシスの宗教——異邦の神の福音とキリスト教の端緒』(秋山さと子・入江良平訳、人文書院、一九八六年)である。

VI

グノーシスと現代思想

はじめに

本書の第I部から第V部に収めた論考は、改めて断るまでもなく、ナグ・ハマディ文書を中心とするグノーシス主義の本文に関する文献学的研究である。以下の第VI部では、グノーシス主義と現代思想の関係について若干の考察を加えて本書全体の結びとしたい。

古代グノーシス主義は後三世紀のペルシアに成立したマニ教に集大成された。そのマニ教が組織体としての存続を終えた時がそのまま古代グノーシス主義の終焉の時であったと言うことができる。しかし、グノーシス主義の思想史的な影響力はそれで終らず、以後近代に至るまで、地中海、ヨーロッパおよび中近東の文化の実にさまざまな領域、すなわちユダヤ教、キリスト教、イスラム教という歴史的世界宗教、神学、哲学、神秘主義思想、科学思想などの領域において、表の文化に対する裏の文化として見え隠れしながら、連綿とその影響を及ぼし続けた。それどころか、ドイツの有力な社会思想史家ハンス・ブルーメンベルクによれば、他でもない西欧における啓蒙主義と近代合理主義の成立そのものが、それ以前の中世が未超克のままに残したグノーシス主義の「傷痕」を最終的に越えようとする試みとも見做すことができる。

ブルーメンベルクによれば、グノーシス主義が正統主義キリスト教会も含む古代末期の世界に突きつけた最大の難問は、悪はどこから来たのかという問いであった。アウグスティヌスによって初めて唱えられ、以後のキリスト教の教理史の上で「予定論」および「原罪論」と呼ばれることになる教理、すなわち、ごく大雑把に言えば、最終的に救われる者と滅びる者の区別はそもそもの初めから永遠の神によって決定されているとする考え方、また、アダムとエバによって犯された罪が世代から世代へすべての人間に受け継がれてゆくとする見方も、グノーシス主義が突きつけたこの問いを完全には超克することができなかった。否、むしろアウグスティヌスのこの形而上学的観念そのものが、マニ教あるいはグノーシス主義的なものの変態あるいは移植と呼ぶべきものである。「確かにグノーシス主義の二元論は(予定論と原罪論という)形而上学的な世界原理によって排除された。しかし、それは今度は招かれる者たちと退けられる者たちという絶対的な区別として、人類のふところとその歴史の中に依然として生き続けた。この区別は神の義を守るために考えだされた手荒なやり方である。それは予定論という回り道の後に、宇宙的な規模での滅びを結局は一つの絶対的な原理に起因させるやり方を再び持ち込むものに他ならない。グノーシス主義の同じようなやり方を排除することにアウグスティヌスがどれほどの精力を費やしたかを思えば、これは隠された皮肉である。彼が言う普遍的な結果をもたらす原罪に対して主導者とされるのは、究極のところ万物の原因者でしかあり得なかった。滅びに定められた大衆(massa damnata)としての人間には、ただその結果を担う以外の役割はなかったのである」(1)。アウグスティヌスの全神学(特に『自由意志論』)は、グノーシス主義(マニ教)に対抗して人間の自由意志と宇宙的世界の「秩序」を救い出したかのように見えるものの、超絶的な神の側に絶対的主権性を割り振り、人間には「自己主張」の余地を残さない体系に他ならなかった。「宇宙的世界をこのように救出したことの代償は、人間をして世界の現状に照らして自分の罪の嵩を測らせることになったということだけではなく、その世界の現状に自ら責任を負っていこうとすることへの自己断念も含んでいた。すなわち、現実を自分にとって益となるように変革していくことへの断念である。なぜなら、現にその現実がもたらしている不利益は人間がかつて自ら招き寄せたものだから、というのである。このように人間の自己主張が無意味とされるのは、超克されずに『移植された』だけのグノーシス主義の遺産による。

他ならない。(2)」

さらにブルーメンベルクによれば、この意味での「グノーシス主義の傷痕」はアウグスティヌスと彼が代表する中世初期に未超克のままに残されただけではない。続く中世全体を代表する盛期スコラ学の「神学的絶対主義」においても、世界と人間は、「自己自身を思惟する思惟」あるいは「不動の動者」としていわば自己自身とだけかかわりあう神のための手段に降格されてしまった。(3)世界変革のための人間の「自己主張」、すなわち単にヒトという種としての生物学的あるいは経済学的な意味での自己保存を超えて、「現実の人間が特定の歴史的状況の中で設定し、自分の現存在をその下に置き、それによって自分を取り巻く現実をどう受入れ、その中で自分の可能性をどう摑み取るべきかをあらかじめ想定するプログラム(4)」は発動されないままに終った。

この自己主張が発動し始めるのは、中世末期にスコラ学の神学的絶対主義のシステムとそれによって支えられてきた宇宙的世界の秩序(摂理)への信頼が崩壊した時であった。人間のこの新しい自己主張こそは中世初期が未超克のまま残したグノーシス主義のトラウマ、あるいはグノーシス主義症候群を最終的に克服するものであって、近代の啓蒙期以降に進んだいわゆる「世俗化」の本質に他ならない。その時期から同時に始まる自然科学と技術の目ざましい進歩も、このような「意識の新しい質からのみ導き出すことができる。今や疎遠なものとなってしまった世界の現実に一つの新しい『人間性』を刻印するためにその現実に意識的に向かい合おうとする意志が、技術の諸分野の興隆の中に生きているのである(5)」。

さて、以上のようなブルーメンベルクの所説は、従来の西欧の近代論が「世俗化」という概念を鍵語として操作しながら歴史を実体主義的に理解してきたのに対し、「各時代の世界と人間との関係総体の理解をそのつど規定しているパラダイムの転換を、人間の歴史的に形成された欲求の問いかけと答えという機制によって説明しようとするもの」として、世界的に高い評価を受けているとのことである。[6]

しかし、二〇世紀末の現在、ブルーメンベルクの言う「人間的なるものの自己主張」が直面している限界も見逃すことはできない。そうするには近代合理主義の地球規模でのゆきづまりは、日々われわれの周りであまりに過酷かつ明白だからである。「現実世界を人間にとって益となる方向へ変革する」力であるはずであった人間の自由な合理性も、もはや包括的な信頼をつなぎ止めておくことができない状況にある。それは理知と合理性を超えた全体知を求めるさまざまな現代の思想的宗教的運動の中に顕著に現れている。反対にグノーシス主義の影響は、現に世界規模で展開しつつある新霊性(精神世界)運動、最近の映画、演劇、アニメなどの表象文化、ジェンダー論、性風俗論の中にも陰に陽に見て取ることができる。[7]あたかも近代の成立をもって「グノーシス主義の傷痕」が完全に超克されたかのように聞こえるブルーメンベルクの論は、果してどこまで当たっているのか大いに疑わしいと言わなければならない。

グノーシス主義が近代およびポストモダンの思想状況に及ぼしている影響を批判的に吟味する上で、最も有効かつ重要な視点は、われわれの見るところ、自我と自己の問題である。この視点から現代思想の領域でこれまでに行なわれてきた二つの代表的なグノーシス解釈は、実存主義的解釈(H・ヨナス)と深層心理学的解釈(C・G・ユング)である。以下、この二つの解釈との対論を通して、グノーシス主義が現代人に対して持ち得る積極的なメッセージと同時に逆にその限界をも明らかにして、その限界を絶対他者なる神の自己放棄あるいは自己外化という新約聖書の中心的メッセージと対照してみたい。さらには、やがて後二―三世紀の初期正統主義教会において、この中心的メッセージが一種の倫理的強迫観念と化した神に徐々に場所を譲り、一般信徒の「心理的適応機能に赤字が累積」(ユング)していったプロセスをスケッチしよう。そこでは、すでに本書の第I部の「結びにかえて」において正統主義の性倫理の視点から論じたことを新しい角度から再び取り上げて、本書全体の結びとする。

第1章

実存主義とグノーシス
――寄る辺なき自己の神話

ソクラテスが悪法と言えども国法であると言って、その悪法が定めた毒杯を仰いでまで、都市国家アテネの市民であり続けることにこだわったことはよく知られている。しかし、グノーシス主義の時代、つまりヘレニズム末期になると、ギリシアに限らず地中海世界の大半の地域で、そのような国家あるいは民族への帰属意識は失われて久しかった。今や故郷喪失と不安の時代であった。とは言え、それは政治的あるいは社会的に混乱の時代だったという意味ではない。特に本書第V部で取り上げた『ヨハネのアポリュフォン』とアルキノスが属する後二世紀はローマ史の上ではむしろ繁栄と安定の時代だったと言われる。しかし、まさにそうであればこそ、強大なローマ帝国の支配下に組み込まれたさまざまな民族は、それまでの政治的独立はもちろん、文化的な自律性も失って、いわば精神的な禁治産状況に置かれていたのである。この状況は地中海世界の中でも、シリア、パレスティナ、エジプトなど東方地域の知識層の間で特に顕著であった。人々は精神的な根っこを失って浮遊し、互いに分断された個人として、広大無辺な世界の中に放り出されていたのである。そのような精神状況の中で新しい座標軸を求め、そこに自分を定位しようとする必死な模索の一つがグノーシス主義であった。その最も根本的な関心は、実際にあるグノーシス主義者(テオドトス)の表現を引けば、「われわれは一体誰であったのか。何になってしまったのか。われわれはかつて一体どこにいたのか。今やどこに投げ込まれているのか。われわれはどこへ向かって急ぐのか。何から解放されたのか。生まれるとは何のこと、再び生まれるとは何のことなのか」という問いである(アレクサンドリアのクレメンス『テオドトスからの抜粋』七八2)。『ヨハネのアポクリュフォン』は同じことを「現に今在るものが[何であり]、[かつて在った]ものが何であり、やがて成る[べき]ことが何であるか」(§5)と表現している。[1]

これらの問いはすぐれて「実存的」な問いである。「実存」という語はもともとは今世紀の前半にM・ハイデッガーなどによって披かれた実存主義哲学の用語 Dasein の訳語で、「現存在」とも訳される。このドイツ語の最初の二文字"Da-"は「そこに」という単純に場所的な意味であるから、私なら私が今現に「そこに」在る在り方、つまり、さまざまな歓びもあれば、不安も悲しみもあり、高揚もあれば低迷もある現実を指すわけである。この種の現実はプラトン以来の伝統的な形而上学(存在論)の中では、アルキノス§42、49、50―52でも人間の魂の内の可死的で、感情や情念を司る部分に帰されている通り[2]、「真にあるべき存在」からは除外されてきたものであるが、実存主義哲学はまさにそのような現実にこそ注目して存在の問題を考えるから、他でもない実存主義哲学と呼ばれる。従って、「実存」の「実」の文字に、偽りに対する真というような価値判断を持ち込まないことが大切である。前述の問いはこの意味で「実存的」なのである。

このような実存的な問いに、あるいは、その問いから生み出されてきたグノーシスの救済神話に接したわれわれが、この問いはそのまま他でもないわれわれ自身の問いでもあることに気づいて、この問いに神話がどういう答えを出すのか、その答えがわれわれにとっても新しい世界、われわれが新たにその中に棲むことができるような世界を披いてくれるのではないか、という問いをもって神話の解釈に向かうならば、その時その解釈は「実存論的」解釈となる。ある人が自分の現実に則して発している発言を、その人個人の枠を越えて、より普遍的な生の可能性として分析すること、それが実存論の立場である。

そのような実存論の視点から行なわれたグノーシス主義研究としてはH・ヨナスの研究が有名である。(3) 今ここでその詳細を報告することはできないが、一つだけ言えば、グノーシス主義の救済神話をシリア・エジプト型とイラン型の二類型(理念型)に分類したことが彼の重要な貢献の一つである。すなわち、シリア・エジプト地域で生み出された救済神話は、『ヨハネのアポクリュフォン』のように、頂点に置かれた至高神からいわば一元論的に、上から下へ垂直に展開されるのに対して、イラン型では善(光)の原理と悪(闇)の原理が神話の当初から二元対立の形で前提され、それら二つの原理がある宇宙的な悲劇によって混じり合うことから、目に見える世界と人間の現実が導出される。従って、光が闇から濾過され、混じり合った二つの原理が再び分離して、太古の状態へ復帰することが最終的な救済と見做されるのである。この型の代表が古代イランに始まって、当時の世界宗教にまでなったマニ教である。

グノーシス主義の神話は、すでに述べたような理由から、語り手が自分の実存について抱いている一定の理解を言語化・物語化したものであるから、この類型上の違いには、それぞれの地域の文化的前提の違い以外にも、まさに実存理解の上での個性差が働いていると考えなければならない。

そのような観点から具体的に例えば『ヨハネのアポクリュフォン』を見ると、先ず注目に値するのはソフィアの過失(§26—28)である。ソフィアはたとえ最下位と言えども、プレーローマに充満する神的存在の一つであったことに変わりはない。そのソフィアが過ちを犯して流産の子を産み、その子が悪の権化ヤルダバオートとなる。つまり、ここでは現実の世界に存在する悪の起源が、他でもない広い意味での神性そのものの中に求められていることになる。前述のイラン型の神話の場合には、悪の原理は当初から善(光)の原理の外部に前提されて始まるから、こういう理解にはならないわけである。ヨナスもこの点に二つの類型の重要な相違を認めている。もっとも、炯眼な読者の中には、『ヨハネのアポクリュフォン』ではむしろ「物質」(質料)が悪の原理であって、しかもそれはそもそもの初めからその存在が前提されているのだから(§46、56)、イラン型とさほど違わないのではないかと思われる方がいるかも知れない。しかし、「物質」が『ヨハネのアポクリュフォン』において果す悪の役割は全体として限られているのみならず、§46では至高神の自己啓示の場所といういわば積極的な役割も果している(ただし、長写本のみ)。『ヨハネのアポクリュフォン』ではヤルダバオート、つまり旧約聖書の神と模倣の霊(§60、68、73)が積極的な悪の原理と考えられていると見るべきであろう。とすれば、悪はやはり前述のように、遡って神性の領域そのものに淵源するわけである。そして、神と呼ばれるものそのものの中に実は悪の起源があるというこの見方が、実存理解として見れば、イラン型よりもはるかに深刻な問題を含んでいることは言うまでもない。

しかも、ソフィアの過失は彼女だけの責任ではない。至高神がソフィアにとって知ろうにも知り得ない神であること、あるいは、彼女をそのような位置に在らしめることになった至高神の一連の行動の責任が同時に問題になる。その一連の行動の発端に立つのは、§12が語るように、至高神が「自[分を取]り囲んでいる[彼の]光の[中で彼自身]を見つめ」、自分の思考を働かせて、自分自身の像を認識する行為である。至高神そのものが認識主体と認識対象に自己分化を始めるのである。それに続くもろもろの神的存在(アイオーン)の生成は、いわばこの自己分化の進展に他ならず、その極点がソフィアの生成なのである。とすれば、悪はソフィアの過失に留まらず、至高神のそもそもの自己認識の行為にまで遡ると言ってもよいであろう。しかも、この至高神の自己認識への欲求は、ソフィアの過失の件と同じように、性的なニュアンスを含む用語で語られる。つまり、狭い意味の知的・理性的な認識行為ではなく、存在全体の合一を願うようなエロス的な「知の欲求」が問題になっているのである。『ヨハネのアポクリュフォン』が過失の主語であるソフィアを正に「ソフィア」(知・知恵)と名づけた実存論的な意味はそこにあるのではないか。エロス的な全体性を求める知は、魅惑するものであると同時に常に欠乏と紙一重のものなのだ。アルキノスも確かに至高神の自己認識の行為について語るものの(§12)、それをやがて現実世界に生じてくる悪の原因とはしていないこと(§42)と好対照である。アルキノスには『ヨハネのアポクリュフォン』のような知の両価性の意識はないのである。すでに述べたように、彼の否定神学が基本的には理性への信頼に留まり続けるものであることもそれと軌を一にしている。[4]

悪は至高神が主体と客体に自己分化を始めたところに始まる。——この命題[5]が『ヨハネのアポクリュフォン』の否定神学に秘められていると見てよければ、そこに含まれた実存理解はますます深刻なものとなる。なぜなら、至高神は「第一の人間」だからである。確かに§13と45(ただし、長写本のみ)では、バルベーローが「第一の人間」と呼ばれているが、そのバルベーローは至高神の「影像」(映像)であるから、至高神自身が「第一の人間」、すなわち「原人」であると言っても間違いではない。しかも、至高神を「人間」——ギリシア語では「アントロポス」——と表現することは、『ヨハネのアポクリュフォン』に限らず、その他のグノーシス主義神話にも広範に認められる特徴なのである。神は人間であり、人間が神である、つまり「人間即神也」がグノーシス主義の考え方なのだ。すると、どうなるのか。明らかに、至高神の中に始まった自己分化とは、そのまま実は一人一人の人間の「自分自身に」生じた事態に他ならないことになる。悪は他でもない自分自身の中に、自分が「知」の主体と客体に分かれたことに、淵源するのである。『ヨハネのアポクリュフォン』が代表する型の救済神話は、実存論的に見れば、そのように分化を始めた人間の自己が、その分化のゆえに生み出される悪と欠乏の世界に落下し、そこで本来の自己と非本来的な自己の間の「分裂」(『ヨハネのアポクリュフォン』§58)にまで昂進した後、やがてその本来の自己について「我即神也」が成り立つことを「認識」して、その自己に回帰するという一つの円運動を示している。この回帰を可能にする「認識」がギリシア語で「グノーシス」(gnôsis)と呼ばれる。それはアルキノスが言うような理性的な認識ではなく、『ヨハネのアポクリュフォン』§45と58が示唆する通り、忘却と暗黒の淵の中へいわば一条の光が突然射し込んでくることによって与えられる覚知である。グノーシス主義はこの覚知が救済にとって決定的に重要であることを強調する。だからこそ、グノーシス主義の名もたてまつられたわけである。しかし、他方で『ヨハネのアポクリュフォン』のソフィア像には、すでに見た通り、知への欲求が孕む危険性の認識が込められている。こうして「知」に対するグノーシス主義の両義的な理解がもう一度明らかになる。「知」は悪を生むと同時に救うものなのだ。

さて、前述の「人間即神也」は、人間の実存を歴史と社会との関わりにおいてどう見るかという問題にも、かなり重大な帰結をもたらす。すなわち、グノーシス主義のこの考え方からすると、言葉の真の意味で「他者」と呼び得るもの――こちらが勝手に処理することを絶対的に拒みながら、こちらに向き合っているもの――が根本的には存在しなくなってしまうのである。

今一度『ヨハネのアポクリュフォン』の神話の大きな展開を思い起こしてみよう。母親ソフィアが過失のゆえに失った「力」、すなわち神的本質はヤルダバオートを経由して、心魂的人間アダムに移り、さらに彼が地上に追放された後は、男女の生殖行為を通して生み出される無数の人間世代の間に分散させられる。その結果、今に至るまでどの人間の中にも、あの「力」の断片が宿っているというのである。これが「われわれは一体どこから来たのか」という、すでに紹介した実存論的な問いに対する解答であることは言うまでもない。どの人間の中にも同じ神的本質の断片が宿っているのであり、やがてそれらの断片が可能な限り回収されて――というのは、残念ながら一部は未回収のまま失われるというのが、グノーシス主義者の理解だからである――再び元来の全体性へ回帰して統一されること、これがグノーシス主義の描く終末論である。これは一つの宇宙論的全体主義である。『ヨハネのアポクリュフォン』も含めてグノーシス主義の救済神話は、一読するかぎりではきわめて個人主義的だと思われるだけに、この点には特に注意が必要である。それは、古代末期の広大無辺となった世界に寄る辺なき個人として放り出され、互いに絆を結び合うことが絶望的に困難になってしまっている人間たちが挙げる連帯への叫びなのかも知れない。

しかし、ここで希求される連帯は、前記の意味での「他者」との連帯ではない。それぞれの人がそれぞれの生涯と経験に基づいて身につけてきた個性、その人がまさにそれゆえにその人以外ではないものは、ここではすべて捨象され、そのようなさまざまな個性への分化が始まる以前から存在する超個人的な神的本質との連帯だけが求められているからである。しかもその超個人的な神的本質とは、至高神が「第一の人間」と呼ばれることが示す通り、結局のところ、宇宙大にまで拡大された人間の自己に他ならない。従って、グノーシス主義者が希求する他者との連帯は、他者の中の自分自身との連帯に他ならないわけである。この意味で、宇宙論的な全体主義も広大な宇宙の中に孤独な自己だけが在るという独我論に終るのである。

さらにこの関連で興味深いのは、目に見える現実世界が最終的には世界大火によって消失するというグノーシス主義の終末論である。これは最も明瞭な形ではエイレナイオス『異端反駁』(第一巻七章1節)が報告するプトレマイオス派(ヴァレンティノス派)の神話[6]とイブン・アン・ナディーム『学術書目録』が報告するマニ教の神話である。[7]ナグ・ハマディ文書の中では『この世の起源について』の§142―148がほぼ同じような見方を示している。『ヨハネのアポクリュフォン』はこれを明言しないものの、類似の終末論を前提していると見てよいことはすでに述べた通りである。[8]

この表象を実存論的に言い直せば、現実の世界全体が消失して、無限大に膨張した人間の自己だけが残るということであろう。そこにはやがて本論考の第3章で確かめるような、人間に絶対他者として向き合う神が入り込む余地はない。一見しただけでは、グノーシス主義の否定神学はまさに至高神の超絶性、絶対他者性を強調するもののようでありながら、結局は人間の自己が現実の世界に対して絶対他者であること、現実世界から無限の距離によって隔てられた超越であることを言わんとするもの、一言で言えば、否定人間学に他ならないのである。

個々人の歴史的個性を滅却することが救いの条件とされるところでは、歴史の中のさまざまな個人の個性的な生き方の中に、自分自身も今ここで新しく棲むことのできる世界を探すこと、言い換えれば、歴史と実存的に出会うことも不可能である。あるグノーシス主義者はこのことを、「日々を重ねた老人は(生後)七日の小さな子供に命の場所について尋ねることをためらわないだろう」(トマス語録四)と言い表している。『ヨハネのアポクリュフォン』およびアルキノスと同じ後二世紀の哲人皇帝マルクス・アウレーリウスにも、「この無限の中で、三日の赤児もネストールの三倍も長生きした人間もなんのちがいがあろうか」(『自省録』四50)という類似の文言が見えている。しかし、アウレーリウスの場合には、歴史の中で起きるすべてのことが、善悪を問わず、宿命によって予め決められているというストア哲学の宿命論の意味でそう言われるのに対して、グノーシス主義の場合には、それとは異なる前提からそう言われる。歴史から何の善きものが出ようか、というのがその前提である。人間は歴史と先人の生に学んで、そこから見えてくる新しい世界、生の可能性に今ここで賭けてみることによって新しい自己に到達するのではない。むしろあらゆる歴史以前の初めから在った自己へ回帰すること、つまり永遠の自己回帰こそが救いなのである。

第2章

深層心理学とグノーシス

一　魂の内なる旅の神話

実存論的解釈とほぼ同じ時期にグノーシス主義に対して全く別の視点から行なわれた解釈がC・G・ユングによる深層心理学的説明である。ユングはフロイト派の精神医学から出発して独自の深層心理学理論に到達した臨床医であった。現代人は誰しも程度の差こそあれ、絶え間ないストレスの中で、ある時は自我の意識が過剰になるかと思えば、ある時はその反動で衰弱するの繰り返しである。そのようないわゆる「心の病」の中にある患者に対し、普段は意識に昇ってこない無意識領域を付け加えることによって、自我よりも大きく、自我の意向を挫折させることもできるような新しい人格の中核、すなわち「自己」を創り上げることがユングの治療法である。

ユングによれば、そのような臨床の場面に限らず、人間の一生もまた同じような人格の統合への道のりに他ならない。すなわち、人は誰でも無意識の中に生まれ、やがて人生の第一の四半期において自我に目覚めるとともに、その意識は外界へ向かう。第二の四半期の活動的人生の頂点は同時に自分の内なる無意識を最も抑圧し、それから最も遠い時点であるが、第三の四半期には意識はその内なる無意識との和解へと方向を転換し、最後の第四の四半期では人格の統合を経て再び無意識(死)に還ってゆく。意識は無意識の海から昇り、再びそこへ沈んでゆく太陽に、個々人の

人生はその太陽が描く放物線に譬えられる。(1)

この比喩も示すように、無意識は個々人の主観的な意識に先立って存在するもの、個々人の意識が好き勝手に処理したり、操作したりできないもの、この意味で「客観的」に存在するものと見做される。外なる事物の世界が客観的世界と呼ばれる場合と同じ意味で客観的な世界が人間の心の内にも存在するのである。それは普段は意識に昇ってこないが、睡眠中の夢がそうであるように、主観的な意識の働きが弱まる時に、いわば「向こう側から」立ち現れてくる。その無意識は個々人のおぼろな記憶に関連する個人的な無意識の層から、いわば有史以来の人類が蓄積してきた集合的無意識の層まで、いくつかの層を成していると考えられる。そこでは、光と闇、善と悪、理性と非理性、霊と肉、男性性と女性性、父性と母性など、あらゆる対立的な二項がいまだ——あるいは、もはや——存在せず、相互に分かちがたく、しかも等価的に結合されている。すなわち、無意識の最大の特徴はあらゆる区別と対立を越えた全体性にある。そしてこの全体性を表現するための言語的あるいは非言語的なイメージやシンボルには、前記の一連の二項対立も含めて、時空を越えた共通性、つまり元型性が認められる。従って、そのような元型的イメージやシンボルとその布置を解釈することによって、その全体性の在り方を解明することが可能になる。一度失われてしまったこの全体性を再び回復すること、それがユングが言う「自我」よりも大きな「自己」への人格の統合ということの意味である。この統合はまた、おそらく集合的無意識という術語と対照させるためであろう、ユング自身によって「個性化」とも呼ばれている。

ユングにとってグノーシス主義は、そのような「自己」の喪失と回復の試みをめぐる優れて深層心理学的な現象に他ならなかった。彼によれば、ヘレニズム時代末期は、多くの人の自我意識が環境との心理的適応不全に陥り、それに対する補償作用が無意識の側からおのずと生じてきた時代であり、その中でも無意識の内容物をきわめて明瞭に噴出させたのがグノーシス主義の救済神話である。それは一方では、心の内側の深層での出来事をさまざまな元型的シンボルを使いながら外界へ「投影」し、他方では、周辺のいろいろな宗教や思想運動の用語や表象を「取り入れ」ながら、無意識(自己)→意識(自我)→無意識(自己)のサイクルを描くものに他ならない。こうしてユングのグノーシス主義研究は、後二世紀までに存在したさまざまなグノーシス主義神話を取り上げ、それらを彼の深層心理学理論へ還元して説明する性質のものとなる。その研究は基本的にナグ・ハマディ文書の発見と校訂出版以前に行なわれたものであるから、取り上げられる神話も古くから知られた間接資料によるものが大半である。しかし、ここでは敢えてナグ・ハマディ文書の中でも神話の筋が最も明瞭な『ヨハネのアポクリュフォン』の重要なステップに沿って、主題的に関連するユングの説明を、主に『心理学的類型I』(一九二一年)と『アイオーン』(一九五〇年)の二つの著作から拾い上げてみたい。(2)

1　否定神学

『ヨハネのアポクリュフォン』§6—8が至高神(第一の人間)について繰り広げるような否定神学は、すでに述べたところからも容易に予想される通り、ユングの理論では無意識に相当する。「それ(原人間)は、より大きな、より広範な人間のことである。意識領域の心の営みと無意識界の心の営みとの総和から成り立つところの、なかなか簡単には言い表しがたい全体性のことである。主観的な自我とは逆の客観的なこの全体性のことを私は自己と名づけたわけで、つまりこれは原人間という観念にまさにぴたりと照応する」(『アイオーン』二一三頁)。ユングはこの引用に関連して、G・クイスペルの指摘に従って、至高神「原人間」を記述するのに実際に「無意識」と訳し得る単語(*ἀγνωσία ἀνόητος, ἀνεννόητος*)を用いるグノーシス主義の具体的な本文をいくつか挙げている。『ヨハネのアポクリュフォン』はそれに相当する否定詞を含まない点で、むしろアルキノスに近い。アルキノスの否定神学が根本的には理性の立場に留まるものであることを考えれば、アルキノスにそれが欠けることはよく理解できる。逆に『ヨハネのアポクリュフォン』の方は、アルキノスが代表する中期プラトン主義の否定神学を、用語レベルではそのまま受け入れながら、実際には超理性的な無意識の意味に読みなおしているということかも知れない。

2　物質・深淵

これもすでに触れたように、『ヨハネのアポクリュフォン』は§46と56でかなり唐突に「物質」の領域、あるいは「深淵」に言及する。それは明らかに悪の原理であり、当初から光の世界の対極に存在するものであることが前提されている。ユングでは、この物質と深淵も無意識、つまり自己のシンボル、より正確には「自己の影」と説明される。

> つまり、全体的人間の闇の半分にあたるが、この半分に対しわれわれがあまりに楽天的にすぎる評価を下すのは禁物である。われわれの経験から判断できるかぎりでは、光と影は人間の本性の中ではきわめて均等に配分されているように思われ、従って心全体は少なくとも、どちらかといえば薄暗い印象を与えるわけである。心理学でいう自己の概念は……(中略)……、明るい形姿の一部である影を無視することはできない。この影がないと明るい形姿は体を失い、それとともに人間であることを失ってしまうからである。光と影は、経験的な自己のなかでいわば逆説的な一体性をなしている。(3)

この一体性を表現するために、至高神に当初から闇・物質・悪の原理を内在させるタイプのグノーシス主義神話も多い。『ヨハネのアポクリュフォン』は両者を垂直軸の最上端と最下端に当初から分けて布置しているが、至高神が深淵の水の上に自分の姿を啓示する場面(§46)で、両者の一体性が表現されていると言えよう。ただし、最下端の物質界と深淵が光と「均等」な重さで配分されているとは言いがたいことは、すでに述べた通りである。(4)『ヨハネのアポクリュフォン』でより積極的に悪の原理とされるのは、やはり前述の通り、むしろヤルダバオートと模倣の霊(§60、68、73)であるが、ユングの視点からは、その模倣の霊も光に付随する影として説明される(同、六〇頁)。

3　至高神の自己分化

『ヨハネのアポクリュフォン』§12―13で至高神が自己認識の主体と客体に分化を始め、その結果生成するバルベーローは至高神の「最初の思考(ἔννοια)」と呼ばれる。ユングはこれを無意識の中に潜在する意識の可能性およびその意識の分化過程として説明する(同、二一五―二一六頁)。「意識性は区別ということと、それと同時に主体と客体との関係を前提にするからである。『他者』が存在しない、あるいはまだ存在しないところでは、意識の可能性は停止している。神性から『湧き出てくる』父、すなわち神にしてはじめて『自分に気がつく』。つまり、『自分を意識する』ようになり、『位格として自分自身に対立する』」(同、二一八頁)。『ヨハネのアポクリュフォン』がこれに続いて描く光の世界の神的存在(アイオーン)の順を追った生成のプロセスは、その全体がこうして始まった無意識からの意識の分化の進展を指すものに他ならない。それは意識が再び全体性に還ってくるまでの個性化過程の始まりである。

4　ソフィアの過失

『ヨハネのアポクリュフォン』§26―28に描かれるソフィアの過失は、ひとり『ヨハネのアポクリュフォン』にのみ固有な神話素ではなく、ヴァレンティノス派をはじめとして、H・ヨナスの言うシリア・エジプト型のグノーシス主義の神話にかなり広範に認められるものである。[5] ユングはそのヴァレンティノス派も終始視野に収めているが、私が見るかぎり、前記の神話素には特別な言及が見当たらない。むしろ、旧約聖書の神ヤハウェを不完全な子として産み落とす行為も含めて、「さまざまな体系の中で、ソフィアは根源的人間の代わりをつとめている」(同、二二三頁)と見做されている。つまり、至高神との関係の破綻というモメントよりも、むしろ一体性の方が強調されているように思われる。もしそのように見てよければ、こう言うことができよう。実存論的にみれば、人間と世界とを隔てる越えがたい違和感と断絶感の神話論的表現としてソフィアの行為の過失性が重要になるが、深層心理学的に見れば、ソフィアがそれにもかかわらずなお失わない至高神との連続性が重要になる。なぜなら、ソフィアの行為は至高神の自己分化に始まっている連続的な意識化過程――いわば一つの円運動――の一部分に過ぎないからである。

5　造物主ヤルダバオートの高慢

『ヨハネのアポクリュフォン』§41はそれまで自分の足下にひたすら外的宇宙を造りだすことに専心してきたヤルダバオートが、その創造の業を終えた時に陥った思い上りが描かれる。これも多少の変形を伴いながらさまざまなグノーシス主義神話に現れる神話素の一つである。この造物主(デーミウールゴス)の高慢をユングは自我の高慢として説明する。「自分を至高の神と思い込んでいる無知蒙昧のデーミウールゴスの神話は、自我の当惑ぶりを描いている。すなわち自我は、自分より上位の審級機関によって、これまでの単独支配の玉座を追われるのだという認識をこの期におよんで認めないわけにはゆかないのである」(同、二一三頁)。ヤルダバオートの思い上りは、意識化過程の頂点で自我意識が主観的に自分を全体と思い込む事態に対応する。あるいは、前述の人生の放物線の比喩に戻れば、第二の四半期から第三の四半期への境界で、無意識の海から最も隔たった高みに上り詰めた太陽に相当する。ひたすら外的世界に向かってきた意識がその外的世界を克服したと思う瞬間、忘却されてきた無意識からの声が響く。『ヨハネのアポクリュフォン』§45の上からの声「『人間』と『人間の子』が存在する」がそれに相当する。従って、これ以後ヤルダバオートが母親ソフィアからの「力」をめぐって「第一の人間」、すなわち至高神との間で繰り広げる角逐のドラマは、意識が再び無意識との長く苦しい対決を経て人格の統合に至るまでのプロセスの神話的表現であることになる。

6　三分法的人間論

『ヨハネのアポクリュフォン』§47—58によれば、人間は心魂的人間、霊的人間（ソフィアからヤルダバオートを経由して人間に移された神的本質、§55参照）、肉体的人間の三段階で造られる。価値の上では、霊的人間、心魂的人間、肉体的人間の順となる。ユングによれば、これは人間の自我の意識の三つの根本機能である思考と感情と感覚に対応する（『類型I』二二五頁）。

7　万物の甦新

『ヨハネのアポクリュフォン』§24では、光の世界に出現した原型アダムが至高神を賞め讃えて、「万物はあなたのゆえに在るようになったのです。やがて万物はあなたへ向かうことになるでしょう」と言う。すでに本書の第V部でも触れたように、(6) この発言は可視的宇宙の創成以前の話の中へすでに終りの話を持ち込むものである。特に発言の後半は§70以下で展開される終末論を先取りしている。この種のグノーシス主義の終末論についてユングは、「本来的な状態の復元、つまり万物甦新のことを指しているのである。このことは、全体性の元型はつねに存在している、という心理学の経験的所見と見事に一致する」と述べる（『アイオーン』五九頁）。ここで「全体性の元型」とはもちろん「自己」のことである。意識が無意識と統合されて、自我よりも大きな自己の全体性が回復されること、言い換えれば、個性化過程が完成することが原型アダムの言う万物の回帰の深層心理学的な意味である。

しかし、注目すべきことにユングは、このような全体性の回復は長くて骨の折れる道のりの果てに、「完璧」にではなく、あくまでも「近似的」にしか実現し得ないものだと言う。そのことに堪えてなお全体性の回復を目指す少数者をユングは「完全者」と呼ぶ（同、八八―八九頁）。この点で改めて想起したいのは、『ヨハネのアポクリュフォン』を生み出したグノーシス主義者たちも自分たちを「完全なる人間に属する揺らぐことのない種族」（§5、81）と呼んでいる事実である。(7) また、すでに本書第V部のある箇所でも述べたように、(8)『ヨハネのアポクリュフォン』では「万物」が光の世界だけを指して、可視的世界を含まないように読める上に、目に見える世界の終末論的な運命がどうなるのか、物質界と深淵はどうなるのか、という点でもいささか曖昧である。さらに、現に可視的世界に散逸している光（神的本質）の断片も残りなく回収されることは不可能で、その一部は未回収のまま終るというのが、他のグノーシス主義神話の場合と同様、おそらく『ヨハネのアポクリュフォン』の考えでもあると思われる。これらいささか曖昧なままに放置されている点はすべて、自己の全体性の回復は「近似的」にしか可能ではない、というユングの説に対応するかも知れない。

『ヨハネのアポクリュフォン』の救済神話をユング心理学から説明することは、以上の七項目以外にも、さらに細部にわたって可能であるに違いない。しかし、そのような細部にわたる突き合わせはここでは意味もないし、必要もない。『ヨハネのアポクリュフォン』が代表するグノーシス主義の救済神話がユングの言う個性化過程の解明に「打ってつけの面白さを持つ」(同、二〇七頁)素材であることは、すでに見たところだけからでも十二分に明らかである。

われわれがここで問いたいのはむしろ、このような心理学的説明そのものの占める身分と価値の問題である。この問題に関してユングは繰り返し、自らの心理学が臨床的に確認される心的事象を研究対象とする経験科学であり、その枠内に留まるものであって、「形而上学」の領域には立ち入らないことを表明している。例えば、『ヨハネのアポクリュフォン』の著者にとっては至高神はまさに至高の神的本質そのものであるが、ユングはこれを繰り返し自己の全体性の象徴表現として説明するものの、それが本当に神的本質であるか否かという「形而上学的」な問いについては、次のように言って、これを括弧に括っている。「心理学はただ、心の全体性の象徴表現が神のイメージの象徴表現と重なり合うということを確認しうるのみであって、神のイメージが神そのものであること、あるいは自己が神にかわるものであることを証明することはできない」(同、二二四頁)。あるいは「(心理学的な)認識行為と結びついているものが当然のことながら客体そのものにそなわった一特性である、などということには必ずしもならない」(同、八〇頁)。とも言う。ユングがキリスト教文化圏に定着しているキリストのイメージをやはり「自己」の全体性の象徴表現の一つと解する場合も同様で、それは心理学上の問題に留まり、「決して形而上学、すなわち信仰に介入することではない」と言われる(同、八六頁)。歴史的に紛れもなく十字架上に処刑された人物をキリスト教徒が「神の子キリスト」と仰ぐことについては、さらに次のように明言される。「倫理的努力の目指す理想像として、これにまさるものはまず考えられない。いずれにせよこのような像に対して、心理学が研究上の仮説として用いる自己という超越的観念はまったく太刀打ちできない。それはなぜか。自己という観念はシンボルではあるものの、啓示という歴史的事象の性格が欠けているからである」(同、八九頁)。すなわち、ユングの理論は神の存在と非存在、神の本質をめぐる「形而上学的」問いだけではなく、ナザレのイエスにおいて起きた出来事が救いの出来事であるか否かという問題、つまり啓示の歴史性の問題まで、一切を括弧に括り、それについての判断を中止したところで成り立っているわけである。

ユングが経験科学への自己限定をこれだけ繰り返さなければならなかった背景には、彼の理論が繰り返しキリスト教信仰への介入と受け取られた経緯があるに違いないと想像される。そのキリスト教信仰に対して彼は前述の自己限定を踏まえた上で、次のように問うている。「人間は自分自身というものがいかに堪えがたいか、それを体験できるのは完全者にかぎられる。だから、少なくとも私の考えでは、個性化であるとか、全体性や完全性の認知などといったような生来われわれに課せられている課題をもしだれかが自分にとって義務だと考える場合、キリスト教の立場からは本質的な異論をさしはさむことはできないのではあるまいか」(同、八九―九〇頁)。

この問いに対しては、われわれは次の第3章一節でイエスとパウロのメッセージを確認した後に解答を試みたい。そのためにもここで先ず考えておかなければならないもう一つ別の問いが残っている。それはユングの言う「自己」にとって、「他者」の存在はどうなっているのかという問題である。

二　「自己」の無限膨張と他者喪失

実存論的解釈のところで述べたように、グノーシス主義者の実存理解は一見個人主義的に見えながら、実は超個人的な全体主義であり、しかもその「全体」が究極的には宇宙大に無限膨張した自己に他ならないために、結局は独我論になるのであった。しかし、このことを明らかにする実存論的解釈がグノーシス主義者の実存を他の実存との関連性の中で問題にしていることは明らかである。つまり、他者性の問題がそこでは意識されているのである。

ところが、ユングの深層心理学の言う「自己」にはその他者性の問題が存在しないか、少なくとも稀薄であるように私には思われる。この点で、意識への分化を始める前の無意識、つまり自己について「『他者』が存在しない、あるいはまだ存在していない」(同、二一八頁)と言われるのは意味深長である。全個性化過程を経て原初の全体性を回復した自己にとって、自己ならざる他者はどのような位置を占めるのか。少なくとも『ヨハネのアポクリュフォン』が代表するようなタイプのグノーシス主義にとっては、自己ならざる他者というようなものは明らかに存在しない。自己、すなわち第一の人間、すなわち至高神が主体と客体に分化を始めたことが、悪の原因だからである。主としてこのタイプのグノーシス主義をユングが自分の理論を論証するために「打ってつけ」の素材と見做したとすれば、彼の言う「自己の全体性」の中にも他者の問題がほとんど場所を占めないのではないかと疑わせるに十分である。たとえ患者が「自己の全体性」を回復しても、他者を持たない彼の「自己」は「自我」との分節が曖昧にならないだろうか。それでどこまで臨床的な癒しになるのであろうか。もちろん、これは門外漢の全く素朴な疑問に過ぎない。おそらく、ユング理論の専門家から見れば、ユングの立場をグノーシスとそのように単純に同定してかかること自体がそもそも不適切なのであろう(9)。

その点はどうであれ、グノーシス主義者の自己が宇宙大に膨張して他者を喪失した自己であるとすれば、これまでグノーシス主義研究の場で繰り返し用いられてきた「本来的自己」対「非本来的自己」という対句は一考を必要とする。なぜなら、当然のことながら「本来的」あるいは「非本来的」という表現は、明確な価値判断を含むからである。グノーシス主義者自身が光の世界への回帰を、たとえそれが独我論だと言われようと、まさに「本来的」な自己の回復と見做していることは言うまでもない。しかし、そのようなグノーシス主義を対象とする研究者がその価値判断を共有するかどうかはそれとは全く別の問題である。自己の無限膨張と他者喪失という、グノーシス主義の「本来的自己」そのものが抱える問題性を見落とさないことが重要なのである。最近八木誠一もイエスとグノーシス主義における「自我」と「自己」の関係の問題を論じる文脈で、グノーシス主義の「自己」には自己性と並ぶ他者性、それぞれの「極」性、関係性が欠けることを指摘して、次のように言うのは的を射ていると思われる。――「グノーシス主義においては自我と自己との分節と関係が存在しないということである。身体とも魂とも切り離される『自己』はその内容上、実は我々のいう自我のことであると思われる[10]」。

第3章

新約聖書とグノーシス
——結びにかえて

一 神の到来と自己放棄

1 イエス

ナザレのイエスにとって、神は行動する神だった。イエスにとっては自明のこの大前提を理解しない限り、彼が述べ伝えた「神の国(支配)」(マコ一15)は理解できない。その神が今やかつてなかった新しさと徹底性において世界の現実に介入し、自分の支配を実現しつつある、否、すでに実現している、という確信にイエスは支えられていた。

他方で当時のユダヤ教では、もともとヤハウェの一方的な愛による選びに応答するための手引きであったはずのモーセ律法が、それをどこまで遵守できているか、いないかに応じて、個々人を義人と罪人に選別するための規準に変質してしまっていた。それは絶対他者、つまり神の名の下に人間が人間を支配する構図であった。

イエスによれば、そのような支配に最終的な終りを告げる神の支配が、今や個々人の家の戸口まで迫っているというのである。彼がどうしてそのような確信に到達したのかについては、史料が不十分なこともあって、分からないことが多い。しかし、彼がその確信を当時のパレスティナの同胞に述べ伝えることを自分の使命と心得、最期までそれに殉じたことに疑いの余地はない。

ここで大事なのは、その神の支配が、人間の側から見ると、あくまでも「向こう側から」この被造世界に突入してくる類のものとしてイメージされていることである。もちろん、西欧の啓蒙主義から自由主義の時代には、個々の市民が自分を磨いて倫理的な完成度を高めるときに結果として生み出されるはずの理想社会こそが、イエスの言う「神の国」の中身だと解釈されたこともあった。しかし、このような解釈が決定的に的外れであることは、他でもないあのA・シュヴァイツアーによって明らかにされた通りである。シュヴァイツアーによれば、イエスの「神の国」は「徹底的に」神の側からの行動なのである。(1)

「神の国」のそのような到来の仕方を具体的にイメージすることはわれわれには確かに困難である。しかし、ある人はそれを誰にも避けることのできない死に譬えて説明した。死は、たとえ「来るな」と言っても、いつかは必ず訪れる。人間にできることは、それに対して態度を決めることだけである。イエスの「神の国」の到来の仕方もそれと同じである。しかし、その中身は正反対で、いのちそのものだというのである。実に見事な説明である。このいのちに対しても、人はただ自分の態度を決めることしかできない。それは人間の側からは絶対的に操作不可能なものだからである。否、操作不可能というに留まらない。死が全ての社会的差別や区別を無に化するように、イエスの「神の国」も「義人」と「罪人」、「善人」と「悪人」といった一切の差別を無化していった。そのような差別の上に成り立っていたユダヤ社会のリーダーたちがやがてイエスを抹殺したのは、当然の成り行きであったという他はない。

「探せ、そうすればあなたたちは見いだすであろう。」(マタ七7)とあるように、求めること、その決断だけが、「神の国」＝いのちに入るための唯一の条件なのだ。イエスの「神の国」は、われわれの言葉で言い換えれば、絶対他者なる神が個々人の近みに下りてきて、その人を無条件で丸ごと受け入れる招きなのだ。人間はそのように無条件で丸ごと受容される時に初めて、ユングの表現を借りれば、「堪えがたい自分自身」と和解し、他の人間とも和解する。すなわち、本来の自己自身に到達するのである。

もちろん、それですべての問題が一挙に解決してしまうわけではない。その人がなお現実の生を――例えば、障害を負って――生きつづけなければならない限り、未決の問題が尽きることはない。しかし、ここにはもはや、不条理と悪の存在理由を後ろ向きに問う神義論が入り込む余地はない。苦難を負う者にとって、その苦難の理由が理論的に説明されたところで、苦難の解決にはならないことをイエスは知っているのである。ただし、苦難が現に存在する限り、彼が到達した本来的自己は現在であると同時に未来であり続ける他はない。イエスはこのような実存論的な消息を、「神の国はあなたたちの〔現実の〕只中にあるのだ」(ルカ一七21)の現在形と「幸いだ、いま飢えている者たち、あなたたちは満腹するだろう。幸いだ、いま泣いている者たち、あなたたちは〔大〕笑いするだろう」(ルカ六21)の近未来形を互いに併存させることによって表現したのである。その他一連のイエスの譬え話が伝えようとしているところも根本的には同じである。しかも、そこでは神の意志は人間にとって、幼子にとっての父親のそれのように、端的に了解可能なものであることが前提されている。イエスほど否定神学から遠い者はいないと言うべきである(2)。

2 パウロ

パウロも自分が絶対他者なる神に丸ごと受け入れられていることに気がついた時、その時に初めて堪えがたい自分自身、「自分が欲する善いことは行なわず、むしろ自分が欲しない悪いことをこそ為している」(ロマ七19)自分自身と和解することができた人である。彼がそうと気がついたのは、イエスの「神の国」のメッセージを直接聞いたからではない。彼は生前のイエスと一度も会ったことがないのである。それはむしろ、熱心なユダヤ教徒として、エルサレムに結集した小さなキリスト教徒の群れを迫害している最中のことであった〔ガラ一11-17〕。十字架刑――それは当時のローマ法が定めるさまざまな処刑法の中でももっとも屈辱的なものであった――によって虐殺されたと伝え聞いていたイエスの姿が、突如パウロの目には、神が自分の独り子をそのような屈辱の死に渡してまで、堪えがたい自分自身を、――生きながらにして「死に定められた」〔ロマ七24〕にひとしいパウロ自身を――丸ごと受け入れるために降ってきてくれた出来事だと映ったのである。彼は今やイエスの十字架の処刑を、自分自身と和解できないでいる彼自身のために、絶対他者なる神が自己を放棄した出来事だと理解する。そして、自己放棄という人間にもっとも為し得ない事を為す神の中に、「神の全能」の全く新しい逆説的な意味を発見する。同じ逆説を彼は「神の〔もつ〕愚かさは、人間たちよりも知恵あるものであり、神の〔もつ〕弱さは、人間たちよりもよりも強い」〔Iコリ一25〕とも言い表している。生きながら死んでいるに等しい者を丸ごと受け入れ、無きがごとき者を「お前は在る」と呼んで存在させる神、これこそが「無なるものを有なるものとして呼び出される神」、「死者たちを生かす神」の真の意味であることも、その時パウロに明らかになった〔ロマ四17〕。

しかし、なぜパウロはそれほどまでに自分自身に堪えがたかったのか。その理由を彼はローマ人への手紙の七章7―10節で、こう述べている。

それでは、私たちは何と言うのであろうか。律法は罪〔であるとでも言うの〕だろうか。断じてそんなことはあってはならない。しかし私は、律法をとおしてでなければ、罪を知ることはなかったであろう。実際、もしも律法が「あなたは欲望をもってはならない」と言わなかったならば、私は欲望〔なるもの〕を知らなかったであろう。しかし、罪は誡めによってきっかけを得て、私のうちにすべての欲望を生じさせたのである。なぜならば、律法がなければ罪は死んでいるからである。私は、かつては律法によらずに生きていた。しかし、誡めがやってきた時、罪が生き返り、私は逆に死んだ。そして生命へと至る〔はずの〕誡めそのものが、死へと至る誡めであることを、私は見いだしたのである。

ここでは「罪」は終始単数形(ἁμαρτία)で言われているから、律法の個々の掟に対する違反のように数え上げることのできるものではなく、はるかに根源的な事態を指している。それは本来神の理由なき選びに対する応答の手引きであったはずの律法が、神の前に個々人が自分の義しさを打ち立てるための手段に反転してしまうことから生じてくる。このとき律法は他人よりも一つでも多くの掟を知って遵守すべきものとなり、そこに宗教的敬虔の競争が始まる。「掟によって機会を得る」罪とは結局人間のエゴイズムのことに他ならないであろう。そのエゴイズムを乗り越えようとして乗り越えられずにもがいていたパウロを神が丸ごと受け入れた行為がイエスの十字架刑だとすれば、そのイエスの十字架刑は神が今やモーセ律法を根本的に廃棄する行動に他ならないわけである。事実パウロはイエスの十字架刑を、律法を規準にすれば「呪われた」としか言いようのない死であると言う(ガラ三13)。それは律法の枠の外へ捨てられる者にふさわしい死にざまである。ところが神はそのような呪われた死に独り子を、とはつまり、自己自身を放棄する。それは神が「今や律法なしに」(ロマ三21)起こした全く新しい行動なのだ。支配者としてこの上なく強大であった旧約の神は、十字架上でただ酷たらしく殺される他はなかった一人の死刑囚において自己を啓示する神へと、その相貌を決定的に変えているのである。[3] イエスの十字架は神自身が何者であるかを左右するほどの事件であったのだ。そのような神の面前で初めてパウロは本来的自己に到達することができたのである。「それだから私は、もろもろの弱さと、侮辱と、危機と、迫害と、そして行き詰まりとを、キリストのために喜ぶ。なぜならば、私が弱い時、その時にこそ私は力ある者なのだからである」[4]（IIコリ一二10）。

3　ユングへの答え

パウロによって発見された「神の全能」の逆説的な内容に照らすとき、青年期のユングを苦しめた問題の意味と無意味が見えてくる。ユングは個性化あるいは自己の全体性の回復を試みることはなかなか困難で、少数の限られた者にしかできないという見解のゆえに、繰り返し神学者の側から「グノーシス主義的」だとの批判を受けたという。彼はそのような批判に答えるために公にした文章の中で、自分の青年期のキリスト教体験を回顧してこう書いている。

とりわけ私にこの宗教全体を有毒なものと思わせたのは、自分の期待に添い得ない不完全な存在(人間)を自分で造り出してしまったような神の意味もない怒りを鎮めるために、人身供犠が行なわれたということだった。どうしてそうなのか、その答えを知っている者は誰もいなかった。「神には何でもおできになる」。もちろん、その通りだ。しかし、信じ難きことをしでかす神として、この神自身が信じ難い。にもかかわらず私は、私のからだのあらゆる繊維が容認するのを拒んでいることを、信じるようにと求められたのである。[5]

ユングはこの苦渋を心理学の助けを借りて乗り越えた後、改めて数人のプロテスタントの神学者に、旧約聖書の神はどこまで新約聖書の神と同一なのかと手紙で質問した。それは彼にとってきわめて重要な問いであったという。この問いにどのような神学者がどう解答したのかは問わないことにしよう。同じ問いにわれわれ自身が十分に答えるためには、そもそも旧約聖書の神とはどのような神なのかを論じることから始めなければならない。しかし、私はすでに他の場所でそれを行なっているので、[6]今ここでは問題を新約聖書に限ることにしたい。

新約聖書の中でもイエスからパウロに至る線においては、神は天地万物の唯一かつ強大な支配者から、屈辱的な刑死に自己を放棄してまで、堪えがたい自分自身との葛藤の中に在る人間を丸ごと受け入れる神に変わったのである。しかし、今や別の神が立ち現れたのではない。同じ旧約の神が「変わった」のである。旧約の神がすでに行動する神であった。歴史がその舞台であった。歴史の中で神が起こす行動は、神が何者であるかを左右する、すなわち「変える」のである。イエスの十字架は神の行動として、神自身が何者であるかを左右する事件であった。これがパウロの発見である。神が新たに何かになる、このことはイエスにとってもパウロにとっても、人間の認識や心理の次元を超えて、神の存在そのものにかかわる出来事なのである。

こうして「神には何でもおできになる」も今や青年ユングがかつて教えられたのとは全く異なって、イエスにおいては無条件の赦し、パウロにおいては絶対他者の自己放棄のことに他ならない。この逆説的な意味の「神の全能」は、世界に厳然と悪が存在する事実ともはや衝突することがない。それは確かに悪の起源を理論的に説明することはできないし、しようともしていない。なぜか。悪の起源をどれほど理論的に説明できたとしても、苦難の直中に在る者にとって真の癒しにはならないことを、イエスもパウロも知り抜いていたからだ。イエスもパウロも青年期のユングを苦しめたいわゆる神義論の問題を越えたところにいるのである。

しかし、より重要なことは、今述べたイエスとパウロの神観をその後のユングがどう見ていたのかということである。私はこの問いに直接関係するユングの発言を、今までのところ発見できないでいる。[7]ただ、ローマ人への手紙七章で赤裸々に吐露されているパウロの深刻な自己分裂をユングが捉えて、そこに彼の言う個性化と全体性の回復を求めて苦しむことのできる少数の「完全者」の姿を見ていることは明らかである。それに続けてユングがキリスト教に向ける問いが、すでに本論考の第2章一節の終りで引いた次の問いである。──「だから、少なくとも私の考えでは、個性化であるとか、全体性や完全性の認知などといったような生来われわれに課せられている課題をもしだれかが自分にとっての義務だと考える場合、キリスト教会の立場からは本質的な異論をさしはさむことはできないのではあるまいか」。

パウロはイエスの十字架の刑死の中に絶対他者なる神の自己放棄を見たときに初めて、その神との関係において(「神の面前で」)本来的な自分自身に、つまり、堪えがたい自分がそのままに神に受容されているという確信に到達した。人間というものはそのようにしても本来的自己に到達することができるということ、そのようにして獲得される本来的自己というものも在るのだということ、そしてそのことが特定の人だけにではなく、実存論的にはすべての人に起き得ることなのだということこそ新約聖書の中心的メッセージである。ユングがこのことを承認する限り、彼の言う課題に異論をさしはさむことは確かにできないし、その必要もない。

4　ヨハネ

最後にヨハネ福音書についても一言すれば、その著者はナザレのイエスの十字架だけではなく、その生涯全体の中に、絶対他者なる神の自己放棄ならぬ自己外化を見た者である。定説によれば、彼は後一世紀の末に生きている。使徒ヨハネの名を彼の作品に冠するようになったのは、後二世紀の半ば以後に定着した慣用であって、実際の著者名は不詳である。後一世紀の末ということは、歴史上の人物としてのナザレのイエスが十字架刑に処せられてから約七十年近く遅れているということである。従って、彼は自分の目で部分的にもせよイエスの生涯を垣間見たはずはない。この生涯について彼はすべてを伝承によって知ったのである。

彼はそのイエスの生涯を単なる過去の出来事として振り返るだけでは終らない。それはむしろ救いの出来事そのものとして、現在の世界とその中での彼の生を根本から規定し、その将来をも方向づけるものであった。彼がその救いの出来事の中身と考えるものは、パウロを初めとする新約文書の他の著者たちと比べても独特で一際異彩を放っている。すなわち、イエス・キリストは万物の創造以前から神の独り子(先在のロゴス)として父なる神のもとにいた(ヨハ一1-3)。やがて、造られたものでありながら創造主とのあるべき関係から事実として失われていた——この関係喪失の原因については何も語られない——「世」を救うために(三16-17、一二47)、「受肉」して人間となった(一14)。その後十字架の刑死に至るまでの地上の全生涯をもって、「父」なる神から与えられた使命を完成した後(一九30)、再びもといた栄光の座に挙げられた(一七5)。そこから聖霊を遣わして、今なお「世」に在る信徒の共同体の上に働きかけている(一四15-17、26)。

ヨハネ福音書の著者がこのような独自の理解(キリスト論)に到達するについては、与えられていた伝承との間にどのような折衝があったのであろうか。この解釈学的問題については、ここでは立ち入らないことにする。(8) 目下の関連で重要なのは、彼の思考の中で、この救いの出来事全体がイエス・キリストの人格と不可分一体の関係にあるということである。イエス・キリストは「先在」の場所から始まって、「受肉」と十字架を経て再び父のもとなる栄光の座に戻るまでの道のり全体を自分の中に内包する存在なのである。イエス・キリストはこの道のりによって実現した救いの出来事を全体として自分の人格の内に内包する全時的存在である。それはその道のりの個々の部分に決して分割され得ない。「先在」、「受肉」、「地上の生」、「十字架」、「昇天」など、この道のりを構成する個々の部分のどれか一つについて語ろうとすると、その他の部分も一緒に語られてしまう。これがヨハネ福音書のキリスト論を特徴づける「人格的内包」あるいは「キリスト論的内包」と呼ばれる事態である。(9) それはいわば、ヨハネ福音書の著者の頭(思考）の中に収まっている基本文法である。彼はこの基本文法を携えて、今やイエス・キリストの出来事を福音書という形式に盛って物語ろうと手を着ける。ところが、福音書も物語の一形式である限り、過去から現在を経て未来へと続く時系列にそって語ることを免れない。著者が頭の中に収めている基本文法と彼が選択した物語形式との間で、彼の語りが多くの箇所で過去の話の中に現在を、部分の中に全体を相互浸透させるような語りとなることが容易に予想されるであろう。

果して、その相互浸透はこの福音書のプロローグの、そのまた劈頭から起きている。

はじめに、ことば（ロゴス）があった。ことばは、神とともにあった。ことばは、神であった。この方は、はじめに神のもとにいた。すべてのことは彼を介して生じた。彼をさしおいては何一つ生じなかった。彼において生じたことは、命であり、その命は人々の光であった。その光は闇の中に輝いている。闇はこの光をとらえることができなかった。（一1―5）

従来、この箇所は、地上のイエス・キリストのあらゆる活動に先立って、彼がまだ神とともにあった時のことにだけ限定して読まれてきた。特に「すべてのことは彼を介して生じた」は、天地万物の創造の時に彼がすでに神の独り子として共に働いたことを指すと介されてきた（新共同訳「万物は言によって成った」）。ところがそう読むには、段落の最後に現れる「その光は闇の中に輝いている」の現在形が障碍になる。この現在形は語り手（著者）自身の現在の侵入を示すものに他ならないからである。つまり、先在のロゴスが先在の場所を離れて受肉（一14）に向かって歩み出してゆくさまを時系列に沿って語ってゆく視線の直中へ、そうして始まったロゴスの歩みをその終りから全体として眺め返すとともに、それによって今現に実現している救いを見つめる視線が侵入してくるのである。

この二種類の視線の混在と重複は、同じプロローグの中で実は他にも認められる。[10] その理由は、すでに述べた人格的(キリスト論的)内包にある。著者がイエス・キリストの出来事の最初を語ろうとすると、そこでは同時にその終りも語られてしまう。初めと終りが分けられないのである。

ここから改めて先の引用を見直すならば、「すべてのことは彼を介して生じた。彼をさしおいては何ひとつ生じなかった」という文章は、従来の解釈のように、太古の昔の万物の創造の業だけを指すものとしてではなく、むしろイエス・キリストの道のり全体、救いの出来事全体をも同時に包括するものとして読むべきであろう。だからこそ、続けて「彼において生じたことは、命であり」と語られるのである。言い換えれば、イエス・キリストの出来事が太古の創造の出来事と一つに見られているわけである。父なる神は太古の創造からイエス・キリストの出来事まで、そう、著者の現在まで、働き続けていることになる。著者はこの消息を五章17節で、「わたしの父は今もなお働いている」というイエスの言葉で言い表している。やがて二世紀後半のエイレナイオスは、神の創造の業を太古の昔の天地創造だけで終らせず、旧約聖書が語る歴史、旧約聖書が語るイエス・キリストの出来事を経て、新しい天と地の創造の時まで、普遍史の全過程を貫いて続く持続的な行為として理解し直すことになるのであるが、このいわゆる「連続的創造」の観念[11]は、すでにヨハネ福音書に萌芽的な形で認められると言うべきである。

二 強迫観念の体系——初期カトリシズム

イエスとパウロの人間を丸ごと受容する神、ヨハネの「今なお働く神」が、再びH・ブルーメンベルクの表現を借りれば、中世の神学的絶対主義の自己自身とだけかかわりあう神とは対照的に、「人間の間での出来事と行動に対する感情も本質的な構成契機として含む神」[12]のメッセージであることは、もはや多言を要しないであろう。しかし、後一世紀の末から三／四世紀にかけての正統主義教会はこのメッセージをそのままの形で伝えることができなかった。一方ではマニ教を含めて勢いを増すグノーシス主義の「異端」の脅威に直面して、他方ではローマ帝国による弾圧から国教化への動きの中で、正統主義教会はさまざまな内部論争を経ながら、何よりも教義と制度の整備を進めなければならなかったからである。使徒信条の原型が成立し、三二五年にニケーアで開かれた公会議で信条文が採択されたのもそのためである。個々の教会では、監督、長老団、執事という三層構造での職制の分化が進み、地域的にはローマ、ビザンチウム、アンティオキア、エルサレム、アレクサンドリアなどの大都市の教会が周辺地域の諸教会を傘下におさめて指導する体制が確立されていった。それは同時に教会が倫理主義化の姿勢を強めてゆくプロセスでもあった。いわゆる使徒教父文書の一つで、一世紀の末に書かれたと思われる『バルナバの手紙』には、「わたしたちのイエス・キリストの新しい律法」(二6)という表現がすでに現れている。同じ使徒教父文書の一つである『ヘルマスの牧者』には、「もしおまえが神のいましめを越えて何らかの善行をするならば、もっと大いなる栄光を……神のもとで与えられるであろう」(V 3, 3)とまで言われている[13]。なすべき善行と積むべき善徳、反対に犯してはならない悪行と避けるべき悪徳の両方が、教会と家庭の中でのそれぞれの信徒の役割に応じて、最大漏らさず延々とリストアップされていった。新約聖書のテモテへの手紙(I—II)、テトスへの手紙、ヤコブの手紙、ペテロの手紙(I—II)、ヨハネの手紙(I—III)、あるいは前述の使徒教父文書の随所に繰り返し現れる「徳目表」と「家庭訓」はそうして生み出されたものである。

そこに見られる倫理は、一言で言えば、すでに本書第I部の「結びにかえて」でも明らかにした通り[14]、過度の禁欲と放埓のいずれをも排した市民的な倫理であり、異端の脅威とローマ帝国の弾圧の狭間で市民社会の中に何とか生き延びようとする教会の意図を反映している。そのために個々の教会の指導者は信徒の私生活の全域にまで——実際にどこまでそれが可能であったかは別として——監督の目を光らせる必要に迫られたのである。

その神学的な表現が個々の信徒の私生活はもちろん、心の奥底までも絶えず透視する神のイメージである。ある使徒教父文書はこれをこう表現している。「わたしたちは気をつけよう。神はいかに近くにおられるか、私たちが抱く思い、企みが何一つ彼に気づかれないでいることはないのだということに」(ローマのクレメンス『コリント人への第一の手紙』二一3)。この神は、譬えて言えば、団地の住民がベランダにやってくる鳩を追い払うために置く、大きな目玉の描かれたビニール製のバルーンのような神である。ただし、神の目玉は外にではなく、家庭の中に向けられている。しかも、より正確に言えば、その目玉は家庭の中、個々人の心の中で起きるすべてのことを見ているが、自らは人間の目には見えない神なのである。つまり、神は今や一種の倫理的な強迫観念になってゆく。

後二世紀の前半、従ってアルキノスや『ヨハネのアポクリュフォン』とほぼ同じ時代にアテネで活動したキリスト教哲学者アリスティデスの否定神学もそのようなものとして理解されなければならない。ローマ皇帝ハドリアヌス(在位一一七—一三八年)あるいはアントニウス・ピウス(同一三八—一六一年)に宛てた書簡という体裁で著された『弁証論』の冒頭の一節を抜粋的に読んでみよう。[15]

皇帝よ、私は神の摂理によってこの世にやってきました。そして、天と地と海、太陽と月とその他のものを眺めたとき、その秩序立った美しさに驚嘆いたしました。……(中略)……その神は生まれたのでも、造られたのでもない方であり、他の何物によっても包まれることがなく、むしろ自らが万物を包む方、自ら生成した形相、初めも終りもない方、動かされることなく、不死なる方、絶対なる方であって、理解不可能な方であると私は申し上げます。絶対なる方と私が言います意味は、彼には欠けるところがなく、何の必要もなく、むしろ万物が彼を必要としているということです。彼に初めがないと私が言います意味は、すべて初めを持つものはやがて終りを持つことになり、終りを持つものはやがて解消してしまうものだということです。神には名前がありません。なぜなら名前を持つものは被造物に属するからです。彼には形もなければ、身体各部から構成されるということもありません。なぜなら、そのようなものを持つ者は被造物の仲間ということになるからです。神は男性でも女性でもありません。性別を備えた者は情欲に仕えることになるからです。天も彼を容れることはできません。反対に、天も目に見えるものも見えないものも、すべてが彼によって保たれているのです。彼と競い合う者はいません。彼よりも強い者は一人もいないからです。彼は不動で無限、言葉で言い表すことができません。なぜなら、彼がそこから、あるいはそこへと動かされるような場所は存在せず、いずれかの側から測って大きさを定めたり、取り囲んだりすることもできない方だからです。彼こそが万物を満たし、すべて目に見えるものも見えないものも超越する方だからです。怒りも苛立ちも彼には存在しません。彼に抵抗するものがないからです。過ちも忘却も彼の本性の内には存在しません。彼こそが知恵であり、全知性であり、彼によってこそ万物は現に存立するに至ったのだからです。（一1‐5）

この否定神学は多くの個々の否定属性詞をグノーシス主義の否定神学と共有している。参考までに、傍点を付した表現を本書の第Ⅴ部第2章一節の一覧表と突き合わせてみれば、そのことは一目瞭然である。アリスティデスが『ヨハネのアポリュフォン』、『三部の教え』、『イエスの知恵』と同じ否定神学の術語伝承を手に入れていたことは間違いない。にもかかわらず、彼の否定神学はわれわれが本書第V部で取り出した否定神学の二つの類型のいずれとも異なる第三の型と見做されなければならない。なぜなら、この否定神学は旧約聖書とユダヤ教において培われた創造信仰の枠内にあくまで留まるからである。積み重ねられる否定属性詞は造物主が被造物に対して持つ絶対的隔たり、その不可逆・不可同の関係を言い表すためのものである。[16] 否定神学のこの第三の型を図として表せば、右のようになるであろう。

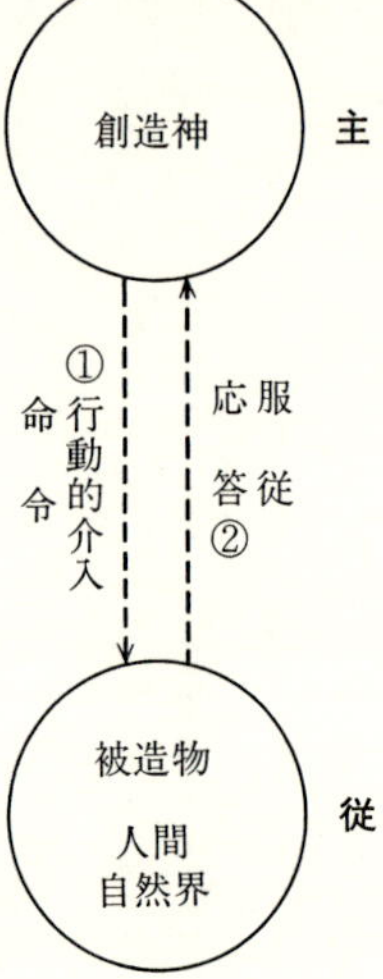

二つの矢印が破線にしてあるのは、通常の創造信仰にとっては明瞭であるものが、第三類型の否定神学にとっては見えにくくなっているという意味である。

アリスティデスの『弁証論』はこの後、「すべてを見ていながら、自らは見られることのない」神（一三7）こそが、異教徒にはるかに優るキリスト教徒の倫理を支えていることを繰り返し強調する。しかし、イエスの「神の国」と十字架の出来事にはほとんど言及しないまま終ってしまう。前述の否定神学も、おそらくは同時代のプラトニズムのそれを受容したものであるにもかかわらず、早々に倫理主義的な「理知の犠牲」に場所を譲るのである。この種の倫理主義の下では「心理的適応機能に赤字が累積」し、それに対する補償作用がグノーシス主義だというユングの見解[17]には説得力がある。

こうして見てくると、新約聖書の中心的メッセージ、とりわけ人間を丸ごと、無条件で受容する神というイエスとパウロのメッセージが、その後のキリスト教にとってどれほど伝達困難なものであったかが分かるであろう。プロテスタント教会は一六世紀の宗教改革がそれを再発見したと主張する。それは間違いではないが、そのプロテスタント教会も宗教改革の後間もなくから、一方ではいわゆる正統主義に、他方では内面的敬虔を重んじる敬虔主義に分岐していった。私の見るところでは、その後今日までいずれの伝統においても、イエスとパウロのメッセージが真の深みにおいて語られ、理解されること、つまり伝達されることは、残念ながら稀有のことであったし、現にそうであると言わなければならない。反対に、日本全国津々裏々、今にも倒れそうな廃屋の門にまで貼られて目に留まるのは、「あなたは死後裁きに会う」といった類のポスターである。これではキリスト教が強迫観念の体系として受け取られても仕方がない。伝統的なキリスト教文化圏においても、程度の差はあれ、同じような理解が少なからずあることは事実として否定できない。青年ユングを苦しめた神義論の問題もそこに根を張っている。

絶対他者なる神の自己放棄による丸ごとの受容——それは言葉では伝え切れない事件、時満ちて人それぞれに起きる事件だと言う他はない。

はじめに

（1）H. Blumenberg, *Säkularisierung und Selbstbehauptung*, Frankfurt am Main 1974, S. 155–156. 邦訳はH・ブルーメンベルク『近代の正統性Ⅰ』斉藤義彦訳、法政大学出版会、一九九八年。ただし、以下の本論での引用はすべて私訳で行ない、該当箇所の表記もドイツ語の原著による。

（2）H. Blumenberg, *op. cit.*, p. 157.

（3）H. Blumenberg, *op. cit.*, pp. 200, 204.

（4）H. Blumenberg, *op. cit.*, p. 159.

（5）H. Blumenberg, *op. ci.*, p. 160.

（6）前掲『近代の正統性Ⅰ』の訳者あとがき（三〇六頁）参照。

（7）　詳しくは大貫隆『グノーシスの神話』(岩波書店、一九九九年)二八五―三〇三頁参照。

第1章

（1）　以下、『ヨハネのアポクリュフォン』を初めとするナグ・ハマディ文書からの引用と該当箇所の表記は、荒井献・大貫隆責任編集『ナグ・ハマディ文書Ⅰ―Ⅳ』(Ⅰ＝救済神話、Ⅱ＝福音書、Ⅲ＝説教・書簡、Ⅳ＝黙示録)(岩波書店、一九九七―一九九八年)による。

（2）　アルキノスの該当箇所の翻訳(抜粋)は本書第Ⅴ部を参照。箇所表記はそのパラグラフ番号による。

（3）　本書第Ⅴ部の「結びにかえて」注(5)を参照。

（4）　本書第Ⅴ部の三三三頁参照。

（5）　ヒッポリュトス『全異端反駁』第Ⅶ巻二一章1節はこの命題を哲学史的にアリストテレス『形而上学』1074b34に遡らせ、そこで言われる「思惟の思惟」を翻案したものだとする。しかし、これが唯一の可能性ではないことは、アリストテレスを知っていたはずのないマンダ教徒も彼らの神話の至高神について、ほぼ同じような発言を行なっていることから明らかである。マンダ教の神話の該当箇所については、大貫隆訳・著『グノーシスの神話』(岩波書店、一九九九年)に収録された「ギンザー(財宝)の神話」の§2を参照。以下本章におけるマンダ教の神話からの引用はすべてこの拙著のパラグラフ区分に従って行なう。

（6）　前注(1)に挙げた『ナグ・ハマディ文書Ⅰ』二三七頁、大貫隆『グノーシスの神話』一五〇―一五一頁参照。

（7）　マニ教の神話については大貫隆『グノーシスの神話』二三七―二八四頁に紹介と邦訳がある。ここでは特に§20を参照。以下本章におけるマニ教の神話からの引用はすべてこの拙著のパラグラフ区分に従って行なう。

（8）　本書第Ⅴ部三三〇―三三一頁参照。

第2章

（1）私はこの「人生の放物線」の比喩も含めて、本章でユングの理論およびユングのグノーシス主義解釈に関して述べるところの多くを、一九九六年度東京大学大学院総合文化研究科地域文化研究専攻の私の演習に参加した鈴木啓之氏の教示に負っている。氏はスイスのユング研究所にも留学経験のある研究者である。しかし、本章がユング理論について述べることは、すべて私なりに理解したところに基づくものであって、一切の文責が私にあることは言うまでもない。

（2）C・G・ユング『心理学的類型Ⅰ』佐藤正樹訳、人文書院、一九八六年（＝以下では『類型Ⅰ』と略記）、『アイオーン』野田倬訳、人文書院、一九九〇年。

（3）『アイオーン』六一頁。途中の省略は大貫による。

（4）本書第Ⅴ部の三二一頁参照。

（5）詳しくは大貫隆『グノーシスの神話』七〇―七七頁参照。

（6）本書第Ⅴ部の三三〇頁参照。

（7）その他、第1章注（1）に挙げた『ナグ・ハマディ文書Ⅰ―Ⅳ』の各巻の巻末に収められた「補注・用語解説」の中の「完全なる種族」、「完全なる者たち」の項とそれぞれの表現の該当文書と箇所を参照。

（8）三三〇頁参照。

（9）本章注（1）で言及した鈴木啓之氏は、本章の初出箇所でもある拙論「ないないづくしの神――古代における三つの否定神学」、宮本久雄・山本巍・大貫隆『聖書の言語を超えて』（東京大学出版会、一九九七年）二〇一―二九六頁がユングのグノーシス解釈に関して行なった論述（特に二五九―二七一頁）に対して、書簡の形で詳細な論評を寄せられた（同年九月二六日付）。氏は前述の演習の場におけると同様、その書簡の中でも繰り返し、ユングが無意識に回帰しようとするグノーシス主義とは異なり、意識の側に軸足を置いた臨床医であったことを強調している。「ユングは神秘主義にしばしば見られがちな一者との至福の結合、神秘的合一というものを最終的な目標などとはしていません。確かにそれらを心理学的素材として多々扱ってはいますが、あくまで『自己』ではない自我、無意識ではない意識という自覚的な生の中での歩みこそ、ユングがよしとした生き方でした」。

ここで鈴木氏が言う『自己』ではない自我」とは、厳密には人間の古い自我ではなく、「自己」という全体性を経由して新たに再建された自我意識――後述の八木誠一氏が異なる枠組みにおいてではあるが用いる術語を借りれば「自己・自我」――のことであると思われる。ここからさらに鈴木氏は、ユングの理論では患者は社会的モナドとして扱われることにならないかという旧稿における私の危惧に対して、次のように答えている。「彼(ユング)は臨床の場面でも、医師と患者というようなある意味での上下関係ではなく、あくまでクライアントとの対等な関係を前提としていました。それについての一つのエピソードがあり、それによればユングはあるクライアントが上方高くにいて、彼はそのクライアントを首が痛くなるほど見上げなければならないという夢を見ます。そして、あることに思い至ります。それは現実の臨床の場でユングがそのクライアントをあまりにも見下していたことに気づくのです。互いを同等な他者とし、その他者対他者が向き合う場所として、彼は臨床の場を設定していました。ですから経験科学としての心理学は、構築した理論に呪縛されずにあくまでも多様に変化する個人を第一義的に考慮することによって、社会的モナドとして個人を扱う見方からは免れていると私は考えます」。

私はこの場を借りて、鈴木氏が拙論を実に精密に論評するために費やした労力に心から感謝したい。と同時に、ユング理論における独我論への傾きを鈴木氏よりも大きく見積もる立場がユング研究の領域自体にもあり得るのではないかと予測する。この点は専門家の議論に委ねる他はない。いずれにせよ、ここにはグノーシス研究とユング研究の間の対話の余地が残されている。

(10) 「コード分析(仮名)について――イエスとグノーシス主義の場合」、『新約学研究』(日本新約学会)24(一九九六年)、二三―三四頁(特に三三頁)。その他、同著者の『宗教と言語、宗教の言語』(日本基督教団出版局、一九九五年)二二〇頁も参照。

第3章

(1) A・シュヴァイツァー『イエス伝研究史』(上・中・下)(遠藤彰・森田雄三郎訳、白水社、一九六〇―一九六一年)特に中巻二八五―三七〇頁参照。

(2) さらに詳しくは大貫隆『隙間だらけの聖書』(教文館、一九九三年)六五―六九頁を参照。

（3）佐竹明『使徒パウロ——伝道にかけた生涯』（日本放送出版協会、一九八一年）七八—七九頁参照。

（4）このようなパウロの考え方についてさらに詳しくは、青野太潮『「十字架の神学」の成立』（ヨルダン社、一九八九年）を参照。

（5）C. G. Jung, *Gesammelte Werke*, Bd. 18/2 : Das symbolische Leben : verschiedene Schriften, Olten 1981, S. 785.

（6）前掲「ないないづくしの神」二七一—二七六頁。

（7）湯浅泰雄『ユングとキリスト教』（講談社学術文庫、一九九六年）によれば「ユングは、イエスについてはあまり説明していない」（一七八頁）。しかし、なぜそれで済むのか。これは、史的イエス像がどこまで歴史的あるいは文献学的に再構成できるか否か専門家でなければ分からないから、というような問題ではない。「ユングとキリスト教」という問題そのものの に構造的にかかわる問題として、「イエスについてはあまり説明していない」ままで済むのかという問題なのである。湯浅氏がこの点に関してユングに代わって行なっている説明は、私から見ると、実質的に何一つ説明できていない。その湯浅氏の説明は、ユダヤ教黙示文学からヨハネ福音書に論述が飛躍するいわば「つなぎ」の部分で行なわれている。イエスとパウロについての論述なしに「原始キリスト教」についてのユングの見解を云々するのは、いささか粗略に過ぎるのではないか。というよりも、ユング自身に原始キリスト教に関する理論がない、というのがおそらく一番当たっているのであろう。そして、その理由は不詳である。

（8）この点については私の学位論文 T. Onuki, *Gemeinde und Welt im Johannesevangelium, Ein Beitrag zur Frage nach der theologischen und pragmatischen Funktion des johanneischen "Dualismus"*, Neukirchen-Vluyn 1984, S. 193–205 と拙著『ヨハネによる福音書』（日本基督教団出版局、一九九七年）二三六—二四〇頁に詳しい。

（9）詳しくは T. Onuki, *op. cit.*, pp. 205–213, 大貫隆『ヨハネによる福音書』一八七—二一六頁参照。

（10）先在のロゴス（ことば）が受肉して人間として世（地上）に到来することは、一章14節にいたって初めて「ことばは肉体となって、私たちの間に宿った」と明言される。ところが語り手は、すでに本文で引用した一章1—5節にすぐ続けて洗礼者ヨハネの登場について語り、「この人は光ではなく、光について証しするための人であった」（一8）と言い、続く一章10節では

「その光であることばは世にあった」と明言する。つまり、逆説的な言い方になるが、ことば(ロゴス)は受肉(一14)以前にすでに受肉のロゴスとして世にいる(一8、10)のである。

(11) 詳しくは大貫隆『グノーシスの神話』二〇頁、同「エイレナイオスにおける『再統合』と救済史」、『福音と世界』(新教出版社)、一九八〇年一—八月号(連載)を参照

(12) H. Blumenberg, *op. cit.*, p. 205.

(13) 使徒教父文書の邦訳は荒井献責任編集『使徒教父文書』講談社、一九七四年。

(14) 本書六九頁参照。

(15) 『弁証論』の曲がりなりにも全体を伝えるのはシリア語訳の写本だけである。ギリシア語の原著は散逸して、ごく一部の断片しか伝わらない。以下の翻訳はそのギリシア語断片とラテン語訳を合成する形で復元された本文 E. Goodspeed (Hg), *Die ältesten Apologeten,* Göttingen 1914 に基づく。

(16) 旧約聖書以来の創造信仰の枠内での否定神学という点ではアレクサンドリアのフィロンも同じである。彼は後一世紀のヘレニズム世界に向かってユダヤ教の真理性を独特の聖書解釈によって弁証しようと努めたユダヤ人思想家であった。従って、ヘレニズム思想からのさまざまな影響が認められるわけであるが、その一つが否定神学である。その最も顕著な例が『夢について』と題された論文の次のくだり(§63—66)である。

「神は他のものを包むが、どんなものによっても包まれることはなく、すべてのものが逃げ込むことのできる場所である。神はまた、自己自身が自己を所有する場所である。というのは、神という存在は神自身によって占められており、神自身を除いては、何物も神を包含することがないからである。

よく注意してくれたまえ。私は場所ではなく、一つの場所の中にいるのである。存在するものはみな同様である。というのは、含まれるものと、それを含むものは異なるからである。神は何物によっても含まれることがないから、必然的にそれ自身がその場所そのものなのである。

私の言っていることは、アブラハムに下された次のお告げによって裏づけられる。『彼は神が告げた場所にやって来た。

そして目を上げ、その場所を遠くから眺めた』(創世記二二3-4)どうか教えてくれたまえ。『その場所へ来た』という彼がその同じ場所を『遠くから見た』というのか。いやむしろ、同じ『場所』という言葉が二つの意味で用いられているようだ。一つが神の『ロゴス』(ことば)、もう一つがその『ロゴス』より先に在った神である。

　よその土地から知恵(ソフィア)の案内によってやって来た者は、そのようにして神の『ロゴス』の中で奉献の絶頂と極致に到達しながら、最初の『場所』にたどり着く。しかし、彼が神の『ロゴス』の中に自分の場所を占めた時にも、神――真の本質における神――に手が届くわけではなく、その神を遠くから見るにすぎない。否むしろ、遠くからであってさえ彼は神をみつめることはできない。彼が見るのは、神がすべての被造物からはるかに隔たっており、神を理解することはすべての人間の思惟の力の及ばないところへ遠ざかってしまったという事実だけである」(訳文は一九九五年度東京大学大学院総合文化研究科地域文化研究専攻の私の演習に参加した竹内裕氏、現熊本大学助教授の翻訳を参照している)。

　傍点を付した文章が端的に示すとおり、この否定神学も造物主と被造物の絶対的隔たりを強調するためのものであって、創造信仰の枠内に留まっている。

(17)　本論考の第2章一節三五五―三五六頁参照。

初出一覧

第Ⅰ部　未公刊（書き下し）

第Ⅱ部　日本聖書学研究所編『聖書の使信と伝達』（『聖書学論集』23）山本書店、一九八九年、六〇九―六四三頁＝Traditionsgeschichte von Thomas 17 und ihre christologische Relevanz, in: C. Breytenbach/H. Paulsen (Hgg.), *Anfänge der Christologie*, Festschrift für Ferdinand Hahn zum 65. Geburtstag, Göttingen 1991, S. 399–415.

第Ⅲ部　原題 Wiederkehr des weiblichen Erlösers Barbelo-Pronoia. Zur Verhältnisbestimmung der Kurz- und Langversionen des Apokryphon des Johannes, *Annual of the Japanese Biblical Institute* XIII (1987), S. 85–143. ＝T. Onuki, *Gnosis und Stoa. Eine Untersuchung zum Apokryphon des Johannes*, Freiburg/Göttingen 1989 (*Novum Testamentum et Orbis Antiquus* 9), S. 108–153.

第Ⅳ部　原題 Die dreifache Pronoia. Zur Beziehung zwischen Gnosis, Stoa und Mittelplatonismus, *Annual of the Japanese Biblical Institute* XVII (1991), S. 107–149.＝佐藤研編『聖書の思想とその展開』教文館、一九九一年、三四一―三八三頁。

第Ⅴ部　宮本久雄・山本巍・大貫隆『聖書の言語を超えて』東京大学出版会、一九九七年、第三章「ないないづくしの神——古代における三つの否定神学」、二〇一—二五〇頁を改稿。

第Ⅵ部　同二五〇—二九六頁を改稿。

人名索引

（言及された研究文献・原資料の著者・編者・訳者に限る）

I　和文表記名（五十音順）

あ 行

か 行

さ 行

た 行

な 行

は 行

ま 行

や 行

ら 行

II 欧米語表記名（ABC 順）

N

O

P

Q

R

S

T

V

W

Z

■岩波オンデマンドブックス■

グノーシス考

2000年 1月26日　第1刷発行
2015年 8月11日　オンデマンド版発行

著　者　大貫《おおぬき》 隆《たかし》

発行者　岡本 厚

発行所　株式会社 岩波書店
〒101-8002 東京都千代田区一ツ橋 2-5-5
電話案内 03-5210-4000
http://www.iwanami.co.jp/

印刷／製本・法令印刷

ISBN 978-4-00-730251-0　Printed in Japan